北学研究

○ 主　编　吕新斌
○ 执行主编　梁世和

第四辑

中国社会科学出版社

图书在版编目(CIP)数据

北学研究. 第四辑 / 吕新斌主编. -- 北京：中国社会科学出版社，2024. 6. -- ISBN 978-7-5227-4137-6

Ⅰ. K203-53

中国国家版本馆 CIP 数据核字第 2024RD3937 号

出 版 人	赵剑英	
责任编辑	郝玉明	
责任校对	谢　静	
责任印制	李寡寡	

出　　版	中国社会科学出版社	
社　　址	北京鼓楼西大街甲 158 号	
邮　　编	100720	
网　　址	http://www.csspw.cn	
发 行 部	010-84083685	
门 市 部	010-84029450	
经　　销	新华书店及其他书店	

印　　刷	北京君升印刷有限公司	
装　　订	廊坊市广阳区广增装订厂	
版　　次	2024 年 6 月第 1 版	
印　　次	2024 年 6 月第 1 次印刷	

开　　本	710×1000　1/16	
印　　张	20.5	
字　　数	348 千字	
定　　价	108.00 元	

凡购买中国社会科学出版社图书，如有质量问题请与本社营销中心联系调换
电话：010-84083683
版权所有　侵权必究

《北学研究》编委会

学术委员(以姓氏笔画为序)

干春松　王　坚　冯金忠　孙继民　李存山
李洪卫　张京华　杜保瑞　张海晏　陈福滨
武占江　柳　理　唐文明　高士涛　梁　枢
梁　涛　梁　勇　黄兴涛　韩　星　喻　静
惠吉兴　程志华　彭永捷　董金裕　魏建震

主　　编：吕新斌
执行主编：梁世和
副 主 编：倪　彬

目　录
CONTENTS

【荀子研究】

荀子弟子概说　／　高专诚　／　3

荀子与《诗经》　／　张海晏　／　27

儒法之间
　　——荀子、韩非政治哲学之比较　／　郑治文　／　54

百年来美国的《荀子》英译研究　／　王海岩　／　81

【北学人物与思想】

方法论视野中的董仲舒儒学研究　／　李宗桂　／　101

董仲舒的伦理思想研究　／　陈福滨　／　116

刘因与易县　／　韩　星　／　130

当日遗民故老心心相印如此
　　——明末清初五大家的同框合谱　／　张京华　／　141

刘泽华与二十世纪的中国思想史研究　／　刘　丰　／　167

【学术热点】

从民本到民主
　　——孟子民本与雅典民主比较研究　/　梁　涛　/　209

天的兴起与中华文明路径的形成
　　——兼与伊若泊（Robert Eno）先生商榷　/　方朝晖　/　238

天道与人性
　　——《易传》人性论发微　/　赵法生　/　252

【兵学研究】

读《孙子兵法》零札　/　黄朴民　/　273

【调研报告】

冀南豫北地区北学先贤古迹调研报告　/　刘　威　/　291

《北学研究》征稿启事　/　320

【荀子研究】

荀子弟子概说*

高专诚**

摘要：荀子是中国古代伟大的教育家。荀子有着博大精深的教育思想，更培养出了震撼历史的弟子。荀子教育思想和教育成就在中国古代史上是罕见的，对中国古代社会的影响是独特而深远的。在从事教育事业方面，荀子的情形与孔子、孟子都很相似。从历史上看，既然可以把以孔子和孟子为首的思想团体称作孔门和孟门，当然也就可以把荀子及其追随者组成的思想团体称作荀门。从外在可比的方面来看，荀门的人数不及孟门，更不及孔门；从内在的不可比的学生质量来说，即使不能说荀门一定强于孔门和孟门，至少荀门也是很有特色的，并且是光芒万丈的。

关键词：荀子弟子；孔门；孟门；荀门

荀子是中国古代伟大的教育家。荀子有着博大精深的教育思想，更培养出了震撼历史的弟子。荀子教育思想和教育成就在人类史上是罕见的，对中国社会的影响是独特而深远的。荀子的教育成就是先秦儒家教育成就的重要组成部分，而早期儒家的教育成就在先秦时代则是独一无二的。

荀子是学者型思想家，也是儒家思想家，同时也对法家思想发展产生了深刻影响，甚至可以说荀子思想是儒法融合的典范。在荀子时代，社会转型的复杂性以及思想潮流的多样性，都是孔子和孟子时代难以想象的。与孔子和孟子相比较，荀子的思想历程相当复杂，思想内容更为丰富，涉猎的思想面也更为宽广。尽管荀子始终遵循儒家思想这个核心，但他对法家思想的深入思考，尤其是对法家政治思想的现实作用的肯定，不仅使他

---

* 本文为2021年国家社科基金一般项目"先秦法家伦理思想研究"（21BZX106）的阶段性成果。

** 高专诚，山西省社会科学院研究员。

的思想表现出儒法融合的特性，也使他的门下出现了遵从法家思想、推动法家政治的重要弟子。特别是在其晚年，当他离开官职，专心在兰陵讲学的时候①，更是以其异常丰富的人生经历和广博的思想历程，大力拓展其教育思想，实践其教育理念。

荀子思想的各个方面相互作用，在教育事业中有着精彩体现。先秦时代的思想家大多有远远近近的追随者，但并不是每一位思想家都能把这样的追随转化为成功的教育。在向教书育人的成功转化方面，儒家有着行之有效的方式方法，并从孔子开始就逐渐形成独特的教育传统。严格说来，在先秦诸子百家中，儒家的教育事业开展得最早，效果也最好，并且一直坚持到先秦时代结束。儒家思想在汉代之所以脱颖而出、独享其尊，与先秦儒家无与伦比的教育传统是有重要关系的。儒家之外的其他各家普遍不重视师生相传，也没有形成代代相传的思想。仅有的从事教育的几家，如墨家，其思想与儒家息息相关，甚至有研究认为墨家创始人墨翟就出自儒家。再如农家，其门下弟子也曾是儒家人物。② 可以说，在整个先秦时代，只有儒家把教育事业兴办得有声有色。更为重要的是，传统儒家教育不仅有着鲜明的教育行为、教育思想，还非常注重教育的现实功用，把教育思想落实在卓有成效的社会实践中。从荀子的教育思想和教育成就中，更能看出儒家的这种教育精神。

身为教育家，荀子的教育思想影响深远，而他最了不起的成就，是教育出了一批卓有成就的弟子。其中最为著名的是历史上两位重要的法家人物，即法家思想家韩非子和法家实干家李斯，以及以传承儒家经典、传播儒学精神而闻名的儒家人物浮丘伯（包丘子）。③ 韩非子是公认的先秦法家思想的集大成者，中国古代"帝王之术"的全面创制者；李斯则是秦始皇统一天下过程中的秦国重臣，为秦国一统天下、建立和巩固秦王朝立下了不可或缺的大功；浮丘伯因其在儒学史上的传经成就，在整个汉代都有着

---

① 《史记·孟子荀卿列传》载："春申君死而荀卿废，因家兰陵。李斯尝为弟子，已而相秦。"[《史记》卷74《孟子荀卿列传》，中华书局1959年版，第2348页]

② 参见（清）焦循撰，沈文倬点校《孟子正义》卷11《滕文公上·有为神农之言者章》，中华书局1987年版。

③ 胡元仪《荀卿别传》载："郇卿弟子今知名者，韩非、李斯、陈嚣、毛亨、浮丘伯、张苍而已，当时甚盛也。"[引自（清）王先谦撰，沈啸寰、王星贤点校《荀子集解·考证下》，中华书局1988年版，第39页]

重要影响。

在从事教育方面，荀子的情形与孔子、孟子都很相似。与那个时代的学者和思想家一样，这些儒家大师的首要追求也是从政，力图以其思想学说指导现实政治，以便最有效地造福人世间。在此过程中，他们必须传播其思想学说，这样势必会吸引人们的注意力，更会激起年轻人的兴趣。有或多或少的后生晚辈集聚在这些思想大师周围，在聆听其思想学说的同时，形成某种形式的团体。这样的团体，既有思想学术追求，也有政治社会追求，从教书育人的角度看去，也有对教育事业的追求。不过，对于孔子、孟子和荀子来说，他们的教育事业严格说来是其政治事业的副产品。这并没有贬低之意，而是强调，他们的教育成就与他们的政治追求是息息相关的。还有一个重要的方面是，儒家教育在注重现实功用的同时，还具有鲜明的教育思想，而到了荀子，这样的教育思想发展更为全面和系统，并深刻影响了他身后的中国历史。凡是受过教育的人，无不记得荀子的著名论断，"青，取之于蓝，而青于蓝；冰，水为之，而寒于水"，这句话来自《荀子·劝学》，而这篇著名的文章同样是每个求学者的必读之文。

从历史上看，既然可以把以孔子和孟子为首的思想团体称作孔门和孟门，当然也就可以把荀子及其追随者组成的思想团体称作荀门。从外在可比的方面来看，荀门的人数不及孟门，更不及孔门；从内在的不可比的学生质量来说，即使不能说荀门一定强于孔门和孟门，至少荀门也是很有特色，并且是光芒万丈的。

一 李斯和韩非子

《史记·孟子荀卿列传》记载："李斯尝为弟子，已而相秦。"一位名叫李斯的人，曾经是荀子的弟子，后来做了秦国的丞相。《史记·李斯列传》称："李斯者，楚上蔡人也。"李斯是楚国上蔡地方的人，年轻时做郡中小吏，看见生活在厕所附近的老鼠只能去吃不洁之物，却还不断受到来来往往的行人和狗犬的惊扰，过着恐慌的日子，而粮仓中的老鼠却是优哉地吃着上好的粮食。这样的不同让李斯大为感慨，"人之贤不肖譬如鼠矣，在所自处耳"。人的贤与不肖，在很大程度上取决于所处的位置、所生活的层次。为改变处境，李斯"乃从荀卿学帝王之术"，跟随荀子学习政治学。李斯学成之后，认识到楚王不足以成就大事，而山东六国日渐衰弱，无法让人建立盖世之功，就打算西入秦国，加入秦国统一天下的大业之中。

从开始学习到学成后入秦，对于李斯在荀门的求学历程，我们只知道一个时间节点，即"至秦，会庄襄王卒"（《史记·李斯列传》），入秦之时，适逢秦庄襄王去世，秦王政继位，这一年是公元前246年（楚考烈王十七年）。荀子最迟在公元前259年到达楚国，① 这距李斯奔秦还有十多年的时间。所以，李斯在荀门学习"帝王之术"，最有可能就在这段时间。

《史记》之所以认为李斯跟随荀子学习的是所谓"帝王之术"，应该有两方面含义。一方面，至少在部分汉代学者看来，荀子思想与所谓的"孔孟之道"并不在同一层次，而是适应了战国末期一统天下的现实的政治需求。另一方面，他们也认为李斯（或许还包括韩非子）的法家行为和思想，与荀子的教育和思想影响是分不开的。这样一来，人们显然会更为关注李斯所表白的离开师门的理由。

> 斯闻：得时无怠。
> 今万乘方争时，游者主事。
> 今秦王欲吞天下，称帝而治，此布衣驰骛之时而游说者之秋也。
> 处卑贱之位而计不为者，此禽鹿视肉，人面而能强行者耳。
> 故诟莫大于卑贱，而悲莫甚于穷困。
> 久处卑贱之位，困苦之地，非世而恶利，自托于无为，此非士之情也。（《史记·李斯列传》）

李斯的人生总则是，一旦看中时机，就必须毫不懈怠地去努力、去争取，直至获得成功。那么，李斯看中的时机是什么呢？他认为，各国君主此时此刻都在争取压制甚至消灭他国的机会，并因此而对"游者"格外重视。所谓"游者"就是游说之人、游仕之士，即非本国世家大族的、具有真才实学的士人。李斯认定，最有资格吞并天下的是秦王，而历代秦王最为看重出身布衣的游说之士。另一方面，李斯深深感到，身处社会下层的人士，如果不以卑贱的社会地位和穷困的生活为耻辱，就只能算是长着人

---

① 参见高专诚《荀子传》，北岳文艺出版社2021年版。

的面孔、能够勉强行走的行尸走肉一般。这样的人,本来没有地位,生活无着,却还喜欢议论长短、空谈世事,甚至号称厌恶现实利益,自认为是无为之人,在李斯看来,这并不是士人内心的真实想法,而是懈怠之心在作怪。李斯完全不赞成这样的思想,也根本不想做这样的人,所以,他毅然决定,"将西说秦王矣",要起身西去,说服秦王,成就功业。

李斯其人及其坚定的政治立场和鲜明的政治观点,在历史上影响深远。上述李斯之语,是他告别老师时的自白,铿锵有力,不容辩驳,很有震撼力,让人难以相信会是发自儒家师门的声音。早在汉代初期,著名学者陆贾就指出:"鲍丘之德行,非不高于李斯、赵高也,然伏隐于蒿庐之下,而不录于世,利口之臣害之也。"(《新语·资质》)此处的鲍丘就是上文的荀子弟子浮丘伯[1],是荀门中以持守坚定的儒家立场并因传授儒家经籍而著称的弟子,也就是李斯和韩非子的同门。陆贾之语证明,荀子兼容儒、法的政治思想并没有被所有弟子接受,这就很自然地出现了宗儒与宗法的两类弟子。坚守儒家仁义的书生之气,与推行法家法制者的现实主义追求,在更多情况下是难以相容的。但是,在荀子看来,儒法必须在实际政治中相辅相成,才是切实可行的治国安邦之策,尽管这种相互融通经历了艰难过程,也不断出现各种起伏。事实也证明,尽管荀子难以接受李斯的观点,但也没有因此而不承认李斯的弟子身份。这一方面证明了荀子教育的宽容度,另一方面也说明了荀子对于法家思想的很大程度的认可。反过来讲,就算从儒、法之分的角度看待荀子与李斯、韩非子的师生关系,这两位学生的思想选择,也与荀子对待当时法家思想的态度甚至是荀子思想中的法家因素有关。

在两千一百多年前的西汉昭帝始元六年(前81年),朝廷专门召开了历史上著名的盐铁会议,名义上是讨论经济政策,实际上是要统一政治思想,即如何使儒、法思想在实际政治中并行不悖。参会者是朝廷主要大臣和各地著名儒家学者,共计六十多人。他们就治国之道和理政之策展开对话,后由东汉著名学者桓宽将会议记录整理成书,即《盐铁论》。书中把对话的双方称作"大夫"和"文学",前者主张以霸道治国,后者则主张以仁政治国,这显然是荀子政治思想面对的主要问题。对话双方屡次提及李斯,显示出荀子的思想和李斯的功业在西汉时代的广泛影响。

---

[1] 又称"包丘子","鲍、浮、包"三字为一音之转。

大夫曰：……昔李斯与包丘子俱事荀卿，既而李斯入秦，遂取三公，据万乘之权以制海内，切侔伊、望，名巨泰山。……

文学曰：方李斯之相秦也，始皇任之，人臣无二，然而荀卿谓之不食，睹其罹不测之祸也。……

今之在位者，见利不虞害，贪得不顾耻，以利易身，以财易死。无仁义之德，而有富贵之禄，若蹈坎阱，食于悬门之下，此李斯之所以伏五刑也。（《盐铁论·毁学》）

官员们显然肯定和仰慕李斯的功业。他们认为，李斯不仅身居高位，权倾天下，而且其功业可以与辅佐商汤王打江山的伊尹和辅佐周武王夺天下的姜太公吕望相提并论。可是，学者们却认为，李斯虽然深得秦始皇的信任和重用，却让他的老师荀子一直担心他可能遭受的不幸结局。李斯最终受刑而死，就是因为身无仁义的修养，却享受了高官厚禄。

事实上，在此之前，《荀子·议兵》就记载了李斯与荀子的一番针锋相对的对话。这段对话的意义，不仅可以作为荀子与李斯存有师生关系的证据，也证明了师徒二人在思想上的分歧。由于本文主旨所限，不能深入讨论李斯的思想，不过，从结局来看，李斯在行动上与老师分道扬镳，与荀子对法家治国之术的重视，以及荀子对秦国政治的某种程度的肯定，也是有着一定关系的。

在《荀子》中，李斯与老师的对话只有这一处，简单地说，就是在荀子与李斯和另一位叫作陈嚣的弟子讨论兵道即兵家思想的时候，李斯向老师提出了疑问。两位弟子提出的问题虽然相同，但李斯质疑的力度更为犀利。如前文所述，李斯在荀子门下学成之后，毅然奔赴秦国求取功名，最终做到了秦国宰相。李斯赴秦，既是对荀子政治学说或者如《史记》所理解的"帝王之术"的肯定，也是对荀子某些观点的否定。李斯与老师的这次对话，对中国古代的政治走向影响深远。

李斯的观点开门见山，显然是荀子的风格。李斯认为："秦四世有胜，兵强海内，威行诸侯，非以仁义为之也，以便从事而已。"（《荀子·议兵》）秦国自孝公推行"商君之法"开始，经惠王和武王，到昭王，连续四世以强兵取胜，山东诸侯无可奈何。在李斯看来，秦国的取胜显然不是遵循仁义的结果，而是面对现实、实事求是的结果。

对于李斯的观点，荀子予以了严厉批评。荀子说：

非汝所知也。

汝所谓便者，不便之便也。吾所谓仁义者，大便之便也。

彼仁义者，所以修政者也。政修，则民亲其上，乐其君，而轻为之死。

故曰：凡在于军，将率，末事也。

秦四世有胜，諰諰然常恐天下之一合而轧己也。此所谓末世之兵，未有本统也。

故汤之放桀也，非其逐之鸣条之时也；武王之诛纣也，非以甲子之朝而后胜之也。皆前行素修也，此所谓仁义之兵也。

今汝不求之于本而索之于末，此世之所以乱也。（《荀子·议兵》）

在儒家看来，秦国的强大，每一步都伴随着不合仁义的无道和血腥。所以，对于李斯的观点，荀子首先批评道，你所看到的事情，都是肤浅的表面现象。荀子接着指出，李斯的观点看上去一气呵成，颇有道理，其实是对事实的错误判断并因此而得出的错误结论。在李斯看来，秦国的取胜法门是"以便从事"。李斯所肯定的"便"是方便行事的便，具体说来就是，当时的秦国不受任何道德教条或所谓人间大义的限制，只要能够在与山东六国的竞争中得利、得势，什么样的方法都可以使用，如秦国对付六国君臣所使用的离间、收买、暗杀和背信弃义等策略，以及以不择手段的纯暴力获取利益，比如长平之战中对俘虏的大量坑杀以及战争中的屠城之类。至于面向国内的政治高压、严酷法治、全民皆兵等政策，更是秦国的不二选择。所以，荀子才不客气地指出，李斯所谓"便"只是秦国统治者利用对他人和他国的不便，本质上是对仁义的不便，以实现自己的方便；而在荀子看来，持守仁义，以仁义行事，才是"大便之便"，也就是方便天下之人的伟大的方便。

进而言之，荀子主张的仁义之道是"大便之便"，即以天下人的方便成就自己的方便。所以，荀子所说的"大便"，是符合天下人利益的最大便利。以仁义为政治原则，民众才会从心底里亲近统治者，甚至可以为君而死。正是在此意义上，荀子甚至认为，对于一个国家的军事力量来说，与维护国家正确的政治方向相比，有没有将帅是次要的。

在现实证据层面，针对李斯所举秦国"四世有胜"的例证，荀子有着完全相反的理解。荀子认为，秦国的"四世有胜"并没有让天下之人诚服，而是使秦国经常处在恐惧之中，唯恐天下诸侯合力对付他。秦国看似强大的军队只能说是"末世之兵"，行将走向灭亡的军队，因为这样的军队没有"本统"，即没有符合仁义之道的思想支撑，缺乏必要的道德基础和正义原则。荀子的这个断言很具有预见性。不过，在当时的形势下，面对秦军节节胜利，似乎很难说荀子的预言能够应验。但是，从李斯入秦，到秦王朝灭亡，也不过是短短的二三十年，秦军的由盛转衰，真可谓是其盛也速，其衰也忽，这不是"末世之兵"又是什么呢？秦国统一天下之后，强大的军队竟然禁不住陈胜、吴广这两位农民造反者的振臂一呼，确实是被荀子有幸而言中了。

回望历史，当年商汤王灭夏之后，把夏桀王放逐于鸣条山；周武王讨伐商纣王时，在甲子那天一举击败纣王的大军。乍看上去，好像事情就发生在鸣条山一地和甲子一时，但荀子却指出，这都是"前行素修"的结果，是在一个相当长的时期里不断累积的结果。夏桀王和商纣王不断累积其非仁义之行，商汤王和周武王则不断累积其仁义之行，成就其仁义之兵，然后才在某一地点、某一时刻产生了那样的结局。既然秦国"四世有胜"累积的并不是仁义之行，其结局就绝不会如李斯设想的那样美好。说到此，荀子严厉地训斥李斯说："今汝不求之于本而索之于末，此世之所以乱也。"现在的你，看问题不求根本，而是根据枝节末梢来下结论，荀子认为，这正是当今时代人们的思想之所以混乱不堪的主要原因。

在那个时代，如果没有高深的学术修养和精准的政治洞察力，如果不能怀有正确的道德准则，确实难以认识到秦国政治的不足之处，所以，李斯难以接受荀子的上述看法也是很自然的。

从结果上看，荀子并未阻止李斯，或者是阻止未果。李斯最终踏上了赴秦国之路。在秦国，李斯一路披荆斩棘，爬升到秦国官员的顶端，即身为丞相，并为秦国统一天下和秦朝早期法制建设作出了巨大贡献。但是，秦朝的迅速灭亡，也与李斯的推波助澜，一味以非正义的强力统治天下的做法大有关系。至于李斯本人，最终死在奸臣赵高的手中，也从一个侧面证明了秦国政治的缺陷和像李斯这样的政治人物的短视。

桓宽《盐铁论·毁学》中说，李斯获得秦始皇信任，担任秦国之相。对此，荀子忧心忡忡，甚至食欲全无，原因是，荀子已经预感到了李斯在秦国肯定得不到好的结局。不过，《盐铁论》所记，凡事多概而论之，缺乏准确时间。如前所述，在李斯下决心离开荀门，赴秦求仕之时，荀子就明确表达了不同意见，认为那并不是李斯真正的事业所在。在担任丞相之前，李斯就已获得了秦王嬴政的全面信任，并表现出了坚强的法家治国精神，荀子对李斯的担心，会发生在这期间的任何一个时候。

李斯还有一位同窗，即来自韩国的韩非子。《史记·老子韩非列传》说："韩非者，韩之诸公子也。喜刑名法术之学，而其归本于黄老。非为人口吃，不能道说，而善著书。与李斯俱事荀卿，斯自以为不如非。"这是说，韩非是韩国公室后人，贵族出身，与李斯同学于荀子门下。韩非有口吃之疾，不方便与人交流，于是就把更多时间用在学习上，以至于壮志雄心的李斯也不得不自愧弗如，并在后来的关键时刻把这种"学不如人"转化成了报复行动。

韩非子后来成为最杰出的法家思想家，思想史上认为他是法家思想的集大成者，集传统法家的"法、术、势"于一体，提炼出不折不扣、货真价实的"帝王之术"。司马迁说韩非喜欢"刑名法术之学"，就是强调了在韩非子之前，法家思想已经在社会上广泛存在了，而韩非子则为传统法家思想找到了真正的归宿，即"黄老"之学，一种假托于黄帝和老子的唯我独尊、专制独裁的思想潮流。这些思想看似与荀子思想毫无共同之处，但是，荀子是能够读懂法家思想真谛的人。荀子对儒家思想的信仰、对圣王的崇敬也很具有独断性，也就是说，荀子之学与韩非子之学在方法论上是一致的。更重要的是，荀子的理性精神也完全映照在了韩非子的思想中，而《荀子》之文和《韩非子》之文在文气上无疑是息息相通的。不过，哲学上的理性主义精神一旦失度，就容易滑向独断，在政治上则容易走向集权和专制。

后世学者，尤其是尊崇荀子的儒家学者，完全想不通荀子思想与韩非子思想会有共通之处。不过，更接近于荀子和韩非子时代的西汉学者司马迁，已经看出了荀子之学至少是李斯眼中的"帝王之术"[1]，那么，如果说与李斯同受荀学熏陶的韩非子也认为荀学是"帝王之术"，并在学成之后升华出新形态的"帝王之术"，也就没有什么令人不解之处了。换句话说，荀子的"帝王之术"被李斯所实践，被韩非子所升华，就算不是荀子的初衷，也与荀学有着不可否认的关联。所谓"儒""法"之分是后世学者的

---

[1]《史记·李斯列传》载：（李斯）"乃从荀卿学帝王之术"。[《史记》卷87《李斯列传》，中华书局1959年版，第2539页]

看法，而在荀子、韩非子的时代，所有的思想学说，严格说来都是所谓的"帝王之术"。从这个角度来看，李斯和韩非子从学于荀子，是很自然而然的事情。①

韩非子对儒家思想有过许多极其辛辣刻薄但也不乏中肯的批判，这就说明，韩非子对儒家思想是相当了解的。对于已经成了名的儒家人物，韩非子对孔子和子夏尚存好感，对子思（孔子之孙）则持批评态度，这与荀子对这几位的态度是一致的，由此也许可以说，韩非子对于儒家思想和人物的了解和态度，也与荀子有着很大的关系。

思想成熟之后的韩非子完全瞧不起他那个时代各家各派的学者，对于儒家主张的以道德约束政治的观点也嗤之以鼻，这可能也是受到荀子诸如对"十二子"所持苛刻批判态度的影响②，尽管荀子可能无法接受韩非子否定人的道德修养和道德品格可以在政治社会领域里发挥作用的观点。

对于韩非子铺陈在他的犀利文章中的极端法家思想，秦王嬴政（后来成为秦始皇）却极度欣赏，并把韩非子请到秦国，当面求教。不过，秦王和韩非子都是"帝王之术"的学习者，而对"帝王之术"深有心得并能娴熟使用的，却是韩非子的同窗李斯，毕竟李斯明确地把荀学定义为"帝王之术"。李斯恐怕受宠中的韩非子取代自己的地位，便联合朝中大臣进谗言，最终把老同学害死在了狱中。可怜的韩非子，虽然他的书中把君臣之术讲得头头是道，本人却惨死在了脱不掉的书生气之中。在这一点上，韩非子与老师荀子倒是相差无几。

在先秦政治史和思想史上，韩非子可能是最有争议的人物之一，从当时直到当代。韩非子思想是中国思想上重要的一环和转折点，韩非子本人的遭遇则是中国古代知识分子命运的重要代表和转折点。韩非子思想的诞生，标志着一种思想可以与政治现实、与专制君主的利益密切结合，甚至不分彼此。在此之前，这样的思想是没有过的。韩非子死于秦王嬴政之手，标志着先秦时代诸侯国君主尊重和敬畏思想家、学问家的时代的结

---

① 韩非子从学于荀子，仅有《史记·孟子荀卿列传》的记载，荀子和韩非子的著作中并没有提及，故颇有人怀疑韩非子学于荀子的事实。怀疑者的重要依据就是，荀、韩二人的思想学说一儒一法，大相径庭。其实，儒、法之分是汉代人的发明，在荀、韩的时代，"帝王之术"才是他们的共同追求。

② 参见（清）王先谦撰，沈啸寰、王星贤点校《荀子集解》卷3《非十二子》，中华书局1988年版。

束。当那个激荡的时代结束之时,中国古代知识分子的命运日渐清晰,或者与当权者合作,或者不合作,选择前者可以荣华富贵,选择后者就得遭受各种磨难,直到发生韩非子式的悲惨结局。

不过,以韩非子为荀子弟子,二子的师生关系,在《荀子》和《韩非子》中都得不到直接证明。这两部书都是大部头著作,《韩非子·显学》中说,孔子去世后,儒家先后出现过八个主要派别,其中就有"孙氏之儒"。一般认为此处的"孙氏之儒"是指宗从荀子思想的一派儒生,[①] 也许其中会有上述浮丘伯等人,但这并不能证明韩非子就是荀子的学生,因为人们期望看到的是韩非子与荀子更为直接的关联。至于《荀子》之中,则完全没有韩非子其人的影踪。

要说荀子与韩非子有师徒的关联,可能更多地体现在二人的思想取向和作品中,尤其是他们的思想作品,保存的数量较多,并且具有那个时代政论文的典型性。《荀子》政论文的主要特点是,文辞犀利且有规法,既有力度,又闪耀着理性光辉。荀子是出色的逻辑学家,反映在他的政论文中,论点鲜明,论据充分,论证环节更是密不透风,往往是一气呵成。读《荀子》的政论文,必须集中注意力,若有一处理解不透彻,再往下就难以读懂了。

《史记·老子韩非列传》称,韩非子"作《孤愤》《五蠹》《内外储》《说林》《说难》十余万言"。这些篇章现在都能读到,写作风格也相当一致。在这些政论文章中,韩非子用词简明、表达直率,无论是针砭时弊,还是表达政治理念,都是直来直去,毫无拖泥带水之处,是政论文的典范之作。《韩非子》所表达的,既有理性主义的严酷性,又有理想主义的浪漫性,前者让人拍案叫绝,后者让人扼腕叹息。

《荀子》的体裁和写作风格在《韩非子》中有着明显回应,但是,与《荀子》相比,《韩非子》的文章更具战斗性,观点独到,用词简明而辛辣,举例直白而无情。但从文学表现力上来看,《韩非子》比《荀子》还是稍欠一些火候。

[①] 荀、孙二字为一音之转,故荀子被后人称为荀卿或孙卿,"孙氏之儒"或为孙卿之儒。另外,《韩非子·难三》说:"燕子哙贤子之而非孙卿,故身死为僇。"〔(清)王先慎撰,钟哲点校:《韩非子集解》卷16《难三》,中华书局1998年版,第375页〕这是《韩非子》中唯一提到"孙卿"之处,似乎也很难以此证明荀子与韩非子之间存有师生关系。

二　陈嚣和浮丘伯

我们已经看到，在那样一个战争频仍的年代，对于荀子倡导的仁人之兵，如果不能站在足够高的历史和思想高度，确实无法接受。甚至是荀子身边的弟子，也曾就这个问题质疑荀子，与荀子进行了面对面的争论。在荀子与弟子的对话中，除了李斯，《荀子》之中就只有口称荀子为"先生"的陈嚣了。陈嚣在《荀子》中仅此一见，其他典籍中也没有记载，想必是荀子的一位普通弟子。很显然，陈嚣出现在《荀子》中，并不是因为他是个重要人物，而是他与荀子讨论了重要问题。从他与荀子的对话中，很难看出陈嚣的思想属于哪家哪派，如果他能够有自己独到的思想追求的话。至于在"议兵"问题上荀子对陈嚣的教诲是不是发挥了作用，后人也是不得而知。

> 陈嚣问孙卿子曰：先生议兵，常以仁义为本。仁者爱人，义者循理，然则又何以兵为？凡所为有兵者，为争夺也。
> 孙卿子曰：非汝所知也。彼仁者爱人，爱人，故恶人之害之也；义者循理，循理，故恶人之乱之也。彼兵者，所以禁暴除害也，非争夺也。故仁人之兵，所存者神，所过者化，若时雨之降，莫不悦喜。（《荀子·议兵》）

与李斯一样，陈嚣也是在对待武力的问题上与老师产生了思想分歧。可以想见，如果没有像荀子那样五十岁之前一直对儒家思想的执着追求，要想在战国后期的社会环境下不对诸如法家和兵家之类的实用性很强的思想学说产生特殊兴趣，真是一件困难的事情。

弟子陈嚣发出疑问说："先生您把仁义视为兵道之根本，但在我看来，仁者要表现出爱人，义者要表现出遵循理义，这完全是与出兵打仗背道而驰的！"陈嚣还表明了更深一层的观点，那就是，用兵的目的无非争夺利益，争夺利益的手段免不了兵戎相向，甚至杀人盈野，这与仁义更是风马牛不相及呀！

不用说，陈嚣质疑仁人之兵的意见是很有代表性的，荀子不能不加以重视。荀子批评这位弟子说"非汝所知也",明确指出弟子的观点是错误的,而错误的根源是见识不足、认识肤浅。

荀子的具体回答与对待李斯一样,还是首先认为陈嚣对荀子所主张的"仁人之兵"的理解在根本上就有问题。在荀子看来,仁者正是因为爱人,才会厌恶那些害人之人;义者正是因为遵循礼义,才会厌恶那种胡作非为之人。换句话说,仁人之武力的本质是用来禁止暴虐、除掉祸害的,而不是去争夺利益的。所以,仁人之军队,要保护什么的时候就好像神灵在起作用,凡是其经过的地方都会被彻底改变,好比是及时雨洒过,人人都会感到喜悦。

为了深化仁者之兵的主张,荀子又以先圣先王为例加以论证。荀子说,上古之时,尧帝讨伐驩兜,舜帝讨伐有苗氏,大禹王则是讨伐共工氏,到后来,商汤王讨伐夏桀王,周文王讨伐有崇氏,周武王讨伐商纣王,这些都不是为了个人或氏族利益,而是"皆以仁义之兵行于天下"。因为圣王兴起的是仁义之兵,所以,近处之人因其和善而感觉亲近,远方之人则因其仁义而产生仰慕,以至于虽有军队,却无须使用暴力就能让远近之人心悦诚服,让圣王的德义播撒到四面八方。总之,仁者之兵、王者之师,是通过仁义道德之行让人心服,而不是使用暴力让人表现出表面上的服从。①

荀子的这番主张,在一般人看来未免有些书生气、理想化。但是不要忘记,荀子是思想家,不是现实的政治家,他有责任替社会眺望更远更合理的目标。他为世人展示的仁人之兵的力量,尽管连他自己都说是"所存者神,所过者化",难以一桩桩、一件件地历数其具体力量所在,但他对人的内心世界的肯定、对人的道德之心的崇敬,却不失为一位儒家大师的良知呈现。

在百家争鸣的时代背景下,荀子门下也可谓百花齐放。在法家思想家韩非子、法家实干家李斯之外,根据可信的历史典籍记载,还有传统型的儒家学者浮丘伯,也就是包丘子②。从史籍记载来看,这位浮丘伯在荀子

---

① 《荀子·议兵》载:"是以尧伐驩兜,舜伐有苗,禹伐共工,汤伐有夏,文王伐崇,武王伐纣,此四帝两王,皆以仁义之兵行于天下也。故近者亲其善,远方慕其德。兵不血刃,远迩来服,德盛于此,施及四极。"[(清)王先谦撰,沈啸寰、王星贤点校:《荀子集解》卷10《议兵》,中华书局1988年版,第279—280页]

② 胡元仪《郇卿别传考异》载:"'浮丘'一作'包丘',见《盐铁论·毁学篇》。浮丘盖齐地名,因以为氏。'浮''包'同声字,如《春秋》'浮来之地',《左传》'浮来',《公》《穀》皆作'包来',是其例也。"[引自(清)王先谦撰,沈啸寰、王星贤点校《荀子集解·考证下》,中华书局1988年版,第47页]

门下学习，专攻荀子《诗》学，最终自成一家。汉代儒家经典的《诗》学传统与荀门的传承密切关联，其中，"鲁《诗》"的传统就是源之于荀子弟子浮丘伯。

既然浮丘伯的儒学成就主要在传承儒学经典方面，所以这一定要从荀子对儒家经典的重视讲起。

荀子是多才多艺的学者，这在先秦时代是绝无仅有的。在他伟大的思想创建之外，对于儒家经典文本的研习和传承，在儒学史上是独一无二的。① 荀子儒学思想的直接来源是卜子夏，而子夏在孔门被孔子肯定为"文学"弟子，② 即对于传统的文物典章有着特殊兴趣和研究成就，这样一来，子夏对于孔门所重视的经籍必然会有深湛研究，也会有积极的传授。荀子学遵子夏，自然就与儒家经典结下了不解之缘。③

在西汉前期就已受到官方重视的儒家"五经"中，《诗经》《礼经》《春秋》的传承都与子夏有关。而在《荀子》中，儒家五经都是被经常引用和直接论说的对象。到了汉代，儒生就把儒家经典的流传几乎都与荀子挂起钩来。唐代以后的儒家学者们甚至认为，儒家五经都经过了荀子的传承，甚至列出了具体的传承线索。这样的说法显然有攀附名人的嫌疑，并引发了太多的学术公案。不过，汉儒之所以选择荀子为儒家若干重要经典的传承始祖之一，也并不是没有道理的。④

在汉代，传授儒家《诗经》的有多个传统⑤，其中"鲁《诗》"的传

---

① 廖名春指出："就现有文献资料来看，将儒家的一些原始性重要著作称为'经'，就起于荀子。……就群经的流传来说，荀子是孔门的最大功臣。……在先秦、秦汉经学史上，荀子是承上启下的大家。"[廖名春:《〈荀子〉新探》，台北：文津出版社1994年版，第235、254—255页]

② 参见程树德撰，程俊英、蒋见元点校《论语集释》卷22《先进上》，中华书局1990年版。

③ 详见高专诚《荀子传》，北岳文艺出版社2021年版，第22—29页。

④ 参见高专诚《荀子的经学贡献之一 对儒家经典的解读与传承》，《名作欣赏》2016年第7期。

⑤ 一般认为主要有毛《诗》、鲁《诗》、齐《诗》、韩《诗》等四家。胡元仪《郇卿别传》认为："郇卿善为《诗》《礼》《易》《春秋》。从根牟子受《诗》，以传毛亨，号《毛诗》；又传浮丘伯，伯传申公，号《鲁诗》。……谷梁俶亦为《经》作《传》，传郇卿，卿传浮丘伯，伯传申公，申公传瑕丘江公，世为博士。……由是汉之治《易》《诗》《春秋》者皆源出于郇卿。郇卿弟子今知名者，韩非、李斯、陈嚣、毛亨、浮丘伯、张苍而已，当时其盛也。"[引自（清）王先谦撰，沈啸寰、王星贤点校《荀子集解·考证下》，中华书局1988年版，第38—39页] 其实，毛、张二位，史籍佐证并不充分，故本文不论。另外，荀子传《春秋》经传于浮丘伯之事，汉人未有记载，亦不论。

统与浮丘伯有着可靠的直接关系。《汉书·儒林传》记载:"申公,鲁人也。少与楚元王交俱事齐人浮丘伯,受《诗》。……申公卒以《诗》《春秋》授,而瑕丘江公尽能传之。"申公即鲁地之人申培公,因主要在鲁地传授《诗》学①,所以,申公传授的《诗》学一派,史称"鲁《诗》"②。在西汉时期,"鲁《诗》"是最早立为一家的,且是传《诗》早期声势最壮的研习《诗经》的学派。

关于浮丘伯的生平和行事,史籍记载:

> 春申君死而孙卿废,因家兰陵。李斯尝为弟子,已而相秦。及韩非号韩子,又浮丘伯,皆受业,为名儒。③

> 楚元王交字游,高祖同父少弟也。好书,多材艺。少时尝与鲁穆生、白生、申公俱受《诗》于浮丘伯。伯者,孙卿门人也。及秦焚书,各别去……元王既至楚,以穆生、白生、申公为中大夫。高后时,浮丘伯在长安,元王遣子郢客与申公俱卒业。(《汉书·楚元王传》)

> 申公,鲁人也。少与楚元王交俱事齐人浮丘伯受《诗》。汉兴,高祖过鲁,申公以弟子从师入见于鲁南宫。吕太后时,浮丘伯在长安,楚元王遣子郢与申公俱卒学。(《汉书·儒林传》。师古《注》:郢即郢客也。)

从这些较早的可信记载来看,浮丘伯受业荀子,是在荀子长住兰陵时期。荀子去世在秦统一之前,但直到秦朝"焚书"时④,浮丘伯还与刘交、鲁穆生、白生、申公等弟子们在一起。秦"焚书"令下,儒生不能公开授学,大家只好各奔东西。西汉建立后,作为汉高祖刘邦之弟的刘交受封楚

---

① 《汉书·儒林传》载:"(申公)归鲁退居家教……弟子自远方至受业者千余人,申公独以《诗经》为训故以教。"[《汉书》卷88《儒林传》,中华书局1962年版,第3608页]
② 《汉书·楚元王传》载:"文帝时,闻申公为《诗》最精,以为博士。……申公始为《诗》传,号《鲁诗》。"[《汉书》卷36《楚元王传》,中华书局1962年版,第1922页]
③ (清)王先谦撰,沈啸寰、王星贤点校:《荀子集解·荀卿新书三十二篇(刘向叙录)》,中华书局1988年版,第558页。
④ 《史记·秦始皇本纪》载:"非博士官所职,天下敢有藏《诗》《书》、百家语者,悉诣守、尉杂烧之。"[《史记》卷6《秦始皇本纪》,中华书局1959年版,第255页]时在公元前213年(秦始皇三十四年)。

王，同门穆生、白生、申公在楚王朝中为官，而浮丘伯则在都城长安讲学，刘交又把儿子刘郢（客）送到浮丘伯门下学习。这种父子同学一师的景象，在那个时代并不多见。①

很显然，浮丘伯从事学术活动并得到社会认可的主要时期是在西汉王朝建立前后，并与他在西汉建立之前就收授刘交、申公等人为弟子有关。作为楚元王的刘交能够保证和扩大浮丘伯的社会影响，而申公传"鲁《诗》"自成一家，则是继承和发扬了浮丘伯甚至荀子的儒学传统。总之，正是由于浮丘伯的存在和业绩斐然，才为荀子儒学成就的传承保留了重要根脉。

浮丘伯的修养和学养都很深厚，甚至远到西汉后期，我们在《盐铁论》中都能看到，当时的人们还视浮丘伯为儒家学者的典范。在前文所叙《盐铁论》记载的官员与文士的对话中，双方也说到了浮丘伯（《盐铁论》中称"包丘子"）。

> 大夫曰：……昔李斯与包丘子②俱事荀卿……包丘子不免于瓮牖蒿庐，如潦岁之蛙，口非不众也，卒死于沟壑而已。今内无以养，外无以称，贫贱而好义，虽言仁义，亦不足贵者也！
> 文学曰：……包丘子饭麻蓬藜，修道白屋之下，乐其志，安之于广厦刍豢，无赫赫之势，亦无戚戚之忧。（《盐铁论·毁学》）

官员们显然瞧不起浮丘伯的穷困潦倒，而学者们则高度赞扬浮丘伯的高尚气节。更为难得的是，同出于荀子之门的两位弟子，李斯和浮丘伯，政治立场和人生结局是如此的不同，却在几百年后还让立场完全不同的人们不断提及，并拿来证明各自的政治主张。

对于儒家学者，官员们极尽嘲讽之能事。他们认为，以浮丘伯为代表的这类学者，他们的思想并不正确，却自认为是正当的；嘴上说没有欲望，实际上并非如此。他们对内无力奉养家人，在外没有名望，身处贫贱

---

① 刘向为楚元王刘交第四代孙，其将荀子著述整理为《孙卿书录》，或许多多少少传承了浮丘伯、刘交、刘郢（客）的学术。
② 王利器指出："《御览》八四一引'包'作'鲍'，王应麟《姓氏急就篇》下引仍作'包'。顾广圻曰：'包邱子者，浮邱伯也。'"［王利器校注：《盐铁论校注》，中华书局1992年版，第232页］

之中，却声称喜好大义。这样的人，即使能够言说仁义，又有什么可贵之处呢！

但是，学者们却大声地发出辩护，认为学者确实有可能生活很窘迫，但这又有什么关系呢？因为坚持仁义而过不上富裕的生活，当不上权力赫赫的高官，这只能让学者的内心更加坦然。他们不会像现实中的那些在位者一样，见到利益之时就不去考虑危害，贪婪而不顾廉耻，直到因为牟利而丢掉性命。

从各方面记载来看，浮丘伯一生的穷困潦倒是公认的事实，但各方面的说法都是泛泛而言，并没有提供能够证明浮丘伯贫贱生活的具体事件和细节，所以，我们也不能确定浮丘伯的如此窘迫的物质生活存在于他一生的哪个阶段，比如入荀门之前或之后，或者一生便是如此。不过，《荀子·成相》中宣称："世无王，穷贤良。暴人刍豢，仁人糟糠。礼乐息灭，圣人隐伏。"在中国古代政治专制制度之下，坚守正义的人士，尤其是其中的儒生，身处困顿已经成为他们的标配。在这种背景下，儒家大学问与生活大困境是成正比的，浮丘伯也不能例外。更有学者认为，"浮丘伯有颜回之志，在陋巷不改其乐，修道白屋之下，乐其志。由此可知，浮丘伯是荀门之中颜回一般的弟子"[①]。

官员们看重现实功利，而无官职无财富的浮丘伯自然会成为他们鄙视的对象。但学者们看重思想创建和持守道义，认为勤恳传承儒家经典且安贫乐道的浮丘伯才是正义的中坚和真正的社会财富。由此可见，虽然荀子一直致力于弥合儒法分歧，但现实中的儒法分野却势不可挡。

三 其他弟子

荀子拥有弟子是毋庸置疑的，但对于这些弟子的数量和集体影响力，也就是研究者所说的荀子后学或荀子学派或荀门，尽管有一些研究者提出了一定程度的怀疑，但仅从《荀子》一书的情形来看，这样的怀疑总体上是难以成立的。事实上，荀子直传弟子的数量可能无法与他的儒学前辈比如孔子和孟子甚至子夏相比，但一如本文的叙述所显示的，他们对于荀子

---

① 范文华：《荀子弟子浮丘伯考》，《邯郸学院学报》2021年第1期。

学说的传递和秦汉之际以及汉代荀学和儒学的传扬却都作出过巨大贡献。①

凡是在传统文化深厚的民族和国家，人们尤其看重身后的名声和影响。孔子断言"仁者寿"（《论语·雍也第六》），认为仁义之人的长寿，重点并不在于生前寿数，而更在于身后在世人记忆中的地位。儒学是入世的学问，儒家君子不仅重视在世时的成就和口碑，也重视离世之后对人世的影响以及后人对他们的评价，对此，孔子更是说过："君子疾没世而名不称焉。"（《论语·卫灵公十五》）如果身后没有好的名声传世，对君子来说是激愤至极、难以瞑目的憾事。当然，这样的影响和名声并不是仅靠主观愿望就能获得的，而是由生前的所作所为决定的。对于学者来说，生前所作所为之所以能够留存和传布，若干弟子的存在肯定是一个有利条件。

荀子是那个时代的长寿者，尽管他去世的确切时间已无法得知。《史记·孟子荀卿列传》记载，荀子去世后葬在了他曾经担任行政长官的楚国兰陵，而没有回归赵国故地，这应该是荀门弟子所为。

一代宗师荀子的去世，标志着先秦学术的终结。对于荀子思想成就和历史地位的评价，他的弟子们认为甚至胜过了孔子。传世《荀子》一书的最后一篇是《尧问》，②这一篇的结尾处有一段话，可能是弟子们为最早版本的《荀子》一书所作的后记。因为这一段对于证明荀子身后那些不算知名的弟子的存在至关重要，故本文全部摘引如下：

> 为说者曰："孙卿不及孔子。"是不然。
>
> 孙卿迫于乱世，鳅于严刑。上无贤主，下遇暴秦。礼义不行，教化不成。仁者绌约，天下冥冥。行全刺之，诸侯大倾。
>
> 当是时也，智者不得虑，能者不得治，贤者不得使。
>
> 故君上蔽而无睹，贤人拒而不受。
>
> 然则孙卿怀将圣之心，蒙佯狂之色，视天下以愚。《诗》曰："既

---

① 参见周炽成《〈非十二子〉之非子思、孟轲出自荀子后学考》，《国学学刊》2014 年第 3 期；范友芳、赵宏伟、康德文《〈礼运〉篇出于荀子后学考辨——兼谈〈礼运〉与〈易传〉的关系》，《九江师专学报》（哲学社会科学版）2001 年第 1 期。

② 王冉冉、张涛指出："关于《尧问》末章的作者，唐人杨倞、近人钱穆、今人杨朝阳等都认为，此章当为荀子弟子所作。"［王冉冉、张涛：《〈荀子·尧问〉篇与〈荀子〉成书问题》，《理论学刊》2012 年第 6 期］

明且哲，以保其身。"此之谓也。

是其所以名声不白，徒与不众，光辉不博也。

今之学者，得孙卿之遗言余教，足以为天下法式表仪。

所存者神，所过者化。观其善行，孔子弗过。世不详察，云非圣人，奈何！

天下不治，孙卿不遇时也。德若尧、禹，世少知之。方术不用，为人所疑。其知至明，循道正行，足以为纪纲。呜呼！贤哉！宜为帝王。

天地不知，善桀、纣，杀贤良。比干剖心，孔子拘匡，接舆避世，箕子佯狂，田常为乱，阖闾擅强。为恶得福，善者有殃。

今为说者又不察其实，乃信其名。时世不同，誉何由生？不得为政，功安能成？志修德厚，孰谓不贤乎！（《荀子·尧问》）

荀子弟子们首先强调说，那些多嘴多舌的人会说，荀子不如孔子。可在这些弟子看来，这种说法并不符合事实。他们提出的理由是，从个人角度来看，荀子生活在乱世，那时候的山东六国已经走到尽头，并没有出现贤能之主，再加上秦国的横暴行径，使得儒家的礼义教化难以实行，这就导致像荀子这样的儒者迫于时势压力也是无所作为。从天下大势来看，智者没有机会运用智慧，有才能者登不上施展本领的舞台，贤者也无法获得适当的任用，正所谓君主受到蒙蔽，对国家的混乱根本看不到，贤能之人自然就会被拒之门外。在这种形势下，荀子尽管没有把其他人放在眼里，但也只能是胸有圣者志向，努力做到明哲保身而已。结果就是，荀子并没有获得巨大名声，也没有收受众多弟子，更没有把他的思想光辉广泛发散出去。

那么，在弟子们看来，荀子的人格高度和思想成就到底在哪里呢？他们认为，那个时代的任何一位学习者，只要能够得到荀子的遗言余教，就足以为天下人树立起榜样。荀子的人格和思想，只要是存在过的地方，就会显现出神奇的效果；只要是经过的地方，人们就会受到道德化育。仔细观察荀子妥善的行为，是孔子都难以超过的。世人不去详细了解，却说荀子不是圣人，真是让人无奈呀！

接着，荀子的这些弟子又举出了历代贤能之人所遭受到的不公正待遇，以及祸乱天下之人却得到的良好结果的例子，以证明荀子确实生活在一个作恶者得福、行善者遭殃的时代。

可是，那些多嘴多舌之人却相信表面现象，不去深入考察实际情况。而在荀子弟子们看来，正是这样的时代使荀子无所作为。在这样恶浊的时代里，荀子凭什么能得到荣誉？那些昏庸的君主连从政的机会都不给荀子，凭什么让他建功立业？然而，弟子们深信，荀子的志向是那样崇高，德行是那样深厚，凡是对他有所了解的人，肯定不会认为他不是贤者！

这段文字的中心思想，一是认为荀子是胜过孔子的圣人，二是认为荀子具有成为帝王的品德和才能。这当然是弟子们的溢美之词，后人可以理解。但是，这些弟子对于荀子一生遭遇的描述，以及对于荀子之学的巨大价值的肯定，却是非常可取的。与孔子时代不同，荀子的时代政治更加混乱，各种各样的学说层出不穷，争鸣激烈，要想在这样的一个时代有所成就，有所作为，难度可想而知。荀子不受世俗影响，坚持自己的主张，最终成为一代宗师，就对中国历史和思想史的影响而言，在许多方面确实不亚于孔夫子。

平心而论，上述荀子弟子对荀子的评价中，断言荀子胜过孔子，甚至认为荀子可以做帝王，应该说有着很浓厚的对荀子的个人崇拜甚至造神的成分在其中。这种情况，在任何时代、任何思想大师身后都是发生过的。孔子之后，有弟子认为孔子之高明堪比日月，无人能及，[1] 甚至超越了尧舜[2]，这同样是对孔子的神化。神化固然有些过度，但孔子之高明，荀子光辉，却也是事实。

从这一大段难得的历史记载中，我们也可以对荀门弟子有一些新的认识。[3] 除了上述李斯、韩非子、陈嚣和浮丘伯等荀门"四杰"，就是写下这段"辩护词"的一些不知名的荀子弟子了。他们之中显然没有达官显贵，但却妥善安排了老师的后事；他们之中并没有杰出的学者和名声显赫的官

---

[1] 《论语·子张》载："子贡曰：无以为也！仲尼不可毁也。他人之贤者，丘陵也，犹可逾也。仲尼，日月也，无得而逾焉。"[程树德撰，程俊英、蒋见元点校：《论语集释》卷38《子张》，中华书局1990年版，第1340页]

[2] 《孟子·公孙丑上》："宰我曰：'以予观于夫子，贤于尧舜远矣。'"[（清）焦循撰，沈文倬点校：《孟子正义》卷6《公孙丑上》，中华书局1987年版，第217页]

[3] 孔繁指出："以上引《荀子·尧问篇》，按其内容口气，当属汉初荀子后学所作。……荀子后学为荀子生时未遇而兴叹，对其身后影响之褒扬，和历史变迁的实际情况是相吻合的。"[孔繁：《荀子评传》，南京大学出版社2003年版，第15—16页]

员，甚至后人都不知道他们的名姓，但他们却能忠诚于师长，对老师没有任何的"背叛"①。严格说起来，他们与"四杰"一样，都是"青出于蓝而胜于蓝"（《荀子·劝学》）者。从他们对荀子的倾心评价和尽心维护中，我们再次领略到了荀子教育事业的成功之处。

四　孔子、孟子和荀子的弟子异同

在先秦百家争鸣的时代，通过收授弟子而壮大力量、扩大影响的思想派别其实并不多，并且也只有儒家在这方面做得最为成功。正是由于弟子们的不懈努力，使先秦儒家思想在孔子、孟子和荀子三位大师之间没有出现学术空缺，甚至还有不同程度的推进和发展。应该说，儒家思想之所以在秦汉之后成为主流意识形态，与这种思想发展的延续不断是有重要关系的。而先秦儒家教育事业获得成功的原因，最根本之处是儒家思想特殊的入世取向。儒家弟子们的思想虽然深受老师影响，但更多的是受时代和现实的促动，尤其是荀子弟子，以至于各有创新性追求、各有不同的政治前程，最终形成浩荡的思想之风和行动之潮。

严格说来，先秦诸子的思想都是入世的，只是切入点不同而已。但是，其他收授弟子的思想派别对于投至其门的弟子均有特别的要求，不是要求某一种专门技能，比如农家要求耕田，就是提出某些特殊管理要求，比如墨家的层级管理。反观儒家，对于投入其门的弟子并没有如上述派别的具体要求，而只是要求弟子勤学好问，在学习中获得做人的修养和治国理政的综合才能。这样一来，儒家学派对于弟子的要求，既不偏执，又能使弟子们获得个人品格的提高，更能得到更多的从政机会。在此基础上，儒家学派的教学活动更易于取得成功就是很自然的事情了。

儒家的教学活动开始于孔子。孔子是儒家学派的创始人，也是儒家教育的开拓者，更是改变中国古代教育方向的第一人。在孔子之前，官学式微，私学兴起，但是，正是在孔子的努力之下，从事教育才逐渐成为一种

---

① 《荀子·大略》："言而不称师谓之畔，教而不称师谓之倍。"［（清）王先谦撰，沈啸寰、王星贤点校：《荀子集解·大略》，中华书局1988年版，第506页］

行业，教师也才从一种单纯的以教学为谋生手段的劳动者，上升为一个有着特殊政治追求的社会阶层的成员。

尽管教育只是孔子政治追求的副产品，但他的教育活动是相当成功的。众所周知，孔子一生共有弟子三千多人，其中有成就的七十多人，在《论语》中留下名姓和事迹的有三十人左右，个人成就在史籍中有记载的也有二十人左右，并且遍及各个社会阶层和领域。① 孔子在世时，对有成就的弟子就有著名的"四科"之分。② 颜回等人的德行表现，冉求等人的治国理政才能，子贡等人的外交成就，子夏等人的文化建设事业，既在他们的时代耀眼夺目，更深刻影响了中国社会的文明进程。《韩非子·显学》记载孔子之后"儒分为八"，这八派尽管并非都是孔子直传弟子，但也代表了孔子儒学强大的传承力。

孔子的教育成就，在人类历史上是绝无仅有的。最为重要的是，孔子思想之所以能够流传后世，并形成儒学发展的浩荡洪流，一个不可或缺的原因就是孔子弟子的集体成就。孔子及其弟子的影响遍及全社会，是那个时代的历史和思想史链条中不可缺少的一个重要环节。如果没有孔子弟子的存在，中国古代社会恐怕会走向另一个方向。

孟子的活动年代距离孔子去世已经百年，但孔子积极从事教育活动的精神却被孟子继承下来。在孟子时代，各家各派收授弟子的活动已然成风，孔子时代没有遇到过的与各家弟子直接交锋的事情，孟子却屡屡面对。③ 孟子广招弟子，尽管也有被他拒绝收入门下的人，但总体上讲，"后车数十乘，从者数百人，以传食于诸侯"（《孟子·滕文公下》）的场面无疑是相当壮观的，并且是孔子在世时不可想象的事情。孟子弟子数量最高峰时达到有数百人同时在门下，并受到各国诸侯的轮流接待，证明孟子的教育活动也是相当有成就的。然而，孟子弟子虽众，但有出息、有作为的弟子却没有见到，同样是令人深感诧异的。无论是在孟子的有生之年，还是在他去世之后，弟子们在社会上基本默默无闻。《史记·孟子荀卿列传》

---

① 参见高专诚《孔子·孔子弟子》，山西人民出版社1989年版，第12—15页。
② 参见程树德撰，程俊英、蒋见元点校《论语集释》卷22《先进上》，中华书局1990年版。
③ 如《孟子·滕文公上》："墨者夷之，因徐辟而求见孟子。"[（清）焦循撰，沈文倬点校：《孟子正义》卷11《滕文公上》，中华书局1987年版，第401页。]

说，各国君主认为孟子的思想"迂远而阔于事情"，太空洞辽远，难以解决眼下的事情，所以都不愿意任用孟子。晚年的孟子在从政无望的情况下，无奈地"退而与万章之徒序《诗》《书》，述仲尼之意，作《孟子》七篇"，只好与以万章为首的弟子们讨论学问，并著写了《孟子》这部书。

《孟子》是孟子与弟子们共同完成的，大概的情况是，弟子们记录，孟子审定，所以也可以说是孟子亲自撰写的，比较真实地反映了孟门的实际情况。孟子弟子基本上都出现在了《孟子》之中。与孔子一样，正是在周游各国的政治追求中，孟子才带出了一批有才能的弟子。孟子接收弟子的目的，不是要他们做纯粹的学究，而是为自己的政治事业寻找支持者和同行者。不过，与孔子不同的是，孟子的言论和思想比较刻板和激进，相应地，对弟子的要求也比较苛刻和单一。所以，与孔子弟子相比，孟子弟子较少有思想上的创新，也就更缺乏个人魅力和影响，以至于在他们之后，并没有出现接续孟学的突出弟子，遑论表现特殊的思想创建者。

因为孟子弟子较少个人表现，所以，当世及后世，对这些弟子的记载和评说都比较少。出现在《孟子》中的孟子弟子只有十五六位，并且几乎没有什么单独的言论。比如说，同样是问难孟子，比较成熟的弟子能够从同情的角度出发，使孟子有机会全面而深刻地阐述其主张，而比较肤浅的弟子则更多地在一些细枝末节的问题上纠缠不清，甚至使孟子感到为难和恼火。可惜的是，尽管他们有时也有一些自己的思考，但孟子并没有给他们太多的发挥余地。所以，当我们难以找到孟子弟子们的思想传人的时候，也就不会感到惊讶了。

荀子弟子的情形则一如本文所述。在数量上，让后人熟知的荀子弟子极其有限，不出十位，甚至他的弟子们也承认荀子"徒与不众"（《荀子·尧问》）。在整体质量上，荀门也算不上有多精彩，而真正出彩的是荀子的个别弟子。但正是由于这几位出彩的弟子，才把荀子的教育成就推高到了一个其他人难以企及的高度。

总的来说，要论整体上的教育事业的成功，孔、孟、荀相比，则非孔子莫属。孔子弟子人数多，质量好，从整体上形成对于时代精神和历史走向的影响，尤其是在学术思想和社会思潮领域，如果没有孔子弟子的成就，很难想象孔子儒学能够一直延续下去，直到汉武帝时代的儒术独尊。孟子弟子虽然人数众多，但都被孟子本人的光辉所覆盖，没有形成多少可见的影响力。荀子弟子人数很少，但仅有的几位却光芒四射，多是历史上的重量级人物。韩非子的法家思想和帝王之术、李斯的政治地位和历史功绩、浮丘伯等人对儒家典籍的传承，都是孔子和孟子的任何一位弟子都难以作出的贡献。所以说，虽然荀门的历史贡献与他们所处的特殊时代有关，但无论如何，在对中国古代君主专制社会政治传统的塑造中，不去关注荀子及其弟子肯定是说不过去的。

荀子与《诗经》

张海晏*

摘要：《诗经·国风》中的《邶》《鄘》《卫》等大部分属于燕赵大地的民间歌谣，古有"燕赵人好《诗》"之说。赵人荀子最早称《诗》为"经"，《荀子》书中每在篇末、段末引《诗》，以"此之谓也"四字作结。荀子无论在学术谱系还是精神特质上，对汉代《诗》学齐、鲁、韩、毛四家有着直接而深远的影响，其均强调《诗》与礼的关联。《韩诗》与传世本《毛诗》更是发源于燕赵地区。

关键词：荀子；《诗经》；隆礼义而杀《诗》《书》；《诗》言志；齐鲁韩毛四家《诗》

一 荀子的身世及对"礼"的推重

荀子（约前313—前238），名况，又称荀卿或孙卿，赵国（今山西南部）人。作为先秦儒家的集大成者，他曾打破"儒者不入秦"的传统，赴秦国见昭王和应侯范雎。他多次入齐，在稷下学宫教学，齐襄王时已是稷下学者中资格最老的人，曾三为学宫祭酒。后遭诽谤，离齐去楚，史载，楚申君任命他为兰陵令（今山东兰陵县兰陵镇）。春申君被杀后，他被罢官。此后长期定居兰陵，著书讲学，直至终年。《史记·孟子荀卿列传》曰："荀卿嫉浊世之政，亡国乱君相属，不遂大道而营于巫祝，信禨祥，鄙儒小拘，如庄周等又猾稽乱俗，于是推儒、墨、道德之行事兴坏，序列著数万言而卒。因葬兰陵。"汪中《荀卿子通论》曰："盖自七十子之徒既殁，汉诸儒未兴，中更战国、暴秦之乱，《六艺》之传赖以不绝者，荀

---

* 张海晏，中国社会科学院古代史研究所研究员。

卿也。周公作之，孔子述之，荀卿子传之，其揆一也。"

《荀子》一书又名《荀卿子》或《荀卿新书》，《汉书·艺文志》著录三十三篇，刘向《叙录》校定为三十二篇，一般认为前二十六篇是荀子自作，后六篇乃门人记述。唐朝杨倞作《荀子注》，把这三十二篇归为二十卷，篇次亦有调整，留存至今。

荀子的思想主旨乃是隆礼明分。关于礼的起源，他说：

> 礼起于何也？曰：人生而有欲，欲而不得，则不能无求；求而无度量分界，则不能不争；争则乱，乱则穷。先王恶其乱也，故制礼义以分之，以养人之欲，给人之求，使欲必不穷乎物，物必不屈于欲。两者相持而长，是礼之所起也。（《荀子·礼论》）

他认为，辨析明分的"礼"是人之为人的根本：

> 人之所以为人者，何已也？曰：以其有辨也。饥而欲食，寒而欲暖，劳而欲息，好利而恶害，是人之所生而有也，是无待而然者也，是禹、桀之所同也。然则人之所以为人者，非特以二足而无毛也，以其有辨也。今夫狌狌形笑，亦二足而毛也，然而君子啜其羹，食其胾。故人之所以为人者，非特以其二足而无毛也，以其有辨也。夫禽兽有父子而无父子之亲，有牝牡而无男女之别，故人道莫不有辨。辨莫大于分，分莫大于礼，礼莫大于圣王。（《荀子·非相》）

> 人之生，不能无群，群而无分则争，争则乱，乱则穷矣。故无分者，人之大害也；有分者，天下之本利也。（《荀子·富国》）

他指出"礼"的意义价值："礼者，贵贱有等，长幼有差，贫富轻重皆有称者也。"（《荀子·富国》）"礼者，治辨之极也，强国之本也，威行之道也，功名之总也。"（《荀子·议兵》）

荀子主张"性恶"，故人须"隆积"，即教育，隆积既然以"学礼"为极，礼乐遂成为重要的教育手段。因为性恶，故须有"分"，也因为性恶，故赏罚可用。于是荀子的"礼"几近于法。《荀子·性恶》："故圣人化性而起伪，伪起而生礼义，礼义生而制法度。然则礼义法度者，是圣人之所生也。"荀子的礼乐法术论是以他的性恶论作基础的，其曰：

今人之性，生而有好利焉，顺是，故争夺生而辞让亡焉；生而有疾恶焉，顺是，故残贼生而忠信亡焉；生而有耳目之欲有好声色焉，顺是，故淫乱生而礼义文理亡焉。然则从人之性，顺人之情，必出于争夺，合于犯分乱理而归于暴。故必将有师法之化，礼义之道，然后出于辞让，合于文理，而归于治。用此观之，然则人之性恶明矣，其善者伪也。(《荀子·性恶》)

荀子礼法一律的思想，是与战国末叶诸侯国各自为政、战争频仍的乱象行将结束、大一统的中央政权正孕育而出的情势相一致，这也无怪乎法家的代表人物韩非和李斯均出自荀门。

关于荀子的学术渊源，汪中《荀卿子通论》以为荀子出于"子夏仲弓"，然其《非十二子》曾讥诋"子夏氏之贱儒"。至于仲弓，即子弓，《荀子》书中除称道孔子而外，且屡言子弓。荀学无疑远绍孔子，而近承孔门中哪支哪人，说子弓庶几近之，说子夏则稍感费解。

如所周知，荀子与《诗》《礼》《春秋》《易》等经的传授，皆有关系。就《诗》学而论，简言之，《鲁诗》：荀子——浮丘伯（包丘子）——申公；《韩诗》：引荀子以说《诗》者凡四十四；《毛诗》：子夏——曾申——李克——孟仲子——根牟子——孙卿——大毛公。[①]

二　隆礼义而杀《诗》《书》

《荀子》书中篇篇结尾引《诗》，甚至几乎段段之末引《诗》，然后加上"此之谓也"四字，以为结语。如果我们把这些引《诗》移到所引之篇或段的前端，便会不无惊奇地发现，《荀子》一书像是一部《诗》"集传"，《诗》"广传"，其间的义理与故事好似《诗》的铺衍，《诗》的诠释。由此看来，荀子对《诗》用力甚勤，崇之弥高。事实上，把《诗》奉为"经"即始于战国后期的大儒荀子。《荀子·劝学》曰：

其数则始乎诵经，终乎读礼；其义则始乎为士，终乎为圣人。真

---

① 参见朱维铮编《周予同经学史论著选集》，上海人民出版社1983年版，第823页。

积力久则入，学至乎没而后止也。故学数有终，若其义则不可顷臾舍也。为之，人也；舍之，禽兽也。故《书》者，政事之纪也；《诗》者，中声之所止也；《礼》者，法之大分，类之纲纪也，故学至乎《礼》而止矣。夫是之谓道德之极。

以"经"称呼《诗》《书》《礼》等著作，盖始于此。"经"字本指织物之纵线，《说文解字·经字部》："经，织从丝也。"后"经"字有常道、经典之意，《释名·释典艺》："经，径也，常典也，如径路无所不通，可常用也。"

然而，恰是儒者荀子曾就《诗》与礼之关系说出了一句让后人大惑不解的话："隆礼义而杀《诗》《书》。"此语两见于《荀子·儒效》：

逢衣浅带，解果其冠……缪学杂举，不知法后王而一制度，不知隆礼义而杀《诗》《书》；其衣冠行伪已同于世俗矣，然而不知恶者；其言议谈说已无以异于墨子矣，然而明不能别；呼先王以欺愚者而求衣食焉，得委积足以掩其口则扬扬如也；随其长子，事其便辟，举其上客，億然若终身之虏而不敢有他志：是俗儒者也。

法后王，一制度，隆礼义而杀《诗》《书》，其言行有大法矣，然而明不能齐，法教之所不及，闻见之所未至，则知不能类也，知之曰知之，不知曰不知，内不自以诬，外不自以欺，以是尊贤畏法而不敢怠傲，是雅儒者也。

关于"隆礼义而杀《诗》《书》"的"杀"字，清人郝懿行曰："'杀'，盖'敦'字之误。"[1] 果尔，荀子此语便似之于赵衰所说的："说礼、乐而敦《诗》《书》。"[2] 然而，通观《荀子》书中论《诗》、说《诗》的文字，我们认为，梁启雄的解释可能更恰合荀子本义。梁氏《荀子简释·儒效篇》注曰："杀，差也，省也……此文认为实践'礼义'为首要，记诵《诗》《书》为次要。杀《诗》《书》，谓对于研究《诗》《书》应依其重

---

[1] （清）王先谦撰，沈啸寰、王星贤点校：《荀子集解》卷4《儒效篇》注，中华书局1988年版，第139页。

[2] 杨伯峻编著：《春秋左传注》（修订本），中华书局2009年版，第一册，第445页。

要性的差等比'隆礼义'酌量减省一些。"① 换言之，礼义与《诗》《书》的关系，是纲与目的关系，礼义主宰《诗》《书》，《诗》《书》依从于礼义。如《荀子·劝学》曰：

> 将原先王，本仁义，则礼正其经纬蹊径也。若挈裘领，诎五指而顿之，顺者不可胜数也。不道礼宪，以《诗》《书》为之，譬之犹以指测河也，以戈舂黍也，以锥飱壶也，不可以得之矣。故隆礼，虽未明，法士也；不隆礼，虽察辩，散儒也。

此段王念孙注曰："言作事不由礼法而以《诗》《书》为之，则不可以得之也。"② 此当为正解。又如同篇云：

> 《礼》《乐》法而不说，《诗》《书》故而不切，《春秋》约而不速。方其人之习君子之说，则尊以遍矣，周于世矣。故曰：学莫便乎近其人。学之经莫速乎好其人，隆礼次之。上不能好其人，下不能隆礼，安特将学杂识志，顺《诗》《书》而已耳，则末世穷年，不免为陋儒而已。

唐人杨倞注曰："言既不能好其人，又不能隆礼，直学杂说，顺《诗》《书》而已，岂免为陋儒乎？言不知通变也。"郝懿行注曰："谓陋儒但能标志顺读《诗》《书》，末世穷年，不知理解也。"陋儒之流，不知以隆礼为要务，妄诵《诗》《书》而不解其意，乃为荀子所不齿。

还有，《劝学》曰："学恶乎始？恶乎终？曰：其数则始乎诵经，终乎读礼；其义始乎为士，终乎为圣人。"这是讲，诵经只是为学之始，终点则落在礼。王先谦注云：荀书以士、君子、圣人为三等。《儒效》："彼学者，行之，曰士也；敦慕焉，君子也；知之，圣人也。"这里"言能行之"的士，"行而加勉"的君子和"于事皆通"的圣人，就其篇中"修百王之法若辨白黑""行礼要节而安之若生四枝"的语境言，当是就礼义、礼法的意义

---

① 梁启雄：《荀子简释·儒效篇》注，中华书局1983年版，上册，第92页。
② （清）王先谦撰，沈啸寰、王星贤点校：《荀子集解》卷1《劝学篇》注，中华书局1988年版，第16页。

而言。可见，在荀子那里礼法乃经学的精神内核和传授价值。

其实，考索《荀子》全书，我们发现，荀子解《诗》的主旨乃在于隆礼，即以《诗》句来强调礼的权威性、合法性和普遍有效性。如《荀子·修身》中，以《小雅·楚茨》"礼仪卒度，笑语卒获"句强调"故人无礼则不生，事无礼则不成，国家无礼则不宁"；以《大雅·皇矣》"不识不知，顺帝之则"句强调"故学也者，礼法也，夫师，以身为正仪而贵自安者也"；《不苟》中以《小雅·鱼丽》"物其有矣，唯其时矣"句强调"君子行不贵苟难，说不贵苟察，名不贵苟传，唯其当之为贵"，此"当"字杨倞注曰："谓合礼义也"；《荣辱》中以《殷颂·长发》"受小共大共，为下国骏厖"句强调礼的等级划分乃"至平"合理的，所谓"故或禄天下而不自以为多，或监门、御旅、抱关、击柝而不自以为寡"；《非十二子》中以《大雅·荡》"匪上帝不时，殷不用旧。虽无老成人，尚有典刑。曾是莫听，大命以倾"句从反面论证"遇君则修臣下之义，遇乡则修长幼之义，遇长则修子弟之义，遇友则修礼节辞让之义，遇贱则少者则修告导宽容之义"；《儒效》中以《大雅·文王有声》"自西自东，自南自北，无思不服"句强调"礼节修乎朝，法则度量正乎官"则"通于四海，则天下应之如灌"，以《小雅·采菽》"平平左右，亦是率从"句强调"明主谲德而序位""上下之交不相乱"；《富国》中以《大雅·棫朴》"追琢其章，金玉其相。勉勉我王，纲纪四方"强调"故为之雕琢、刻镂、黼黻、文章，使足以辨贵贱而已"；《王霸》中以诗句"如霜雪之将将，如日月之光明，为之则存，不为则亡"（今已逸）强调"国无礼则不正，礼之所以正国也，譬之犹衡之于轻重也，犹绳墨之于曲直也，犹规矩之于方圆也，既错之而莫之能诬也"；《君道》中以《大雅·抑》"温温恭人，维德之基"句强调"隆礼至法则国有常"，于是君子"块然独坐而天下从之如一体"；《礼论》中以《周颂·时迈》"怀柔百神，及河乔岳"句强调"宇中万物、生人之属，待圣人然后分也"；《臣道》中以《大雅·抑》"不僭不贼，鲜不为则"句强调"礼义以为文，伦类以为理，喘而言，臑而动，而一可以为法则"；《致士》中以《大雅·民劳》"惠此中国，以绥四方"证"礼及身而行修，义及国而政明，能以礼挟而贵名白，天下愿，令行禁止，王者之事毕矣"；《强国》中以《大雅·板》"价人维藩，大师维垣"句喻"所以养生安乐者莫大乎礼义。……故君人者爱民而安，好士而荣"；《君子》中以《曹风·尸鸠》"淑人君子，其仪不忒。其仪不忒，正是四国"

句强调"等贵贱，分亲疏，序长幼，此先王之道也"。诸如此类，不胜枚举。

诚如《史记·儒林传》所云："孟子、荀卿之列，咸遵夫子之业而润色之，以学显于当世。"在早于《荀子》的儒家典籍《孟子》中，引《诗》论《诗》之处也历历可见。然其核心则是以所谓先王的前言往行来论证孟子仁政学说的合法性和权威性。孟子所谓"仁政"实是主张在位者应在礼的范围内割舍部分利益给予百姓，以之保证礼制的最终实现。儒家自子思、孟子以来乃不太重视负面人性的问题，孟子的性善论讲究由内而外的仁爱之心的生发，旨在强调道德教化的可能性。至于荀子的性恶论，也并非否认人有向善的一面，只是强调后天教化与规制的必要性。孟子与荀子在对待孔子"仁"与"礼"这两大范畴的态度上，各有侧重，对"仁"与"礼"的工具性和目的性有着不同的强调，也因此形成对《诗》的不同的诠释维度和价值取向。

三　荀子与"《诗》言志"

"《诗》言志"是关于《诗经》的一句古老而著名的纲领性论断，郑玄《诗谱序》认为："诗之道，放于此乎！"

然而，"《诗》言志"说所见早期文献的时代及意涵，疑窦重重。如《尚书·虞书·舜典》：

> 帝曰："夔，命汝典乐，教胄子。直而温，宽而栗，刚而无虐，简而无傲。诗言志，歌永言，声依永，律和声，八音克谐，无相夺伦，神人以和。"

《舜典》内附于《尚书·尧典》，顾颉刚先生考证，《尧典》当是西汉时的作品。[①]

[①] 参见顾颉刚《从地理上证今本尧典为汉人作》，转引自罗根泽《中国文学批评史》，古典文学出版社1957年版，第一册，第36页。朱自清在《诗言志辨》中认可顾氏的说法，见《诗言志辨》，华东师范大学出版社1996年版，第1—2页。

再如,《左传·襄公二十七年》赵文子亦云"《诗》以言志"并请郑七子赋诗以观其志:

> 郑伯享赵孟于垂陇,子展、伯有、子西、子产、子大叔、二子石从。赵孟曰:"七子从君,以宠武也。请皆赋,以卒君贶,武亦以观七子之志。"子展赋《草虫》,赵孟曰:"善哉,民之主也!抑武也,不足以当之。"伯有赋《鹑之贲贲》。赵孟曰:"床第之言不逾阈,况在野乎?非使人之所得闻也。"子西赋《黍苗》之四章。赵孟曰:"寡君在,武何能焉?"子产赋《隰桑》。赵孟曰:"武请受其卒章。"子大叔赋《野有蔓草》。赵孟曰:"吾子之惠也。"印段赋《蟋蟀》。赵孟曰:"善哉,保家之主也!吾有望矣。"公孙段赋《桑扈》。赵孟曰:"'匪交匪敖',福将焉往?若保是言也,欲辞福禄,得乎?"
>
> 卒享,文子告叔向曰:"伯有将为戮矣。《诗》以言志,志诬其上而公怨之,以为宾荣,其能久乎?幸而后亡。"叔向曰:"然,已侈,所谓不及五稔者,夫子之谓矣。"文子曰:"其余皆数世之主也。子展其后亡者也,在上不忘降。印氏其次也,乐而不荒。乐以安民,不淫以使之,后亡,不亦可乎!"

然而,这里所谓"《诗》言志"讲的不是作《诗》言志,而是赋《诗》言志,已不是其原始本意。

又如,《庄子·天下篇》:

> 古之人其备乎!配神明,醇天地,育万物,和天下,泽及百姓,明于本数,系于末度,六通四辟,小大精粗,其运无乎不在。其明而在数度者,旧法、世传之史尚多有之。其在于《诗》《书》《礼》《乐》者,邹鲁之士、缙绅先生多能明之。《诗》以道志,《书》以道事,《礼》以道行,《乐》以道和,《易》以道阴阳,《春秋》以道名分。其数散于天下而设于中国者,百家之学时或称而道之。

关于此,陈鼓应先生引马叙伦、张恒寿和徐复观等人的论断认为,"《诗》

以道志"以下六句为古注义而误入正文。①

近二十年来相继出版的《郭店楚墓竹简》与《上海博物馆藏楚竹书》，又各自贡献了一条类似的文字表述：

> 《易》所以会天道人道也。《诗》所以会古含（今）之恃（志）也者。《春秋》所以会古含（今）之事也。②
> 诗亡隐（简文左从阜，右从心）志，乐亡隐（简文左从阜，右从心）情，（文）亡隐（简文左从阜，右从心）言。③

后一条众家均视之为《孔子论诗》之总纲，唯于其中关键词"隐"（简文左从阜，右从心）的释读，则众说纷纭。

相较之下，还是《荀子·儒效》中的有关言说，无论在时间断代还是意义指谓上，比较确切可信。

> 圣人也者，道之管也。天下之道管是矣，百王之道一是矣，故《诗》《书》《礼》《乐》之归是矣。《诗》言是，其志也；《书》言是，其事也；《礼》言是，其行也；《乐》言是，其和也；《春秋》言是，其微也。④

关于"诗"与"志"在语源学上的关系，许慎《说文·言部》："诗，志也。从言，寺声。"杨树达《释诗》："'之''志''寺'古音盖无二"，"古诗志二文同用，故许（慎）径以志释诗。然《毛诗序》曰：'诗者，志之所之也。在心为志，发言为诗。'诗与志虽无二，究有内外之分，故许（慎）复以志发于言为说。"⑤ 朱自清先生曾认为"'诗'这个字就是

---

① 参见陈鼓应注译《庄子今注今译》，中华书局1983年版，第855页。
② 《郭店楚墓竹简·语丛（一）》，裘锡圭按："'恃'疑读为'志'或'诗'"，载荆州市博物馆编《郭店楚墓竹简》，文物出版社1998年版，第194、200页。
③ 《上海博物馆藏楚竹书·孔子诗论》。裘锡圭认为，此处的"隐"（简文左从阜，右从心）字应为"隐"。此句似应解读为《诗》亡而志不彰，这是"《诗》言志"的否定性表述。参见裘锡圭《中国出土古文献十讲》，复旦大学出版社2004年版，第304—306页。
④ （清）王先谦撰，沈啸寰、王星贤点校：《荀子集解》卷4《儒效篇》注言此志"是儒之志"，中华书局1988年版，第133页。
⑤ 杨树达：《释诗》，载《积微居小学金石论丛》，上海古籍出版社2007年版，第41页。

'言'与'志'两个字合成的。"① 而闻一多先生指出,汉人亦每训诗为志,他更进一步指出:"志与诗原来是一个字。"② 由此可见,"诗"与"志"意义相通,渊源有自。

当然,解读"《诗》言志"说的关键在于厘清所谓"志"的含义。闻一多先生认为:"志有三个意义:一记忆,二记录,三怀抱,这三个意义正代表诗的发展途径上三个主要阶段。"对此,他疏解说:"诗之产生本在有文字以前,当时专凭记忆以口耳相传","文字产生以后,则用文字记载以代记忆",再以后,"诗与歌合流之后,诗的内容又变了一次,于是诗训志的第三种解释便可以应用了。"③ 闻氏此说虽颇为雄辩,却使人在对"《诗》言志"说的把握上感到隔膜。因为依此解释,并不能把"言志""道志"的《诗》与"言事""道事"的《书》区别开来。难怪朱自清先生在《诗言志辨》中征引闻氏对"志"字的三种训释后指出:"到了'诗言志'和'诗以言志'这两句话,'志'已经指'怀抱'了。"④ 朱氏意谓"诗言志"的"志"已经扬弃了"记忆""记录"的意义,仅有"怀抱"的意思。这便接近了历史的真实。

荀子所谓"《诗》言志"之"志",当指人的内心世界。《解蔽》曰:"人生而有知,知而有志。志也者,臧也。""臧"近于朱自清所说的"怀抱"。它是人心之所蕴藏,既包括情感又包括义理。《荀子·礼论》云:

> 礼者,以财物为用,以贵贱为文,以多少为异,以隆杀为要。文理繁,情用省,是礼之隆也;文理省,情用繁,是礼之杀也;文理、情用相为内外表里,并行而杂,是礼之中流也。故君子上致其隆,下尽其杀,而中处其中。

这是讲,在礼义形式中,要在"文理"(礼仪规定)与"情用"(情感表

---

① 朱自清:《经典常谈》,生活·读书·新知三联书店1980年版,第30页。
② 闻一多:《歌与诗》,载《闻一多全集》,生活·读书·新知三联书店1982年版,第一卷,第185页。
③ 闻一多:《歌与诗》,载《闻一多全集》,生活·读书·新知三联书店1982年版,第一卷,第185—191页。
④ 朱自清:《诗言志辨》,华东师范大学出版社1996年版,第3页。

达）之间求得某种平衡。《乐论》云：

> 且乐也者，和之不可变者也；礼也者，理之不可易者也。乐合同，礼别异，礼乐之统，管乎人心矣。

古之礼乐不分，在功能上，情感交融的"乐"促进合同；度量分界的"礼"讲究别异，二者都是对人心的管控工具，所谓"礼乐之统，管乎人心矣"。

> 故听其《雅》《颂》之声，而志意得广焉；执其干戚，习其俯仰屈伸，而容貌得庄焉；行其缀兆，要其节奏，而行列得正焉，进退得齐焉。故乐者，出所以征诛也，入所以揖让也；征诛揖让，其义一也。出所以征诛，则莫不听从；入所以揖让，则莫不从服。故乐者，天下之大齐也，中和之纪也，人情之所必不免也。

这是讲，在诗乐不分的典礼中，"志意"与"人情"的相互为用。深受荀子影响的汉《诗》，譬如《毛诗序》就讲《诗》先是发乎情：

> 诗者，志之所之也。在心为志，发言为诗。情动于中而形于言；言之不足，故嗟叹之；嗟叹之不足，故咏歌之；咏歌之不足，不知手之舞之，足之蹈之也。

同时它提出，要"发乎情，止乎礼义"。"礼义"即礼的规定及其意义，当属于或偏于义理范畴。

至少在荀子和汉《诗》那里，"《诗》言志"的"志"乃一元二包，兼具情理。当然，由于这一时期对"礼"的强调，其"志"已偏于礼义、义理一端。作为某种反拨，西晋诗人陆机在其《文赋》里更提出了"诗缘情"的主张，这无异于抛弃越来越偏向"义理"的"《诗》言志"的《诗》学论纲，另起炉灶，另创新说。

四　荀子与汉代《诗》学

早期儒家已然把道德教化作为人的根本实现方式与途径而加以强调。但在礼崩乐坏、天下无道、杀人盈野盈城的春秋战国乱世，孔子、孟子和荀子等高扬起诗书礼乐教化的旗帜，但在"重耕战""尚气力"的时代，儒家德治王道的主张显得迂阔而不切世用，被淹没在金戈铁马的征战声中，没有得到统治者的认真对待。

秦国统一六国后，秦始皇采纳丞相李斯的建议，"焚书坑儒"，对儒家进行了空前的打压。秦始皇"焚书坑儒"的举措主要还不在于铲除儒学，而旨在使私学重新回到官学的老路，恢复王权对精神生产的绝对控制。关于此，王亚南先生分析道："依维护统治的立场讲，秦禁造谤、禁巷议；只许'诗书百家语'藏之于博士官衙，只许学者'以吏为师'，想把私学重新回到官学，并不是念头错了，而是不得其法，不知道'百家语'中，究竟哪一家之言之教，才宜于利用而不必禁止，且无妨广为宣扬。"[①]

秦亡汉兴，诸子余绪一度呈复兴的态势。统治者经过一段时间的选择物色，到了汉武帝时，终于采纳董仲舒的建议，开启"罢黜百家，独尊儒术"的先河，确立了儒学的官方意识形态的地位。

儒学自汉武帝始成为统治集团提倡的普遍的价值信念体系，统治者并通过政治手段来自上而下地加以推广，使之成为整合与同化社会共同体成员价值观念的主流意识形态，以期保证宗法等级社会的有序与运转。

汉代统治者推崇儒学的重要措施是将儒学立为学官，以通经作为士人入仕和升迁的途径。换言之，儒学官学化的主要内容与途径就是将为学与为官、治学与治国、儒者与官绅关联起来。如所周知，"经"本来不专指儒家经典，而到了汉代却成了儒家经典的专称。先秦儒家创立者孔子整理或编订的《易》《诗》《书》《礼》和《春秋》到了汉代被冠以"经"名，并称为"五经"。就《诗经》而言，经由秦"焚灭《诗》《书》"[②]，到了汉代，"至孝武皇帝，然后邹、鲁、梁、赵颇有《诗》《礼》《春秋》先

---

① 王亚南：《中国官僚政治研究》，中国社会科学出版社1981年版，第68页。
② 《汉书》卷62《司马迁传》，中华书局1962年版，第2723页。

师，皆起于建元之间。当此之时，一人不能独尽其经，或为《雅》，或为《颂》，相合而成"①。《诗经》由秦的焚毁到汉的复苏，其间经历了相当的岁月与波折，不是一蹴而就的。终汉一世，有关《诗经》学，大致有齐、鲁、韩、毛四家不同的传授文本与师承系统。《史记·儒林列传》载：

> 今上即位，赵绾、王臧之属明儒学，而上亦向之。于是招方正贤良文学之士。自是之后，言《诗》，于鲁则申培公，于齐则辕固生，于燕则韩太傅。

太史公这里所谓鲁、齐、韩是就西汉时作为官学的三家《诗》学而言。除此之外，尚有毛《诗》这一传授与诠释系统。《汉书·艺文志》曰：

> 汉兴，鲁申公为《诗》训故，而齐辕固、燕韩生皆为之传。或取《春秋》，采杂说，咸非其本义。与不得已，鲁最为近之。三家皆列于学官。又有毛公之学，自谓子夏所传，而河间王献好之，未得立。

在齐、鲁、韩、毛四家《诗》中，前三家传授的《诗经》都是用当时流行的隶书文字写成，故称今文学派，并在西汉列于学官。除了齐、鲁、韩三家《诗》，另有古文学派的毛《诗》一系，毛《诗》是用先秦古籀文写成的，一般将其列属古文经学。下面拟从学术源流与精神特质两个方面。阐述荀子与汉《诗》的密切关系。

（一）汉代《诗》学与荀学的学术谱系

1.《齐诗》

《齐诗》为齐人辕固生创立，景帝时辕固生以治《诗》为博士。《史记·儒林列传》载：

> 窦太后好《老子》书，召辕固生问《老子》书。固曰："此是家人言耳。"太后怒曰："安得司空城旦书乎？"乃使固入圈刺豕。景帝知太后怒而固直言无罪，乃假固利兵，下圈刺豕，正中其心，一刺，

---

① 《汉书》卷36《楚元王传》，中华书局1962年版，第1969页。

豕应手而倒。太后默然，无以复罪，罢之。居顷之，景帝以固为廉直，拜为清河王太傅。久之，病免。今上初即位，复以贤良徵固。诸谀儒多疾毁固，曰"固老"，罢归之。时固已九十余矣。固之徵也，薛人公孙弘亦徵，侧目而视固。固曰："公孙子，务正学以言，无曲学以阿世！"自是之后，齐言《诗》皆本辕固生也。诸齐人以《诗》显贵，皆固之弟子也。

汉《齐诗》开山辕固生初不合在上者的口味，也因此受到在上者的无情迫害。关于《齐诗》一系的学术传承，据清人唐晏《两汉三国学案》所列①，有辕固生、夏侯始昌、董仲舒、后苍、伏理（及子黯）、满昌、张邯、皮容、萧望之（白奇）、翼奉、匡衡（及子贤）、桓宽、师丹、班伯、马援、伏湛（及子晨、孙无忌）、伏恭、任末、班固、景鸾、陈纪。其中夏侯始昌就学于辕固生，后苍就学于夏侯始昌，后苍同时传《礼》于戴德、戴圣，戴德、戴圣所传《礼》中所引《诗》皆为《齐诗》。《齐诗》在匡衡时达于极盛，据《汉书·匡衡传》载，匡衡曾以明经官至丞相，被封侯，他长于说《诗》，诸儒为之语曰："无说诗，匡鼎来；匡说诗，解人颐。""鼎"乃匡之小名，匡来时无人敢言《诗》，匡说《诗》则无人不释疑，可见时人对其敬畏之至。班固父子亦世代崇信《齐诗》，《汉书》中引《诗》多自齐《诗》。据《汉书·艺文志》著录，齐《诗》的著作主要有：《齐后氏故》二十卷，《齐孙氏故》二十七卷，《齐后氏传》三十九卷，《齐孙氏传》二十八卷，《齐杂记》十八卷等。

《齐诗》亡于魏，在《礼记》《仪礼》及焦延寿《焦氏易林》和桓宽《盐铁论》中存有部分遗说。

《齐诗》的最大特点是杂糅阴阳五行谶纬之说。《齐诗》有所谓"四始""五际""六情"之说，即把《诗经》中的篇章与阴阳五行相配合，用以推论政治得失。所谓"四始""五际"，即如《诗纬·泛历枢》云："《大明》在亥，水始也；《四牡》在寅，木始也；《嘉鱼》在巳，火始也；《鸿雁》在申，金始也。""卯，《天保》也；酉，《祈父》也；午，《采芑》也；亥，《大明》也。然则亥为革命，一际也；亥又为天门，出入候听，二际也；卯为阴阳交际，三际也；午为阳谢阴兴，四际也；酉为阴盛

---

① 参见（清）唐晏著，吴东民点校《两汉三国学案》，中华书局1986年版，第212页。

阳微，五际也。"所谓"六情"，如《汉书·翼奉传》载翼奉上封事曰，指"北方之情""东方之情""南方之情""西方之情""上方之情"和"下方之情"，并分别与十二律对应等。关于齐学之奇异，马宗霍从学术渊源处予以说明："大抵齐学尚恢奇……齐学喜言天人之理……盖当战国时，齐有邹衍善谈天，深观阴阳消息，而作怪迂之变。其语宏大不经，先序今以上至黄帝，因载其禨祥度制，称引天地剖判以来，五德转移，治各有宜；于是流风所被，至汉不替。"《齐诗》源流上溯失载，荀子曾长期在齐国稷下讲学授徒，而辕固生与传授《鲁诗》的荀卿门人浮丘伯，为同一时代的人。由此可以推荐，《齐诗》或与荀学有关。①

2. 《鲁诗》

《鲁诗》为鲁人申培（或曰申公）所传。关于申公，《史记·儒林列传》载：

> 申公者，鲁人也。高祖过鲁，申公以弟子从师入见高祖于鲁南宫。吕太后时，申公游学长安，与刘郢同师。已而郢为楚王，令申公传其太子戊。戊不好学，疾申公。及王郢卒，戊立为楚王，胥靡申公。申公耻之，归鲁，退居家教，终身不出门，复谢绝宾客，独王命召之乃往。弟子自远方至受业者百余人。申公独以《诗》经为训以教，无传，疑者则阙不传。

这里所谓"胥靡"，据裴骃《集解》引徐广语，即腐刑。看来，在汉代遭此刑罚之羞辱的士人绝非《史记》作者太史公一人。这里所谓召申公以往的"王"，《集解》认为是鲁恭王。据载，到了文帝时，申公以治《诗》为博士。《汉书·楚元王传》曰：

> 文帝时，闻申公为《诗》最精，以为博士。元王好《诗》，诸子皆读《诗》，申公始为《诗》传，号《鲁诗》。元王亦次之《诗》传，号曰《元王诗》，世或有之。

有汉一代，在四家《诗》中以《鲁诗》的声势最大，信奉《鲁诗》并由

---

① 参见夏传才《思无邪斋诗经论稿》，学苑出版社2000年版，第151页。

此显达者众多。据唐晏《两汉三国学案》所列，有史可征者有：申公、赵绾、王臧、孔安国、周霸、夏宽、鲁赐、缪生、徐偃、阙门庆忌、瑕丘江公、许生、徐公、王式、张长安、唐长宾、褚少孙、张游卿、王扶、许晏、博士江公、楚元王、穆生、白生、楚夷王、刘辟江、司马迁、荣广、右师细君、义倩、韦孟（及子贤、孙玄成、曾孙赏）、薛广德、刘向、陈宣、李昺、李业、龚胜、龚舍、高嘉（及子容）、卓茂、高诩、包贤、魏应、鲁恭、鲁丕、陈重、雷义、李贤、王逸、蔡邕、王符、徐幹、高诱、蔡朗、武荣、鲁峻。其中，孔安国是申公的学生，官至博士与太守，显赫一时。司马迁是孔安国的学生，他在《史记·儒林传》中首列申公，叙及申公弟子又首列孔安国。鲁《诗》传至韦贤时最为兴盛，《汉书》本传载，韦贤为鲁国邹人，以《鲁诗》教授，号称"邹鲁大儒"，宣帝时位尊丞相，其子亦以明经历位丞相。故邹鲁之地有谚曰："遗子黄金满，不如一经。"刘向是楚元王的曾孙，著有《说苑》《新序》《列女传》，其中言及《诗经》者，多据《鲁诗》。据《汉书·艺文志》著录，申公著有《鲁故》二十五卷，《鲁说》二十八卷。鲁《诗》亡于西晋，其遗说散见于《史记》《说苑》《列女传》等书中。

言及《鲁诗》的特点，如上引《汉书·艺文志》所说，虽然齐、鲁、韩三家《诗》"咸非其本义"，但"与不得已，鲁最为近之"。就是说，《鲁诗》相对而言比较谨慎近真。《史记·儒林传》说《鲁诗》"疑则缺不传"，也是这个意思。马宗霍评鲁学的"谨守"特点说："鲁当秦汉之际，陈涉为王，鲁诸儒则持孔氏礼器往归之。及高帝诛项籍，引兵围鲁，鲁中诸儒尚讲诵习礼，弦歌之音不绝。所谓圣人遗化，好学之国，愈于它俗；故虽处危乱，犹能守而弗失。……惟其迁谨，故动必依礼。鲁学之胜于齐学处，亦在谨守，是以申公为诗经训故，疑者则阙弗传。"①

汪中《荀卿子通论》据引《汉书·楚元王传》："少时尝与鲁穆生、白生、申公俱受诗于浮丘伯。伯者，孙卿门人也。"《盐铁论》："包丘子与李斯俱事荀卿。"刘向："浮丘伯受业为名儒。"《汉书·儒林传》："申公，鲁人也，少与楚元王交俱事齐人浮丘伯，受诗"，"申公卒以《诗》《春秋》授，而瑕丘江公尽能传之"。其断言《鲁诗》系荀卿子之传也。这当无异议。

---

① 马宗霍：《中国经学史》，商务印书馆1936年版，第83—84页。

3.《韩诗》

《韩诗》创立者为燕人韩婴及其后学。《汉书·儒林传》载：

> 韩婴，燕人也。孝文帝时为博士，景帝时至常山太傅。婴推《诗》之意，而作《内外传》数万言，其语颇与齐、鲁间殊，然归一也。淮南贲生受之。燕赵间言《诗》者由韩生。韩生亦以《易》授人，推《易》意而为之传。燕赵间好《诗》，故其《易》微，唯韩氏自传之。武帝时，婴尝与董仲舒论于上前，其人精悍，处事分明，仲舒不能难也。后其孙商为博士。孝宣时，涿郡韩生其后也，以《易》征，待诏殿中，曰："所受《易》即先太傅所传也。尝受《韩诗》，不如韩氏《易》深，太傅故专传之。"司隶校尉盖宽饶本受《易》于孟喜，见涿韩生说《易》而好之，即更从受焉。
>
> 赵子，河内人也。事燕韩生，授同郡蔡谊。谊至丞相，自有传。谊授同郡食子公与王吉。吉为昌邑（王）中尉，自有传。食生为博士，授泰山栗丰。吉授淄川长孙顺。顺为博士，丰部刺史。由是《韩诗》有王、食、长孙之学。丰授山阳张就，顺授东海发福，皆至大官，徒众尤盛。

关于蔡谊（义）治《韩诗》而名声地位显赫之事，《汉书·蔡义传》自有记载：

> 久之，诏求能为《韩诗》者，征义待诏，久不进见。义上疏曰："臣山东草莱之人，行能亡所比，容貌不及众，然而不弃人伦者，窃以闻道于先师，自托于经术也。愿赐清闲之燕，得尽精思于前。"上诏见义，说《诗》，甚说之，擢为光禄大夫给事中，进授昭帝。数岁，拜为少府，迁御史大夫，代杨敞为丞相，封阳平侯。

据唐晏《两汉三国学案》所列，传习《韩诗》者有韩婴、赵子、贲生、食子公、王吉、栗丰、长孙顺、张就、发福、蔡义、薛方丘、薛汉、郅恽、李恳、杜抚、澹壹恭、韩伯高、召驯、杨仁、赵晔、张匡、刘宽、朱勃、廉范、冯良、尹勤、李恂、夏恭（及子牙）、陈嚣、唐檀、廖扶、公沙穆、冯绲、杜乔、梁商、胡硕、侯包、武梁、丁鲂、田君、陈修、韦著、樊安、田君、张恭祖、王阜、郑玄、崔炎、祝睦、梁景、杜琼、张弦、何随。《汉书·艺文志》著录的韩《诗》著作有：《韩故》十六卷、《韩内传》四卷、《韩外传》六卷、《韩说》四十一卷等。韩《诗》亡于北宋，唯《韩诗外传》幸存至今。但据杨树达、徐复观等学者考证，今传十卷本的《韩诗外传》，实即《内传》《外传》的合编。①

《韩诗外传》最主要的特点是《诗》与史在象征意义上的结合，即"引《诗》证事"。汪中《荀卿子通论》说："《韩诗》之存者，《外传》而已，其引荀卿子以说《诗》者四十有四。由是言之，《韩诗》，荀卿子之别子也。"皮锡瑞《经学历史》亦讲：《韩诗》今存《外传》，引《荀子》以说《诗》者，凡四十有四。可见，《韩诗》与《荀子》的密切关系。

4.《毛诗》

关于属于古文经的《毛诗》，史载：

> 又有毛公之学，自谓子夏所传，而河间献王好之，未得立。②
> 毛公，赵人也。治《诗》，为河间献王博士。③
> 献王所得书皆古文先秦旧书，《周官》《尚书》《礼》《礼记》《孟子》《老子》之属，皆经传说记，七十子之徒所论。其学举六艺，立《毛氏诗》《左传春秋》博士。修礼乐，被服儒术，造次必于儒者。山东诸儒（多）从而游。④
> 赵人毛苌传《诗》，是为《毛诗》。⑤
> 赵人毛苌善《诗》，自云子夏所传，作《诂训传》，是为《毛诗》古学。⑥

历史上关于毛公其人其地其时代说法不一，一般认为毛《诗》为毛亨和毛

---

① 参见徐复观《韩诗外传的研究》，载《两汉思想史》，台北：台湾学生书局1979年版，第三卷，第9—10页。
② 《汉书》卷30《艺文志》，中华书局1962年版，第1708页。
③ 《汉书》卷88《儒林传》，中华书局1962年版，第3614页。
④ 《汉书》卷53《景十三王传》，中华书局1962年版，第2410页。
⑤ 《后汉书》卷79下《儒林列传》，中华书局1965年版，第2569页。
⑥ 《隋书》卷32《经籍志》，中华书局1973年版，第918页。

苌所创立。毛亨为六国时人，作《诗故训传》，传授赵人毛苌，苌后为河间献王博士、北海太守。西汉时，毛《诗》未被朝廷列于学官而只为地方诸侯河间献王所重，故其影响有限。其时，在《诗》学中齐、鲁、韩三家居于主导地位。西汉末，王莽出于改制的政治需要，倡导复古而重视古文经学。经学家刘歆附和鼓吹，力倡古文经学。他尊崇毛《诗》，主张把毛《诗》列于学官。由此，毛《诗》影响渐大。东汉后期，经学家马融推崇毛《诗》，其弟子郑玄作《毛诗笺》，此书流传于世。

《毛诗》一派，据唐晏《两汉三国学案》所列，有毛公、贯长卿、解延年、徐敖、陈侠、河间献王德、卫宏、谢曼卿、孔子建、孔僖、尹敏、贾徽、郑众、贾逵、许慎、马融、郑玄、王肃、徐巡、孙炎、文立、司马胜之、常勋、王化、任熙、常骞、常宽、刘桢、李仁、陆玑、徐整、李譔、许慈、诸葛瑾、韦昭、王基、程遐、尹珍。据《汉书·艺文志》著录，毛《诗》主要著作有《毛诗》二十九卷和《毛诗故训传》三十卷。唐孔颖达为《毛诗郑笺》作《疏》，名《毛诗正义》。后人又将《毛诗》、郑玄《笺》、孔颖达《疏》合为一本，称《毛诗注疏》。

毛《诗》除了在每首诗后面有《传》，在每篇诗前都有文字说明，称为"序"。毛《诗》有"小序"和"大序"之分，一般认为《关雎》前面一段较长的序文为"大序"，《关雎》以下每首诗前面的序为"小序"。而关于《毛诗序》的作者，历无定论，众说纷纭。大致讲来，可归结为如下三种说法：其一，子夏作；其二，子夏、毛公、卫宏合作；其三，卫宏作。不过，1977 年阜阳汉简《诗经》的出土，基本否定了卫宏作"序"的可能。因为，《阜诗》的部分残简保留了《诗序》的残文，其与《毛诗序》虽在文字上不尽相同，但两者的体例与意思接近，可能出自同一来源；而发掘《阜诗》的阜阳双古堆一号汉墓的墓主系西汉第二代汝阴侯夏侯灶，故《阜诗》的下限为汉文帝十五年即公元前 165 年，卫宏的生卒年代晚于此。[①] 所以，《毛诗序》不可能是卫宏所作。

《毛诗序》最大的特点是"美刺说"与"以史证《诗》"。《毛诗》之毛亨乃荀子弟子，汪中《荀卿子通论》引《经典叙录·毛诗》云："子夏

---

① 参见阜阳汉简整理组《阜阳汉简〈诗经〉》与胡平生、韩自强《阜阳汉简〈诗经〉简论》，《文物》1984 年第 8 期。

授高行子，高行子授薛仓子，薛仓子授帛妙子，帛妙子授河间人大毛公，毛公为《诗故训传》于家，以授赵人小毛公。"又云："子夏传曾申，申传魏人李克，克传鲁人孟仲子，孟仲子传根牟子，根牟子传赵人孙卿子，孙卿子传鲁人大毛公。"由是言之，《毛诗》乃是荀卿子之传也。

其实，历史上，魏源《诗古微》、王先谦《诗三家义集疏》和《四库提要》都曾考证鲁、齐、韩三家曾经有"序"，只是多已失传。而且，不仅如此，齐、鲁、韩、毛四家《诗序》可能确实出自先秦的同一来源。徐复观亦曾作此推测："先秦本有一叙述诗本事并发挥其大义之'传'，为汉初诸家所共同祖述，而不应强分属于某一家。"①

齐、鲁、韩三家《诗》的文本大多散佚，幸有清人王先谦的《诗三家义集疏》将三家遗说尽收其中。据《诗三家义集疏》看，齐、鲁、韩三家《诗》及毛《诗》之间除有今古文的分别，尚在一些篇章的作者和时代的认定上，以及在文字、训诂、章句和释义上有所不同，而就四家《诗》学的诠释系统的特色而言，鲁《诗》较为谨严近真，齐《诗》倡谶纬及阴阳五行之说，《韩诗外传》偏重"引《诗》证事"，毛《诗》则"以史证《诗》"。但四家的差别只是就程度而言，并无根本的不同，它们都把《诗经》看成进行道德教化的神圣经典。

此外，将汉代《诗经》学分为齐鲁韩毛四家，只是大体而言。除此而外，四家《诗》学之下又可细分为若干支派。《汉书·艺文志》曰："《诗》凡六家，四百一十六卷。"这包括了《齐诗》中的"后氏""孙氏"两家。不仅如此，《齐诗》亦有翼匡、师伏之学；《鲁诗》中又可分出《元王诗》、"韦氏学"、"许氏学"及张、唐、褚氏之学；《韩诗》有王食、长孙之学，等等。而且，尤其值得一提的是阜阳汉简《诗经》。阜阳汉简《诗经》残存简片一百七十余条，有《国风》和《小雅》两种，《国风》中有《周南》《召南》《邶》《鄘》《卫》《王》《郑》《齐》《魏》《唐》《秦》《陈》《曹》《豳》等残片，只有《桧风》未见。《小雅》则仅有《鹿鸣之什》中四首诗的残句。拿阜阳汉简《诗经》的断片残简与《毛诗》及仅存只言片语的齐鲁韩三家《诗》比照，似属于四家《诗》以

---

① 徐复观：《韩诗外传的研究》，载《两汉思想史》，台北：台湾学生书局1979年版，第三卷，第12页。

外另外一家。① 汉代《诗》学分为齐、鲁、韩、毛四家，这与《易》《书》《礼》《春秋》等儒家典籍之学各分化成不同流派一样，有着学术规律、历史境遇与利益驱动等诸多原因。在学术承传上，一源多流、同门异趋的现象本因承传者的不同的个性气质与学术背景使然，不足为奇。而秦皇焚书、项王焦土，使古代典籍毁坏殆尽，解经传统因政治原因而中断。尤其是汉元年（前206），项羽入咸阳，烧毁秦宫室，博士官所藏《诗》《书》及百家之言没能留存，"秦始皇烧民间书，项羽又烧博士书，这是八年间的两度书籍的浩劫"②。汉代官府到民间搜求群籍，结果一些饱学之士凭记诵而口述成书，又有一些典籍因藏于山岩屋壁而幸存下来，因此，不同的口述传统、不同的文字文本与不同的版本流传，也就成了不同的阐释系统和学术流派大量出现的历史际遇。尤其应该指出的是，汉代统治者将儒学定为官学，使学术与政治、治学与入仕直接联系起来，这样，在功名利禄的驱动下，儒者们因各自的学术师承而自立门户，各自标榜，皆以自家的版本为正典，以自家的阐释为正统，以自家的学派为正宗，以期通过垄断学术进而垄断仕途，最终实现利益垄断。这正如《汉书·儒林传》所说：

> 自武帝立《五经》博士，开弟子员，设科射策，劝以官禄，讫于元始，百有余年，传业者浸盛，支叶蕃滋，一经说至百余万言，大师众至千余人，盖禄利之路然也。

班固虽为经学中人，但其所谓"禄利之路"四字可谓一语破的。关于汉代经学门户间的党同伐异，清代经学家皮锡瑞说："汉人最重师法。师之所传，弟之所受，一字毋敢出入；背师说即不用。""汉时之争请立学者，所见甚陋，各怀其私。一家增置，余家怨望；有深虑者，当预绝其萌，而不可轻开其端矣。"③

汉代儒学的官方意识形态化大大推动了儒学著作的经学化，既然《诗》《书》《礼》《易》《春秋》等古代文献被定为朝廷官方意识形态，

---

① 参见阜阳汉简整理组《阜阳汉简〈诗经〉》与胡平生、韩自强《阜阳汉简〈诗经〉简论》，《文物》1984年第8期。
② 顾颉刚：《汉代学术史略》，东方出版社1996年版，第57页。
③ （清）皮锡瑞著，周予同注释：《经学历史》，中华书局1959年版，第77、81—82页。

不易之经典，儒者自然要穷其心智，以训解和阐发这些经典为职志。当时儒者并不看重独立思考著述，他们对经典即使有新意新见，也往往以注释经典的方式、以古之圣人的口吻迂曲地表达出来。当然，先秦时代《诗》《书》《礼》《易》《春秋》等文献尚未被统治者定为经典时已经就有了某种神圣的性质或意味，为上层人物或士人学子尤其是儒家学者所津津乐道，但汉代统治者"独尊儒术"，以钦定的形式将儒学确定为官方哲学，则最终促成了儒学到经学的转变，及由此而来的儒学思想文化的变迁与意义诠释的转折。

由上可见，汉代《诗》学齐、鲁、韩、毛四家多与荀学有着渊源关系，如《鲁诗》之申培公就曾学于荀子的门人浮丘伯，《毛诗》之毛亨亦是荀子弟子，《韩诗外传》的作者韩婴亦有荀学渊源，其书不仅多处征引荀子，而且其引《诗》之方式与风格亦与《荀子》一脉相承。① 其实，除《诗经》学，汉代经学也受荀子思想影响较深，汉代儒者多有荀学的师承渊源。关于这一现象，范文澜讲："东汉赵岐即说过：'始皇焚书坑儒，孟子之徒党绝矣！'孟子一派的儒生被杀死了，于是，政治权力落在荀子一派的人手里。"② 夏传才亦讲：秦皇焚书坑儒，荀子学派的儒生没有被杀，其学术活动未被完全禁止。在荀子故乡赵国及毗邻的燕国，荀子传经的影响根深蒂固，荀子长年在齐国稷下学宫讲学，晚年又定居于楚国兰陵讲学著述，故齐鲁也有其大批门徒。③ 这是从外在的社会际遇来讲的。如果我们从先秦孔子之后孟荀两大儒学流派的内在精神理路来看，亦能得到部分的解答。荀子的性恶论，是孟子性善说的反对命题。孟荀是先秦儒学开山孔子之后的儒家学说的两大重镇，二人"性善"与"性恶"的相反的人性学说规定了其内求或外求的思想路线。孟子强调儒家的"内圣"之学，循此发展下去必然导致突显人的主体性、自主性和内在的精神价值与道德理

---

① 汪中：《述学·荀卿子通论》考证汉初三家《诗》都出于荀学。此外，徐复观《韩诗外传的研究》一文亦指出《韩诗外传》与《荀子》的关系，说："（韩婴）他在《外传》中共引用《荀子》凡五十四次，其深受荀子影响，可无疑问。即《外传》表达的方式，除继承《春秋》以事明义的传统外，更将所述之事与《诗》结合起来，而成为事与诗的结合，实即史与诗，互相证成的特殊形式，亦由《荀子》发展而来。"［徐复观：《两汉思想史》，台北：台湾学生书局1979年版，第三卷，第7页］

② 范文澜：《经学讲演录》，载《范文澜历史论文选集》，中国社会科学出版社1979年版，第307—308页。

③ 详见夏传才《思无邪斋诗经论稿》，学苑出版社2000年版，第150、170—171页。

念,这与秦汉以来在政治与文化上"大一统"的统治方略并不吻合;而荀子偏重"外王"之路,提倡社会整齐划一的礼制,这恰巧迎合了统治者的政治需要。由此看来,汉代儒学中荀学的红火绝非偶然。

(二) 荀学与汉《诗》的共同点:《诗》与礼结合

作为社会习俗、道德规范与近似于习惯法的礼源自远古时期的原始宗教巫术。礼深深扎根于中国历史上的宗法等级社会的土壤之中,它的本质在于"别",即根据身份地位、年龄长幼、亲疏远近及性别等划分社会共同体成员各自的权利与义务的范围和行为的界限,以避免因利益冲突而导致社会共同体的无序甚至解体。周公时制礼作乐,建立了一套较为完备的礼制体系,使礼有了成文法的效力与意义。春秋以降,礼坏乐崩,礼的权威与作用日衰,无以维系世道人心。

对于文化遗产《诗》,先秦儒家也以礼为原则对之进行了道德化的诠释。当然,由于引《诗》、用《诗》的场合与对象不同,先秦诸儒对《诗》的解读也各有侧重。分别讲来,《论语》中孔子多是在对学生进行教诲时用《诗》,因而往往从道德修养的角度解《诗》;而孟子多是在对诸侯的游说中言《诗》,故他每每从"仁政"角度解《诗》;荀子引《诗》似乎不是针对某一特定的个人或群体,而是在混战即将结束、统一乃大势所趋的历史背景下以政论的形式来阐发他的社会理念和治国纲领,所以他解《诗》重在论证礼。

汉代四家《诗》与荀子有相似之处,都着重《诗》与礼的结合,而其间却微有不同。大致讲来,荀子是以《诗》证礼,用《诗》印证礼的权威性;四家《诗》是以礼释《诗》,即以《诗》来说明礼的内容规定。前者的隆礼是在儒学礼教定于一尊之前的战国末叶,后者的释礼是在"独尊儒术"的汉代,这是合乎历史逻辑的。而就汉代四家《诗》与先秦儒家《诗》学总体比较来看,把《诗》作为道德教化的神圣经典来对待,是儒家一以贯之的共同的诠释原则。而其差别在于,先秦儒家对于《诗》的阐释只是在言谈或著述中的散见的零星的现象,在引用《诗》句时附带解《诗》;汉代齐、鲁、韩、毛四家在礼的原则与框架下对《诗》进行了逐篇逐句的集中而系统化的道德诠释。当然,汉代齐、鲁、韩、毛四家《诗》在版本流传与阐释系统上无疑都有着先秦儒家的渊源,我们不能排除先秦儒家可能有过《诗》的注释文本和集中系统的道德诠释,但汉儒

《诗》学各派对《诗》的全面系统的道德诠释，无疑与儒学的官学化、经学化的现象密不可分。换言之，任何古代文献只有当其被奉为神圣经典或国教之后，它的注释传统或曰解经传统才特别发达。

关于齐、鲁、韩、毛四家对《诗》的礼的道德化诠释，这里据王先谦的《诗三家义集疏》列举数条予以说明。如：《关雎》本是一首有名的情诗，鲁说却云："周道缺，诗人本之衽席，《关雎》作。"①"故咏淑女，几以配上，忠孝之笃，仁厚之作也。"②齐说亦云："孔子论《诗》以《关雎》为始，言太上者民之父母，后夫人之行不侔乎天地，则无以奉神灵之统而理万物之宜。……此纲纪之首，王教之端也。"③《毛序》亦云："后妃之德也。风之始也，所以风天下而正夫妇也。"《螽斯》本是祝人子孙满堂的贺词，《毛序》却云："后妃子孙众多也。言若螽斯不妒忌，则子孙众多也。"《韩诗外传》则九举"孟母教子""为相还金"之事，终篇两引《螽斯》"宜尔子孙，绳绳兮"句，意在言贤母使子孙贤良之义。《草虫》描写的是妇女思念征夫之忧伤及见夫归来之喜悦，鲁诗却说其是"《诗》之好善道"④，《毛序》说其是"夫人妻能以礼自防也"。《野有死麕》讲述的是男子引诱女子而获成功的故事，《韩诗》却认为是："平王东迁，周室浸微，诸侯侮法，男女失冠婚之节，《野麕》之刺兴焉。"⑤《毛序》也认为："恶无礼也。天下大乱，强暴相陵，遂成淫风。被文王之化，虽当乱世，犹恶无礼也。"《静女》本是男女幽会赠送信物的情诗，《毛序》却认定它是刺诗，是用来讽刺"卫君无道，夫人无德"。《匏有苦叶》一般理解为少女盼嫁之诗，《毛序》却解为："刺卫宣公也。公与夫人并为淫乱。"据《论语·宪问》载："子击磬于卫，有荷蒉而过孔氏之门者，曰：'……莫己知也，斯己而已矣。深则厉，浅则揭。'"这里卫人引《卫诗》应较近古义，而本无"刺淫"之义。另据《后汉书·张衡传》所载张衡《应间》云："深厉浅揭，随时为义"，"捷径邪至，我不忍以投步。干进苟容，我不忍以歇肩。虽有犀舟劲楫，犹人涉卬否，有须者也。"张衡习

---

① 《史记》卷14《十二诸侯年表》，中华书局1959年版，第509页。
② 《汉书》卷60《杜周传》，中华书局1962年版，第2669页。
③ 《汉书》卷81《匡衡传》，中华书局1962年版，第3342页。
④ （汉）刘向撰，赵善诒疏证：《说苑疏证》卷1《君道》，华东师范大学出版社1985年版，第3页。
⑤ 《旧唐书》卷21《礼仪志一》，中华书局1975年版，第815—816页。

鲁《诗》,此当本鲁义,与荀赍引《诗》意义接近,皆无"刺淫"的意味。上述所引《汉书·艺文志》云:齐、鲁、韩三家《诗》"或取《春秋》,采杂说,咸非其本义;与不得已,鲁最为近之"。其实,包括毛《诗》在内的汉代四家《诗》都已"咸非其本义",只是比较而言,鲁《诗》"最为近之"。在对《诗经》的道德化诠释方面也只是有程度上的差别,并无本质不同。此外,《桑中》亦是描写情人幽会的恋歌,《毛序》却说它是"刺奔"的道德说教诗。《左传·成公二年》载:楚屈巫聘于齐,屈巫带家室以行,遇申叔跪,申对屈曰:"夫子有三军之惧,而又有桑中之喜,宜将窃妻以逃者也。"这里以窃妻与"桑中"相连,已有微讽之义。看来《毛序》说《桑中》为"刺诗",虽不合本义,却也有所依凭。其实,早在先秦时代就已有了对《诗》进行道德化解读的趋向,其中先秦儒家更是自觉为之,汉代齐、鲁、韩、毛四家对《诗经》的道德化的诠释是渊源有自,有所承接的。《诗经》所背负的浓重的道德意义,有一个层层叠加的历史过程,并非汉儒一蹴而就。

经过齐、鲁、韩、毛四家系统的道德化诠释,《诗经》本文原来的那种洋溢非道德性的自然情感因注释的遮蔽而暗淡褪色,代之而来的则是浓重的道德观念的色彩;原本一部虽有几许道德意义却也不乏煽情成分的多彩多姿的诗歌总集,俨然成了统一于礼教原则的冷峻的道德教科书。对礼的肯认是汉代统治者与儒者思想的契合点,儒学既然被统治者钦定为官方哲学,那么对三代以来的传统文献的系统化的道德诠释也就不可避免了。在汉儒泛道德化的眼里,世间林林总总无一不有道德的意义,无一不负载着礼的精神。另一方面,教化亦是人类存在的方式与文明进步的动力。从此意义讲,历史上《诗经》诠释过程中道德意义的不断添加与自然情愫的不断剥离这"一加一减",恰也从文本阐释的角度折射出人类社会由自然到文明的不断演进的历史轨迹。

众所周知,《诗经》中的不少内容,原本就是周礼规定的体现。也就是说,周代的种种礼仪,决定了《诗经》的大部内容,尤其是在《雅》《颂》之中,更是如此。春秋以前礼仪规定颇多,《礼记·中庸》讲"礼仪三百,威仪三千",《曲礼》谓"经礼三百,曲礼三千"。在这种礼文化的氛围和诗意生活的样态中,《诗》与礼原本就水乳交融、密不可分。

不过,随着"礼崩乐坏",春秋时期的人们并不限于或者说主要不是把《诗》作为价值准则来征引。他们对《诗》的应用十分广泛,在酬酢交往中，在外交礼仪上，在燕乐嘉宾时，在生死关头，在危难之际，以及在称许赞美、悲叹感伤、规劝讽谏、巧言诡辩乃至恶语相加的时候，总之在一切需要语言表达的场合，《诗》都能被派上用场。《左传》中引《诗》、论《诗》凡二百三十余处，不啻一部春秋时人妙用《诗》句的要典。春秋时人们对《诗》的应用，不仅表现为出于实用的目的而赋予《诗》以新意，而且，更突出地表现为对《诗》的应用不断流于形式化，具文化，《诗》原有的意义诉求与礼乐教化及价值准则的功能日渐丧失。这正如侯外庐先生所说："西周的支配思想在这时已经成了形式的具文、背诵古训的教条了。所谓《诗》《书》、礼、乐的思想，在这时已经失去灵魂，成了好像礼拜仪式上宣读的'经文'。"① 应该说，这种形式化的趋向是同春秋以来"礼崩乐坏"的过程相伴而行、互为表里的。在"礼崩乐坏"的过程中，一方面，《诗》的辑本从天子朝廷流落地方民间，客观上为《诗》的普及提供了必要条件；另一方面，随着周天子权威的失落，礼日渐丧失维系社会与人心的权威而徒具其躯壳而没了灵魂，《诗》已不再是礼乐教化的载体，而与乐渐相分离，与礼的精神越发相去甚远。《诗》在诸侯大夫、士绅官宦、文人雅客乃至庸常百姓中的应用，成了空洞的礼仪排场甚或滑稽的语言游戏。

而到了战国末乃至秦汉时代，代表秩序的"礼"的诉求越发迫切，否极泰来，一阳得复，"礼"由式微转而复兴。于是依附于此的儒家及其经典，到了汉武帝开始得以一尊。礼则深深扎根于宗法等级社会的土壤之中。正是因为儒家学说以礼为旨归的精神特质，才使其后来成为宗法等级社会的官方哲学，也因为他们经由对《诗》的创造性诠释而使之纳入礼的规范，这为《诗》成为权威性的儒家经典和主流意识形态做了理论上的必要铺垫。作为经典之一的《诗经》与"礼"再度合流，互助互证，相得益彰。有汉一代，儒家经学有至高无上的地位，时人以《禹贡》治河，以《洪范》察变，以《春秋》决狱，以三百篇当谏书。可以说，在这场礼文化的复兴运动中，荀子的《诗》学乃开风气之先。

此外，汉《诗》除了注重《诗》与礼的结合，还强调与史的结合。如将《毛诗序》与《韩诗外传》就诗史结合的特点做一比较，似乎不无意义。《四库提要》说："王世贞称《外传》引《诗》以证事，非引事以明

---

① 侯外庐等：《中国思想通史》，人民出版社1957年版，第一卷，第38页。

《诗》,其说至确。"可以说,"引《诗》证事"是《韩诗外传》的特点,"引事明《诗》"则是《毛诗序》的路数。前者属今文经学,注重微言大义的寓意解读,对前言往行故事只是借用来阐发义理,并不刻意去恢复历史的真实;后者则属于古文经学,强调名物训诂,追根溯源,结果造成历史的"失真"。然而,尽管二者有着"引《诗》证事"与"引事明《诗》"的区别,但它们都是把《诗经》与历史关联起来,使儒家抽象的道德理念落实在具体的历史故事之中,以增强感染力、感召力、感化力,服务于道德教化的总的需要。

关于《韩诗外传》"引《诗》证事"的特点,徐复观先生说:"《外传》表达的形式,除继承《春秋》以事明义的传统外,更将所述之事与《诗》结合起来,而成为事与诗的结合,实即史与诗,互相证成的特殊形式,亦由荀子发展而来。""此虽较诗的象征为质实,但在领受者的精神领域中,都是以其象征的意味而发生作用,则是一致的。这样便开了由荀子到《韩诗外传》的诗与史相结合的表现方式。""《韩诗外传》,乃韩婴以前言往行的故事,发明诗的微言大义之书。此时诗与故事的结合,皆是象征层次上的结合。"[①] 在体例上,《韩诗外传》与刘向的《新序》《说苑》《列女传》类似,都是先讲一则故事,说明一个道理,然后引《诗》为证,以《诗》作结。不过,汉时的这些做法,不仅是受了荀学的影响,也多少是得自孟子"以意逆志""知人论事"的解《诗》路数。正如夏传才先生所言,汉儒"引《诗》为证","这些做法,都是继承孟子、荀子所发展的这种体例"[②]。顾颉刚先生甚至认为,"孟子为第一个将《诗经》放入历史的人"[③]。关于此,这里就不遑详论了。

---

① 徐复观:《韩诗外传的研究》,载《两汉思想史》,台北:台湾学生书局1979年版,第三卷,第7—8页。
② 夏传才:《思无邪斋诗经论稿》,学苑出版社2000年版,第17页。
③ 顾颉刚:《〈诗经〉研究》,载中国社会科学院历史研究所学刊编委会编《中国社会科学院历史研究所学刊》第二集,商务印书馆2004年版,第501页。

儒法之间

——荀子、韩非政治哲学之比较

郑治文[*]

摘要：荀子、韩非的政治哲学都以"尊君"为核心，然二者以尊君为核心的政治哲学的精神实质却又不可等量齐观：荀子说"君者善群"，"善群"之论开显了尊君的社会意义；而韩非言"明君独尊"，"独尊"之说突出了尊君的政治目的。具体说来，荀子的"尊君"是为生民之"群居和一"计，这种思考是政治的，但更是社会的、文化的，"立君而为民"，由此而有其重"民"、重"礼"、重"德"（君德）之立场；而韩非的"尊君"则是为君主之专制统治谋，这种思考主要是为专制政治服务的，可谓是"为君"的"帝王之学"，由此而有其重"势"、重"法"、重"术"（君术）之设计。概言之，荀子提出"隆一而治"的君权至上论乃是为实现儒家民本、礼治、德治之目的；而韩非倡导势治、法治、术治不过是为确保"明君独尊"之手段。荀、韩以尊君为核心的政治哲学中重"民"与重"势"、重"礼"与重"法"、重"德"与重"术"之间的差异，从根本上反映出了儒法两家治道思想的不同。

关键词：儒家；法家；荀子；韩非；政治哲学

荀子、韩非都是先秦时期"集大成"式的重要思想家。荀子以孔孟德治民本的儒学精神为本，又为即将"定于一"的时势所迫而更加强化了儒家"尊君"的思想，提出了"隆一而治"的君权至上论。荀子说："君者，国之隆也；父者，家之隆也。隆一而治，二而乱，自古及今，未有二隆争重而能长久者。"[①] 至于韩非则更是将早期法家法、术、势的思想整合

---

[*] 郑治文，曲阜师范大学孔子文化研究院副教授。
[①] （清）王先谦撰，沈啸寰、王星贤点校：《荀子集解》卷9《致士》，中华书局1988年版，第263页。

为一，使此三者作为"帝王之具"的意义越发显露无遗，从而将先秦法家的"尊君"思想推到了顶峰。韩非曰："道无双，故曰一。是故明君贵独道之容。"又云："圣人执一以静，使名自命，令事自定。"① 从"隆一而治"和"明君独尊"的观点来看，荀子、韩非无疑都是名副其实的"尊君"论者，然二者以尊君为核心的政治哲学的精神实质却又不可等量齐观。

荀子政治哲学以"群"论为起点，由"群"而言"君"，"君者能群"，明确"君"在社会秩序建构中的主导作用。"君者何也？曰：能群也。能群也者何也？曰：善生养人者也，善班治人者也，善显设人者也，善藩饰人者也。"② 台湾学者潘小慧认为，"荀子指出'能群'作为人的本质特点，而又指出'君者，善群也'，理想的君（君主）由于必须作为天下的领导，更是要能善于发挥此一本质特点。"③ 以"群—君"为架构，荀子展开了其政治哲学的理论思考，由"群"论、"君"论出发，开出了"立君为民"（重民）、"隆礼重法"（重礼）、"修身正己"（重德）等思想内容。

韩非之政治哲学围绕如何实现"明君独尊"之政治目的而展开。无论是对人"皆挟自为心""人情皆喜贵恶贱"的深刻观察，还是对法、术、势作为"帝王之具"的"妙用"的热情鼓吹，这一切的致思完全服务于确保君权至上、君权绝对之目的。诚如刘泽华所指出的："韩非子的全部政治思想，是以加强君权独裁和维护君主利益而开展的。这是韩非观察问题和处理问题的出发点和归结点。"④ 以对人性"恶"的认识为基础，以实现君权独尊为目的，韩非展开了其政治哲学的理论思考，从人"皆挟自为心"的人性论和"明君独尊"的政治目的论出发，提出了"法治""术治""势治"等思想内容。可以说，"韩非的'尊君'实质是以人性'恶'论为出发点，以君臣之间斗争为内容，以'法''术''势'为手段，以'君尊'为最高目标的理论"⑤。

---

① （清）王先慎撰，钟哲点校：《韩非子集解》卷2《扬权》，中华书局1998年版，第46、45页。
② （清）王先谦撰，沈啸寰、王星贤点校：《荀子集解》卷8《君道》，中华书局1988年版，第237页。
③ 潘小慧：《荀子以"君—群"为架构的政治哲学思考》，《哲学与文化》2013年第9期。
④ 刘泽华：《中国政治思想史集》第一卷，人民出版社2008年版，第213页。
⑤ 夏云、颜旭：《试论韩非子的尊君思想》，《汕头大学学报》（人文社会科学版）2003年第4期。

由此可见，荀子、韩非虽都是"尊君"论者，然其尊君思想之精神实质却有着根本的差异。大体而言，荀子说"君者善群"，"善群"之论开显了尊君的社会意义；而韩非言"明君独尊"，"独尊"之说突出了尊君的政治目的。具体说来，荀子的"尊君"是为生民之"群居和一"计，这种思考是政治的，但更是社会的、文化的，"立君而为民"，由此而有其重"民"、重"礼"、重"德"（君德）之立场；而韩非的"尊君"则是为君主之专制统治谋，这种思考主要是为专制政治服务的，可谓是"为君"的"帝王之学"，由此而有其重"势"、重"法"、重"术"（君术）之设计。概言之，荀子提出"隆一而治"的君权至上论乃是为实现儒家民本、礼治、德治之目的；而韩非倡导势治、法治、术治不过是为确保"明君独尊"之手段。荀、韩以尊君为核心的政治哲学中重"民"与重"势"、重"礼"与重"法"、重"德"与重"术"之间的差异，从根本上反映出了儒法两家治道思想的不同。①

一 重"民"与重"势"

荀子、韩非之"尊君"，一者尊君是要实现民本礼治德治之目的，一

---

① 在荀、韩尊君思想中，我们所谓重"民"与重"势"、重"礼"与重"法"、重"德"（君德）与重"术"（君术）的对比，只是强调其间有一种思想偏重的差别，不能将二者上升到完全对立的程度。一方面，关于"民"与"势"，我们须承认，儒家、荀子的民本思想中也包含着为"势"（君本）的考量，同样，法家、韩非的势治思想（君本）中也体现着一定的民本关怀，比如，韩非也注意到了民心向背的重要性，并提出了"君必惠民""藏富于民""爱民""安民"等重要的民本主张。台湾学者张纯、王晓波甚至将韩非的民本思想纳于中国民本思想传统发展的线索下来考察，认为韩非的民本思想也继承和发展了这一重要传统。"韩非之言亦不过是继承这个思想的传统而将之附著在新的专制制度之上。"［张纯、王晓波：《韩非思想的历史研究》，台北：联经出版事业股份有限公司，1983 年，第 141—142 页］关于"礼"与"法"，也须注意到，儒法"礼治"和"法治"思想本身就有一定的共通性，而在荀子、韩非这里尤其明显。荀子明确主张"隆礼重法""礼法合治"就十分清楚地说明了这点。而韩非对"法"作为一确保秩序之客观规则的描述，也多契合于荀子"礼治主义"之精神。关于"君德"与"君术"，也需要说明的是，韩非虽看重教君以"术"，然其"法治主义"的思想体系中亦有君德思想之建构可言，其君德思想建构之路径具体表现为："从修身、护民为民、立法守法用法等角度来阐述君主一系列的修养准则，以君主健全之德行来弥补'法'无法周全的制约性。"［张丽苹：《韩非君德思想探析》，《东南大学学报》（哲学社会科学版）2012 年第 3 期］显然，这一儒家德治主义构想下的君德思想建构也多有若合符节之处。当然，从另一方面来看，在重"民"与重"势"、重"礼"与重"法"、重"德"与重"术"之间不管有多少契合和相通，又决不能以此否定荀、韩尊君之思想偏重的事实，否则儒法两家之思想底色又不足以明矣。

者尊君本身就是目的。在荀子的视野下,"君"的存在是为了使人"能群",为此,君主虽"隆",然必重"民"、重"礼"、重"德",若不如此,则"君"完全可以被"民"所推翻。萧公权说:"荀子虽有尊君之论,然细按其实,彼之尊君仅为养民之手段,殆非政治之目的。盖荀子思想中之君主,乃一高贵威严之公仆,而非广土众民之所有人,若一旦不能尽其天职,则尊严丧失,可废可诛。"① 荀子"君舟民水"的比喻,也十分形象地说明了这点。然而,在韩非看来,"君"之存在本身就是要实现"独尊""抱一""执一"的目的,为此,君主虽为君主,然必要注意保"势",否则一旦"势"位不保,则不能"制天下""服群臣"。"万乘之主、千乘之君所以制天下而征诸侯者,以其威势也。威势者,人主之筋力也。"② 正是这种差异决定了在君民关系上,荀子"尊君"思想中始终有"重民"的关怀,并认为君主若不能"为民",则可废可诛;相反,韩非"尊君"思想中则完全只有教君主保"势"的劝告,并认为君主若不能保"势",则必陷于危亡。荀、韩比较,二者虽同样主张"尊君",然一为"民"(民本),一为"势"(君势),其立足点着实有着根本的不同。③ 牟复礼(Frederick W. Mote)指出:"他(荀子)那些推理严密的观点暗合法

---

① 萧公权:《中国政治思想史》,商务印书馆2011年版,第164页。
② (清)王先慎撰,钟哲点校:《韩非子集解》卷20《人主》,中华书局1998年版,第470页。
③ 这里需要有所交代的是,韩非以"法""术"而保"势"的"尊君"思想虽有为加强君主专制统治张目的重要指向,然这并不意味着法家(包括韩非)思想就完全只是为"君势"(君主专制)而谋,而绝对没有对最高权力滥用的防范,以及对权力行使之正义性和正当性的思考。儒法比较,两家都有这种理论设计和思考,只是其不同之处或在于,"儒家更强调通过权力归属的正义性来实现权力行使的正义性,相比之下,法家则更倾向于根据权力本身的运作特质直接从外在规范来确保其正当行使,并且更强调政治理想及政治价值如何与政治现实结合"。[宋洪兵:《韩非"势治"思想再研究》,《古代文明》2007年第2期] 具体来说,儒法两家都有防范最高权力滥用的思考,儒家思想(尤其是孔孟)主要通过民本德治的道德理想精神来"防范"最高权力的滥用,而法家思想则侧重于通过外在规范("法")来确保权力的正当行使(儒家荀子"礼治主义"的构想中这一面向也十分突出,换言之,荀子对防范君权滥用的思考包含孔孟那种重视德治民本的道德理想的主观精神,以及重视"为政以礼"的礼治主义的客观精神的双重维度。荀子以为"尊君"乃是为实现民本、德治、礼治之目的,为实现此种目的,恰恰首先需要将君主权力的行使纳为民本精神、德治精神和礼治精神的"规范"和指引下)。遗憾的是,当与专制权力结合以后,在秦汉以后漫长的皇权历史中儒、法两家的这种"限制"君权的思考都没有能够很好地表现出来。当然,我们这里要强调的是,荀子的"尊君"思想中包含着以民本德治的道德精神与礼治主义的客观精神(重"民"、重"德"、重"礼")防范君权滥用的思考;而韩非"法""术""势"合为一体的"尊君"思想中虽有防范最高权力滥用的思考,但却难于改变其为加强君主专制独裁谋的重要基调。

家的精神。至少他主张需要一个强大且中央集权的政府,君主的地位被抬升到时人无法想象的地步。但和法家不同的是,他不认为人民和国家应该把权力完全赋予国君。在这一点上,他赞同孟子,虽然他们论证的方式不同。荀子认为国君之职就是为了人民的福祉,是庄严的公仆(a majestic public servant),如果他践踏天职,就应该被废黜。"①

荀子"尊君"又"重民",其重民的立场直承孔孟民本之精神,而这也决定了荀子学说的儒家文化底色。就此而言,荀子应该既是君本论者,又是民本论者。问题是,在君本论的立场下,荀子的民本精神到底该如何理解呢?其实,荀子所明确主张"隆一而治"的君权至上论,然其"尊君"又不过是为了实现"为民"的目的。"天之生民,非为君也。天之立君,以为民也。"②"君舟民水""立君为民",荀子的这些著名论断无疑已足以彰显其学"重民"的民本精神。金耀基说:"荀子之中心思想,则依旧守儒家政治哲学之一贯之义——民本思想。其'天之生民,非为君也,天之立君,以为民也'一语,上通孟子'民贵君轻'之义,下接梨洲'君客民主'之论,谨此一语,荀子已可堂堂在儒学中占一席崇高之地位。"③

出于"为民"这一目的,荀子继承发展了孔孟之说,在其尊君思想中直接融入了民本仁政的思想内容,教导君主要爱民利民、养民富民、教民化民。荀子说:

> 故有社稷者而不能爱民,不能利民,而求民之亲爱己,不可得也。④
> 王者之等赋、政事,财万物,所以养万民也。⑤

---

① [美]牟复礼:《中国思想之渊源》,王重阳译,北京大学出版社2016年版,第114—115页。
② (清)王先谦撰,沈啸寰、王星贤点校:《荀子集解》卷19《大略》,中华书局1988年版,第504页。
③ 金耀基:《中国民本思想史》,台北:台湾商务印书馆1993年版,第83页。
④ (清)王先谦撰,沈啸寰、王星贤点校:《荀子集解》卷8《君道》,中华书局1988年版,第234页。
⑤ (清)王先谦撰,沈啸寰、王星贤点校:《荀子集解》卷5《王制》,中华书局1988年版,第160页。

足国之道，节用裕民而善臧其余。节用以礼，裕民以政。①

不富无以养民情，不教无以理民性。故家五亩宅，百亩田，务其业而勿夺其时，所以富之也。立大学，设庠序，修六礼，明十教，所以道之也。②

荀子认为，"立君"是要"为民"，君主存在的意义应在于，通过"礼""政""德"（教）来养民、富民和教民。此其所谓以礼养民、以政裕民、"立大学，设庠序，修六礼，明十教"以教民。很明显，荀子的这种养民富民教民的思想与孔子"庶民富民教民"的主张大体一致③，都体现出了儒家文化"重民"的思想底色。

"君者，舟也；民者，水也"，"君"之存废系于"民"，故荀子主张"立君以为民"。然而，在韩非看来，"势重者，人主之渊也；臣者，势重之鱼也。……人主失其势重于臣而不可复收也"④，"君"之存废依于"势"，故韩非主张君主必要保"势"。"势"者，权势也，权位也，所谓"保势"，就是要让君主保住自己杀伐决断、行使赏罚的绝对权势和专制地位。韩非"势治"思想的主要内容就是，首先让君主认识到"势"之于"明君独尊"的重要意义，进而再为其开出如何保"势"的"良方"。

"势"对于人君为何如此重要呢？对此，韩非着力发挥了《管子·法法》中"凡人君之所以为君者，势也"的重要思想，认为君主与臣民之间并无"骨肉之亲"，然臣民之所以事君者，乃因为君主有"势"。他说："人臣之于其君，非有骨肉之亲也，缚于势而不得不事也。"⑤ 同理，韩非进一步指出，人臣之事君也无关乎君主之"贤"或"不肖"、"智"或者"愚"，而仍是因为"缚于势"。倘若无"势"，纵然有尧之"贤智"，也不足以"治人"；而若有"势"，则即便如桀般"不肖"，亦可以"制天下"。

---

① （清）王先谦撰，沈啸寰、王星贤点校：《荀子集解》卷6《富国》，中华书局1988年版，第177页。

② （清）王先谦撰，沈啸寰、王星贤点校：《荀子集解》卷19《大略》，中华书局1988年版，第498—499页。

③ 两者之差以下还会有详论，此不赘言。

④ （清）王先慎撰，钟哲点校：《韩非子集解》卷10《内储说下六微》，中华书局1998年版，第244页。

⑤ （清）王先慎撰，钟哲点校：《韩非子集解》卷5《备内》，中华书局1998年版，第115页。

其言如是：

> 贤人而诎于不肖者，则权轻位卑也；不肖而能服于贤者，则权重位尊也。尧为匹夫不能治三人，而桀为天子能乱天下。吾以此知势位之足恃，而贤智之不足慕也。①
>
> 夫有材而无势，虽贤不能制不肖。……桀为天子，能制天下，非贤也，势重也。尧为匹夫，不能正三家，非不肖也，位卑也。……故短之临高也以位，不肖之制贤也以势。②

诚然，韩非已然将君之"势"，而非君之"贤"、君之"智"作为君主废立的主要依据了。"势位之足恃，而贤智之不足慕"，这种鼓动显然已足以让君主深刻洞见保"势"的重要性了。既然"势"之于君主如此重要，那么，为人君者该如何保住势位呢？韩非"法治""术治"的思想回答了这个问题。他说："君无术则弊于上，臣无法则乱于下，此不可一无，皆帝王之具也。"③ 又"人主无法术以御其臣，虽长年而美材，大臣犹将得势，擅事主断，而各为其私急"④。"法"与"术"作为"帝王之具"，韩非认为，君主唯有牢牢掌握这两大"法宝"，才可以御其臣下而保势位之不失。于此可见，韩非的"尊君"思想其实应该主要包括"法""术""势"三大理论内容，其间的内在关联就是，以"法""术"为具来保"势"。其所谓"尊君"的真正所指无非就是保"势"，萧公权一针见血地指出，法家"尊君，意在矫臣之尊君，非尊其人，而尊其所处之权位"⑤，而欲保"势"（尊其权位）则必赖以"法""术"为用。韩非说："今人主处制人之势，有一国之厚，重赏严诛得操其柄，以修明术之所烛……。故

---

① （清）王先慎撰，钟哲点校：《韩非子集解》卷17《难势》，中华书局1998年版，第388页。
② （清）王先慎撰，钟哲点校：《韩非子集解》卷8《功名》，中华书局1998年版，第208页。
③ （清）王先慎撰，钟哲点校：《韩非子集解》卷17《定法》，中华书局1998年版，第397页。
④ （清）王先慎撰，钟哲点校：《韩非子集解》卷4《奸劫弑臣》，中华书局1998年版，第106—107页。
⑤ 萧公权：《中国政治思想史》，商务印书馆2011年版，第89页。

明主之道，一法而不求智，固术而不慕信。"①

"立君以为民"与尊君即保"势"，荀子、韩非"尊君"之思想，在目的论上主要就表现为了为"民"与为"势"的不同。② 一者以为"君"之存废系于"民"，故教导君主以"礼""德"来养民富民教民；一者主张"君"之存废决于"势"，故劝诫君主以"法""术"来保势立势用势。荀、韩"尊君"之目的的不同，实现此种目的的手段自然也就各异。具体而言，荀、韩"尊君"在为"民"与为"势"上的不同，又决定了其治道思想在重"礼"与重"法"，以及重"德"（君德）与重"术"（君术）之间的差异。

二 重"礼"与重"法"

荀子言"立君以为民"，故教导君主"隆礼"以养民富民教民，"修身"以率臣而化民；韩非主尊君即保"势"，故劝诫君主"用法"以治民使臣，"用术"以防臣制臣。在处理君民的关系问题上，荀子主张"隆礼"，曰"隆礼尊贤而王"；韩非倡导"用法"，曰"一民之轨，莫如法"。一"隆礼"，一"用法"，在治道思想上表现为礼治主义与法治主义的分野。"礼治"与"法治"的对垒，不仅明显表现了荀、韩"尊君"思想之差异，也从根本上反映出了儒法两家治道思想的不同。

荀子之政治哲学以"群—君"之架构为核心，由"群—君"之架构而引出"为民""隆礼""修身""尚贤"等理论思考，而无论是君主的养民富民教民，还是修身立德以率臣化民，又都指向了"隆礼"。其"群"论、"君"论、"民"论、"富国"论、"修身"论、"尚贤"论等，无不以"礼"为本而立言。可以说，"荀子的政治思想全部内容都是围绕礼展开的，是礼治主义的典型。"③ 那么，我们该如何理解荀子礼治主义的秩序构想呢？无疑这还是要从"群"论、"君"论说起。荀子云"君者善群"

---

① （清）王先慎撰，钟哲点校：《韩非子集解》卷19《五蠹》，中华书局1998年版，第451页。

② 再次说明，韩非尊君、保"势"的思想虽主要是为加强君主专制独裁所谋，然并不意味着其间毫无防范君权滥用的思考。

③ 刘泽华：《中国政治思想史集》第三卷，人民出版社2008年版，第242页。

"君者能群"，君主何以能使人（民）"群"，必曰"礼"。其所谓"立君以为民""君者善群"，皆旨在说明君主之"天职"应是以"礼"为本来养民富民教民，以使其"能群"。可见，在君民关系上，荀子之全副用心乃在于，君主通过"隆礼"以养民富民教民。"一句话，在荀子，无论养民还是教民，一皆以礼义为其鹄的。"① 换言之，正是因为"礼"可以使民有"养"、有"分"、有"教"，故君主只要"隆礼"，则可以养民富民教民，使其"出于治，合于道"。

荀子之所以一再教导君主"隆礼"，那是因为"礼"之于"人（民）能群"具有决定性的作用。对此，荀子有许多十分精彩的阐发，兹择其要而引述如下：

> 礼起于何也？曰：人生而有欲，欲而不得，则不能无求；求而无度量分界，则不能不争；争则乱，乱则穷。先王恶其乱也，故制礼义以分之，以养人之欲，给人之求，使欲必不穷乎物，物必不屈于欲，两者相持而长，是礼之所起也。故礼者，养也。②

荀子提出，人人（民）皆生而有欲，"礼"的作用在于，在"养人之欲，给人之求"的同时，又使"欲"限定在合理的范围内，此谓"求而有度量分界"。礼"养欲"而又使其有"度量分界"的作用，荀子具体又将之概括为，"礼"使民得"养"、有"分"（别）。他说："君子既得其养，又好其别。曷谓别？曰：贵贱有等，长幼有差，贫富轻重皆有称者也。"③ 一者，礼以养民，此谓"礼者，养也"④；二者，礼使民分，此谓"礼者，贵贱有等，长幼有差，贫富轻重皆有称者也"⑤。"礼者，养也""礼者，

---

① 东方朔：《差等秩序与公道世界——荀子思想研究》，上海人民出版社 2016 年版，第 25 页。
② （清）王先谦撰，沈啸寰、王星贤点校：《荀子集解》卷 13《礼论》，中华书局 1988 年版，第 346 页。
③ （清）王先谦撰，沈啸寰、王星贤点校：《荀子集解》卷 13《礼论》，中华书局 1988 年版，第 347 页。
④ （清）王先谦撰，沈啸寰、王星贤点校：《荀子集解》卷 13《礼论》，中华书局 1988 年版，第 346 页。
⑤ （清）王先谦撰，沈啸寰、王星贤点校：《荀子集解》卷 6《富国》，中华书局 1988 年版，第 178 页。

贫富轻重皆有称者也",体现了荀子以"礼"养民、富民之基本立场。

礼以养民之说,荀子已说得清楚,然对于其富民以"礼"(以"礼"论富民)之观点,则还需我们有所分梳而始可明矣。关于"富民",荀子明言"节用以礼,裕民以政",并没有所谓富民以"礼"的直接说法。那么,在荀子思想中"礼"论与"富民"论如何关联呢?对此,我们认为可以从以下两个方面来理解:第一,荀子所谓富民以"礼"的主要所指,应该是其"礼者,贫富轻重皆有称者也"这一思想中的应有之义;第二,荀子主张"裕民以政",又明言"为政以礼"①,以"礼"而论"政"应是其礼治主义治道思想的基本立场。就此而言,其"裕民以政"的思想中也逻辑地包含着富民以"礼"的内容。应该说,关于君主如何对待"富民"的问题,荀子认为,君主富民必须依靠"政""礼"之手段。富民以"政",即其所谓"轻田野之税,平关市之征,省商贾之数,罕兴力役,无夺农时,如是,则国富矣。夫是之谓以政裕民"②。富民以"礼",即其所谓"礼者,贫富轻重皆有称者也"。这里,荀子的主要所指是在教导君主以"政"富民的同时,又反对"分均"而应注意到"制礼义"以使民有"贫富贵贱"之等级差别的问题。他说:"分均则不偏,势齐则不壹,众齐则不使。……先王恶其乱也,故制礼义以分之,使有贫富贵贱之等,足以相兼临者,是养天下之本也。《书》曰:'维齐非齐。'此之谓也。"③ 因此,荀子富民以"礼"的真正所指应该是以"礼"而使民有"分",即君主要富民,然又要注意到民有"贫富贵贱"之等。以"礼"论"富民",这也是荀子富民思想与孔孟之重要不同处。

"礼"可以使民有"养"、有"分"、有"教",君主"隆礼"除了可以养民富民,还可以教民化民。当然,对于君主如何教化民众的问题,《荀子》一书中涉及他对"礼(乐)""政""法""刑"一体的复杂"治理体系"的深刻思考,不过其一以贯之的立场又始终是在礼治主义的秩序构想下来展开这些讨论。"法"与"刑"在荀子礼治主义思想系统中应有

---

① 参见(清)王先谦撰,沈啸寰、王星贤点校《荀子集解》卷19《大略》,中华书局1988年版,第492页。
② (清)王先谦撰,沈啸寰、王星贤点校:《荀子集解》卷6《富国》,中华书局1988年版,第179页。
③ (清)王先谦撰,沈啸寰、王星贤点校:《荀子集解》卷5《王制》,中华书局1988年版,第152页。

之位置，我们于此姑且不论，留待以下讨论"礼"与"法"之关系时再予以展开。这里，首先说明君主以"礼"教民化民如何具体表现的问题。盖荀子认为，君主要"立大学，设庠序，修六礼，明十教"以教民，即以"政"而教民"能属于礼义"。这体现了儒家尤其是荀子政治哲学寓教于政、政教合一、君师不分的重要思想特点。政教合一、君师合一之依据和基础又在"礼"。这就意味着，所谓"政教合一""君师合一"并不是说"君"与"师"具有可以并列之同等地位，这是就"君"与"师"所共同承担的以礼乐教化民众的神圣使命言的。或如有论者指出的："'君师'并不意味着普通意义上的'师'与'君'有同等的地位，而是表明了'君'所应有的教育功能。"① 在荀子礼治主义的治道思想体系中，因为"隆礼"，故"隆君师""尊君师"。荀子说："礼有三本：天地者，生之本也；先祖者，类之本也；君师者，治之本也。……故礼上事天，下事地，尊先祖而隆君师，是礼之三本也。"②

"君师"为什么是"治之本"呢？那是因为"君师"能够本于礼义而教化民众，使其归于治。由此，荀子主张的"君"以"礼"教民化民的设想可以这样来理解：一方面，对于"君"而言，荀子寓教于政，教导君主要像"师"一样承担起礼乐教化的责任，通过"立大学，设庠序，修六礼，明十教"以教民礼义。另一方面，对于"民"而言，荀子提出"学以成人""积礼义而为君子"，教导民众通过诵经读礼、学习礼义而成为圣贤君子、卿相大夫。他说：

学恶乎始？恶乎终？曰：其数则始乎诵经，终乎读礼；其义则始乎为士，终乎为圣人。真积力久则入，学至乎没而后止也。③

虽王公士大夫之子孙，不能属于礼义，则归之庶人。虽庶人之子孙也，积文学，正身行，能属于礼义，则归之卿相士大夫。④

---

① 陈文洁：《荀子的辩说》，华夏出版社2008年版，第216页。
② （清）王先谦撰，沈啸寰、王星贤点校：《荀子集解》卷13《礼论》，中华书局1988年版，第349页。
③ （清）王先谦撰，沈啸寰、王星贤点校：《荀子集解》卷1《劝学》，中华书局1988年版，第11页。
④ （清）王先谦撰，沈啸寰、王星贤点校：《荀子集解》卷5《王制》，中华书局1988年版，第148—149页。

君"制"礼,师"教"礼,民"学"礼,"教"与"学"相统一,最终达到以"礼"教民化民之目的。言至此,我们发现,无论是养民富民,还是教民化民,荀子都是以"礼"为本来展开讨论的。这里,值得注意的是,孔、孟、荀其实都有"养民富民教民"之论,孟、荀对于孔学的发展乃在于,孟子从"仁"(不忍人之心)的主观道德精神出发而教君主养民富民教民,此谓"仁政"(不忍人之政)也;荀子则是由"礼"的客观秩序原则出发而教君主养民富民教民,此谓"礼治"(为政以礼)也。从"礼"的客观秩序原则出发论养民富民教民,无疑是荀子对先秦儒家民本思想的重要丰富和发展。

在荀子礼治主义的治道思想中,"礼"可以使民有"养"、有"分"、有"教",只要君主"隆礼",就能养民富民和教民,使民各得其宜、各尽其事,从而达到"群居和一"的理想局面。《荀子·荣辱》篇载:

> 故先王案为之制礼义以分之,使有贵贱之等,长幼之差,知愚、能不能之分,皆使人载其事而各得其宜,然后使悫禄多少厚薄之称,是夫群居和一之道也。①

在荀子看来,"礼"是使民去乱止争而能"群居和一"的根本,治道之关键取决于君主是否能够"隆礼","隆礼"则王,"非礼义之谓乱"②。此其所谓"天下从之者治,不从者乱;从之者安,不从者危;从之者存,不从者亡。小人不能测也"③。如此,"隆礼"以使民有"养"、有"分"、有"教"而"能群",俨然已成了荀子为君主"设定"的无所逃避之"天职"。"人君者,所以管分之枢要也。"④ 又"请问为人君?曰:以礼分施,

---

① (清)王先谦撰,沈啸寰、王星贤点校:《荀子集解》卷2《荣辱》,中华书局1988年版,第70—71页。
② (清)王先谦撰,沈啸寰、王星贤点校:《荀子集解》卷2《不苟》,中华书局1988年版,第44页。
③ (清)王先谦撰,沈啸寰、王星贤点校:《荀子集解》卷13《礼论》,中华书局1988年版,第356页。
④ (清)王先谦撰,沈啸寰、王星贤点校:《荀子集解》卷6《富国》,中华书局1988年版,第179页。

均遍而不偏"①。

在治道思想上，如果说荀子是一"礼治主义"者，那么，韩非则是一"法治主义"者。"隆礼"是荀子礼治主义治道思想的突出特征，而"重法"则是韩非法治主义治道思想的显著特点。荀子教导君主"隆礼而王""以礼正国"，言"国无礼则不正。礼之所以正国也，譬之犹衡之于轻重也，犹绳墨之于曲直也，犹规矩之于方圆也，既错之而人莫之能诬也"②。韩非则劝诫君主"以道为常，以法为本"，言"法令者，民之命也，为治之本也，所以备民也"。荀子、韩非一重"礼"，一重"法"，重"礼"者主张人君"隆礼"以养民富民教民，以实现"立君为民"之理想追求；重"法"者倡导君主"用法"以治民御民防民，以达到以"法"保"势"之政治目的。

荀子礼治主义和韩非法治主义的治道思想，都始于其对人性"恶"（人欲）的深刻理解，所不同的是，前者主张人君以"礼"来"养人之欲，给人之求"而"养民"③；后者则要求君主以"法"为依据来"行赏罚"而"治民"。众所周知，荀子是"性恶"论者④，然韩非对人性"恶"的理解，却并不取自乃师荀子，而是发挥了早期法家尤其是商鞅的思想，在"利用—操纵"的政治学视域下来讨论人性。日本学者佐藤将之通过对荀子人"性"论与韩非子"人"观的比较研究认为，两者的"性"（实际上《韩非子》没有"性"论）论，两者的"人"观，似应属于不同的学术传统。他说："《韩非子》的'人'应该继承《商君书》以及慎到和田

---

① （清）王先谦撰，沈啸寰、王星贤点校：《荀子集解》卷8《君道》，中华书局1988年版，第232页。

② （清）王先谦撰，沈啸寰、王星贤点校：《荀子集解》卷7《王霸》，中华书局1988年版，第209—210页。

③ 参阅颜世安《肯定情欲：荀子人性观在儒家思想史上的意义》，《南京大学学报》（哲学·人文科学·社会科学版）2015年第1期。

④ 关于荀子的人性论，学界有"性恶"与"性朴"的争论，囿于题旨我们无意对此展开具体讨论，这里所谓"性恶"还是坚持长期以来主流的常识性观点，不过我们又不是一种泛化的理解，而是强调荀子言"性恶"的所指主要是对人放纵生而有的"欲"而导致群体秩序崩溃而做出的价值判断。关于"性朴"与"性恶"争论的问题，可以参阅路德斌《性朴与性恶：荀子言"性"之维度与理路——由"性朴"与"性恶"争论的反思说起》，《孔子研究》2014年第1期；周炽成《荀子乃性朴论者，非性恶论者》，《邯郸学院学报》2012年第4期；林桂榛《论荀子性朴论的思想体系及其意义》，《现代哲学》2012年第6期；颜世安《荀子人性观非"性恶"说辨》，《历史研究》2013年第6期；梁涛《荀子人性论辨正——论荀子的性恶、心善说》，《哲学研究》2015年第5期。

骈等齐国稷下学者,并非荀子。"① 颜世安则进一步指出:"说韩非子承自商君而非荀子,是在基本思路上,韩非是利用、操纵一系的,而非教化、改造一系的。韩非是否受到荀子'性恶论'的影响还要研究。"② 事实上,不仅在基本思路上,荀子和韩非子言人性"恶"之立场也是有着明显的不同的。荀子言"性恶"是对人放纵生而有的"欲"而导致群体秩序崩溃而做出的价值判断。他说:"人之性恶,其善者伪也。今人之性,生而有好利焉,顺是,故争夺生而辞让亡焉;生而有疾恶焉,顺是,故残贼生而忠信亡焉;生而有耳目之欲……顺是,故淫乱生而礼义文理亡焉。"③ 对此,徐复观分析指出:"他(荀子)的性恶的主张,只是从官能欲望这一方面立论,并未涉及官能的能力那一方面。官能欲望的本身不可谓之恶,不过恶是从欲望这里引发出来的,所以荀子说:'生而有好利焉;顺是,故争夺生而辞让亡焉'。问题全出在'顺是'两个字上。"④

由此,我们或可这样来理解荀子言"性恶"的真义:在荀子那里,自然情欲、官能欲望本身并不就是恶,只是因为"顺是"即过度放纵自然情欲、官能欲望,才会必然导致"恶",这里所谓"恶"主要是对放纵情欲而造成群体失序给出的价值判断。路德斌认为:"在荀子,其所谓'性恶',既不是说'人之所以为人者'是恶的,也不是说人的自然情欲本身就是恶。其真正的含义是:人的自然情欲本身无所谓善恶,但不受节制的自然情欲必然导致恶。"⑤

与荀子不同,韩非言"性恶"则是在人"皆挟自为心""人情皆喜贵恶贱"的基本立场下对人性的一种经验事实性的描述。他说:

> 人为婴儿也,父母养之简,子长而怨。……此其养功力,有父子之泽矣,而心调于用者,皆挟自为心也。故人行事施予,以利之为

---

① [日]佐藤将之:《〈荀子〉的人"性"论是否为〈韩非子〉"人"观的基础?》,《陕西师范大学学报》(哲学社会科学版) 2017 年第 4 期。
② 颜世安:《荀子、韩非子、庄子性恶意识初议》,《南京大学学报》(哲学·人文科学·社会科学版) 2010 年第 2 期。
③ (清)王先谦撰,沈啸寰、王星贤点校:《荀子集解》卷 17《性恶》,中华书局 1988 年版,第 434 页。
④ 徐复观:《中国人性论史·先秦篇》,载李维武编《徐复观文集》第三卷,湖北人民出版社 2002 年版,第 217 页。
⑤ 路德斌:《荀子"性恶"论原义》,《东岳论丛》2004 年第 1 期。

心，则越人易和；以害之为心，则父子离且怨。①

正如有论者所揭示的："荀子的性恶论并非'性本恶'而是一种'后果恶'，是针对过度纵欲导致群体生存失序而做出的价值判断。韩非子已经跳出对人性作善恶与否判断的思维模式，而是径直对人性做出经验性的事实判断。"② 人"皆挟自为心"，以对人性"恶"的这种认识为出发点，韩非建构了商鞅式的那种"利用—操纵"型的政治哲学。他提出："凡治天下，必因人情。人情者有好恶，故赏罚可用；赏罚可用则禁令可立，而治道具矣。"③ 这里，韩非教导君主要从人皆"好利恶害"的"人性真实"出发，用好"赏罚"的手段来治民使臣。在他看来，既然人都"好利恶害"，民之性皆"恶劳而乐佚"，人之常情"莫不好富贵而恶贫贱"，那么，君主就应该抓住人性的这个特点通过赏罚的"利害"手段来治民使臣。"人情有好恶，故赏罚可用。"冯友兰说："盖人之性惟知趋利避害，故惟利害可以趋使之。法家多以为人之性恶。韩非为荀子弟子，对于此点，尤有明显之主张。"④

韩非"法治"思想的一个重要方面就是让君主抓住人性"趋利避害"的特点来驱使之，具体来说就是以"法"为依据，通过操纵好刑（罚）与德（赏）之"二柄"来治民使臣，最终实现以"法"保"势"、"明君独尊"的目的。其言如是：

明主之所导制其臣者，二柄而已矣。二柄者，刑、德也。何谓刑德？曰："杀戮之谓刑，庆赏之谓德。"⑤

赏罚者，利器也。君操之以制臣，臣得之以拥主。⑥

---

① （清）王先慎撰，钟哲点校：《韩非子集解》卷11《外储说左上》，中华书局1998年版，第273—274页。

② 张新：《人性判断与秩序构建——论韩非子对荀子思想的疏离及异化》，《江苏开放大学学报》2015年第3期。

③ （清）王先慎撰，钟哲点校：《韩非子集解》卷18《八经》，中华书局1998年版，第430—431页。

④ 冯友兰：《中国哲学史》，商务印书馆2006年版，第166页。

⑤ （清）王先慎撰，钟哲点校：《韩非子集解》卷2《二柄》，中华书局1998年版，第39页。

⑥ （清）王先慎撰，钟哲点校：《韩非子集解》卷10《内储说下六微》，中华书局1998年版，第244页。

在韩非那里,"治道"之关键取决于君主是否能用"法"以行赏罚,倘若君主能够"尽之于法",使"赏罚可用",则可以使民"治"、使"势"保,此其所谓"治民无常,唯法为治",又"法者,王之者也"。相反,君主若失去刑(罚)与德(赏)之"二柄"以治民使臣,就会陷入危亡的局面。"失刑、德而使臣用之而不危亡者,则未尝有也。"① 由此可见,韩非法治主义治道思想的基本内容或在于,君主从人"皆挟自为心"的"民情"出发,以"法"为本来"明赏""严刑",以赏罚、德刑之"利器"来治民使臣,最终达到保"势"的目的。韩非详论如是:

> 至夫临难必死,尽智竭力,为法为之。故先王明赏以劝之,严刑以威之。赏刑明则民尽死,民尽死则兵强主尊。刑赏不察则民无功而求得,有罪而幸免,则兵弱主卑。故先王贤佐尽力竭智。故曰:公私不可不明,法禁不可不审,先王知之矣。②

综上所言,荀子、韩非"尊君"思想的差别,在治道思想上首先具体表现为"礼治主义"和"法治主义"的不同。荀子的礼治主义治道思想以"隆礼"为本,而韩非的法治主义治道思想则以"重法"为要。荀子"隆礼"是教导君主以"礼"为本而养民富民教民,以使民"能群",此谓"君者善群""立君为民";韩非"重法"则是劝诫君主以"法"为具,明赏严刑而治民使臣,以使君"能尊",此谓"明君独尊"、以"法"保"势"。为此,荀、韩"尊君"思想之差异不难明矣:一者"尊君",是因为其能"管分之枢要",故教导人君要"隆礼"(制礼义)而使民有"养"、有"分"、有"教"而"能群",倘人君不能尽此"天职"则可废可诛;一者"尊君"则是真为其"独尊"所谋,故劝诫君主要执"二柄"以使民治臣服而"尽死""尽智",若君主不能"唯法为治"、明赏严刑则必将陷于危亡。通过以上这种对比不难发现,荀子"以礼为治"和韩非"以法为治"的治道思想差异,其实质是从根本上反映了二者尊君思想中

---

① (清)王先慎撰,钟哲点校:《韩非子集解》卷2《二柄》,中华书局1998年版,第40页。此处原文为"故劫杀拥蔽之主,非失刑、德而使臣用之而不危亡者,则未尝有也。"俞樾曰:"失刑、德而使臣用之,不当有'非'字,'非'字衍文。"
② (清)王先慎撰,钟哲点校:《韩非子集解》卷5《饰邪》,中华书局1998年版,第128—129页。

儒家民本礼治精神与法家君本法治立场的不同。

不过，关于荀子、韩非"隆礼"与"重法"之治道思想比较，还需要特别说明的是，除了"隆礼"，荀子也有"重法"的明确主张。那是否意味着荀子已经被"法家化"，转而接受其学说了呢？或者说，在荀子政治哲学中，"隆礼"与"重法"是否具有平行并列之地位呢？毕竟他的确这样说过："君人者，隆礼尊贤而王，重法爱民而霸"①；又"至道大形，隆礼至法则国有常"②。对此，我们认为，荀子"隆礼"与"重法"合论绝不意味着两者具有同等重要之地位，因为荀子所谓的"重法"与法家韩非那种"唯法为治"的"重法"立场有着根本的不同。应该说，荀子是一彻底的"礼治"论者，其对"法"与"刑"之治理意义的肯定应置于其礼治主义的立场下来理解③：一方面，荀子虽提出"重法爱民而霸"，又"教而不诛，则奸民不惩"；另一方面，"礼"（教）与"法"、"刑"相比，他却又明确主张："不教而诛，则刑繁而邪不胜"④；"有乱君，无乱国；有治人，无治法。……故法不能独立，类不能自行，得其人则存，失其人则亡。法者，治之端也；君子者，法之原也。"⑤ 又"故有良法而乱者有之矣；有君子而乱者，自古及今，未尝闻也"⑥。很明显，从后者来看，荀子又分明回到了儒家那种重视"教化"，重视"人治"的立场。据此说来，"荀子并没有因为他对法律的强调而把儒家导向法家。事实上，荀子建立法律系统的目的不仅仅是为了建立并维护一个秩序化的社会，更是为了培养人们的道德并把他们塑造成'君子'"⑦。

---

① （清）王先谦撰，沈啸寰、王星贤点校：《荀子集解》卷19《大略》，中华书局1988年版，第485页。

② （清）王先谦撰，沈啸寰、王星贤点校：《荀子集解》卷8《君道》，中华书局1988年版，第238页。

③ 任剑涛认为，荀子"重法"之实质在于，"以法将格式化的人伦关系约束在礼许可的范围内"。[任剑涛：《伦理政治研究：从早期儒学视角的理论透视》，吉林出版集团有限责任公司2007年版，第85页] 可见，荀子所谓的"重法"并非以法代礼，"重法"不过是服从于实现礼治的需要。

④ （清）王先谦撰，沈啸寰、王星贤点校：《荀子集解》卷6《富国》，中华书局1988年版，第191页。

⑤ （清）王先谦撰，沈啸寰、王星贤点校：《荀子集解》卷8《君道》，中华书局1988年版，第230页。

⑥ （清）王先谦撰，沈啸寰、王星贤点校：《荀子集解》卷5《王制》，中华书局1988年版，第151页。

⑦ 孙伟：《重塑儒家之道——荀子思想再考察》，人民出版社2010年版，第182页。

当然,"有治人,无治法""有君子,无良法",荀子的这种立场既彻底地划清了其学与法家那种"法治"思想的关系,而其实又与孔孟的"德治"精神有着明显的不同。这里,荀子所谓的"治人"和"君子"并非孔孟定义的那种德性意义下的完美人格,它们都是指向"礼治"的保证和实现而言的。具体来说,荀子对"治人""君子"之于"治法""良法"的优先性的肯定,乃是将其礼治的客观精神贯彻到底,并非又转向了孔孟德治仁政的那种道德主体性(主观性)的论调。对于此一细节,台湾学者韦政通有深刻而精当的分析。他认为,荀子所说的"得其人则存"的"治人","君子理天地"的"君子",当同于尽伦尽制之圣王。其本性不由主观之德性定,而由客观之礼义定。落在治道之用上说,他的目的,亦不在使人各归自己、各正性命,成为一道德的存在,而只是要人落在差等之分位中,成为一礼义的存在。因此,孔孟的人治与德治不相离,而荀子的人治则与礼治合辙。本此义而言,可以判定孔孟的政治思想为主观的道德形态,而荀子的政治思想则为客观的礼义形态。[①] 由此可见,荀子礼治主义的治道思想还是以"隆礼"为本,在这个前提下,其所谓"重法"与韩非之"法治"论迥然有别。唯有理解了荀子治道思想"人治与礼治合辙"之要义,方能真正明了其学与法家韩非,包括儒家孔孟之殊异处。

总之,荀子是一彻底的"礼治主义"论者,其虽在一定程度上肯定"法"与"刑"的治理意义,也明确将"隆礼"和"重法"放在一起合论,但这并不足以改变其"隆礼"的基本立场。在治道思想上,荀子重"礼",而韩非重"法",大约如是。"立君为民"(民本)与"明君独尊"(君本),荀、韩尊君思想立足点上的根本差异决定了其以君主为中心的治道思想在"礼治"和"法治",以及"德治"和"术治"上的不同。重"君德"与重"君术",反映了荀子、韩非尊君思想中对君臣关系的不同思考。

三 重"德"与重"术"

荀子、韩非之"尊君",前者以为君主能够"为民""隆礼""修德",故须尊之;而后者则相信君主只有"重法""用术"以"保势",方能

---

① 参见韦政通《荀子与古代哲学》,台北:台湾商务印书馆1966年版,第92页。

"独尊"。荀、韩尊君思想"为民"和"为君"之目的的不同,决定了其以君主为中心的治道思想中除了有"隆礼"和"重法"的对垒,还有重"君德"(德治)和重"君术"(术治)的分野。荀子重"君德",其意在教导君主修德以垂范臣民,实现德治的理想追求;而韩非重"君术",其意在劝诫君主用术以使臣御臣,达到"执一"的政治目的。荀子主张立君德以表率臣民,故重君德之"宣"与"明";韩非提倡用君术以驾驭臣下,故重君术之"隐"与"藏"。重君德之"明"与重君术之"藏",也反映了荀、韩尊君思想在治道层面上的又一种重要区别。

儒家治道思想以德治为本,其基本设想在于以道德理想转化现实政治,欲成此理想目的,儒家强调对处于政治权力中心位置的君主提出"修身正己"的道德要求,并以此作为实现德化政治的最为重要的一个环节。原始儒家孔孟荀儒学精神之大义概不出于此者。陈登元说:"故荀子之政治学说,亦有改其祖师孔子之旧,而迎合时代者矣;亦有仍其祖师孔子之旧,而反抗环境者矣。同为儒家,而其后嗣,竟有改于其祖昔之道,是曷故乎?盖所谓后嗣者,目接于时代之变迁,新潮之汹涌,亦逆知其祖先之说,一部分为不足用,而思有以改进之。"① 主"尊君"、言"性恶"、倡"隆礼"等,是荀子多改于孔孟(尤其是孟子)而"迎合时代者";而其以君德垂范臣民的德治思想则几乎完全是"仍孔孟(尤其是孔子)之旧者"。孔孟(主要是孟子)与荀子之德治思想相较,虽有"仁政"和"礼治"内外两种进路的不同,然它们又是殊途而同归、百虑而一致的。孔孟荀都把为政者尤其是君主的德行之"正"作为政治活动的重要环节,并以此作为实现儒家德治思想的重要前提。②

---

① 陈登元:《荀子哲学》,上海三联书店2014年版,第67页。
② 孔孟荀都有德治的政治理想追求,都十分重视为政者尤其是君主修身立德之于德治实现的重要意义。只是关于君主(当然,对普通人而言也是这样)道德修养的实现路径,孔孟与荀子有着不同的理解。大体而言,孔学以仁爱为本,孟学以性善立基,其开出之道德修养路径可归为"依仁而成礼"(重仁),即依德性而实践道德行为规范的内向化一路;荀子明以性伪之分,以为起伪而美性、化性,其开出之道德修养路径可归为"以礼而显仁"(重礼),即通过实践道德行为规范而涵养德性的外向化一路。孟子曰:"人皆有不忍人之心。先王有不忍人之心,斯有不忍人之政矣。以不忍人之心,行不忍人之政,治天下可运之掌上。"[杨伯峻译注:《孟子译注》卷3《公孙丑章句上》,中华书局2005年版,第72页]荀子云:"故为人上者必将慎礼义,务忠信然后可。此君人者之大本也。"[(清)王先谦撰,沈啸寰、王星贤点校:《荀子集解》卷11《强国》,中华书局1988年版,第305页]概言之,孔孟(主要是孟子)之所谓德治以"仁爱"为基,而荀子之所谓德治则以"礼治"为本。或如有论者总结指出的:"对于孔子德治思想的继承,孟子以扬'仁'见称,荀子则以隆'礼'为重。"[唐镜:《孔孟荀德治思想论纲》,《吉首大学学报》(社会科学版)2005年第4期]

孔子提出了"为政以德""政者正也"的重要命题，明确了道德与政治的密切关联，以及为政者"修身正己"的德行实践之于理想政治实现的基础性作用。《论语》载：

> 子路问君子。子曰："修己以敬。"曰："如斯而已乎？"曰："修己以安人。"曰："如斯而已乎？"曰："修己以安百姓。修己以安百姓，尧舜其犹病诸？"①
>
> 上好礼，则民莫敢不敬；上好义，则民莫敢不服；上好信，则民莫敢不用情。②

孔子对于儒家德治思想的建构意义在于，厘定了儒家德治思想"修己安人"的精神内核，并突出强调了为政者"修己正身"的重要治政意义。孔子言："其身正，不令而行；其身不正，虽令不从。"③ 又"苟正其身矣，于从政乎何有？不能正其身，如正人何？"④ 此之谓也。孟子进一步发展了孔子的德治思想，提出了"君正国定"的重要命题，"君仁，莫不仁；君义，莫不义；君正，莫不正。一正君而国定矣"⑤。从孔子到孟子，从"为政以德"到"君正国定"，儒家的"德治"构想进一步指向了对君主的道德要求。到了荀子，他对"君德"的强调和重视就愈是明显了。荀子德治思想中，不仅有对君主本身提出的"以礼正身"的道德要求，还明确把君主的"尚贤使能"也作为德治理想实现的重要环节。其言曰："上好礼义，尚贤使能，无贪利之心，则下亦将綦辞让、致忠信。"⑥

孔孟荀德治思想中"君德"之重要意义的逐渐凸显，恰恰从一个侧面表征着战国以降君权日益强大而集中的时代潮流。在荀子政治哲学中，"隆一而治"君权至上论是其所以"迎合时代者"，然其以"君德"为中心的德治思想则是"仍孔孟之旧"而守儒家德治思想之底色者。众所周

---

① 杨伯峻译注：《论语译注·宪问》，中华书局1980年版，第156—157页。
② 杨伯峻译注：《论语译注·子路》，中华书局1980年版，第133页。
③ 杨伯峻译注：《论语译注·子路》，中华书局1980年版，第134页。
④ 杨伯峻译注：《论语译注·子路》，中华书局1980年版，第136页。
⑤ 杨伯峻译注：《孟子译注》卷7《离娄章句上》，中华书局2005年版，第165页。
⑥ （清）王先谦撰，沈啸寰、王星贤点校：《荀子集解》卷8《君道》，中华书局1988年版，第232页。

知，儒家有"德位相配""德位合一"的德化政治传统，它强调居上位的为政者的道德自律及其示范意义。对此，荀子也说过："德必称位，位必称禄，禄必称用。"① 身当战国末年，荀子适时提出"尊君""隆君"的观点是对彼时社会政治现实的"思想接受"，而其对"君德"的格外关注则又清楚地表明了他对儒家德治理想的追求。"隆一而治"的君权至上论与"修身正己"的君德论，体现了荀子政治现实主义与道德理想主义相统一的重要思想特质。在"现实"与"理想"的"纠结"中，荀子一面倡导"尊君"，一面甚至又把成就君德的"修身"实践作为君主为政治国的根本要求。《荀子·君道》篇载：

> 请问为国？曰：闻修身，未尝闻为国也。君者，仪也，仪正而景正；君者，槃也，槃圆而水圆；君者，盂也，盂方而水方。君射则臣决。楚庄王好细腰，故朝有饿人。故曰：闻修身，未尝闻为国也。君者，民之原也，原清则流清，原浊则流浊。②

从上述话语尤其是其所谓"闻修身，未尝闻为国"的说法来看，荀子以君德为中心的德治构想与孔孟"政者正也""君正国定"的德治主张并无二致，他对君主"修身正己"（君德）的重视，也不过是在孔孟儒家那种"修己以安人"的德治理想下来立言。"故君国长民者欲趋时遂功，……必先修正其在我者，然后徐责其在人者，威乎刑罚。"③ 荀子之重"君德"，就是希冀君主能够以德立身，以身作则，垂范臣民。

儒家治道思想以"德治"为本，法家治道思想以"法治"为要。对于君臣关系的理解，荀子在儒家德治的治道思想下偏重言"君德"，而韩非则在法家法治的治道思想下偏重言"君术"。荀子重"君德"，是要对处于政治权力中心的"君"提出至高的道德要求，以使其成为一道德楷模（圣王），进而可以率臣律臣，实现德治；韩非重"君术"，则是要为处于

---

① （清）王先谦撰，沈啸寰、王星贤点校：《荀子集解》卷6《富国》，中华书局1988年版，第178页。
② （清）王先谦撰，沈啸寰、王星贤点校：《荀子集解》卷8《君道》，中华书局1988年版，第234页。
③ （清）王先谦撰，沈啸寰、王星贤点校：《荀子集解》卷6《富国》，中华书局1988年版，第190页。

政治权力中心的"君"提供保"势"之具，以使其成为一独尊之君，进而可以用臣防臣，实现"法治"。"人主之大物，非法则术也。"①

对于君臣关系的理解，荀子相信君主修身立德以表率群臣的德治理想，而韩非则从君臣"上下一日百战"的"现实"出发，主张君主用术以使臣御臣。基于对人"皆挟自为心"的事实判断，韩非极力批判儒家那种"恃人为吾善"的德治理想，以为"务法""有术"才真正符合"圣人"的治国之道。韩非说："夫圣人之治国，不恃人之为吾善也，而用其不得为非也。恃人之为吾善也，境内不什数；用人不得为非，一国可使齐。为治者用众而舍寡，故不务德而务法。……故有术之君，不随适然之善，而行必然之道。"② 这就是说，寄望于人的"善"而实现大治是不可想象的，这也就意味着儒家那种以君主之"善"而率人之"善"的德治思想的失效。因此，君主治国就不能靠修身立德感化臣民，而应任"法"用"术"以治民使臣。单就君臣关系而言，韩非强调君主要懂得用"术"以驾驭臣下、控制臣上。"术"者，权术也，狭义地理解，法家讲的"术"其实就是君主用来驱使臣下的权术手段。君主用"术"的目的在于防止臣下蒙蔽圣听、专权乱政，以确保牢牢掌握生杀予夺的大权。"术者，因任而授官，循名而责实，操杀生之柄，课群臣之能者也，此人主之所执也。"③

在韩非看来，人臣之事君只是"缚于势而不得不事"，既然如此，那么君臣相处的"真相"就应该是"为人臣者，窥觇其君心也，无须臾之休"④。由此，像儒家那样依靠君主修身正己的道德感召并不足以理顺君臣关系，必赖用"术"方可防止臣下的擅断弄权，从而可以确保"势"位之不失。韩非说："主用术则大臣不得擅断，近习不敢卖重。"⑤ 又"任人以事，存亡治乱之机也。无术以任人，无所任而不败"⑥。韩非认为，人臣事

---

① （清）王先慎撰，钟哲点校：《韩非子集解》卷16《难三》，中华书局1998年版，第380页。
② （清）王先慎撰，钟哲点校：《韩非子集解》卷19《显学》，中华书局1998年版，第461—462页。
③ （清）王先慎撰，钟哲点校：《韩非子集解》卷17《定法》，中华书局1998年版，第397页。
④ （清）王先慎撰，钟哲点校：《韩非子集解》卷5《备内》，中华书局1998年版，第115页。
⑤ （清）王先慎撰，钟哲点校：《韩非子集解》卷4《和氏》，中华书局1998年版，第96页。
⑥ （清）王先慎撰，钟哲点校：《韩非子集解》卷18《八说》，中华书局1998年版，第423页。

君只为图利，单纯靠"情""德"的感召并不足以使臣下忠于君主而不得擅断。因此，君主任人就只能用"术"，而任人以"术"的关键正在于人主要懂得掩饰其情而隐其好恶。唯有如此，才可以避免"使人臣有缘以侵其主"。韩非说：

> 人臣之情非必能爱其君也，为重利之故也。今人主不掩其情，不匿其端，而使人臣有缘以侵其主，则群臣为子之、田常不难矣。故曰：去好去恶，群臣见素。群臣见素，则大君不蔽矣。①

荀子、韩非相较，两者虽同为"尊君"论者，然荀子之"尊君"还有教君以"德"的道德理想的坚守；而韩非"尊君"论调下的教君以"术"则只是对社会政治现实的一种迎合。在"德治"论的视野下，荀子主张君主修身正己以为臣民之道德楷模，而反对君主好利多诈、滥用权谋。故曰："上好权谋，则臣下百吏诞诈之人乘是而后欺。"②又"好利多诈而危，权谋、倾覆、幽险而亡"③。在"术治"论的视野下，韩非主张君主用"术"以使臣御臣，反对君主讲"情"、务"德"而废"术"，而用好"术"的关键又在于人君能够"去好去恶"，以防止臣下因之而得利。故曰："无术以知奸，则以其富强也资人臣而已矣。"④

荀子教君以"德"，其意在君主修身立德以表率臣民，故重"德"之"宣"与"明"，反对主道之"周"与"幽"。其言曰："世俗之为说者曰：'主道利周'。是不然。主者，民之唱也；上者，下之仪也。彼将听唱而应，视仪而动。唱默则民无应也，仪隐则下无动也。不应不动，则上下无以相有也。若是，则与无上同也，不祥莫大焉。故上者，下之本也，上宣明则下治辨矣……故主道利明不利幽，利宣不利周。故主道明则下安，

---

① （清）王先慎撰，钟哲点校：《韩非子集解》卷2《二柄》，中华书局1998年版，第43页。
② （清）王先谦撰，沈啸寰、王星贤点校：《荀子集解》卷8《君道》，中华书局1988年版，第230页。
③ （清）王先谦撰，沈啸寰、王星贤点校：《荀子集解》卷11《强国》，中华书局1988年版，第291页。
④ （清）王先慎撰，钟哲点校：《韩非子集解》卷17《定法》，中华书局1998年版，第398页。

主道幽则下危。"① 这里,"主道利明""主道利宣"与"主道利幽""主道利周"相对,前者反映了荀子君德之"明"(明德)的思想,而后者则指向了他对法家那种教导君主暗用权术的思想的批评。有论者指出:"'主道利周'主张君主之道以隐匿其情,不使臣下了解为利,这显然是法家术的典型特征。"② 牟宗三也说:"儒家重君德,法家重君术,重君术,故主'主道利周',周,密也、隐也、偏曲也,与宣明、端诚、公正相反,荀子所斥之世俗之说即法家之说也。"③ 作为法家的集大成者,韩非无疑就是持"主道利周""主道利幽"观念的"术治"论者。韩非劝君以"术",其意在君主用"术"以驾驭臣下,故重"术"之"潜"与"藏",反对君主以喜恶示人。其言曰:"喜之则多事,恶之则生怨。故去喜去恶,虚心以为道舍。"④ 荀子重君德之"明",韩非重君术之"暗","明德"与"暗术"适成一鲜明之对比。"明德"者,君之立德"明"以率臣民也,荀子说:"今人主有能明其德,则天下归之"⑤,此是儒家德治思想"修己安人"之基本立场⑥。"暗术"者,君之用术"暗"以驾驭臣下也,韩非言:"术者,藏之于胸中,以偶众端,而潜御群臣者也"⑦,此是法家术治思想"潜御群臣"之大义。

综上可见,荀子、韩非虽同为"尊君"论者,然其尊君之"为民"与

---

① (清)王先谦撰,沈啸寰、王星贤点校:《荀子集解》卷12《正论》,中华书局1988年版,第321—322页。
② 曹兴江:《荀子君道思想论纲》,《湖北社会科学》2015年第3期。
③ 牟宗三:《名家与荀子》,载《牟宗三全集》第二册,台北:联经出版事业股份有限公司2003年版,第213页。
④ (清)王先慎撰,钟哲点校:《韩非子集解》卷2《扬权》,中华书局1998年版,第48页。
⑤ (清)王先谦撰,沈啸寰、王星贤点校:《荀子集解》卷9《致士》,中华书局1988年版,第262页。
⑥ 众所周知,儒家经典《大学》中有所谓"明明德"的说法,此说之提出或受到了荀子君德之"明"(明德)思想的影响。对此,冯友兰就认为,"《大学》中所说的'大学之道',当亦用荀学之观点以解释之。"[冯友兰:《中国哲学史》,商务印书馆2006年版,第183页] 而徐复观更加明确地指出,《大学》之作者无疑受到了荀子学说的影响,除了冯友兰所列举的诸多"证据"外,他还强调:"《大学》受有《荀子》影响的,尚有'明德'一词,虽出于《康诰》,但孔孟皆未曾言及;而《荀子·致士篇》则有'今人主有能明其德,则天下归之……',《正论篇》引有'《书》曰:克明德',可能给《大学》'明明德'以影响。"[徐复观:《中国人性论史·先秦篇》,载李维武编《徐复观文集》第三卷,湖北人民出版社2002年版,第249页]
⑦ (清)王先慎撰,钟哲点校:《韩非子集解》卷16《难三》,中华书局1998年版,第380页。

"为势"的根本立足点的不同,决定了两者尊君思想在治道上主要表现为"礼治"与"法治"、"德治"与"术治"的对垒和互峙。重"民"与重"势"、重"礼"与重"法"、重"德"与重"术"三个方面的分别,从根本上反映了荀子、韩非以尊君为核心的政治哲学之间的重要差异。

结　语

作为战国晚期儒、法两家思想的总结者,荀子、韩非分别整合儒、法的文化资源对君权日益强大集中的时代潮流所逼出的"尊君"问题进行了不同的理论回应和思考。荀子、韩非虽都可归于"尊君"论者,然二者以尊君为核心的政治哲学的精神实质却有着根本的不同:荀子的尊君思想是民本、礼治、德治相统一的儒家式的治道思想;而韩非的尊君思想则是势治、法治、术治相融合的法家式的治道思想。前者反映了荀子对以君主为中心的专制政治运行的一种儒家式理解,这种"儒家式理解"的主要特点是,儒家重"民"、重"礼"、重"德"的道德理想主义精神与君主专制的社会政治现实之间始终保持着一重张力;而后者则体现了韩非对以君主为中心的专制政治运行的一种法家式思考,这种"法家式思考"的特点主要是,法家重"势"、重"法"、重"术"的法治主义思想完全沦为了为君主专制政治服务的"御用之学"和"帝王之术"。

荀子、韩非两种以尊君为核心的政治哲学体系的历史文化意义或在于:前者从道德理想层面,为秦汉以后中国古代君主专制政治的运行提供了价值引领;而后者则从具体操作层面,使秦汉以后中国古代君主专制政治的运行具备了现实可能。牟复礼指出:"中国文明不能完全等同于儒家的,尽管儒家思想是中国思想和文化生活的主流正脉。然而帝国时代的制度却不是滋生于儒家的实践和理想模式(尽管,荀子开创的儒家支流已经努力适应帝国的现实)。中华帝国体系,其结构和观念,是现实与理想两种模式之间存在张力的一个例子。其主观理想上是儒家,而实际需要则是法家(根据我们的客观观察),儒家的浅层影响对其有一定的矫正,其他思潮同样也施加了不同的影响。"[1] 荀子尊君政治哲学之意义正在于,一方

---

① [美]牟复礼:《中国思想之渊源》,王重阳译,北京大学出版社2016年版,第202页。

面,迎合了君主专制政治日渐形成的时代潮流,改变了孔孟儒学"迂远而阔于事情"的特点;另一方面,"尊君"的现实与儒家道德理想之间的张力,又使君主专制政治的运行受到儒家道德理想精神的某种"范导"和"归约"。当君主专制政治的运行偏离了儒家道德理想精神的指引,那就可能出现因君权滥用而造成的暴政虐民,从而导致这一"体制"的崩溃。当然,除了儒家道德理想精神的规范和指引,君主专制政治的运行还面临着现实层面的具体操作的问题。法家韩非融"势""法""术"为一体的尊君政治哲学思想正好满足了这种政治要求。战国至秦汉间儒法合流、儒法整合的文化动向,恰恰就有力地反映出了君主专制政治体制的确立、巩固和运行对两家思想文化资源的同时需要。诚如韩星所认为的:"秦汉政治文化整合所形成的中国封建社会政治文化主体模式是由儒、法两家思想体系中的若干概念、范畴组合而成的,主要有礼・礼治,法・法治,德・德治,礼乐・刑政,王道、霸道等。这些观念在春秋战国曾成为儒、法两家思想体系的主要因素。"①

既然秦汉以后君主专制政治的运行都同样"受惠"于儒法两家的思想资源,那么,这是否意味着儒法两家应被视为"专制的帮凶"而该受到彻底的批判呢?答案无疑是否定的。事实上,对于儒法在理想和现实两个层面上与专制主义的关联②,我们常会看见这样的批评和质疑,比如:汉代以后儒家道德理想精神为专制政治所"反转"而发生异化,与法家一样变成了维护专制统治的"思想武器";儒家道德理想虽能为专制政治的运行提供某种精神指引,但这种精神指引常常是"失效"的,中国古代政治发展的"症结"在于始终没有从制度层面限制君权的有效思考和设计。诚如是,法家是"专制的",儒家虽在一定程度上是"反专制"的,但却只能限于在道德精神(德治民本)上对专制的"负面效应"进行防范,而这常常又是软弱无力的。由此,儒、法两家似乎都要为中国古代两千多年的君主专制统治"背黑锅"。对此,我们认为,理清儒家、法家与专制主义之关联的问题,关键应在于需要先对君主专制政治有一历史的了解,即在客观的历史视野下明确君主专制政治的出现

---

① 韩星:《儒法整合:秦汉政治文化论・前言》,中国社会科学出版社2005年版,第1页。
② 关于法家与专制主义关系的讨论,参阅喻中《法家分光镜下的中国现代思潮》,《文史哲》2016年第5期。

是否有其历史必然性和合理性的问题，不能完全站在今人的立场上非难古人、丑化历史。如果我们承认中国古代君主专制政治出现的历史必然性和合理性，那么，为此提供重要思想指引的儒法两家的文化精神也应在历史视野下予以正面的肯定。

战国至秦汉，在君主专制政治逐渐成为不可改变之事实面前，儒家只能在"迎合时代"的同时，又尽可能地发挥儒家德治民本的道德理想主义精神来"转化"社会政治现实，儒学从荀子到董仲舒的发展过程就说明了这点。荀子以尊君为核心的儒家政治哲学体系建构的意义在于，在"大一统"的君主专制政治体制还未成为"事实"以前已然为秦汉以后中国政治文化（尤其是汉唐儒家文化）的发展立了型范。同样，韩非整合法家"势""法""术"思想为一体而架构的以尊君为核心的法家政治哲学思想体系，也从现实可能的层面顺应了君主专制政治运行的理论需要。正因为如此，如果我们承认秦汉以后中国古代政治文化的主流是"阳儒阴法""儒法互补"的话[1]，那么，也不得不同时承认，促使儒、法文化精神在理想和现实两个层面深刻影响中国古代君主专制政治运行的重要推手应包括战国末期两家思想的总结者——荀子和韩非[2]。对荀子、韩非以尊君为核心的政治哲学的比较研究，或能在一定程度上深化我们对此问题的认识。

---

[1] 参阅王晓波《"阳儒阴法"是中国文化的主流》，《光明日报》2015年11月30日第16版；朱汉民、胡长海《儒、法互补与传统中国的治理结构》，《武汉大学学报》（人文科学版）2017年第2期。

[2] 当然，也需要指出的是，儒法从理想与现实两个层面对专制政治的运行产生影响的同时，其本身的文化精神又都无可奈何地受到了专制政治本身的"反噬"。孟德斯鸠说："任何东西和专制主义联系起来，便失掉了自己的力量。"[[法]孟德斯鸠：《论法的精神》，张雁深译，商务印书馆2006年版，第84页]所谓"儒法互补"也同样意味着，"在专制权力面前，什么工具理性、价值理性全都失掉自己的力量"。[王四达、董成雄：《法家"治世"思想的二重性与"儒法互补"的新视角》，《哲学研究》2014年第7期]

百年来美国的《荀子》英译研究

王海岩[*]

摘要：自20世纪20年代，美国学界开始关注《荀子》，并译介、诠释《荀子》一书的思想，历经百年积淀，取得了丰硕的研究成果，其中《荀子》一书的译介是荀子思想传播与研究的基础。首先，本文主要概述了近百年来美国汉学界产生的六种《荀子》英译本，即德效骞、华兹生、梅贻宝、陈荣捷、王志民和何艾克六位汉学家及华裔学者的作品；其次，在前者论述的基础之上概括总结近百年来美国《荀子》英译的特点与趋势。

关键词：《荀子》；翻译；美国；特点与趋势

20世纪20年代，美国学者开始加入《荀子》研究的大军，以德效骞（H. H. Dubs）所著《荀子：古代儒学的塑造者》一书为起点，至今已经历经百年，极大地推动了《荀子》在西方世界的传播与研究。

一 美国荀子研究概况

相较于"四书""五经"等儒家思想典籍，《荀子》传入美国的时间虽然较晚，然而美国学者极度重视《荀子》的研究。美国荀子研究第一人德效骞以"古代儒学的塑造者"来定位荀子在中国思想史中的地位，将其媲美亚里士多德，即荀子在中国思想史中的地位相当于亚里士多德在西方思想史中的地位。德效骞认为，相较其他思想家，荀子对权威原则和外在

---

[*] 王海岩，清华大学人文学院博士研究生。

道德原则在中国思想中卓越地位的确立起到了不可比拟的作用。① 1953年，顾立雅（Herrlee Glessner Creel）在其著作《中国思想：从孔子到毛泽东》中肯定了德效骞对荀子的历史定位，认为其对儒学最终呈现的形式影响巨大。② 1971年，牟复礼（Frederick W. Mote）在其《中国思想之渊源》一书中继续肯定荀子对于儒家思想的巨大影响，他认为与孔孟相比，荀子"是个更名副其实或者说更让人信服的哲人，他思维之严密在古代中国是无出其右的"。③ 在艾文贺（Philip J. Ivanhoe）看来，孟子和荀子的思想观点代表了两种不同的哲学趋势，这些趋势在后世儒学发展的过程中贯穿并超越了儒家传统。④ 因此，他指出我们应该走出新儒家的道统观，现代新儒家学者或中国哲学研究者，常常重视孟子而忽视荀子是非常不应该的。⑤ 以"儒者"自居的汉学家南乐山（Robert C. Neville）提出了《荀子》与"四书"并重的观点，前者同后者一样，亦可以作为儒家的重要典籍。他重视对荀子礼的研究，认为从教育的角度来看，荀子对礼的关注远比孟子颂扬人性本善要重要得多。⑥ 总而言之，美国学界在探讨荀子思想的过程中充分给予了荀子同情与重视，让荀子研究在美国儒学的研究中逐步发展为显学。

在笔者看来，美国近百年的荀子研究大致可以分为三个阶段。其一，美国荀子研究的起步阶段，自20世纪20年代至60年代。1927年汉学家德效骞出版著作《荀子：古代儒学的塑造者》拉开美国荀子研究的序幕，德氏亦是美国荀子研究起步阶段的核心人物。此阶段主要以《荀子》的翻译为主，但是译本多为选译，未出现《荀子》英译的全译本。其二，美国荀子研究的开展阶段，自20世纪70年代至80年代。此阶段为美国荀子研

---

① 参见 "Foreword" in *Hsüntze*: *The Moulder of Ancient Confucianism*, p. xv。

② 参见氏著 *Chinese Thought*: *From Confucius to Mao Tsê - tung*, Chicago: The University of Chicago Press, 1953, p. 115: "His influence on the form that Confucianism ultimately assumed was tremendous; Homer H. Dubs has quite properly called him 'the moulder of ancient Confucianism'"。

③ 参见［美］牟复礼《中国思想之渊源》，王重阳译，北京大学出版社2016年版，第114页。

④ 详细论述参见氏著 "Thinking and Learning in Early Confucianism", *Journal and Chinese philosophy*, Vol. 17. Iss. 17, 1990, pp. 473—493。

⑤ 以上参见方朝晖《学统的迷失与再造：儒学与当代中国学统研究》，陕西师范大学出版总社有限公司2010年版。

⑥ 以上分别参见氏著 *Boston Confucianism*: *Portable Tradition in the Late - modern World*, New York: State University of New York Press, 2000, p. 3, p. 6。

【荀子研究】
百年来美国的《荀子》英译研究

究全面开展的阶段，已不再以译介为主，而是更多地以哲学、宗教等观点为切入点，诠释范围涉及荀子的政治观、礼法观、人性论、正名论、天论以及道德论，同时已经开始将荀子思想置于中西方哲学比较研究的范畴。此阶段的核心人物是华裔学者柯雄文（Antonio S. Cua），他将分析哲学与西方伦理学大量应用于分析荀子思想，为荀子研究打开了新的局面。其三，美国荀子研究的全盛阶段，自20世纪90年代至今。此阶段美国学者王志民（John Knoblock）完成了英语世界第一本《荀子》全译本——《荀子：全书的翻译与研究》①，该译本以王先谦《荀子集解》与日本学者久保爱《荀子增注》为底本，在翻译《荀子》原文的同时，注重历史背景与文献考订，文献援引广博，且附有中文、英文以及日文参考资料目录，其可以看作对以往荀子研究成果的总结，同时亦为之后的研究者提供了大量参考资料，将美国学界的荀子研究推向高潮。此阶段整体上延续、深化上一阶段讨论的问题，研究成果翻番，亦体现荀子研究新的动向，将出土文献资料纳入荀子研究的范围。

一百年来在美国学者的不懈努力下，美国的荀子研究无论是在论著数量还是研究质量上都取得了巨大成就。译介是荀子思想传播与研究的基础，美国的荀子研究亦依托译介得以深入开展，诸如前文提到的王志民译本将美国的荀子研究推向了高潮，因此下文我们将重点围绕美国《荀子》翻译的几个译本进行论述。1928年，德效骞翻译出版《荀子的著作》②一书，这是美国汉学界第一本关于《荀子》的翻译作品。美国汉学界关于《荀子》一书的翻译集中出现在第二次世界大战后的50—70年代，《荀子》翻译作品如下：梅贻宝先后在1951年、1961年以及1970年分别翻译了《荀子》中的《正名》《劝学》和《王制》三篇③；华兹生（Burton Wat-

---

① 参见 John Knoblock, Xunzi: A Translation and Study of the Complete Works, Vols. 1 – 3, Stanford: Stanford University Press, 1988 – 1994。

② 参见 H. H. Dubs, The Works of Hsüntze: Translation from the Chinese, with Notes, London: Arthur Probsthain, 1928。

③ 参见 Y. P. Mei, "Hsün Tzu on Terminology", Philosophy East and West, Vol. 1, Iss. 2, 1951, pp. 51 – 66; "Hsün Tzu's Theory of Education, with an English Translation of the Hsün Tzu, Chapter 1", Tsing Hua Journal of Chinese Studies, Vol. 2. Iss. 2, 1961, pp. 361 – 377; "Hsün Tzu's Theory of Government, with an English Translation of the Hsün Tzu, Chapter 9", Tsing Hua Journal of Chinese Studies, Vol. 8. Iss. 1 – 2, 1970, pp. 36 – 83。

son）在1963年翻译的《荀子：基本著述》[1]；同年，陈荣捷在其出版的《中国哲学文献选编》[2]一书《自然主义的儒家：荀子》一章中翻译了《天论》《性恶》以及《正名》篇的部分内容，此后美国学界多以华兹生和陈荣捷的翻译为参照。这种现象直到1988—1994年，随着美国汉学家王志民历时六年完成了英语世界第一本《荀子》全译本——《荀子：全书的翻译与研究》而有所改变，王氏译本成为此时美国汉学界《荀子》研究的新标杆，将美国的《荀子》研究推向了高潮。随着更多学者的加入，美国汉学界的《荀子》研究也更加深入、细致，这激发了新的译本的诞生。2014年，何艾克（Eric Hutton）完成了美国历史上第二本《荀子》全译本[3]，这也是英语世界继王志民译本之后的第二本全译本，亦是进入本世纪后对美国百年荀子研究历史的概括总结以及对之后荀子研究的又一推动。

二 德效骞：《荀子的著作》

德效骞父亲德慕登（Charles Newton Dubs）是美国遵道会（United E-vangelical Church）传教士。因此，德效骞六岁时（1898年）便随父母来中国传播基督福音，辗转两年，1900年到达中国上海，在华期间德效骞在父母的影响下开始受到中国文化的熏陶。1902年，德效骞回到美国接受学校教育，并相继于1914年在耶鲁大学获得哲学学士学位、1916年在哥伦比亚大学获取哲学硕士学位、1917年在纽约联合神学院获得神学学士学位，学院化的教育为其之后从事专业化的汉学研究奠定了基础。1918年其秉承父志作为美国遵道会的传教士来华传教，继续切身体会中华文明，并开始从事中国传统文化的研究，诸如在杂志上发表关于中国宗教研究的《中国的宗教教育》[4]一文。1924年5月德效骞返回美国继续深造，于

---

[1] 参见 Burton Watson, *Hsün Tzu: Basic Writings*, New York: Columbia University Press, 1963。

[2] 参见 Wing-tsit Chan, *A Source Book in Chinese Philosophy*, Princeton: Princeton University Press, 1963。

[3] 参见 Eric Hutton, *Xunzi: The Complete Text*, Princeton University Press, 2014。

[4] 参见 H. H. Dubs, "Chinese Religious Education", *The Chinese Recorder*, Vol. 55. Iss. 5, May, 1924。

【荀子研究】
百年来美国的《荀子》英译研究

1925年在芝加哥大学凭借《荀子的哲学：对古代儒学的继承与发展》（*The Philosophy of Hsüntze: Ancient Confusionism*① *as Developed in the Philosophy of Hsüntze*）一文获得哲学博士学位，该论文两年后以《荀子：古代儒学的塑造者》为名整理出版。② 之后其辗转于明尼苏达大学、马歇尔学院、杜克大学、哥伦比亚大学以及牛津大学等院校任教，其间应美国学术团体理事会邀请，分别于1938年、1944年与1955年完成《汉书》翻译的三卷本③，1947年其凭借《汉书》译文前两卷成为首位获得"儒莲奖"的美国学者，直至1959年于牛津大学退休。德效骞是美国汉学由传教士汉学向专业化汉学（或者称为学院化汉学）转变的见证者与实践者，因此其汉学研究既保留了早期传教士特色，又融入了后期系统化的哲学训练，故而其关于荀子的研究既进行了哲学化的诠释——《荀子：古代儒学的塑造者》，又选译了《荀子》部分篇章——《荀子的著作》。

德效骞所翻译的《荀子的著作》一书是美国汉学界第一本《荀子》英译本，在华兹生译本产生前，英语世界的荀子研究多以此为参照。德效骞认为王先谦对《荀子》文本的考据与解释总结得非常到位。④ 因此，《荀子的著作》以王先谦的《荀子集解》为底本，当其不赞同王先谦的观点的时候再予以标注。德效骞选译了《荀子》32篇中的19篇（《劝学》《修身》《荣辱》《非相》《非十二子》⑤、《仲尼》《儒效》《王制》《富国》《君道》《议兵》《强国》《天论》《正论》《礼论》《乐论》《解蔽》《正名》和《性恶》）及《尧问》中的最后一段。德效骞选译而非全译意在表

---

① 原文如此，应为"Confucianism"。
② 何以德效骞倾心于荀子研究呢？1918年到达中国后，德效骞在南京学习中文，其间遇到正在金陵学院任教的司徒雷登（John Leighton Stuart），与其深入交流后，其决定开始从事荀子思想的研究，可见德效骞从事荀子研究当受司徒雷登的影响。
③ 参见 H. H. Dubs, *The History of the Former Han Dynasty/by Pan Ku, A Critical Translation with Annotations* (Baltimore: Waverly Press, 1938 – 1955)。
④ 参见 H. H. Dubs, *The Works of Hsüntze: Translation from the Chinese, with Notes* (London: Arthur Probsthain, 1928, p. 5)。
⑤ 德效骞在译文中将《非十二子》篇作"Against the Ten Philosophers"，即《非十子》，其在翻译中省略了对子思和孟子的评论。他在篇名题解中指出：其一，《韩诗外传》中作十子，没有对子思和孟子的批评；其二，荀子作为他那个时代的儒家领袖，不会如此激烈地辱骂同为儒家代表人物的子思和孟子，虽然荀子对孟子学说存在批评，但是，在一定程度上他是孟子的追随者；其三，荀子对子思和孟子学说的总结批判在其他地方是没有的，只是针对个别理论进行评价。参见 *The Works of Hsüntze: Translation from the Chinese, with Notes*, p. 77。

明他所选择的这些篇章是《荀子》中"真实而重要"的。① 言外之意,即其他篇章多为后世伪作,抑或不重要的。在成书体例方面,德效骞在目录中每章篇名的下方都附有该章的内容简介,并在译文之前撰有一篇前言,介绍荀子之前的中国历史以及宇宙论,以期读者能够更加系统地理解荀子至关重要的概念。②

至于文本的翻译策略,德效骞为了更好地理解荀子的哲学思想,他采取的是逐字直译的方式,他指出:"由于荀子主要是一位哲学家,而我们的目标是理解他的学说,我觉得翻译准确,甚至逐字直译比译文的文学化更重要。"③ 因此,德效骞在翻译过程中,更加注重的是他所理解的《荀子》文本的准确性,而非译文的流畅性。不过,他也希望自己的译作可以被发现是"可读的"④。对于一些特有中文名词的翻译,为了不会误解汉字表达的意思,德效骞主要采取当时最著名的威妥玛拼音(Wade's system)来音译;至于在英语中没有固定同义词的"道""礼""仁""义"等道德概念,他参考了不同译者的译文,在不同的情况下采取不同的翻译,不过会在翻译后面加上威妥玛拼音音译,如其所述:"在中文名词,尤其是普通名词的翻译中,尽管为了清晰和方便,我毫不犹豫地偏离了目前最著名的威妥玛拼音;但是,我主要还是采用它来音译,如此,不会对汉字表达的意思产生误解。一些比其他名词更为特殊的中国道德概念,例如'道''礼''义''仁'等,在英语中没有固定的同义词,并且不同的译者进行了不同的翻译,我根据不同语境兼采之,并在这些术语译文后面的括号中用威妥玛拼音音译来表示。"⑤

三 梅贻宝和陈荣捷的《荀子》英译

梅贻宝与陈荣捷均为在美国从事中国传统文化译介与研究的华人学者,他们都同时兼备良好的传统文化背景与西学功底。1949 年,梅贻宝赴

---

① 参见 The Works of Hsüntze: Translation from the Chinese, with Notes, p. 5。
② 参见 The Works of Hsüntze: Translation from the Chinese, with Notes, p. 8。
③ The Works of Hsüntze: Translation from the Chinese, with Notes, p. 5.
④ The Works of Hsüntze: Translation from the Chinese, with Notes, p. 5.
⑤ The Works of Hsüntze: Translation from the Chinese, with Notes, pp. 6 - 7.

美讲学，为中国文化的海外传播作出了巨大贡献，其尤为重视《墨子》的研究，博士学位论文即以"墨子的伦理政治思想"为题，该论文于1934年在英国伦敦整理出版为《墨子：被忽视的孔子的竞争者》①一书；在撰写博士学位论文的过程中其亦选译了《墨子》中其认为有关伦理、政治的篇章，故其将译作名为《墨子的伦理及政治著作》②。陈荣捷于1935年赴美从事中国哲学的译介与研究，极大地促进了中国哲学尤其是新儒学在美国的传播与发展，有研究者指出"他通过对《近思录》《传习录》《北溪字义》等新儒学文献的翻译，以及撰写阐述理学观念及其历史背景的文章，推动了新儒学在美国的发展，成为了国际汉学界新儒学研究的泰斗"③。二人所从事的中国传统文化译介与研究虽均有深耕领域，然而在研究的过程中都涉及对《荀子》一书的翻译。

梅贻宝先后在1951年、1961年以及1970年翻译了《正名》《劝学》和《王制》三篇，并探讨了三篇所体现的思想。翻译不是其目的，梅氏意在通过这三篇译文，让读者更好地理解他的文章，即他对荀子名学、教育观以及政治观的阐释。梅氏主要以梁启雄《荀子柬释》（上海：商务印书馆，1936年）为翻译底本，并参照了王先谦的《荀子集解》（上海：商务印书馆，1929年），在《劝学》篇的翻译中亦参看了德效骞《荀子的著作》，《王制》篇的翻译又融入了更多中外学者关于《荀子》的著作，诸如王叔岷《荀子斠理》（"中央研究院"历史语言所编，第34卷，胡适纪念卷，第1、2部分，1962年）、张亨《荀子假借字谱》（台北：台湾大学，1963年）、《荀子引得》（台北成文出版公司再版，1966年）、华兹生《荀子：基本著述》以及戴闻达（J. J. L. Duyvendak）《对德效骞〈荀子〉翻译的注解》一文。梅氏在翻译《墨子》时指出，"在翻译的过程中，我们往往面临这样一个难题：既要保留中国古代作者的本土色彩和表达方式，又要使用现代英语的惯用语。由于显而易见的原因，我们通常是采用前者，有时甚至以牺牲后者为代价。但是，我们仍然希望自己已经运用明白易懂的英语成功地介绍了这部作品（按：《墨子》）"④。可见，梅贻宝在

---

① 参见 Y. P. Mei, *The Ethical and Political Works of Motse* (Lodon: Authur Probsthain, 1929)。
② 参见 Y. P. Mei, *Motse, The Neglected Rival of Confucius* (Lodon: Authur Probsthain, 1934)。
③ 苍虹旭：《现代性视域中的陈荣捷学术研究》，中央民族大学博士学位论文，2018年，第12页。
④ Y. P. Mei, *The Ethical and Political Works of Motse*, p. xiii.

翻译中国典籍时主张运用直译的手法,保留其原有风格,与此同时也注重译文的通俗性,即其所谓"运用明白易懂的英语"。其在翻译《荀子》三篇章时亦是采用的此种翻译策略。

陈荣捷在其出版的《中国哲学文献选编》一书第六章《自然主义的儒家:荀子》中翻译了《荀子》32篇中《天论》《性恶》以及《正名》,其中《天论》为全译,另外两篇选译了部分内容,至于翻译策略大抵采取意译的方式。在该章的前言部分,陈氏交代了荀子所处的时代学术背景;并在译文的段落中以作注的形式阐释了荀子的思想内涵。至于陈氏之所以翻译与阐释《天论》《正名》和《性恶》三篇,在其看来,这三篇所讨论的概念范畴"天""性恶"与"正名"是《荀子》一书中最为重要的,所谓"在他(荀子)讨论的哲学问题当中这三者是最具哲理的"[1]。

四 华兹生:《荀子:基本著述》

华兹生出生于美国纽约州,纽约是北美有名的华人聚集区,得益于此,其在童年时期便接触到了中国事物,为以后从事中国文化翻译与研究埋下了伏笔。后因参军在日本服役半年左右,使其对东亚文明尤其是中华文明产生了浓厚兴趣。归国后进入哥伦比亚大学学习日语与中文,正式开始中国文化的学习与研究,先后分别以《史记》《汉书》中"游侠"章节的译文以及司马迁的研究[2]获得哥伦比亚大学汉学硕士和博士学位,其间并游学日本系统学习了中国古典诗歌。如今,华兹生已成为海外声名煊赫的从事中国传统文化研究与翻译的学者。据研究者统计,经其译介的中国传统文献共计28部,涵盖中国史学、文学、哲学以及佛学等多个类别,为中国文化在世界的传播作出了卓越的贡献。[3]

继德效骞《荀子的著作》后,华兹生于1963年翻译的《荀子:基本著述》是美国历史上第二本有关《荀子》的译作。与德效骞译作相同,华

---

[1] Wing-tsit Chan, *A Source Book in Chinese Philosophy* (Princeton: Princeton University Press, 1963, p. 116).

[2] 1958年,华兹生博士学位论文《司马迁:中国伟大的历史学家》(*Ssu-ma Ch'ien: Grand Historian of China*)由哥伦比亚大学出版社出版。

[3] 参见林嘉新《美国汉学家华兹生的汉学译介活动考论》,《中国文化研究》2017年第3期。

兹生同样是选译了《荀子》中的部分篇章：《劝学》《修身》《君道》《议兵》《天论》《礼论》《乐论》《解蔽》《正名》以及《性恶》，少于德效骞9篇。在译文前作《前言》一篇，介绍了荀子生活的时代背景，总论了荀子的思想学说以及《荀子》一书的传承。华兹生在《前言》的末尾交代了译作所参考的资料主要分为三个方面：在中文方面，参考了王先谦《荀子集解》、刘师培《荀子补释》与《荀子斠补》（载1934年《刘申叔先生遗书》）、钟泰《荀子订补》（1936年）、于省吾《荀子新证》（1937年）、梁启雄《荀子柬释》（1956年）以及阮廷焯《荀子校正》；在日文方面，参考了金谷治《荀子》（1961—1962年）以及服部宇之吉《荀子》译本（1922年）；在英文方面，参考了德效骞《荀子的著作》与《荀子：古代儒学的塑造者》、戴闻达《正名》篇的翻译以及哈佛燕京学社主编的《荀子引得》一书。

在向美国人介绍古代中国文学作品时，华兹生将自己的选择标准描述如下："我既未试图把流传至今的所有古代文学作品的各种传本统统加以论述，也没有把书中所提到的那些著作说得十分详尽。我是根据个人的兴趣而决定取舍，以及对每部书所讲的长度；但愿我个人的兴趣也正是读者的兴趣。"① 可见，其将个人兴趣作为选择译介中国古典文献的标准，因之，笔者想其翻译《荀子》一书时对篇章的取舍应该也是根据个人兴趣而定的。不过，在笔者看来，华兹生在考虑个人兴趣的同时亦兼顾了读者的兴趣。众所周知，20世纪50年代后，美国汉学研究进入繁盛期，美国多所高校相继开设有关东亚研究的语言、文化、政治、经济、军事、历史以及宗教等课程，然而，汉学教材和相关书籍匮乏，1950年，在美国教育基金会、福特基金会和哥伦比亚大学出版社等机构的支持下，狄百瑞（William Theodore de Bary）主持的大型翻译项目"东方今典著作译丛"开始实施，该项目旨在"专为非亚洲研究专家的普通读者和学生而译"。② 华兹生《荀子》一书的翻译便是在该项目的支持下完成的，因此，华氏译著不仅事关个人学术研究，而且是一项服务于普通大众的成果，关于篇章的选择问题势必注重译文的可读性以及读者的兴趣。至于文章的翻译策略，华氏

---

① ［美］华兹生：《古代中国文学》，罗锦堂译，台北：华冈出版部1969年版，第5页。
② 详参林嘉新《美国汉学家华兹生的汉学译介活动考论》，《中国文化研究》2017年第3期。

并未在前言中交代清楚,据笔者阅读体验,与德效骞逐字翻译相比,其更接近于意译的处理方式,译文优雅顺畅,通俗平易。正如美国汉学家白牧之(E. Bruce Brooks)与白妙子(A. Taeko Brooks)夫妇所称赞的那样:"华兹生的译文具有众所周知的优点——即翻译用语通俗口语化,内容通顺流畅,几乎不需要一点点解释。"①

华兹生在文学与思想两个层面双重肯定了《荀子》一书的价值,体现在其译著的前言中。在文学方面,华氏指出,《荀子》是仅次于《庄子》的中国早期论述性写作的杰作,充分展示了周朝末年散文艺术在表达的条理性、清晰性以及精细性方面的显著进步,因此"他的思想之所以能产生持久的影响,很大程度上不仅是因为他的思想具有感染力和完整性,而且还因为他的思想阐述得非常清晰和优雅"②。在思想方面,华氏认为,荀子对先秦时期的思想进行了批判与评价,最全面系统地阐述了儒家学说,是先秦儒家思想的集大成者,诚如其所言:"因为荀子享有能够纵览整个古代思想的优势,故而《荀子》一书代表了先秦最完整、最有序的哲学体系。"③同时,其认为以荀子思想为基础的儒学在汉代成为官方信条,虽然董仲舒等儒家学者一定程度上背弃了荀子的学说,但是他最为可贵的理性主义和人文主义被史学家司马迁、班固与哲学家扬雄、王充等所继承发扬;其对教育和经典学习的重视亦得到了汉代政府的支持和鼓励。④

五　王志民:《荀子:全书的翻译与研究》

王志民的《荀子:全书的翻译与研究》一书的出版是美国乃至西方汉学界荀子研究的标志性事件,它是第一部《荀子》全文的英译本,标志着西方荀子研究从局部讨论到全面探索的转变。1938年,王志民出生于美国佛罗里达州,家族世居此地;其在佛罗里达州立大学获得哲学博士学位,

---

① E. Bruce Brooks & A. Taeko Brooks, "The Unproblematic Confucius", *The China Reviews*, Vol. 9. Iss. 1, 2009, p. 165.

② Burton Watson, *Hsün Tzu: Basic Writings*, New York: Columbia University Press, 1963, pp. 12 – 13.

③ Burton Watson, *Hsün Tzu: Basic Writings*, p. 4.

④ 参见 Burton Watson, *Hsün Tzu: Basic Writings*, p. 11。

仅23岁,是该校获得博士学位最年轻的学生,随即先后任教于迈阿密大学哲学系与加州大学伯克利分校东亚语言系;王志民早年从事欧陆哲学的研究,主要涉及美学、历史、哲学等学科门类以及尼采、海德格尔、福柯等哲学家,晚期开始专注于中国传统哲学的研究,涉及《荀子》《吕氏春秋》《墨子》以及《韩非子》诸多典籍。① 显而易见,与德效骞、华兹生等汉学家相比,王志民从事中国传统文化研究有其自身的独特之处,他早年从事欧陆哲学的研究,后转向中国哲学的研究,在翻译、诠释中国典籍的过程中更多地将中国文化置于东西方哲学比较的视域当中,探寻两种文明的关联与区别。南乐山将在英语世界从事中国哲学研究的学者分为三类,第一类即"解释型"的学者(Interpretive Philosophers),他们致力于翻译和诠释中国经典文本;第二类即"规范型"的学者(Normative Philosophers),他们以中国儒家或者道家的思想为源泉,规范性地探讨当前的哲学问题,并建构自身的话语体系;第三类即"桥梁型"的学者(Bridging Philosophers),这类学者介于"解释型"与"规范性"学者之间,他们主要进行中西方哲学的比较研究,运用西方哲学诸如分析哲学等来诠释中国传统思想,同时亦认为中国传统文化对于解决当代西方哲学中出现的问题是大有裨益的。② 据此,王志民从事中国传统文化的研究身兼"解释型"与"桥梁型"学者两重身份。他从事的荀子研究,不仅仅局限于《荀子》一书的翻译,同时注重荀子思想的诠释,以及与西方哲学思想的比较研究,力求沟通中西方文明。

王志民同德效骞一样将荀子在中国古典哲学中的地位等同于希腊思想中的亚里士多德,认为二者均处于某个思想时代的末端,亦均批判、总结

---

① 以上参见 Ramon M. Lemos, "John H. Knoblock, 1938 – 1999", *Proceedings and Addresses of the American Philosophical Association*, Vol. 73. Iss. 5, May, 2000, pp. 250 – 251。

② 以上参见 Robert Cummings Neville, *Boston Confucianism: Portable Tradition in the Late – modern World* (New York: State University of New York Press, 2000, pp. 43 – 47)。李晨阳同样指出,自20世纪90年代以来,在北美形成了一个用分析和比较的方法研究中国哲学的潮流,与传统汉学的研究方式和哲学建构的方式形成鼎足相立的局面。这个潮流里的人大体上由三部分组成。他们是北美哲学界的华人、北美大学哲学系或者与哲学系关系密切的东亚系培养出来的西方学者,以及来自北美大学哲学系由研究传统的西方分析哲学转入研究中国哲学的学者。[参见李晨阳《北美学界对中国哲学的分析和比较研究——论一个兴起的潮流》,南京大学学报(哲学·人文科学·社会科学版)2006年第2期] 在笔者看来,李晨阳所谓运用分析、比较的方法研究中国哲学的潮流与南乐山提出的"桥梁型"学者具有相似性,同样适用于王志民"桥梁型"学者身份确认的标准。

以及扩展了该时代的哲学问题。王氏将《荀子》32篇分为四部分,其一,第一至六篇,论及自我修养、学习和教育;其二,第七至十六篇,论及政治学、伦理学、君子以及历史教训;其三,第十七至二十四篇,论及知识、语言和逻辑问题,世界的本源,音乐和礼仪的意义,以及人性;其四,第二十五至三十二篇,一般认为是由荀子弟子汇编而成,包含荀子的诗歌、短文以及有关历史事件和人物的各种逸事。关于翻译目的,王志民指出,当时学界仅有德效骞、华兹生的英文选译本以及科斯妥的德文全译本,三个文本均是就《荀子》一书进行了简单的讨论,作为学术研究的参考是远远不够的。因此,王氏试图纠正这一点,在翻译过程中几乎查阅了所有可以获得的中文和日文的评论性研究,并考虑中国哲学研究在大陆和西方的最新发展,以翻译出一本能够供有文化修养的人参考的译本为目的,以此充分传达荀子哲学论点的含义。[①]

《荀子:全书的翻译与研究》一书以王先谦《荀子集解》和久保爱《荀子增注》为底本,全书大致分为序言、前言、译文、注释、参考书目以及补充参考书目、附录、术语表以及索引九部分。前言包含了荀子的传记、思想以及思想背景的介绍,《荀子》的历史和真实性以及其通过其思想、学生和中国古代学习的制度结构对后世的影响;译文包含《荀子》各篇的翻译以及在译文前撰写的导言,导言详细总结每篇的哲学观点,并论述其与其他哲学家思想的关系;注释分辨各家关于诠释荀子的各种观点,表明译者的选择,此外注释中还加注汉字,处理不同版本文字有出入的问题;参考书目以及补充参考书目列举了王氏在翻译过程中,所搜集到的所有中文、日文以及西文参考资料,涉及专著、论文、译文以及译著等多种成果;术语表即集中解释中国古代用来讨论自然的结构和模式以及社会的起源和理想性质的基本术语。因此,《荀子:全书的翻译与研究》"是一个熔资料、考据、研究、翻译为一炉的学术性译本,在中国典籍的英译方面独树一帜"[②],具有资料丰富、考据翔实,研究全面、颇有见地以及翻译扣紧原文、译文平易流畅三个特点。

---

① 以上参见 "Preface" in John Knoblock, *Xunzi: A Translation and Study of the Complete Works*, Vols. 1 (Stanford: Stanford University Press, 1988 – 1994, pp. vii – xii)。

② 蒋坚松:《文本与文化——评诺布洛克英译本〈荀子〉》,《外语与外语教学》1999年第1期。

较之之前的各家选译本,王氏英文全译本不再局限于个别篇章的译介,而是向英语世界的学者展现了荀子的整体风貌,同时为英语世界的荀子研究提供了丰富的参考资料。甫一问世,其便受到英语学界的普遍关注,极大地推动了英语世界荀子全面系统的研究。诸如柯雄文、信广来、鲍则岳(William G. Boltz)等海外从事中国文化研究的学者都对其作出的贡献予以肯定,诚如鲍则岳所言:"这本书对于那些想了解、研究《荀子》思想的学生,以及对我们这些对汉代以前的中国经典文本及其思想内容有浓厚兴趣的汉学研究者,都有极大的吸引力。这本书无论是在文本翻译还是注释以及思想内容的探讨诸方面,都是一项特别成功的开创之举。"①

六 何艾克:《荀子全书》

美国汉学家何艾克2014年出版的《荀子全书》是继王志民译本后英语世界第二本全译本,在相关研究的促进下,再一次开始了对以往荀子研究成果的总结,从而也为荀子在美国的进一步研究提供了全新的文本依据。20世纪90年代美国的荀子研究开始进入全盛时期,受时代潮流的影响,何艾克本科时即关注荀子的思想,并凭借"《荀子》中'义'的含义"(On the Meaning of Yi for Xunzi, 1996)和"《荀子》中的德性和理性"(Virtue and Reason in Xunzi, 2001)两篇论文分别获得哈佛大学硕士学位与斯坦福大学博士学位,至今仍然活跃在荀子研究的舞台上。除却时代潮流的裹挟,何艾克的《荀子》翻译与研究亦是其自身学术志趣的表达。在何艾克看来,《荀子》是儒家传统中最有趣、最复杂的哲学文本之一,其涵盖内容广泛,见解深刻,对其充分研究,不仅利于了解中国古代思想,而且有益于反思当今人类生活。②

《荀子全书》以王先谦《荀子集解》为翻译底本,全书主要分为致谢、前言、译文、附录、文本注释、参考文献以及索引七个部分。前言论述了

---

① William G. Boltz, "Reviewed: *Xunzi: A Translation and Study of the Complete Works Vol. I, Books 1-6* by John Knoblock", *Bulletin of the School of Oriental and African Studies*, Vol. 54. Iss. 2, 1991, p. 414.

② 参见"Introduction" in Eric Hutton, *Xunzi: The Complete Text*, Princeton University Press, 2014, p. xi.

本书翻译的目的和特点、荀子其人及其著作以及荀子思想产生的背景和显著特征三个方面的内容，以期读者全面概观荀子思想学说。何艾克的翻译目的有二。其一，王志民的《荀子》译本过于繁复，附有大量注释材料，远超本科生阅读需求，且已绝版，价格亦过高，不易购买；其二，相较于王氏译本，华兹生译本更准确且更具可读性，价格亦便宜，然而为选译，忽略了无论在史学还是哲学上均很重要的章节。因不同译者在翻译各种术语、概念时采用的惯例各异，因此不能以任何简单的方式将不同的译本合并使用，故而正如何氏所言，其译本"旨在弥补王志民、华兹生以及其他英译本的不足之处，提供一本更适用于本科生教学的全新的完整的英译本"①。何氏译本立足于通识教育，因此其翻译策略更接近华兹生译文，语言简单明了，通俗易懂，不同于王志民百科全书式的翻译。何氏译文中的注释偏重于帮助读者理解文本的历史背景以及其他补充信息的注释，为了降低阅读难度，其将涉及高级古典汉语技能的技术注释（technical notes）置于文末。

相较之前的译本，何氏在翻译过程中体现出如下特点。其一，其注重译文的准确性，然而《荀子》中较多的专有名词在英语中并不能找到在意义上极其相符的词汇，因此其采用了罗马拼音的方式；其二，由于学界对于诸如"仁、义"等哲学术语的翻译并未达成共识，且"仁、义"等在不同的语境中意义具有不确定性，为了方便读者明确这类术语在《荀子》中出现的确切位置以及含义，何氏并未对其进行英文翻译，亦采取了罗马拼音的方式，同时在脚注和文末附录中对这类术语进行了重点解释；其三，在何氏看来《荀子》的写作风格是极其有力且优雅的，其中存在许多押韵的段落，其认为押韵部分的功能及其对理解《荀子》的意义是值得探讨的实质性问题，因此，其主张押韵作为《荀子》文本的特点之一需要在翻译中明显反映出来，其运用英文的押韵方式来置换汉语中的押韵形式，从而体现了《荀子》文本的艺术性；其四，在翻译过程中，何氏基本与《荀子》文本的传统解释保持一致，没有注入太多自己的特殊解读，不过，其注重对文本的哲学解读，因此在其认为传统的解读没有完全公正地反映文本内容时，其会依照自身的理解去翻译文本，并多数在注释中讨论为何作出对传统解释的背离。

---

① "Introduction" in *Xunzi: The Complete Text*, p. xii.

作为美国荀子研究开始进入阶段性总结时期的作品,何艾克《荀子》译本体现了一定的时代特色,诸如重视对《荀子》的哲学诠释,同时受到了学界的普遍关注。米欧敏(Olivia Milburn)在书评中评价,何艾克不仅译文优雅,而且译本以单卷本形式出版,注解以脚注的方式简单列出,重要概念翻译一致,便于阅读,易于理解。[①] 同时,亦有学者对何氏的翻译提出了疑问,诸如王安国(Jeffrey Riegel),王氏指出,虽然何氏译本相对于德效骞、华兹生以及王志民的翻译进步明显,但是其对"仁""义"等哲学术语的处理还是不恰当的,其对《荀子》中押韵段落的处理比较牵强,并未能使译文更吸引人或更能代表原文,削弱了《荀子》语言的丰富性。[②] 虽然褒贬不一,但是何氏译本以通识教育作为翻译的出发点,如今看来,显然获得了成功,美国众多高校涉及中国思想文化研究的课程均将其列为教材或参考资料。

七 美国百年《荀子》英译的特点与趋势

20世纪20年代至今近百年的学术历程,美国汉学界关于《荀子》的英译产生了两种全译本、两种选译本以及两种篇章选译,呈现出如下特点与趋势。

其一,相较诸多先秦典籍,《荀子》英译成果并不丰硕,且诸译本之间时间跨度大。自1928年德效骞《荀子的著作》一书出版以来,至1994年王志民《荀子》全译本完成,时隔66年,其间仅出现了华兹生选译本以及梅贻宝、陈荣捷的数篇译文,可见成果数量相当少。令人费解,何以出现此种情况呢? 王志民在《荀子:全书的翻译与研究》一书的序言中作出如下分析:

> 西方学界忽视了《荀子》一书的研究。《荀子》从未像《论语》

---

① 参见 Olivia Milburn, "Reviews of Books: *Xunzi: The Complete Text*, Translated and with an introduction by Eric L. Hutton", *Journal of the Royal Asiatic Society*, Vol. 25. Iss. 3, 2015, p. 535。
② 关于王安国对于何艾克译本提出疑问的诸多方面此不多加赘述,可详参氏著 "Some Glosses on the Xunzi: A Review of Eric Hutton, *Xunzi: The Complete Text*", *Journal of Chinese Studies*, No. 62, 2016, pp. 203-322。

和《孟子》那样得到古代朝廷的宣扬。其不像《墨子》那样，比基督教更早地提出了"兼爱"学说；其不像《老子》和《庄子》那样，以流畅传神和令人回味的语言写成。因此，《荀子》一书几乎没有引起翻译者们的兴趣。在论证方面，《荀子》一书行文认真谨慎、精炼准确，这就使其文章内容虽清晰易懂，但是也不引人入胜。对于普通读者来说，其（《荀子》）思想似乎"中国化"不太够，究其原因在于，其没有探究只有在不可思议的东方才知道的深奥的秘密，同时其过于井井有条、精确缜密，不允许对终极的事物进行无限的沉思。①

在王志民看来，与《论语》《孟子》《老子》《庄子》等先秦典籍相比，《荀子》一书的英译本之所以较少且全译本出现较晚的原因主要有二。其一，《荀子》一书的思想内容、语言风格让大多数西方汉学家意兴索然；其二，《荀子》一书的行文风格过于严谨认真，内容明白易懂，缺少神秘的东方韵味，这亦使西方汉学家缺少深入探究《荀子》思想的兴致。故而，《荀子》在西方的译介呈现此种境遇。

除却王志民从西方汉学界角度探寻的外部因素，台湾学者苏郁铭指出，这种情况出现的原因亦与《荀子》本身在中国思想史中的地位低落有关。② 言外之意即，《荀子》英译本较少且全译本出现较晚的原因还有其自身的因素。相较孔孟而言，荀子在中国古代无论是学术还是政治地位皆低下，尤其是在盛行道统说的宋明时期，荀子受到严重排斥，被视为异端邪说，其并未成为儒家学说的主流，更不用提中国古代思想的主流。因此，基于荀子自身地位，《荀子》一书自然不会成为西方汉学界探索中国思想文化的窗口，自然不会重视对《荀子》的译介与研究。

在笔者看来还有如下因由，美国从事传统文化研究的华裔学者（包含新儒家）对于美国汉学的发展贡献了重要作用，然而大部分学者秉承宋明时期盛行的道统说，尤其是海外新儒家，重视孟子的研究，而忽视荀子的思想，这同样对美国汉学界产生了深远影响，让汉学家们较晚地认识到荀子思想的重要价值，从而造成了美国学界《荀子》英译本较少且全译本出

---

① John Knoblock, *Xunzi: A Translation and Study of the Complete Works*, Vols.1, p. viii.
② 参见苏郁铭《1994年—2003年美国的荀子研究》，新北：花木兰出版社2012年版，第86页。

现较晚。

  近百年来，美国的《荀子》英译经历了从局部译介到整体译介的学术历程。在这一历程中，起初翻译者们根据自己的兴趣爱好从《荀子》中择取篇章或将自己认为重要的篇章摘取出来，通过译介的方式，推广给美国民众，诸如德效骞、华兹生、陈荣捷等，因此，在研究的初始时刻《荀子》一书均为选译。20世纪七八十年代以后，美国汉学界越来越意识到《荀子》在中国思想文化中的重要性，因此启动了对《荀子》全文的翻译工作，同时亦有部分学者在从事《荀子》译介与研究的过程中不再以个人兴趣为目的，而是更多地主动承担《荀子》传播与研究的社会责任，诸如何艾克对《荀子》的翻译，其主要致力于通识教育，为美国大学生提供中国思想文化学习的教材。

  与此同时，这一历程与美国汉学界的《荀子》思想研究密切相关，前者以后者为发展动力，后者以前者为研究基础，二者相辅相成、互为依托，共同推动了《荀子》一书在美国的传播与研究。因此，从《荀子》英译的历程，我们亦可窥见《荀子》思想研究在美国汉学界的发展进程。《荀子》英译主要经历了《荀子》选译（其中涉及荀子基本情况的译介、重要篇章的探讨）以及《荀子》一书的整体性翻译研究两个阶段。同样，美国汉学界《荀子》思想的研究以此为依托，完成了从思想学说的大致介绍与重要概念的梳理与阐释，到从整体建构《荀子》思想框架的推进。

【北学人物与思想】

方法论视野中的董仲舒儒学研究

李宗桂[*]

摘要：狭义的董仲舒儒学，是指董仲舒本人的儒学思想；广义的董仲舒儒学，是指以董仲舒的儒学思想为核心，以汉代春秋公羊学为纲领，以汉代经学为范围的汉代思想文化研究。董仲舒儒学研究应当以科学的方法论为指引，使董仲舒儒学的现代价值得到彰显。应当重视董仲舒儒学对于中华民族共同体的形成和发展、对于中华文化共同体的形成和发展、对于我们今天如何筑牢中华民族共同体意识所能起到的作用。董仲舒提出的"调均"、"五常"（仁义礼智信）、"天人合一"等思想，是能够跨越时代、具有永恒价值、属于全人类共同价值的范畴的内容。董仲舒既是有学问的思想家，又是有思想的学问家。两千年之政，汉政；两千年之学，董学。要以现代性整合、提升董仲舒儒学的现代借鉴意义。

关键词：方法论；董仲舒儒学；学问与思想；现代性

董仲舒儒学研究近年成果丰硕，参与人士越来越多，论题越来越广泛，见解越来越深刻，各界特别是学术界关注度越来越高。随着弘扬中华优秀传统文化工作的进一步推进，随着对传统儒学特别是董仲舒儒学研究的深化，必将出现更多的高质量研究成果。但从更高更严的标准来看，董仲舒儒学研究尚有若干值得注意的问题。作为关注董仲舒儒学研究四十年的学者，我觉得在新的时代条件下，以下问题值得关注，值得探讨。

---

[*] 李宗桂，中山大学哲学系教授。

一 何谓董仲舒儒学

从研究的层面看,董仲舒儒学有广义和狭义之分。狭义的董仲舒儒学,是指董仲舒本人的儒学思想;广义的董仲舒儒学,是指以董仲舒儒学思想为核心,以汉代春秋公羊学为纲领,以汉代经学为范围的汉代思想文化研究。类似于孔子思想与儒家思想的关系。我们知道,《孔子研究》学术杂志,并不仅仅是发表孔子思想研究的成果,而是整个传统儒学乃至整个传统文化。任继愈先生在其《论儒教的形成》一文中指出:董仲舒为了巩固政治的统一,主张思想统一,提出罢黜百家、独尊儒术。从董仲舒起,孔子被抬到了宗教教主的地位。孔子学说在历史上的第一次大的改造,是由汉武帝支持、由董仲舒推行的"罢黜百家、独尊儒术"的措施。[①]对于任继愈先生关于儒教的见解,学界见仁见智,但对于董仲舒在儒学发展史上具有极为重要的地位和作用的论说,至少从事实判断的层面看,是颇有道理的。揆诸近代思想文化史,康有为在其《春秋董氏学》一书中,把孔子奉为教主,尊董仲舒为儒宗,而且是两汉四百年阶段性的教主。康有为认为,孔子之道在《六经》,《六经》统一于《春秋》,《春秋》之义在《公羊》,而"欲学《公羊》者,舍董生安归";董仲舒"明于《春秋》,为群儒宗也",掌握《春秋》大义、孔子之道的正确路径,应当是:"因董子以通《公羊》,因《公羊》以通《春秋》,因《春秋》以通《六经》,而窥孔子之道。"任继愈、康有为所论,对于我们理解"董仲舒儒学"的内容、范围及其特质,有借鉴意义。

需要提出的是,所谓董仲舒儒学,是个定性定位的本质性说法,亦即肯定董仲舒是一代儒宗、中国儒学史上的关键人物,是传承发展孔子儒学而又有独立思想体系的荦荦大家。董仲舒儒学是指董仲舒整个思想体系的思想特质、学派归属,并不是排除、否认董仲舒思想体系中的其他思想,比如墨家思想、阴阳家思想、法家思想。

---

① 参见任继愈《论儒教的形成》,《中国社会科学》1980年第1期。

二 "两创""两个结合"的方法论问题

对于董仲舒儒学的研究和评价，涉及方法论问题。中国哲学史研究的方法论问题，历来受到重视。从20世纪50年代开始，哲学史方法论的讨论就是学科前沿问题。从改革开放前的唯物唯心"两军对战"论、辩证法与形而上学斗争论①，到改革开放后的范畴论②、圆圈论③，再到唯心主义在一定条件下起进步作用论④，再到社会思潮论、哲学思潮论，再到借鉴自然科学方法论的"老三论"（控制论、信息论、系统论）、新三论（协同论、耗散结构论、突变论），林林总总，不一而足。李泽厚颇具影响的《秦汉思想简议》⑤，便是运用系统论的方法撰写的"确有新方法新观点"（张岱年语）⑥的论文。笔者也曾借助协同论的理论和方法，撰写过《相似理论、协同学与董仲舒的哲学方法》，发表在《哲学研究》1986年第9期。从20世纪80年代以后，中国哲学史、中国思想文化史的研究，视野越来越开阔，方法越来越多元。不仅中国传统的辞章、考据、义理的方法在新的条件下得到新的运用，而且西方人文社会科学方法论，从解释学到文化学、人类学、社会学、政治学，都有人尝试，真正是多元并举，百花齐放。⑦在运用哲学方法研究中国传统哲学的问题上，一度出现"纯化""泛化"的议题。⑧在总结各种研究方法的基础上，张岱年先生提出"综

---

① 任继愈主编的四卷本《中国哲学史》大学教材，可谓"两个对子"（唯物主义与唯心主义、辩证法与形而上学）论的代表作。
② 1983年11月在西安举行了"中国哲学范畴学术研讨会"，会后由人民出版社出版了《中国哲学范畴集》。继后有汤一介的《论中国传统哲学范畴的诸问题》，《中国社会科学》1981年第5期；张立文的《中国哲学范畴发展史》，中国人民大学出版社1988年版；等等。
③ 以肖萐父、李锦全主编的《中国哲学史》（上、下册）为代表，人民出版社1982年版。
④ 参见金春峰《唯心主义在一定条件下起进步作用——正确评价唯心主义，之一》，《读书》1980年第1期；《论唯心主义在一定条件下对辩证法的促进作用》，《求索》1981年第2期。
⑤ 参见李泽厚《秦汉思想简议》，《中国社会科学》1984年第2期。
⑥ 中国社科院哲学所、河北省社科院、河北省社科联共同主办的"全国董仲舒哲学思想讨论会"，于1986年9月下旬在石家庄市举行。张岱年先生在开幕式的致辞表达了该看法。
⑦ 详见李宗桂《中国哲学研究的回顾和展望》，《中国哲学史》1998年第1期；《二十世纪中国哲学研究的审视和新世纪的展望》（上）（下），《学术界》2002年第1、2期。
⑧ 参见周继旨《关于中国哲学史研究对象、范围的"纯化"与"泛化"问题》，《哲学研究》1983年第10期。

合创新"的方法论①,受到广泛关注,并得到很多学者的认同。

从价值理性的角度看,从历史与逻辑一致的层面看,改革开放以后所研讨、所践行的诸多哲学史方法论,各有其特定的意义和思想启迪价值。值得重视的是,由习近平总书记提出的"两创""两个结合",成为中国传统思想文化研究的指针,是中国传统哲学和思想文化研究的方法论指引。

(一) 关于"两创"

人所共知,所谓"两创",是指中华优秀传统文化的创造性转化和创新性发展。从方法论的层面考察,"两创"是在既往的哲学史方法论基础上,会通众流而别具一格的创造性见解和方法。②

从中国哲学史、中国思想文化史研究方法论发展的逻辑进程考察,从建设中华民族现代文化形态的战略高度审视,我们可以说,习近平总书记近年提出并一再强调的"创造性转化、创新性发展"的理念,是解决中华文化从传统向现代转型的基本价值准则和必由之路,是我们理性对待中华文化传统的科学方针。自然,它是董仲舒儒学研究的方法论原则和价值观指引。

我们中华民族是有着深厚绵长的历史文化传统的民族,不仅有尊重传统、继承传统的传统,更有理性清理传统、转化发展传统的传统。马克思主义哲学告诉我们,"辩证的否定是扬弃",是有所保留、有所抛弃、有所转化。对于中华文化传统包括优秀传统,我们都要用批判性的态度进行清理。全盘否定固然是历史虚无主义,而全盘袭用则会是复古主义、盲从主义。我们之所以要对民族传统文化进行创造性转化和创新性发展,就是要在以爱国主义为核心的中华民族精神和以改革创新为核心的时代精神激励下,在社会主义核心价值观引领下,光大中华优秀传统文化,充分吸收中华优秀传统文化的精神滋养,增强社会主义核心价值体系。为此,我们不

---

① 参见李宗桂《"文化综合创新论"的价值与中国文化前景》,《黑龙江社会科学》2019年第5期。

② 陈来教授曾撰文对"创造性转化"的由来和发展进行学理性说明,其中对"林毓生的'创造的转化'""傅伟勋的'创造的发展'"做了具体的分析,特别是对习近平总书记提出的当代中国文化方针的"创造性转化"做了阐释。详见氏著《"创造性转化"观念的由来和发展》,《中华读书报》2016年12月7日第5版。

仅要挖掘中华文化的古代优秀传统，还要大力倡扬"五四"以来的革命文化传统，特别是要立足当代中国现实，结合当今时代条件，发展面向现代化、面向世界、面向未来的，民族的科学的大众的社会主义文化。根据这种文化价值观和文化发展观，继承光大"五四"精神，追求并践行科学精神、民主精神、自由精神，就是理所当然、势所必然。实际上，我们今天在全社会大力倡导并积极践行的社会主义核心价值观，就是对"五四"精神的继承和发展，就是对优秀传统文化的创新。富强、民主、文明、和谐、自由、平等、公正、法治，爱国、敬业、诚信、友善，这浸透着改革创新时代精神的社会主义核心价值观，正是对"五四"精神的创造性转化和创新性发展。因此，旗帜鲜明地抵制和批判否定"五四"精神的种种奇谈怪论，反对封建主义沉渣泛起，反对是古非今、以古代今，是我们践行创造性转化、创新性发展方针的题中应有之义。

在如何对待历史文化遗产方面，毛泽东同志提出"批判继承"（批判其封建性的糟粕，继承其民主性的精华）的方针，该方针是20世纪40年代初就提出的，是对于新民主主义文化的理性价值追求。中华人民共和国成立后，批判继承成为处理传统文化与现代社会关系的基本方针。张岱年先生在20世纪80年代的文化讨论热潮中提出了"综合创新"的主张，受到广泛关注和肯定。这个"综合创新"的文化主张，其主要内容和基本思路，一是强调建设社会主义新文化必须以马克思主义为指导；二是不仅讲中西文化之综合，也讲中国固有文化中不同学派的综合；三是明确指出"文化综合创新的核心是马克思主义与中国文化的优秀传统的综合"。学界认为，"综合创新"文化观与中国先进文化的前进方向是相一致的。方克立先生认同张岱年先生的"综合创新"论，并进一步阐释为"古为今用，洋为中用，批判继承，综合创新"。继后，他又提出"马魂、中体、西用"的理念，指出这是把马克思主义的指导思想地位、中国文化的主体地位、和外来文化的"他山之石"地位三者有机地统一起来，并认为这是中国文化发展的现实道路。从文化建设的实践来看，从文化理论的发展战略考察，习近平总书记提出的创造性转化和创新性发展的"两创"方针，是对"批判继承"方针和"综合创新"论的会通基础上的超越，是在新的时代条件下理性对待历史文化传统、科学发展民族文化的充满改革创新时代精神的战略性指针，是马克思主义文化学意义上的文化观，是对此前的各种合理的民族文化继承发展观在方法论上的超越和创新。

总而言之,"两创"是发展中国特色社会主义文化的科学方针,是文化自信文化自觉的典范体现,是我们铸就中华文化新辉煌的战略保障,更是近代以来在中西古今之辩难题长期困扰我们之后的从传统转向现代的必由之路。①

(二) 关于"两个结合"

在关于如何对待中国传统文化的问题上,习近平总书记还提出"两个结合"的理念,即把马克思主义的基本原理同中国具体实际相结合、同中华优秀传统文化相结合。

"两个结合"的论述,是在阐发"以史为鉴、开创未来,必须继续推进马克思主义中国化"的宏阔视野和价值取向的框架中提出的。马克思主义中国化,是在中国坚持和发展马克思主义的必然要求。马克思主义中国化,从本质上讲,就是要坚守马克思主义的基本原理,始终不渝,笃行实践,并与中国的具体实际相结合。与此同时,还要把马克思主义基本原理同中华优秀传统文化相结合,从而在新的时代条件下用马克思主义观察时代、把握时代、引领时代。

在当代中国,马克思主义是立党立国的根本指导思想,是党的灵魂和旗帜。而马克思主义的基本原则是实事求是、一切从实际出发。这就必然要求我们具体问题具体分析,从中国的具体实际考虑问题。而当今时代是改革创新的时代,是建设中国特色社会主义的时代,这就逻辑地要求我们必须把马克思主义的基本原理同这个具体实际相结合。我们中华民族是有着深厚历史文化传统的民族,在几千年文明发展过程中,积淀了深厚绵长的优秀文化传统。这些优秀文化传统,是社会主义核心价值观的重要精神滋养②,是中华民族精神家园的重要构成③。舍弃了中华优秀传统文化,便是舍弃精神价值支撑。因此,我们必须坚持"两个结合"。

习近平总书记提出把马克思主义基本原理同中国具体实际相结合、同

---

① 参见李宗桂《两创:中华优秀传统文化现代转型的必由之路》,《人民日报》2018年6月10日第7版。

② 参见李宗桂《阐旧邦以辅新命——充分吸收中华优秀传统文化的价值观滋养》,《人民日报》2014年5月19日第11版。

③ 参见李宗桂《国学与中华民族精神家园》,《中山大学学报》(社会科学版)2009年第3期。

中华优秀传统文化相结合的重要思想。他在党的二十大报告中阐述"推进文化自信自强，铸就社会主义文化新辉煌"的理念时，强调要坚持中国特色社会主义文化发展道路，增强文化自信，"坚持创造性转化、创新性发展，以社会主义核心价值观为引领，发展社会主义先进文化，弘扬革命文化，传承中华优秀传统文化"，"巩固全党全国各族人民团结奋斗的共同思想基础，不断提升国家文化软实力和中华文化影响力"。可见，中华优秀传统文化是我们共同奋斗的重要思想基础，是坚持中国特色社会主义文化发展道路不可或缺的条件。马克思主义要日新又日新，要在中华大地与时俱进地蓬勃发展，中华民族伟大复兴要具备坚强的民族文化价值支撑，它就必须与中华优秀传统文化相结合。

中华优秀传统文化是中华民族在长期发展历程中创造出来、体现中华民族智慧的精神价值，是中国文化精神的精粹所在，是中华民族的民族性特质所在。所谓文化的民族性，应当而且可以从中华优秀传统文化中得到挖掘，并应该从文化的现代性方面给予具有改革创新时代精神的阐扬。中国特色社会主义文化是民族的、科学的、大众的文化，这可以从对中华优秀传统文化的内容、特质、历史作用和当代价值的层面进行创造性的诠释。今天我们建设现代化的中国文化，要综合考察、运用文化的历史性、时代性、民族性和世界性相统一的视角，对中华优秀传统文化与现代化之间的接合点展开研讨，并通过其与马克思主义基本原理的相通之处的研究，理性阐释马克思主义基本原理同中华优秀传统文化相结合的学理所在、真理所在，从而推进马克思主义的中国化，为当代中国的马克思主义、二十一世纪马克思主义的不断发展提供精神滋养。

探讨马克思主义基本原理同中华优秀传统文化相结合，其重要工作之一或者说应当着力的重点之一，是对中国文化精神、中华民族精神的继往开来的创造性的阐释和构建。中国文化精神、中华民族精神是中华优秀传统文化的精髓，是社会主义核心价值体系和社会主义核心价值观的重要精神滋养。阐旧邦以辅新命，为马克思主义中国化提供民族文化价值的精神支撑，是我们中国传统文化研究者责无旁贷的义务。从逻辑上和实践上看，马克思主义中国化与马克思主义时代化是相互发明、相得益彰的，马克思主义中国化必然依托、推重中华优秀传统文化，要旗帜鲜明地坚守中国文化立场，从民族性的一面张扬中华优秀传统文化的民族特质、民族底蕴，进而阐释中华优秀传统文化与人类命运共同体、中华优秀传统文化与人类共同价值的相通相融之处，彰显中华文化对于人类文明发展的贡献及其当代价值。同时，马克思主义时代化必然要求立足中国的实际情况，追随世界文明的潮流，以现代化为追求，以中华民族伟大复兴为目标，以改革创新的时代精神为动力，使马克思主义彰显其应有的现代性，从而为新时代的使命的完成提供充满生机、昂扬奋进的精神指引。为此，应当用现代化的价值理念来衡量并转化中华优秀传统文化，质言之，作为马克思主义中国化的民族文化价值支撑的中华优秀传统文化，应当符合现代化的要求，这就是：适合时代需求，推动社会发展，经受实践检验，有助文化认同，促进民族团结，建构精神价值，助力民族复兴，有益世界文明。[1]

我们正在大力倡扬并积极践行"中国精神"。"中国精神"是以爱国主义为核心的中华民族精神和以改革创新为核心的时代精神的统一。中华优秀传统文化是民族的根和魂，是全人类共同价值的重要精神资源，是构建人类命运共同体的智慧之源。中华优秀传统文化是中华民族民族性的重要标识和载体，是探索、践行中国式现代化新道路的智力支持和精神支撑，更是典型的民族文化标识。[2]

根据以上认识和思路，结合董仲舒儒学及其研究的实际情况，我们可以旗帜鲜明地说，董仲舒儒学的研究，必须以"两创""两个结合"为指导，这是方法论意义上的原则问题。

在"两创""两个结合"的方法论指针下，董仲舒儒学研究的价值取向应当是：用以爱国主义为核心，团结统一、爱好和平、勤劳勇敢、自强不息的中华民族精神为引领，用改革创新的时代精神为动力，以社会主义核心价值观为标准，阐释董仲舒儒学的精神价值、历史贡献和时代局限，为我所用，为今所用。在今天，尤其应当重视董仲舒儒学对于中华民族共同体的形成和发展、对于中华文化共同体的形成和发展、对于我们今天如何铸牢中华民族共同体意识所能起到的作用。

在学术界近年的董仲舒儒学研究中，人们高度重视董仲舒儒学的现代意义。2022年在河北省衡水市举行的董仲舒与儒学国际学术会议，其主题便是"董仲舒思想的现代借鉴"，正是坚持"两创""两个结合"原则的

---

[1] 详见李宗桂《试论中国优秀传统文化的评价标准》，《社会科学战线》2017年第8期。
[2] 参见李宗桂《"两个结合"是马克思主义中国化的时代要求》，《深圳特区报》2023年5月30日B4版。

体现，颇具学术价值和实践意义。放而言之，我们可以在这个主题的启迪下，立足当代，继承、光大、转化中华文化的优秀传统，发掘董仲舒儒学以及传统思想文化中具有民族特质、跨越时代、具有永恒价值、属于全人类共同价值的内容。例如，董仲舒提出的"调均""五常"（仁义礼智信）、"天人合一"等思想，便是能够跨越时代、具有永恒价值的，属于全人类共同价值的范畴的内容，值得我们在新的时代条件下认真研讨。

三 有思想的学问与有学问的思想

早在 20 世纪 90 年代，伴随国学热的日渐兴盛，李泽厚提出思想家淡出，学问家凸显的命题。这一命题提出后，受到相当的关注，并由此引出了学术界关于学问与思想关系问题的论辩。直到 2023 年，文学界还有人在国家社会科学基金重大课题研究中撰文探讨。该论者提出，"90 年代大陆学术时尚之一是思想家淡出，学问家凸显，王国维、陈寅恪被抬上天，陈独秀、胡适、鲁迅则'退居二线'。这很有意思，显现出某种思想史的意义，提示的或是人生价值、学术价值究竟何在，及两者的复杂关系等等问题"[①]。限于本文论题和篇幅，此处不拟细致追索"思想家淡出，学问家凸显"的场景及其论争的思想实质，而只借该话题谈谈对学问与思想关系的看法，进而引出如何在方法论视野中看待董仲舒儒学的问题。

确实，诚如早已有人指出的那样，当初李泽厚提出思想家淡出、学问家凸显，是一种夫子自道。但那个时期确实出现了一股不叫潮流的潮流，即狂捧乾嘉学术，鼓吹所谓纯粹的学问，即没有掺杂思想、理论的学问。一旦某人或者某论著有"思想"，便属于非学问的范畴，至少是学问不好的表现。当时大举特举的例子，主要是王国维、陈寅恪等人，认为他们才是真正的学问家，因为他们不谈思想。那些论者的真实内心，我不得而知。但仅从我所了解的历史事实来看，就不能说王国维、陈寅恪等人是所谓纯粹的学问家。众所周知，王国维沾沾自喜于废帝溥仪封他为南书房行走。对于北伐革命，王国维是极力反对，可谓以命相搏。1923 年 4 月，王国维应废帝溥仪之诏任"南书房行走"，此时距辛亥革命已有 12 年，距亚

[①] 宋声泉：《"思想淡出，学问凸显"的年代叙事症》，《当代文坛》2023 年第 3 期。

洲第一个共和国的成立已有整整11年。1924年11月，冯玉祥逼宫，命溥仪迁出紫禁城，王国维忠心耿耿地为溥仪奔忙于鞍前马后，并高声喧嚷"艰难困辱，仅而不死"。1927年6月，北伐军进抵郑州，直逼北京。6月2日（五月初三）上午，王国维于颐和园昆明湖自沉。其在遗书里说："五十之年，只欠一死。经此世变，义无再辱。"陈寅恪1927年在《王观堂先生挽辞并序》中说王国维的自杀是"劫尽变穷，安得不与之共命而同尽"。这里姑且不评说其间的是非曲直，但要说王国维的前述言行是没有思想的，谁信？说陈寅恪的挽辞是纯学术的，谁信？实际上，那些原本想要通过抬高王国维的纯学问而恭维他的人，是贬低了王国维。类似的情况，发生在对于陈寅恪的评价上。毫无疑问，陈寅恪是大学问家，但他是有复杂思想、深邃思考的学问家。他在冯友兰《中国哲学史》审查报告中对三纲的肯定，显示的是他对传统价值观的高度认同。特别是他反复申论并始终坚持的"独立之精神，自由之思想"，便是对某些人坚持说陈寅恪是纯粹的学问家的有力鞭挞。反倒是陈寅恪看到了真相和实质，并说出了真话。在为王国维纪念碑（《王观堂先生纪念碑铭》）撰写的碑文里，陈寅恪说："思想而不自由，毋宁死耳。斯古今仁圣所同殉之精义，夫岂庸鄙之敢望。先生以一死见其独立自由之意志，非所论于一人之恩怨，一姓之兴亡。……先生之著述，或有时而不彰。先生之学说，或有时而可商。惟此独立之精神，自由之思想，历千载万祀，与天壤而同久，共三光而永光。"[①] 把王国维的殉情拔高到殉文化，进而拔高到争思想自由、争独立意志，这不是"思想"是什么？无须赘言，王国维、陈寅恪等人毫无疑问是有思想的学问家、有学问的思想家。就学术界而言，没有没思想的学问，也没有没学问的思想。

思想与学问的关系问题，在董仲舒儒学研究中也曲折地表现出来。董仲舒的学问与思想，在他生活的那个时代，无疑是居于主流、处于上流的。身处西汉最兴盛的文、景、武三帝时期，以公羊学博士名世，以天人三策对策于朝廷，创造性地传承、创新性地发展了先秦孔孟荀儒学，开启了儒学发展的新时代；构建了以三纲五常为核心的帝制时代的传统价值体系，从制度建设和思想文化领域锻铸了"大一统"的全民族理念，为中华

[①] 刘梦溪主编：《中国现代学术经典·陈寅恪卷》，河北教育出版社2002年版，第851—852页。

文化共同体、中华民族共同体意识的形成和增强做了开创性的工作。从事功的方面看，董仲舒成就卓越。从学术传承的方面看，董仲舒光大了公羊学，结合时代条件，把公羊学的价值理想落到了实处。他促使教育制度和官吏选拔制度相结合，开创了文治政府的基础（模式）。同时，他还通过讲学授徒，培养了优质学生。特别重要的是，他通过与政治家们的合作，创议抑黜百家、表彰六经而尊奉儒术，完成了思想统一的重任。凡此等等，无不彰显出董仲舒是确有创造的大思想家、大学问家。然而，数十年来的董仲舒儒学研究乃至秦汉思想文化、整个中国传统文化的研究表明，学界对董仲舒的评价颇为复杂。这里面的关键或者症结，在于研究者往往自觉不自觉地把思想与学问分立。

在日丹诺夫哲学史定义流行的时期，唯物唯心、阶级斗争是统领中国哲学史、中国思想文化史研究的原则性方针。董仲舒儒学被冠以天人感应的神秘主义唯心主义哲学的帽子，其"天不变道亦不变"的命题被判为形而上学在中国的典型代表，并因其长期被统治阶级利用而遭到严厉批判。这个时期的董仲舒儒学研究，并不是从学问的层面展开，其评价标准自然不是学问，而是政治，政治第一成了政治唯一。董仲舒儒学因为其为汉武帝所肯认，为"历代封建统治者"所褒扬，被划入"反动"范畴，打入冷宫。在改革开放后的新的历史时期，随着哲学史方法论讨论的深入，"两个对子"（唯物主义与唯心主义、辩证法与形而上学）论被突破，董仲舒儒学的研究开始深化，并取得新的成果，得出新的结论。学术界对于董仲舒儒学的评价，总体上是肯定的。但值得注意的是，改革开放前的董仲舒儒学研究是因其倡建唯心主义神学目的论、三纲五常的封建道德总原则而从政治上被否定。可改革开放后四十多年的董仲舒儒学研究，其总体性评价的改变和提升，却仍然是在政治作用的层面。质言之，改革开放前后的不同历史阶段，尽管哲学史研究的方法论有了根本性的调整，但在董仲舒儒学的研究和评价上，仍然是政治优先。这种政治优先，从根本上讲，便是思想优先。至于学问，如果说改革开放前是不屑一提的话，则改革开放后则是轻描淡写、笼统带过。思想与学问之间，究竟是什么关系？具体到董仲舒儒学，支撑其政治理念、社会活动和思想文化创造的学理性依据何在？学界似乎重视不够，挖掘不够深入不够充分。给人的印象，董仲舒是思想家、政治活动家，但不是甚至谈不上是学问家。这个问题值得我们在更高的层面和更为广阔的空间展开进一步的研究。

董仲舒之所以能够在儒学发展史上取得空前的成功，为儒学的创新性发展奠定基础，其重要的学理依据，是春秋公羊学。过往批判否定唯心主义哲学家董仲舒的时候，把董仲舒的春秋公羊学说和阴阳五行思想说成是谶纬泛滥的思想前奏，后来肯定董仲舒儒学的时候，则把春秋公羊学说与大一统思想观念的时代化和社会化直接挂钩。诚然，汉代经学的主流，是今文经学，是春秋公羊学。皮锡瑞在其《经学历史》里认为汉代是"经学昌明时代"，说："经学至汉武始昌明，而汉武时之经学为最纯正。"[1] 皮锡瑞这个见解是平实的。在我看来，皮锡瑞这个表述，本质上是注意到了汉武时期社会发展的思想文化支撑和价值凝聚所在。须知，董仲舒儒学的价值核心，是通过对春秋公羊学的阐释而建立起来的。诸如大一统、诸如天人合一、诸如三纲五常之类，都是典型的例子。从中国古代文以载道的历史传统来看，从汉代礼治的形成尤其是董仲舒作为新型文化价值体系建构的重头戏作者来看[2]，董仲舒这个公羊学博士，确实是学以致用、知行合一，把学问做到了实处，通过学问的发扬，落实了思想，真正做到了学问与思想的统一。质言之，董仲舒做的是依托思想的学问，阐扬的是有学问的思想。平实地说，董仲舒儒学是顺应那个时代而产生的，为那个时代服务的，在实践中取得了空前的社会治理和思想文化创新的成就。正因如此，董仲舒自然获得了时人和后人的充分肯定。西汉时期，刘向称赞："董仲舒有王佐之材，虽伊吕亡以加，管晏之属，伯者之佐，殆不及也。"（《汉书·董仲舒传》）刘向的儿子刘歆虽然认为其父关于董仲舒功业"管晏弗及，伊吕不加"的观点是溢美之词，但还是如实肯定"仲舒遭汉承秦灭学之后，《六经》离析，下帷发愤，潜心大业，令后学者有所统一，为群儒首"。（《汉书·董仲舒传》）班固在《汉书·董仲舒传》里说："仲舒对册，推明孔氏，抑黜百家。"并记载了董仲舒那个划时代的思想文化建设的宏论："《春秋》大一统者，天地之常经，古今之通谊也。今师异道，人异论，百家殊方，指意不同，是以上亡以持一统；法制数变，下不知所守。臣愚以为诸不在六艺之科孔子之术者，皆绝其道，勿使并进。邪辟之说灭息，然后统纪可一而法度可明，民知所从矣。"东汉时期的王充，在其《论衡·超奇》中说："文王之文在孔子，孔子之文在仲舒。"北宋司

---

[1] （清）皮锡瑞著，周予同注释：《经学历史》，中华书局1959年版，第70页。
[2] 详见李宗桂《汉代礼治的形成及其思想特征》，《哲学研究》2007年第10期。

马光在其《独乐园七题·读书堂》中说："吾爱董仲舒，穷经守幽独。所居虽有园，三年不游目。邪说远去耳，圣言饱充腹。发策登汉庭，百家始消伏。"历史上对董仲舒的评价甚多，无论评价高下，我们都可以看出董仲舒儒学对中国传统社会的深刻影响，感受到思想的力量，领悟到理论与实践相融通的旨趣。历史上影响深远的"正其义不谋其利，明其道不计其功"的命题，正是董仲舒儒学的重要精神标识，是学问与思想相互发明、相得益彰的成果。简单说董仲舒是神学政治的创导者、专制政治的维护者，是否定了董仲舒的学问，否定了他对儒学发展的贡献。简单说董仲舒是学问家，则又否定了、湮没了他在中国思想文化史上的地位和作用，否定了他在中国哲学史上的地位和作用。我们当然不能用今天的标准去要求董仲舒，但无可否认的是，在他生活的那个时代，乃至整个西汉以降的传统社会中，董仲舒确确实实是一个有学问的思想家，同时又是一个有思想的学问家。

四　以现代性整合提升董仲舒儒学的借鉴意义

弘扬中华优秀传统文化，推动文化传承发展，必然有一个如何看待传统文化或文化传统的问题。就方法论原则而言，正如前文所说，必须也必然以"两创""两个结合"为指引方针。在这个方法论的视野中和思维框架下，结合时代条件，理性辨析传统文化的历史作用和现代价值，是我们应当格外注意的问题。

作为一个整体、一个价值系统的中国传统文化，在实践的层面上，早已不复存在。但作为一个历史遗存，作为民族历史文化的遗产，作为研究对象，作为中华优秀传统文化在当今创造性转化、创新性发展的精神滋养，却又现实地活在我们的生活中和心灵里。文化学家提供的物质—制度—思想（精神）的"文化结构三层次"框架论也罢，区分"精华""糟粕"的批判继承论也好，无不是要求把对象进行要素或者层次的区分，而不能笼统地进行主观演绎。老一辈学者提出传统思想文化的"两重性"问题，实际上也是要对其进行有鉴别的分析、有扬弃的转化、有创造的发展。[①] 说到底，不仅

[①] 参见李锦全《矛盾融合　承传创新——论中国哲学、传统思想文化发展的特点》，载当代哲学丛书编委会编《今日中国哲学论文集》，广西人民出版社1996年版。

作为一个价值体系的中国传统思想文化是一个复杂的系统，而且一个特定的学派、学者的思想，也是复杂的系统。对于其历史功过和当代价值，不同的学者会有不同的看法，是正常的情况。关键的问题，是我们应当以现代眼光和方法，从中国传统文化与现代化关系的角度，立足当代，放眼世界，面对传统，着力于当代新型文化价值体系的建构，开掘、阐释出其间的现代性，为中华文脉的传承，为中华优秀传统文化的守正创新，做出应有的努力。

对于董仲舒儒学研究而言，上述方法论原则和研究思路，同样可行，同样具有现实的操作性。河北衡水学院 2022 年主办的董仲舒思想国际学术会议的主题是"董仲舒思想的现代借鉴"，我觉得是抓住了董仲舒儒学研究的关键。从"现代借鉴"的角度研讨董仲舒思想，表明我们可以阐扬董仲舒儒学的现代性。换言之，董仲舒儒学的现代意义，是个开放性命题，是值得深入研究的重大课题。通过对"董仲舒思想的现代借鉴"，我们应当而且能够揭示出董仲舒儒学与现代社会相适应、与现代文明相协调的现代性一面。我算是改革开放后国内比较早对董仲舒思想给出正面评价的学者之一。早在 20 世纪 80 年代，我就发表过专论，肯定董仲舒思想的合理之处。如《相似理论、协同学与董仲舒的哲学方法》发表于《哲学研究》1986 年第 9 期，《从秦汉社会历史发展看董仲舒思想的积极意义》发表于《河北学刊》1986 年第 5 期。继后，在《哲学研究》1990 年第 2 期发表了《评海峡两岸的董仲舒思想研究》，在《天津社会科学》1990 年第 5 期发表了《论董仲舒的天人思想及其文化史意义》，在《河北学刊》1991 年第 4 期发表了《论董仲舒的文化贡献》，甚至在上海的《社会科学报》1993 年 11 月 4 日发表了《由董仲舒谈思想家群体建设》。最近几年，我继续发表肯定董仲舒思想的论文，主要的有：刊载于《衡水学院学报》2019 年第 2 期的《董仲舒思想历史作用之我见》，《衡水学院学报》2019 年第 5 期的《董仲舒儒学的精神方向》，《衡水学院学报》2021 年第 2 期的《内圣外王之道的创造性构建——董仲舒思想的特质及其影响》等。

不仅如此，我还于 2017 年在湖南大学岳麓书院的学术讲座中专门讲过《董仲舒对汉代新儒学的构建》，并为 2020 年在河北省衡水市中国书画博物馆举行的全国书画展提供评价董仲舒文字："两千年之政，汉政；两千年之学，董学。"2022 年我再次提供了评价董仲舒的文字："融儒法糅阴阳公羊春秋纳九派，合天人一思想正谊明道启八荒。"

【北学人物与思想】
方法论视野中的董仲舒儒学研究

  我这四十年来对董仲舒做出的不同于学界既往的评价,是由衷的,是我自己经过认真研究后的一得之见。没有任何人或机构强迫我、诱导我,完全是我自己的真实看法。正因如此,我总觉得有一种责任或者义务,需要把董仲舒儒学研究的聚焦点或者落脚点提出来,这就是面对繁茂芜杂的董仲舒儒学思想体系,面对两千年积淀之后的思想文化遗产,我们应当阐扬其现代性,亦即用现代性去挖掘、整合、提升董仲舒儒学的现代借鉴意义。在我看来,所谓现代性,是指现代化过程中体现出的能够适应现代社会的生产方式、发展方式、治理方式、生存方式、生活方式、交往方式的价值理念、思维方式、审美情趣、伦理观念等制度性、思想性因素。它可以是一整套的体制机制或价值系统,也可以是某些具体的思想要素或者文学艺术的构成。从时间维度看,现代性并不仅仅含括现代社会,而且可以蕴含于传统社会之中,但可以在现代社会发挥正面作用,在现代化过程中产生正面价值。质言之,体制机制、精神旨趣都具有现代意味,至少是具有能够通向现代、与现代相融合相协调的性质,就是现代性。[1] 这个现代性,如果从文化传承发展的视角看,也应当是衡量其是否优秀的重要标准。有了现代性做观照,我们在挖掘、整合、提升中华优秀传统文化的现代价值的时候,就不会失之偏颇,而会周全观察,从容中道。老一辈学者蔡尚思先生在开展"中国传统思想总批判"的同时,也深入揭示"中国文化的优良传统"。李锦全先生长期重视中国传统哲学和思想文化的"矛盾融合、承传创新",努力为中国传统文化与现代化找契合点。蔡、李二先生的文化价值目标,是实现中华文化的伟大复兴,为中国式现代化提供助力。因此,他们特别重视现代化的问题。说到底,如果我们研究董仲舒儒学,阐释不出其现代性,看不见其现代性,则难以解决"两创""两个结合"的问题。在董仲舒儒学研究方面,应当说,"两创""两个结合"的切入点,应当是董仲舒儒学的现代性。放大而言,孔子儒学以至整个中国传统哲学、中国传统思想文化与现代社会、与现代化的关系的处理,也应作如是观。

---

[1] 参见李宗桂《岭南文化的现代性阐扬——以广东为例》,《学术研究》2022 年第 6 期。

董仲舒的伦理思想研究

陈福滨[*]

摘要：董仲舒的伦理思想是以其天道观与人性论为基础，他认为履行社会之道德规范，就是人性符合上天意志的表现；其伦理思想，是以作为天地万物之本的天为根基；因此，伦理行为之合理化，都必须法天，法天也就是效法阴阳、四时、五行。在董仲舒看来，人性虽然可以生善，但这只是说，有产生善的可能性，可不是已成为现实的善，因为"性有善质，而未能善"，如果要达到善，则必"性待德教而后善"。如何能发展此善质，使之成为善，便是董仲舒于伦理思想上所重视课题。本文希望借由下列几个面向作探讨：一、阳尊阴卑；二、三纲五常；三、义利之辨；四、礼乐教化；并期待因着论述的启发，进而揭示董仲舒的伦理思想。

关键词：法天；阳尊阴卑；三纲五常；义利之辨；礼乐

前 言

董仲舒的伦理思想是以其天道观与人性论为基础，他认为履行社会之道德规范，就是人性符合上天意志的表现；其伦理思想，是以作为天地万物之本的天为根基；因此，伦理行为之合理化，都必须法天，法天也就是效法阴阳、四时、五行。在董仲舒看来，人性虽然可以生善，但这只是说，有产生善的可能性，可不是已成为现实的善，因为"性有善质，而未能善"，如果要达到善，则必"性待德教而后善"。如何能发展此善质，使之成为善，便是董仲舒于伦理思想上所重视课题。

---

[*] 陈福滨，辅仁大学哲学系教授。

一 阳尊阴卑

董仲舒对于社会伦理中所讲求的人与人之间的关系，完全是建立在宇宙间阴阳二气的特质之上，他认为阴阳是天道运行的两大力量，互相对立而不可分离。阴阳之间有互相矛盾对立的性质，也有最后趋向"和合"的特性，所以，"独阴不生，独阳不生，阴阳与天地参然后生"。(《春秋繁露·顺命篇》)[①] 独阴独阳皆不能生成万物，必待阴阳相参合，而后万物始得化生。

但是，天道以阳生为本，春、夏为天之阳，即"生"，秋、冬为天之阴，即"杀"；而且阳之出，常悬于前而任事；阴之出，常悬于后而守空处；因此，天是近阳而远阴的，阴道始终居于辅助阳道的地位。《阳尊阴卑篇》云：

> 阳始出，物亦始出；阳方盛，物亦方盛；阳初衰，物亦初衰。物随阳而出入，数随阳而终始……丈夫虽贱皆为阳，妇人虽贵皆为阴。……是故《春秋》君不名恶，臣不名善，善皆归于君，恶皆归于臣。臣之义比于地，故为人臣者，视地之事天也。……恶之属尽为阴，善之属尽为阳。阳为德，阴为刑。刑反德而顺于德，亦权之类也。虽曰权，皆在权成。是故阳行于顺，阴行于逆。逆行而顺，顺行而逆者，阴也。是故天以阴为权，以阳为经。……故曰：阳天之德，阴天之刑也。……阳气仁而阴气戾，阳气宽而阴气急，阳气爱而阴气恶，阳气生而阴气杀。是故阳常居实位而行于盛，阴常居空位而行于末。天之好仁而近，恶戾之变而远，大德而小刑之意也。先经而后权，贵阳而贱阴也。

有了阳的出现，万物也跟着开始生出；阳正当旺盛，万物也就跟着旺盛，反之亦然；万物随着阳而出入，数也随着阳而终始。男子虽然地位低

[①] 本文采用《春秋繁露》之版本，系以董仲舒撰《春秋繁露》四部备要本为依据，台北：中华书局1975年版。

贱，都是阳；妇人虽然地位高贵，都属阴。而《春秋》所载，皆将善归于君，将恶归于臣，为人臣者事君主当如以地事天。经指常道，原则；权是权宜，变通；天以阴为权变，以阳为常道；阳是天的德教，阴是天的刑罚。天好仁之常道而接近它，厌恶乖戾的变道而疏远它，此乃重德教而轻刑罚之意。先能持守常道而后通权达变，亦即重阳而轻阴。（《循天之道篇》）亦云："天地之化，春气生而百物皆出，夏气养而百物皆长，秋气杀而百物皆死，冬气收而百物皆藏。是故惟天地之气而精，出入无形，而物莫不应，实之至也。"自然界的生物随阳而生落出入，亦唯有天地之气最为精粹，其出入虽无行迹，但万物皆相应之。"刑者德之辅，阴者阳之助也，阳者岁之主也。天下之昆虫随阳而出入，天下之草木随阳而生落，天下之三王随阳而改正，天下之尊卑随阳而序位。"（《天辨在人篇》）都说明了以"阳"主"生道"的论述。唐君毅先生认为：

> 此董子之言天不变，道亦不变，乃指天之元之深之不变，其生道不变；自非谓天无四时之变，无历史上之世代之运。天自有四时之变，而在四时之变上说，则天在春夏，虽表现生道，然在秋冬，亦表现刑杀之道；则生道似不足以尽天道。然天道仍毕竟是以生道为本者，则在秋冬之后，必再继以春夏，而秋冬之刑杀，必不能杀尽万物。若杀尽万物，则无世界，亦更无四时，无历史上之世代之运。今既有世界，有历史之世代之运，则必有万物之生；故生道与世界与历史必同在。今依此义而言，春即遍运于四时；故有四时之一春，亦有贯彻四时之春。天有与生道相对之刑杀之道，亦有贯彻于刑杀之道，以转运其刑杀之事之生道。此贯彻之生道不变，故天道不变也。[①]

董仲舒将伦理的基础，建诸阴阳之道，再以尊卑、贵贱、善恶与阴阳相配合；于是就以君、父、夫为阳、为贵、为尊，臣、子、妇为阴、为贱、为卑；故《基义篇》云：

> 君臣、父子、夫妇之义，皆取诸阴阳之道。君为阳，臣为阴；父为阳，子为阴；夫为阳，妻为阴，阴阳（道）无所独行。其始也不得

[①] 唐君毅：《中国哲学原论·原道篇（二）》，九州出版社2021年版，第185页。

专起，其终也不得分功，有所兼之义。是故臣兼功于君，子兼功于父，妻兼功于夫，阴兼功于阳，地兼功于天。

"兼功"乃对应"不得专起""不得分功"而言，君不名恶，臣不名善；而"孝子之行，忠臣之义，皆法于地"，其"法于地"犹地之事天，法地就是法天；如此，董仲舒将以人之道德主体的伦理，转化为取诸天的法天思想中。周桂钿先生认为："董仲舒用当时人们所能接受的方式，把天解释为与儒家圣人有相同意志的至上神。换句话说，天是由儒家来解释，天是儒家的神。"[①] 要知，"天"是儒家思想的重要观念，而在董仲舒的思想系统里，他将"天"作为思想的来源、道德的基础与说明世界的重要观念，也是统摄宇宙的一切，亦即宇宙之最高范畴，也是其思想体系的基石。

二 三纲五常

董仲舒根据"阳尊阴卑"的理论，在道德本原论中所论证的道德，就是"三纲""五常"；所谓"三纲"，就是"君为臣纲，父为子纲，夫为妻纲"；所谓"五常"，就是"仁、义、礼、智、信"。

(一) 三纲

《天辨在人篇》云：

> 天下之尊卑随阳而序位，幼者居阳之所少，老者居阳之所老，贵者居阳之所盛，贱者居阳之所衰。藏者，言其不得当阳，不当阳者臣子是也；当阳者，君父是也。故人主南面，以阳为位也，阳贵而阴贱，天之制也。

董氏指出：天下之尊卑随着阳而排定位子的秩序，年幼者居少阳之位，年老者居老阳之位，地位高者处盛阳之位，地位低者处衰阳之位。闭

---

① 周桂钿：《秦汉思想史》，河北人民出版社2000年版，第207页。

藏而不对着阳的是臣子，对着阳的是君父。所以，君主面向南方，坐处于阳位，阳贵阴贱，此乃天的制度。《基义篇》云：

> 凡物必有合……阴者，阳之合；妻者，夫之合；子者，父之合；臣者，君之合。物莫无合，而合各有阴阳。……君臣、父子、夫妇之义，皆取诸阴阳之道。君为阳，臣为阴；父为阳，子为阴；夫为阳，妻为阴，阴阳（道）无所独行。……
>
> 是故仁义制度之数，尽取之天。天为君而覆露之，地为臣而持载之；阳为夫而生之，阴为妇而助之；春为父而生之，夏为子而养之；秋为死而棺之，冬为痛而丧之。王道之三纲，可求于天。

董仲舒认为，在自然界中阴阳的运行，阳气居于主要的地位，而在人类社会中，阳性亦居于统领之地位。所谓"君为臣纲，父为子纲，夫为妻纲"，妻、子、臣完全是为了配合夫、父、君之存在而存在的。在他看来，此一社会伦理秩序，就像天地的阴阳一样不可改变，"君臣、父子、夫妇之义，皆取诸阴阳之道"，是完全出于天意的；故言："王道之三纲，可求于天。"于是乎董子就将社会伦理秩序，神圣化为天道的法则。

冯友兰先生对于董仲舒的三纲论说："此于儒家所说人伦之中，特别提出三伦为纲。而'君为臣纲，父为子纲，夫为妻纲'之说，在中国社会伦理上，尤有势力。依向来之传统的见解，批评人物，多注意于其'忠孝大节'；若大节有亏，则其余皆不足观。至于批评妇人，则只多注意于贞节问题，即其对于夫妇一伦之行为。'饿死事小，失节事大'，苟一失节，则一切皆不足论矣。'君为臣纲，父为子纲，夫为妻纲'，于是臣、子、妻，即成为君、父、夫之附属品。此点，在形上学中亦立有根据。董仲舒以为'君臣父子夫妇之义，皆取诸阴阳之道'。"①

韦政通先生对于董仲舒的三纲论说："三纲的意义，在这里虽没有进一步的说明，但从'勤劳在地，名一归于天……故下事上，如地事天也，可谓大忠矣'之言可以推想，这三种关系是绝对的，是天经地义的。不管仲舒是有心还是无心，把天宗教化，已为奴性的道德披上一层神圣的外衣，并把道德的压制也理由化了。于是人的价值判准……只是尊卑贵贱的

---

① 冯友兰：《中国哲学史》，商务印书馆1944年版，第522页。

逆顺问题；顺者为善，逆者为恶，这样仲舒充分达到了把伦理与专制相整合的目的。"①

所以，在阳尊阴卑的原则下，董仲舒于《顺命篇》中说："故曰父之子也可尊，母之子也可卑……其无德于天地之间者，州、国、人、民。"又云："天子受命于天，诸侯受命于天子，子受命于父，臣妾受命于君，妻受命于夫，诸所受命者，其尊皆天也，虽谓受命于天亦可。"天下所尊贵者为阳，如君、父、夫；所卑贱者为阴，如臣、子、妇。即君、父、夫三者比臣、子、妇三者为贵尊，贵尊之序不可乱。臣不能逆君，子不能逆父，妇不能逆夫，阴不能逆阳。如此序位相逆，则天下大乱。此尊卑之序，是以天地阴阳的尊卑为立论的基础。以上"三纲"之论，是董仲舒的社会伦理的主要观点。他主张人如依此伦理的规律而行，则可以尽人之性。但他的伦理论对后代影响与他本来的目的——即"尽人之性为成善"——相反的。董仲舒的伦理论，不但是汉代统治的理论基础，而且影响深远。董仲舒所谓德教的对象是"中民"，不过在这种社会伦理制度支配之下，"中民"不可尽人之性。徐复观先生指出："董氏把人伦的关系，都配入到天地阴阳五行中去，将先秦儒家相对性的伦理，转变为绝对性的伦理！……以爵位代表德，卑视'州国人民'为'无德于天地之间'，这是他在文化上所遗留的无可原谅的巨大毒害。"②

(二) 五常

董仲舒的"三纲"规定了上下之间的伦理关系，而"五常"则是作为个人处理人际关系，从而得以实行"三纲"的五种根本之道德要求与道德意识。董仲舒将"仁、义、礼、智、信"概括为"五常之道"；以"仁"为五常之核心，董子认为"仁之法，在爱人，不在爱我"。"人不被其爱，虽厚自爱，不予为仁。"仁就是指爱他人，不爱他人，只爱自己，不能算"仁"。可见"仁"就是"憯怛爱人"，"爱人"则须"谨翕不争"，所以当"好恶敦伦，无伤恶之心，无隐忌之志，无嫉妒之气，无感愁之欲，无险诐之事，无辟违之行"。如此方能"其心舒，其志平；其气和，其欲节，其事易，其行道，故能平易和理而无争也。如此者，谓之仁"。（《必仁且

---

① 韦政通：《中国思想史》，台北：大林出版社1980年版，第475—476页。
② 徐复观：《两汉思想史》第二卷，台北：台湾学生书局1985年版，第408—409页。

智篇》)

然而"义"又为何？董仲舒以为"义与仁殊"，盖"仁者人也"，"义者我也"，仁用以对人，义用以对我，其道德要求是有分别的，《仁义法篇》云："义者，谓宜在我者。宜在我者，而后可以称义。故言义者，合我与宜以为一言。以此操之，义之为言，我也。"指出"义"乃正自己、正我，此其法也。又云："《春秋》之所治，人与我也。所以治人与我者，仁与义也；以仁安人，以义正我；故仁之为言人也，义之为言我也，言名以别矣。……是故《春秋》为仁义法，仁之法，在爱人，不在爱我；义之法，在正我，不在正人；我不自正，虽能正人，弗予为义；人不被其爱，虽厚自爱，不予为仁。"因此，处理人我关系应该"躬自厚而薄责于外"，"自称其恶"而不"称人之恶"，"自责以备"而不"责人以备"，在社会人际关系上当明"人我之分"，察"仁义之别"以此维持伦常使之不乱。

《玉杯篇》言"礼"则主张"质文两备，然后其礼成"。董仲舒认为"礼"是一种准则与规范，并且可以防乱，《天道施篇》云："故君子非礼而不言，非礼而不动。好色而无礼则流，饮食而无礼则争。夫礼，体情而防乱者也。"董仲舒进而将法度之宜的礼，推而为政治的"三本"之一，其云："天命之谓命，命非圣人不行；质朴之谓性，性非教化不成；人欲之谓情，情非度制不节。是故王者上谨于承天意，以顺命也；下务明教化民，以成性也；正法度之宜，别上下之序，以防欲也。修此三者，而大本举矣。"（《汉书·董仲舒传》）因此，化民成性就是以封建纲常为内容进行教化，以促使民为善，从而达到"教化行而习俗美也"。

董仲舒言"智"，当作一种分辨道德是非、进行道德选择和道德判断的能力，其言曰："何谓智？先言而后当，凡人欲舍行为，皆以其智，先规而后为之。……故曰：莫急于智。智者见祸福远，其知利害蚤，物动而知其化，事兴而知其归，见始而知其终，言之而无敢哗，立之而不可废，取之而不可舍，前后不相悖，终始有类，思之而有复，及之而不可厌。其言寡而足，约而喻，简而达，省而具，少而不可益，多而不可损。其动中伦，其言当务，如是者，谓之智。"（《必仁且智篇》）"智"指先说而后证明是恰当的；凡是人决定去做或者不做，都需要用自己的智慧，先去谋划然后去做。所以说，没有比智更迫切的了。因此，人之言行举止合乎伦常的要求，是由于智的作用，"先规而后为之"即"智"是辨别是非善恶的道德判断力。

"信"就是信实,董仲舒言"信"则说:"着其情,所以为信也;……委身致命,事无专制,所以为忠也。竭愚写情,不饰其过,所以为信也。"(《天地之行篇》)显明真情是为了表示诚信;表达见解舒泄内心的真情,不掩饰过错,这就是彰显诚信。董仲舒认为臣忠于君,应在行动上"委身致命,事无专制",而且亦应将忠作为发自内心的真诚信仰和强烈的责任感;在此,自觉原则乃是由信达忠的基石。综上所论,可知"三纲""五常"构筑了董仲舒伦理思想的道德规范体系。

三 义利之辨

在孔、孟伦理思想体系中,"义"是一个重要的道德范畴。孔子认为:"君子义以为上"(《论语·阳货》)[①]、"君子义以为质,礼以行之,孙以出之,信以成之;君子哉!"(《论语·卫灵公》),将"义"视为正当、道理及理分的表现。而又根据《论语》记载,孔子很少言及"利"的问题,偶或有之,也常与"义"对举;例如:"君子喻于义,小人喻于利"(《论语·里仁》),指为政者当以利天下为依归,即"因民之所利而利之"(《论语·尧曰》),而庶民则各司其职、各得其分。陈大齐先生言:"'好利'既为人欲,小人是,君子亦是。庶民喻于利,犹如君子喻于义也,如此之比拟,亦如下位者'安居好利'与上位者'养民惠民'之对应。在此,孔子所谓的'义'与'利',并非相反对立,仅是本质上别异不同的概念。"[②]

又《论语·述而》云:"饭疏食饮水,曲肱而枕之,乐亦在其中矣。不义而富且贵,于我如浮云。"对孔子而言,不义之富贵就像"浮云"一般,应当不为所动、无动于心。因此,就"义、利"言,孔子认为:"义"是一种内在而普遍存有的道德自律,强调合于规范的;而"利"则是个人的、现实的,若不节制则私欲将会无限扩大。而"利"与"义"并非相互排斥的概念,孔子并不否认私利与个人对富贵的追求,他更期待的

[①] 本文采用之《论语》《孟子》原文,系依朱熹《四书章句集注》本为据,台北:鹅湖出版社1998年版。
[②] 陈大齐:《孔子言论贯通集》,台北:陈大齐印行1981年版,第27页。

是"义与利"的结合、"义与利"的彼此消解,"见利思义""见得思宜(义)",此乃孔子之义利观。

孟子则认为:"大人者,言不必信,行不必果,惟义所在。"(《孟子·离娄下》)"言必信,行必果",是要在道义上衡量,应该不应该?合理不合理?做大事的人,言信、行果,不是没有标准,而应该是"惟义所在"。孟子继承了孔子的观点,提出了"惟义所在"的价值选择标准,凡事先问:"其所取之义乎,不义乎?"因此认为人的价值集中体现在道德价值上。

又《孟子·惠王上》中,孟子对曰:"王何必曰利,亦有仁义而已矣。……万取千焉,千取百焉,不为不多矣。苟为后义而先利,不夺不餍。"文中的"义"是意指道德上应当(或不应当)去做的"普遍道德原则",而"利"是指"相对意义的非道德之善";是知,孟子所强调的,义即理,有普遍性,利则只有特殊性;特殊性不能作为价值规范之基础;循利而行,必见争攘,故出一"夺"字;循利必生夺,以利必为私故也。义利之辨亦即公私之别,故依理循义乃自觉心之本来方向。

又如《孟子·告子上》言:"口之于味也,有同嗜焉……至于心,独无所同然乎?心之所同然者,何也?谓理也,义也。圣人先得我心之所同然耳。故理义之悦我心,犹刍豢之悦我口。"此乃言人之为人在于其自觉,故人当依自觉心之要求而求如理;不可循形躯之束缚而逐欲求利,而此种选择仍恃人之存养工夫为基础。孟子崇尚"义",提出"舍生取义"的取舍之道,强调"义"是一种人应追求的目标;《孟子·告子上》云:"生,亦我所欲也;义,亦我所欲也,二者不可得兼,舍生而取义者也。"告诉了我们在"生"与"义"、"利"与"义"的抉择中,我们应该舍"生"取"义"。同时,孟子又希冀将"义"发展为一种理想人格,并用"义"来评判人们对"利"的贪求。因此,在孟子的理想社会中,"义"应当主导人们的价值观,见利要思义,不义则不为。正如《孟子·尽心上》中所言:"非其有而取之,非义也。"

董仲舒继承了孔孟重义轻利的传统思想,一方面指出"正其谊不谋其利,明其道不计其功"(《汉书·董仲舒传》)的价值判断原则;另一方面,其所论述之义利关系,乃是指涉道德原则与个人利益的关系,因此他也主张义、利"两养",《身之养重于义篇》云:"天之生人也,使之生义

【北学人物与思想】
董仲舒的伦理思想研究

与利,利以养其体,义以养其心;心不得义不能乐,体不得利不能安。义者,心之养也;利者,体之养也。体莫贵于心,故养莫重于义……"此为董子关于义、利作用之事实判断;然而尽管董仲舒肯定了义、利"两养";但当涉及道德实践时,很显然他是主张重义轻利的,其云:"正也者,正于天之为人性命也,天之为人性命,使行仁义而羞可耻,非若鸟兽然,苟为生,苟为利而已。"(《竹林篇》)又云:"凡人之性,莫不善义,然而不能义者,利败之也;故君子终日言不及利,欲以勿言愧之而已,愧之塞其源也。"(《玉英篇》)阐明了公义大于私利的重要性,在道德领域,董仲舒将"义"作为道德判断的重要标准,而且在道德判断问题上将"义"和"利"鲜明地对立起来。

然则天生万物所以人为最贵者,在于人受天命之性能行仁义,仁是对待他人的道德法则,"仁之法在爱人,不在爱我"(《仁义法篇》);义则是正己的道德法则,"义之法在正我,不在正人"(同上),基于此,当胶西王①称助越王勾践灭吴的范蠡等三大夫为"越有三仁"时,董仲舒提出相反的看法,认为此三人设诈以伐吴,是忘义为利的,不能称得上是"仁",其云:"仁人者,正其道不谋其利;修其理,不急其功;致无为,而习俗大化,可谓仁圣矣。"(《对胶西王越大夫不得为仁篇》),据此,周桂钿、吴锋先生认为:"董仲舒依然是重义轻利的。但是,我们应该注意的是,董仲舒的轻利并不是不要利,而是不要急于功利。"② 笔者则认为:《对胶西王越大夫不得为仁篇》的这句话,说明了作为"仁人"或理想人格之标准,是"义"而不是"利",一个人的行为是否道德,在于是否符合"道""义",不在于是否获得"功""利"。如此,董仲舒实际上是将仁义道德和功利对立起来,把义看作"善";功利则视为二:一者是"养己之体的利",二者是"谋天下之利",就后者而言,为天下兴利,就是要达到社会的稳定和天下的太平;如此,则利与其所谓仁义道德在实际上方可取得一致性;总之,董仲舒的"义利之辨""重义轻利"的思想是传统观念的主流,其影响自是深远。

---

① 《汉书·董仲舒传》作"江都王",参见《汉书》卷56《董仲舒传》,中华书局1962年版。
② 周桂钿、吴锋著,张岱年主编:《董仲舒》,吉林文史出版社1997年版,第276页。

四 礼乐教化

《汉书·董仲舒传》言：

> 道者，所繇适于治之路也，仁义礼乐皆其具也。故圣王已没，而子孙长久安宁数百岁，此皆礼乐教化之功也。王者未作乐之时，乃用先王之乐宜于世者，而以深入教化于民。教化之情不得，雅颂之乐不成，故王者功成作乐，乐其德也。乐者，所以变民风，化民俗也；其变民也易，其化人也着。

董仲舒认为，道是适于治理国家之路，仁义礼乐皆是其具体手段。乐，是用来变民风、化民俗的；用乐来变民容易，化人也显著。因为音声发于和气而本于情感，接洽于肌肤，深植于骨髓。礼乐教化树立，则奸邪都会停止；礼乐教化废弛而奸邪并出，刑罚不能禁止。古代王者深明此理，所以治理天下，均以教化为重。以仁德化民，以正义教民，以礼仪节制民众，所以即便刑罚很轻而都不犯禁，就是因为行礼乐教化而习俗纯美。同时，董仲舒指出，古代有修教训、行教化之官，务必以德善来教化人民，人民大化之后，天下便常无一人获刑，反之则不然；此乃启示我们，应以德善对人民进行教化，使人民懂礼仪、守法度。

在《春秋繁露》中可以看出董仲舒对教化的重视；就此而言，其重视教化的原因，与其人性论有着密切的关系。《深察名号篇》云："性之名，非生与！如其生之自然之资，谓之性。性者，质也。……性之名不得离质，离质如毛，则非性已，不可不察也。"董仲舒以为天道有阴阳，因此，他根据阴阳来解释人性；认为性善、性恶之说皆不中肯，所以提出"阳善阴恶的性情论"，他认为，人之有性有情，与天之有阴有阳相当，故云："身之有性情也，若天之有阴阳也。言人之质而无其情，犹言天之阳而无其阴也。"（《深察名号篇》）天分阴阳，而人的资质也分性情，依照董仲舒的解释，一方面，情和性都是人先天就具有的资质，所谓"如其生之自然之资，谓之性；性者，质也"，"天地之所生，谓之性情，性情相与为一瞑，情亦性也。"（《深察名号篇》）另一方面，性和情又是人之"质"中的两个对立物,这个对立与天有阴阳对立相符。所以,董仲舒所谓性有广义的性和狭义的性二义,广义的性包括狭义的性与情,狭义的性是与情对立的性①。

又云:"栣众恶于内,弗使得发于外者,心也,故心之为名,栣也。人之受气苟无恶者,心何栣哉?吾以心之名得人之诚,人之诚有贪有仁,仁贪之气两在于身。身之名取诸天,天两,有阴阳之施,身亦两,有贪仁之性;天有阴阳禁,身有情欲栣,与天道一也。是以阴之行不得干春夏,而月之魄常厌于日光,乍全乍伤。天之禁阴如此,安得不损其欲而辍其情以应天?天所禁,而身禁之,故曰身犹天也,禁天所禁,非禁天也。必知天性不乘于教,终不能栣。"(《深察名号篇》)因此,董仲舒又将性与心、气、情欲结合,以阴阳论述,认为唯有教化方能禁制情欲的放滥,故《深察名号篇》又曰:"栣众恶于内,弗使得发于外者,心也,故心之为名,栣也。人之受气苟无恶者,心何栣哉?吾以心之名得人之诚,人之诚有贪有仁,仁贪之气两在于身。身之名取诸天,天两,有阴阳之施,身亦两,有贪仁之性;天有阴阳禁,身有情欲栣,与天道一也。是以阴之行不得干春夏,而月之魄常厌于日光,乍全乍伤。天之禁阴如此,安得不损其欲而辍其情以应天?天所禁,而身禁之,故曰身犹天也,禁天所禁,非禁天也。必知天性不乘于教,终不能栣。"这段话有三点含义:第一,心有禁制众恶的作用;第二,心与气是对立的,心是制者,气是被制者;第三,气有善(仁)有恶(贪)。"人之受气苟无恶者"的"气"是人之气质,"心,气之君也"的气也是指气质,因为心是气的主宰,所以"栣众恶于内"的心,就不只是消极的禁制;对气而言,心是有主宰力量的,然此应具道德含义的心却须后天培养,故云:"必知天性不乘于教,终不能栣。"

因为人之性有"贪"有"仁",而且可以互相转化,但不能说人性全善,《深察名号篇》言:"故性比于禾,善比于米,米出禾中,而禾未可全为米也。善出性中,而性未可全为善也。"性虽然未可全为善,但性却是可以待"德教"而后善的,"性如茧、如卵,卵待覆而为雏,茧待缫而为丝,性待教而为善"。(《深察名号篇》)即是此理。然而董仲舒所言性命,即所谓"人受命于天,有善善恶恶之性"。(《玉杯篇》)仍不能是自成之质,此性亦不足以见天命之真,故《深察名号篇》言:"天生民性有善质

---

① 冯友兰:《中国哲学史》,商务印书馆1944年版,第515—516页。

而未能善，于是为之立王以善之，此天意也。民受未能善之性于天，而退受成性之教于王，王承天意以成民之性为任者也。"《实性》云："中民之性如茧如卵，卵待覆二十日，而后能为雏；茧待缲以涫汤，而后能为丝；性待渐于教训，而后能为善。善，教训之所然也，非质朴之所能至也，故不谓性。"王之所以能成民之性，是靠"教"，所谓"退受成性之教于王"是也，又称"王教之化"，善即由王教之化而来，而王教之化与性的关系为："性者，天质之朴也，善者，王教之化也；无其质，则王教不能化，无其王教，则质朴不能善。"（《实性篇》）人性有赖于王教之化，始能臻至于善；因此，董仲舒认为，以期万民之性"善"，必须待"王教之化"方能克竟其功。

基于对教化的重视，董仲舒在《举贤良对策》的三策中，皆针对教化，或作原则性的论述，或提出具体的主张，第一策即以古之王者修教化以为政治之本，并以"阴阳"配"刑德"，以重阳轻阴为天道。第二策论养士尊贤，主张兴太学以养士，建议改革选吏制度以广开贤路，官吏任用后应加强考核并以才德之高下，作为升迁的依据。第三策则专论"天人相应"[①]，并提出受禄之家不与民争利，使百姓尊其行为的高尚，乐于顺从其教，敬其操守的清廉而受感化，养成不贪鄙的习性；并提出独尊儒术的主张，以灭息邪僻之说，以使人民有所适从。同时，主张奉天、地、人三本之道，乃在于推行仁义孝悌等道德涵养，以化民生善，而不以威势成政；故云："圣人之道，不能独以威势成政，必有教化。故曰：先之以博爱，教以仁也；难得者，君子不贵，教以义也；虽天子必有尊也，教以孝也；必有先也，教以弟也。此威势之不独恃，而教化之功不大乎！"（《春秋繁露·为人者天篇》）所以，圣人治国，不以威势遂其政治目的，一定以"教化"行之。

结　语

阴阳本为自然生成变化的原理，经由董仲舒将其与人事相配合的发

[①] 参见劳思光《中国哲学史》第二卷，香港：香港中文大学崇基书院1971年版，第24—26页。

挥，而成为系统理论；董氏强调，阳主生、阴主杀；万物随阳而出入、生落，阳为岁之主、生之道，因此阳尊阴卑。董仲舒不仅将阳尊阴卑的观念应用到人性上，同时亦将伦理的基础，建诸阴阳之道，而主张"扶阳抑阴"。社会伦理秩序，如同天地之阴阳不可改变，以为"君臣、父子、夫妇"之义，皆取诸阴阳之道；所谓"君为臣纲，父为子纲，夫为妻纲"的三纲论述，在历史的进程中，却步入宰制性伦理的误区。董仲舒的"三纲"规定了上下之间的伦理关系，而"五常"则是作为个人处理人际关系，从而得以实行"三纲"的五种根本之道德要求与道德意识。就义利观而言，董仲舒继承了孔孟重义轻利的传统思想，一方面指出"正其谊不谋其利，明其道不计其功"的价值判断原则；另一方面，其所论述之义利关系，当指涉道德原则与个人利益的关系时，他也主张义、利"两养"；但当涉及道德实践时，很显然他是主张"重义轻利"的。就教化而言，董仲舒认为，道是适于治理国家之路，仁义礼乐皆是其具体手段；礼乐教化树立，则奸邪不生；礼乐教化废弛，则奸邪并出；古代圣王能深明此理，所以治理天下，均以教化为重。

总而言之，董仲舒的伦理思想是以其天道观与人性论为基础，能履行社会之道德规范，就是人性符合上天意志的表现；其伦理思想，是以作为天地万物之本的天为根基；因此，伦理行为之合理化，都必须法天；人性虽然可以生善，有产生善的可能性，但不是已成为现实的善，因为"性有善质，而未能善"，如果要达到善，则必"性待德教而后善"；如何能发展此善质，就须通过"教化"以竟其功，此皆为董仲舒伦理思想的重要课题。

刘因与易县

韩 星[*]

摘要：刘因为元初著名理学家，31岁来到易州何玮家教授程朱理学，同时检阅何家万卷藏书，为其治学夯实了基础，也与何家人结下了深厚情谊。刘因在易州三年期间游览名山胜水，吟诗作赋，留下了大量作品。通过对其中代表作品的品读赏析，可以看出他对易州自然山水、风土人情的热爱，与易州达官贵人、文人学士交往的情况。易州三年在刘因的人生成长和学术成熟中有着重要意义，也是他文学创作的一个重要阶段。

关键词：刘因；易州；坐馆；游览；文学作品

刘因（1249—1293），字梦吉，一字梦骥，号静修，保定容城人。家世儒宗，生当宋、金、元三朝易代之际，入元后，精于理学，与许衡并为"元北方两大儒"，与许衡、吴澄并称为元初三大理学家。至元十九年（1282），应召为承德郎、右赞善大夫，旋辞归。至元二十八年（1291），再度征召为集贤学士、嘉议大夫，称疾固辞，以授徒终其余生。至元三十年（1293），刘因病逝，朝廷追赠翰林学士、资政大夫、上护军，追封容城郡公，谥文靖。主要的著作有《四书精要》《四书语录》《易系辞说》《丁亥诗集》5卷等，并被收入《四库全书》。其编著的诗文集《静修集》，收入各体诗词八百余首，其散曲今仅存二首。

一 三年坐馆

元世祖至元十六年（1279）刘因31岁来到易州何尚书家教授程朱理

---

[*] 韩星，中国人民大学国学院教授。

【北学人物与思想】
刘因与易县

学。何玮（1245—1310），字仲韫，易县人，因其父何伯祥葬在易县，全家便迁居于此，袭父亲职，知易州。后解印绶从军，遂改行军千户，镇亳。围襄樊，宋将夏贵援襄阳，玮当其冲，率众死战，使贵败走。从丞相伯颜征宋，屡为先驱，累立战功。后官至中书参知政事、御史中丞，刚直不阿。武宗时，官河南行省平章政事。《何玮神道碑》记载何玮不仅在军政领域大有作为，而且是热心中华优秀传统文化的藏书家。任知州职期间，"所至尤以兴学荐贤、崇孝弟、长恩信、恤孤寡为任"①。作为元代著名将领和官员，何玮不是赳赳武夫，而是一位儒将、儒官，"家传忠孝，德备柔刚。事军旅而敦诗书，生阀阅而习政务……教兴庠序，惠洽闾阎"②。为官之余，他不惜重金购书，并将藏书用于家庭和公众教育。何玮曾参与伐宋之役，藏书中有不少是从南宋旧境携回的理学书籍，这些书在北方难以搜寻。何玮重视发展教育事业、善于举荐人才。他邀请刘因来家设馆讲学："窃以景星凤凰，争睹治平之瑞；秋阳江汉，亦资濯暴之功。是知莘野天民，不拒互党童子。伏推梦吉先生，天资颖悟，风操崛奇。驰声锁闼之间，晦迹衡门之下。沉潜抱负，志学期于圣贤；发见辉光，诗文复于骚雅。冀藏器待时之日，溥传道解惑之心。故仰渎于仞墙，愿俯垂于金诺。燕山改色，载瞻伊洛之风；易水增明，颙俟河汾之教。辄伸卑恳，倾听来音。谨疏。"③在信中大赞刘因之才，望其为燕山改色，易水增明，开伊洛之风，续河汾之教。刘因受到邀请后，马上致信回复《答何尚书》："某再拜复：辱书，礼意甚厚，实非所敢当也。然易之风土，素所慕爱；而公之才器，则又所愿交而未得者也。又平生尝苦无书读，每思欲馆于藏书之家而肆其检阅。而今之藏书，复孰有如公之多者？是三者，盖十年之所欲求而不得者，今一朝不求而并得之。且公出贵家，而能不忘子孙教养之计，求之古人，亦不多见，而某又何暇辞？但事绪卒不能绝，六七月之交当再议之。某再拜。"④尚书大人甘受屈辱，给我这么厚重的礼遇，实在

---

① （元）程钜夫：《雪楼集》卷8《梁国何文正公神道碑》，《文渊阁四库全书》影印本，台北：台湾商务印书馆1986年版，总第1202册，第92页上。
② （元）程钜夫：《雪楼集》卷3《故荣禄大夫河南江北等处行中书省平章政事何玮赠推忠佐理同德功臣太傅开府仪国追封梁国公谥文正制》，《文渊阁四库全书》影印本，台北：台湾商务印书馆1986年版，总第1202册，第29页上。
③ （元）刘因著，商聚德点校：《刘因集》，人民出版社2017年版，第411页。
④ （元）刘因著，商聚德点校：《刘因集》，人民出版社2017年版，第411页。

不敢当。易州的风土，我一向慕爱；我敬仰尚书您的才器，特别想交往却没有机会；长期以来苦于无书可读，想到江南求取典籍，却无力成行，一直在想利用到藏书之家设馆教学的机会读大量书籍，而现在的藏书，没有人比您丰富啊！这三个方面，是我十年之所欲求而得不到的，现在一朝不求却一下子得到了。并且，您出身贵家而能不忘子孙教养之计，求之古人，亦不多见，我哪能推辞呢？但是目前有些事没有做完，到六七月之交，具体商议。再次拜谢何尚书大人。过了一段时间，刘因安排好家事，来到何玮家教书三年，得到机会大量阅读何家的藏书。三年期间，他在易州人际交往、游山玩水，写了不少诗文。

1279年9月刘因在易州作《何氏二鹤记》：

> 户部尚书何仲韫镇姑孰时，所蓄鹤有雌雄不杂处者两。凡鹤之被畜者多不卵，而其雌卵二。他虽卵而不生，而二卵皆生。他虽或生，亦不长息而死，今卵而生者，已翩然二鹤矣。南州士大夫名以"瑞鹤"，而请其说于予。夫人，天地之心也。心，固可以帅夫气，而物则气之所为也。故物有自我而变者，而鹤何瑞之有焉？苟我之积于中而发于外者，莫不蔼然慈祥，则彼物之浮沉于吾气之中者，虽万物失所，而独全其生；虽气类暴悍，而独顺其性。故猫有相乳者，鸡有哺狗者，夫物固不得而自知之也。今何氏之鹤能有别，复卵而育也，在仲韫必有以使之然者。虽然，自物而推之人，自家而推之国，吾之志所得而帅，吾之气所得而育者，二鹤而已乎？至元十六年九月朔，容城刘某记。[①]

他认为一般人工畜养的鹤不能产卵育子，而何氏养鹤之所以成功，是因为何氏使然，意思是何氏自身修养的作用。这种说法当然令人难以信服。本篇提出"夫人，天地之心也。心，固可以帅夫气，而物则气之所为也"，源于《孟子·公孙丑上》"夫志，气之帅也；气，体之充也。夫志至焉，气次焉"和《礼记·礼运》"人者，天地之心也"，表达了人在天地之间的主体性地位和对万物的主宰作用。

元世祖至元十七年（1280）刘因32岁。

---

① （元）刘因著，商聚德点校：《刘因集》，人民出版社2017年版，第176—177页。

【北学人物与思想】
刘因与易县

元世祖至元十八年（1281）刘因33岁。

他作过两首诗总结回顾在易州坐馆的感受。《满城道中》："学馆三年梦，西山此日行。人生两屐足，世累一蓑轻。别涧水流合，断林烟浦平。谁能分半壑，相与结岩耕？"① 在易州学馆三年要结束了，往事历历，如在梦中。西山之行，诗人觉得人生只要有一双芒鞋就够了，所有的世间烦累都可以在一蓑烟雨中化为乌有。诗人陶醉在山涧美景之中，期待有人能共同隐居山野，力田岩耕，悠游此生。《贫士》："贫士出门多掣肘，闻君几次谩徘徊。不思学馆三年旧，肯为山翁百里来。久倚通家略宾主，新知不饮罢尊罍。殷勤莫厌通宵话，听说天明即欲回。"② 这首诗应该是三年学馆结束即将告别时对何玮充满深情的感念、感恩和感谢。

据《静修先生墓表》："易州何公玮，辞两淮盐使，奉亲家居，藏书万卷，亦以教子为请，先生平居苦无书读，又乐易之风土，遂允其请。三年即归，何公贽以银币，皆谢不受。"③ 执教三年，刘因在教书的同时，何玮家的万卷藏书也得以让刘因肆其检阅，为他治学夯实了基础。同时与何玮成为忘年交，一起游览易州山水，饮酒作诗，交往深切。三年从教结束回归时，何玮给银币，刘因分文未取，体现了他"忧道不忧贫"，视钱财为身外之物的君子操守。三年后，刘因回到家乡容城，继续传道授业。

二　易州交游

在致何玮的信中，刘因表达了自己对于易州风土与山水的慕爱，不是客套话，而是出于真情实感。刘因在易州三年期间，游黄金台、武阳台、荆轲山、易台、燕王仙台、郎山、金坡道院，吟诗作赋，史籍记载他吟诵易县的诗赋二十多篇，代表性的如《观雷溪》《游郎山》《黄金台》《易台》《晚上易台》《武阳故台》《登武阳城》《登荆轲山》《和咏荆轲》《冯瀛王吟诗台》《九日登洪崖》等诸多诗篇。

---

① （元）刘因著，商聚德点校：《刘因集》，人民出版社2017年版，第59—60页。
② （元）刘因著，商聚德点校：《刘因集》，人民出版社2017年版，第504页。
③ （元）刘因著，商聚德点校：《刘因集》，人民出版社2017年版，第54页。

《观雷溪》：

> 飞狐天下脊，老气盘五回。三江泻天怒，合为一水东南来。此势不杀令人愁，石门喜见西山开。未补青天裂，谁凿混沌胎？奇声猛状万万古，山根几许犹崔嵬。两山倒倾澜，百丈逢颠崖。先声动毛发，余爽开襟怀。初疑万壑转奔石，意像仿佛坤轴摧。又疑鼓角鸣地中，百步未到仍徘徊。荒祠下石磴，骇目何雄哉！春风不到太古雪，今日乃得胸中雷。穿石谁能穷窟宅？流沫势欲浮蓬莱。平生芥蒂今寒灰，两耳到骨无纤埃。郦元笔头天下水，石门之奇犹见推。乃知兹游亦奇绝，快弄素霓喷琼瑰。东崖一片石，坐抚千年苔。为招郎山君，共卷长鲸杯。江妃为檛灵鼓催，赤鲤跃出银山堆。先生醉来泉洒面，狂歌一和湍声哀。①

雷溪指易县西南由漕河上游入满城的一段河道，溪水从两山间冲出，落差很大，水流湍急，声如雷鸣，有"雷溪春涛"的美誉。在这首诗中，刘因一开始写雷溪自天而降，有"黄河之水天上来"的气势，接着雷溪的形态、声音，极尽描摹之能事，极尽想象之笔墨，把瀑布的奇美充分展示出来了，表达了他的豪情逸兴和狂放心态。

《游郎山》为较早专门吟咏狼牙山的诗作。狼牙山原本叫"郎山"，老百姓叫俗了就叫成"狼牙山"了。

> 昨日山东州，马耳索御凌风嘶。今日军市中，不觉已落山之西。山之面背一无异，不待风烟变化神已迷。危关度雪岭，乱石通荒蹊。林间小草不识风日自太古，我行终日仰羡木杪幽禽啼。但见雨色来，云物飒以凄。忽然长啸得石顶，痛快如御骏马蹄。万里来长风，五色开晴霓。长剑倚天立，皎洁莹鹠鹈。平地拔起不倾侧，物外想有神物提。诗家旧品嵩少同，画图省见巫山低。谁令九华名，独与八桂齐？千态万状天不知，敢以两目穷端倪。骞腾谁避若飞隼，侧瞰何屈如怒猊。千年落穷边，烟草寒萋萋。若非郦亭书生此乡国，物色谁省曾分题？乾坤至宝会有待，岂有江山如此不著幽人栖！颇闻山中人，云间

---

① （元）刘因著，商聚德点校：《刘因集》，人民出版社2017年版，第54—55页。

【北学人物与思想】
刘因与易县

时闻犬与鸡。只疑名山别有灵境在，不许尘世穷攀跻。不是先生南游有成约，径欲共把白云犁。九疑窥衡湘，禹穴探会稽。玉井烂赏金芙蕖，日观倒卷青玻璃。风烟回首莫潇洒，南游准拟相招携。①

该诗抚今追昔，浮想联翩，夹天风，裹海雨，一气灌注，气魄宏大，雄奇豪迈，荡气回肠，表现了他开阔的心胸，满腔的豪气。

刘因在易州，身处古燕之地，怀念这块土地的古代英雄豪杰，寄托历史之思，表达对历史人物的评价。战国时期，燕国在今易县附近修建了一座重要城市，就是燕下都，又叫武阳城，遗址在今易县东南五至十公里处。兴建的年代，史家众说不一，大多数人认为，是在燕昭王时期。燕昭王听取郭隗的意见建议，在这里高筑黄金台，招贤纳士。乐毅自魏往，剧辛自齐来，邹衍自赵奔燕，使得燕国再度强盛起来。刘因《黄金台》："燕山不改色，易水无新声。谁知数尺台，中有万古情。区区后世人，犹爱黄金名。黄金亦何物，能为贤重轻？德辉照九仞，凤鸟才一鸣。伊谁腐鼠弃，坐见饥鸢争。周道日东渐，二老皆西行。养民以致贤，王业自此成。黄金与山平，不救兵纵横。落日下荒台，山水有余清。"②"黄金台"本来体现了燕昭王招贤纳士，后世却只知道喜爱黄金之名，不懂得尊重贤能，孔孟之道不存，希望为政者重视人才，轻视钱财，期待为政者"养民以致贤"，这样才能"王业自此成"。一般史学界认为黄金台遗址主要有两处争议地点，即河北易县东南北易水南和北京城东南，也有河北定兴县等说。其实河北定兴说和易县东南说是同一个地点，即现在的河北省定兴县高里乡北章村，此地原属易县，在易县东南部，距易县县城三十里，距燕下都武阳宫遗址十八里，金大定六年定兴立县时割入定兴。③

刘因多次游览、途经或夜宿于燕下都附近，写了好几首诗，如《易台》《晚上易台》《武阳故台》《登武阳城》等。《易台》："望中孤鸟入消沉，云带离愁结暮阴。万国山河有燕赵，百年风气尚辽金。物华暗与秋容老，杯酒不随人意深。无限霜松动岩壑，天教摇落助清吟。"④《晚上易

---

① （元）刘因著，商聚德点校：《刘因集》，人民出版社2017年版，第55—56页。
② （元）刘因著，商聚德点校：《刘因集》，人民出版社2017年版，第3页。
③ 参见《保定有个黄金台，但得一士贤，可以收群材》，百度账号"直隶尚书房"发布：https://baijiahao.baidu.com/s?id=1672247494422375582&wfr=spider&for=pc。
④ （元）刘因著，商聚德点校：《刘因集》，人民出版社2017年版，第81页。

台》："遗台连废垒，落日展遥岑。海岳天东北，燕辽世古今。每当多感慨，直欲罢登临。莫更留尘迹，千年不易禁。"①《武阳故台》："仁义徒令此舌存，辙环初不救纷纷。天公欲为秦汉计，野色更无燕赵分。满眼兵尘余故垒，一声樵唱入秋云。拟乘碣石观沧海，易水东流去不闻。"②《登武阳城》："朝游樊子馆，晚上武阳城。潮接沧溟近，山从碣石生。断虹云淡白，返照雨疏明。且莫悲吟发，樵歌已怆情。"③易台，指战国燕下都故城遗留的土台，也就是武阳故台。这几首都是登临怀古之作，作者面对废垒、遗台，天地寥廓，秋云愁色，易水东流，感慨燕赵、秦汉、辽金的历史变迁，想到元初复杂的现实，不禁悲怆之情袭来。

仙台传说是燕昭王求仙处，又名燕昭王仙台。《太平广记》卷二载："及即位，好神仙之道。仙人甘需臣事之，为王述昆台登真之事，去嗜欲，撤声色，无思无为，可以致道。"之后，谷将子告王曰："西王母将降，观尔之所修，示尔以灵玄之要。""后一年，王母果至，与王游燧林（燕王仙台）之下，说炎皇钻火之术。"燧林即燕王仙台。刘因《仙台》诗：

> 碣石来海际，西南奄全燕。中有学仙台，燕平欲升天。燕平骨已朽，遗台犹相传。虽复生青松，岁久摧为烟。极目望海波，不见三山巅。三山巨鳌簪，山人虮虱然。使无不足论，信有亦可怜。大块如洪炉，金石能久坚。天地会有尽，何物为神仙？空山无笙鹤，落日下饥鸢。今古非一台，浩叹秋风前。④

燕昭王，姬姓燕氏，名职，一说名平。刘因在诗中通过燕昭王尸骨腐朽和仙台犹存的对比，对帝王求仙的欲望给予批评，提出天地都有尽头，指出神仙、仙山的荒谬，体现了儒家人文理性精神。

燕下都在战国中后期是仅次于蓟城的燕国陪都。它有效地烘托着蓟城，是蓟城的南部门户与屏障，燕国后期许多重大事件发生在这里。战国末年，太子丹组织力量，与荆轲等谋划刺杀秦王也是在这里。《史记·刺

---

① （元）刘因著，商聚德点校：《刘因集》，人民出版社2017年版，第58—59页。
② （元）刘因著，商聚德点校：《刘因集》，人民出版社2017年版，第280页。
③ （元）刘因著，商聚德点校：《刘因集》，人民出版社2017年版，第59页。
④ （元）刘因著，商聚德点校：《刘因集》，人民出版社2017年版，第3页。

【北学人物与思想】
刘因与易县

客列传》记载，荆轲嗜酒，日与狗屠及高渐离饮于燕市，高渐离击筑，荆轲和而歌于市中。荆轲使秦，太子丹亲自送行于易水之上（燕丹别荆轲在易县的中易水白虹附近），留下了"风萧萧兮易水寒，壮士一去兮不复还"的千古绝唱。易县圣塔院塔又称荆轲塔，建于荆轲山上，传说上有荆轲衣冠冢，俗称"招魂塔"。刘因《登荆轲山》：

> 两山巉巉补天色，中有万斛江声哀。人言此地荆轲馆，尚余废垒山之隈。太子西来函关开，谁信生儿为祸胎！笔头断取江山去，已觉全燕如死灰。马迁尚侠非史才，渊明愤世伤幽怀。春秋盗例久不举，紫阳老笔生风雷。遗台古树空崔嵬，平芜落日寒烟堆。纷纷此世亦良苦，今古燕秦经几回？忧来径欲浮蓬莱，安得鲁连同一杯？碣石东头唤羡门，六鳌载我三山来。①

他从儒家的角度一改历来人们对燕太子和荆轲的颂扬，指斥燕太子为"祸胎"，就刺秦王的后果提出委婉的批评，表明对英雄人物不同世俗的看法，并抒发了英雄已去万事空的悲情，流露出对世外仙境的向往。还有一首《和咏荆轲》：

> 两儿戏邯郸，六国朝秦嬴。秦王鸷鸟姿，得饱肯顾卿？燕丹一何浅，结客报咸京。当时势已危，奇谋不及行。政使无此举，宁免系颈缨？如丹不足论，世岂无豪英？天方事除扫，孰御狂飙声。我欲论成败，高歌呼贾生。乾坤有大义，迅若雷霆惊。堂堂九国师，谁定讨罪名？一战固未晚，何为割边庭？区区六羼王，山东但空城。孟荀岂无术？乘时失经营。今虽圣者作，不救乱已成。酒酣发羽奏，乱我怀古情。②

这是和陶渊明的《咏荆轲》诗，从当时合纵连横的复杂背景回顾荆轲刺秦王事件，一方面歌颂荆轲的义举，另一方面感叹荆轲失败的偶然，从儒家的立场上表达一种同情反思，抒发思古之幽情。

---

① （元）刘因著，商聚德点校：《刘因集》，人民出版社2017年版，第47页。
② （元）刘因著，商聚德点校：《刘因集》，人民出版社2017年版，第39页。

易县有云蒙山，原名太宁山，即今太宁寺村双塔所在。传说山下有五代、辽初著名的辗转于四个朝廷任宰辅、有官场不倒翁之称的冯道，也曾在此隐居，并建有吟诗台。"易州十景"中就有"吟台夕照"，而非"金台夕照"。清《顺治易水志》注"吟台"曰："吟台，在太宁积翠屏下，五代时冯道居此。"由于历史上冯道的名声不好，因而后来游览太宁山的人往往赋诗予以嘲讽。刘因《冯瀛王吟诗台》诗云："林壑少佳色，风雷有清秋。为问北山灵，吟台何久留？时危亦常事，人生足良谋。不有拨乱功，当乘浮海舟。飘飘扶摇子，脱屣云台游。每闻一朝革，尚作数日愁。朝廷乃自乐，山林为谁忧？视彼昂昂驹，奈此泛泛鸥。四维既不张，三纲遂横流。坐令蚩蚩民，谓兹圣与俦。蚩蚩尚可恕，儒臣岂无尤？不有欧马笔，孰能回万牛？太行千里来，潇洒横中州。今朝此登临，孤怀涨岩幽。何当铲叠嶂，一洗他山羞。"[1] 这首诗对冯道这种为了功名利禄，没有节操，没有人格的"不倒翁"给予尖锐的批评，表达了自己在"朝廷乃自乐……四维既不张，三纲遂横流"的形势下不能拨乱反正的忧虑和隐退逍遥的情怀。

刘因关于洪崖山诗作有三首。《九日登洪崖》（有道士居此，今二十年不睡矣）：

卑居不见秋，登高自谁始？清狂未免俗，谨厚亦复尔。山光故相迎，百步翠可倚。屈指数胜游，兹山居食指。高绝让龙门，平敞亦专美。群山渺波鳞，天开见洪水。列岳真情尘，退瞰小千里。却恐行路人，视予旋磨蚁。解衣林表坐，烂摘蒲萄紫。甘浆来逡巡，毛骨脱泥滓。胜境得真赏，泉石迥如洗。况有幽栖人，嗒然空隐几。相对已忘言，一笑云林喜。回首暮烟深，高歌望吾子。

《宿洪崖观》："云山不受壮心降，无限西风撼客窗。应是夜深知月出，却收风雨入清江。"

《过易州登西楼》："秋气压山山欲摧，西楼正有诗人来。悲歌感慨聊一发，万古抑郁今崔嵬。宁山为有瀛王台，顽痴至今如死灰。幽燕劲气老

---

[1] （元）刘因著，商聚德点校：《刘因集》，人民出版社2017年版，第4页。

【北学人物与思想】
刘因与易县

益壮,北山飞翠来吾杯。"①

在易州,刘因和达官贵人、文人学士也多有交往。因为他以文才驰名,很多人请他撰写墓碑。如《易州太守郭君墓铭》:"金贞祐,主南渡,而元军北还。是时,河朔为墟,荡然无统。强焉弱凌,众焉寡暴。孰得而控制之?故其遗民自相吞噬殆尽。问有豪杰之姿者,则天必诱其衷,使聚其乡邻,保其险阻,示以纪律,使不相犯,以相守望,卒之事定而后复业。凡今所存,非其人则其人之子孙也。呜呼!盖亦无几矣。而向之所谓豪杰者,后皆真拥雄城而为大官,其子孙或沿袭取将相。凡其宗族故旧与同事者,亦皆布列在位,享富贵之乐。而其所赖以存,及其子孙,则为之臣民而复其役,出租赋而禄之。彼亦非幸也,盖天以是报其功,人以是报其力,仅适其平而已。易之蔡国张公柔,则当时开壁于易山诸寨者。君,其女兄子也。君讳弘敬,字仲礼,易之定兴人。曾祖安仁,祖仪,皆业农。考彦成,以醇谨勤力,为蔡公所倚任,尝摄行元帅事。君性警敏,美姿容,读书善射,蔡公器之,复以女妻焉。丁未,授束鹿长。庚戌,迁易州太守。壬子,改完州。易人以善政请,于是复为易州。时官制未立,诸侯得自辟署。曰长、曰太守,皆从一时之制云。以甲寅三月十日卒,以是月二十一日葬于河内之兆。子男一人,奉议大夫谦,即夫人张氏出也。后三十年,谦泣涕来请,曰:'谦不幸早孤,今思所以报吾亲,欲得先生长者一言以铭其墓,托以不朽,庶几少慰人子之心。'乃拜。既许,又拜。予迫于礼文谨且备,而终铭之。铭曰:生物为心,乃厌其蕃。自涓涓而洪河,洪河滔天。沃之焦山,曾不思造物之艰难。顾兹方惨,而有忻苦然。硕果孰靳,天心可观。史氏命凡,胡甚不仁!斩首曰级,书多是勤。抑不知取赏于一时之所私事者,乃所以受罚于千万世公共之天。孰不知忌此,而独使道家为知言?易山峨峨,昔谁壁门?易山之民,今谁子孙?为斯人之婿也,为斯人之子也。为易州者,固宜斯人。兹实其坟。"②作者对元军所到的地方,庐舍为墟,遗民自相吞噬表示强烈不满,而对聚众保乡里,拥城为官者亦有微词。他曾经赞扬易州定兴县(今河北省保定市定兴县高里乡河内村)人蔡国公张柔在金元战乱之际为元朝统一和地方安宁的贡献,在《金太子允恭墨竹》里赞曰:"百年图籍有萧相,一代英雄谁蔡

---

① (元)刘因著,商聚德点校:《刘因集》,人民出版社2017年版,第248—249页。
② (元)刘因著,商聚德点校:《刘因集》,人民出版社2017年版,第171—172页。

公",而郭守敬就是张柔的女婿,做易州太守,因善政得易州人的拥戴和怀念,死后葬易州,后人请刘因为其父作墓志铭。《郭夫人张氏墓志铭》是给张柔子女、郭守敬之妻写的,对张氏的贤惠坚贞给予高度赞扬:"夫人既嫁,能抑抑敬戒,其舅姑夫子上下咸曰宜。嫁十有五年而夫亡,夫人复能以礼自持,纲纪家政。内而养老抚孤,使丧祭婚冠皆以时;外而事母夫人病尽忧,至三刲股肉以进,痈溃,则亲为吮之无难色。"[①] 可见郭夫人张氏真是一位贤妻良母,与郭守敬结成琴瑟之好。

总之,易州三年在刘因的人生成长和学术成熟中有着重要意义,也是他文学创作的一个重要阶段,尽管由于资料原因详细情况无法考证,但通过他的作品还是能看出大致轮廓。

---

① (元)刘因著,商聚德点校:《刘因集》,人民出版社2017年版,第173页。

当日遗民故老心心相印如此

——明末清初五大家的同框合谱

张京华[*]

摘要："明末清初"是一个特别的时间状态。明末为生员身份、参与结社反抗阉党、入清起兵抗清、明亡隐居著述的一批儒家群体，在明清两朝立场上形成张力，在旧学与新学上取舍分明，儒学与儒家政治学在此构成一个专门的时态。"明末清初"并非商周"鼎革之际"或秦汉"群雄逐鹿"一语可以概括，其巨大影响也并非限于一代学人。民国以后，学术思想史上有明末清初三大家、四大家、五大家之说，几乎形成专门话题。《清史稿·儒林一》首列孙奇逢、黄宗羲、王夫之、李颙四人，《儒林二》首列顾炎武。但"五大家"的人选未必一时固定，学者讨论的范围也不一定限于五人。"五大家"是一个代表性的研究对象。在明末清初的时态之内，将"五大家"的空间分布做一种跨越性的交集，合谱编联、同框对比，如此则可以放宽学术视野，有利于专注时代转型。所谓"国学"，重在研究开国、立国、守国、治国、保国之学，儒学的发展衍变也莫不有其变迁转折的踪迹，而"明末清初"则是一个从开国到保国的完整过程的起点，直到今天仍然具有参考意义。

关键词：孙奇逢；黄宗羲；顾炎武；王夫之；李颙；五大家；明末清初

康熙二年（1663）：顾炎武与李颙

顾炎武与李颙可谓挚友。《亭林文集》卷六《广师篇》云："坚苦力

---

[*] 张京华，湘南学院顾炎武研究中心特聘教授，台州学院特聘教授。

学，无师而成，吾不如李中孚。"

目前所知顾炎武与李颙有三次会面，九封书信。

（一）第一次会面：康熙二年（1663）在盩厔，今改周至

吴怀清《二曲先生年谱》记载，康熙二年癸卯，李颙三十七岁："十月朔，东吴顾宁人来访。顾博物宏通，学如郑樵。先生与之从容盘桓，上下古今，靡不辨订。既而叹曰：尧舜之知而不遍物，急先务也。吾人当务之急，原自有在。若舍而不务，惟骛精神于上下古今之间，正昔人所谓'抛却自家无尽藏，沿门持钵效贫儿'也。顾为之怃然。（《纪略》）"①

张穆《顾亭林先生年谱》记载，康熙二年癸卯，顾炎武五十一岁："正月，自平阳登霍山，游女娲庙。至太原访傅处士青主，至代州，游五台，与富平李子因笃遇遂订交。在汾州闻执友吴赤溟（炎）、潘力田（柽章）遭湖州庄氏私史之难，遥祭于旅舍。由汾州历闻喜县之裴村，拜晋公祠。取道蒲州，入潼关，游西岳太华，过访王山史宏撰于华阴。至西安，游富平，馆李子德家，又西至乾州。十月，过访李处士中孚于盩厔，遂订交。"②

顾衍生元《谱》："处士名颙，字中孚，盩厔人。少孤力学，经明行修，事寡母彭，尤以孝著。康熙戊午，以鸿博征，不赴，当事强迫之，舁至近郊，操刀欲自戕，始得谢病归。"

张穆案：处士生于天启七年（1627）丁卯，少先生十四岁。《二曲集·处士年谱》云："癸卯十月朔，东吴顾宁人来访。宁人博物宏通，上下古今，靡不辨定。既而叹曰：'尧舜之知而不遍物，急先务也。吾人当务之急，原自有在。若舍而不务，惟骛精神于上下古今之间，正昔人所谓"抛却自家无尽藏沿门托钵效贫儿"也。'宁人为之怃然。又《广师》云：'坚苦力学，无师而成，吾不如李中孚。'"

顾炎武与李颙二人的第一次会面，首先是双方互相了解出身家世，顾炎武与其母王氏效忠明朝的事迹可谓顾炎武的第一个"本生故事"，而李颙同样也有类似的父母忠孝故事。所以，应该是在第一次会面之后不久，顾炎武先有《读李处士颙〈襄城纪事〉有赠》的诗作。

---

① （清）吴怀清编：《二曲先生年谱》，民国十七年山阳吴氏默存斋刻本。
② （清）张穆编：《顾亭林先生年谱》，清道光二十四年刻本。

【北学人物与思想】
当日遗民故老心心相印如此

顾炎武《亭林诗集》卷四《读李处士颙〈襄城纪事〉有赠（有序）》①（李颙《二曲集》卷二十三附录题为《读〈襄城记异〉有感》②）：

> 处士之父可从，崇祯十五年以壮士隶督师汪公乔年麾下，以五千人剿贼，至襄城，死之。处士年十六，贫甚，与其母彭氏并日而食，力学有闻。越二十九年，始得走襄城，为汪公及其父设祭招魂以归。余与处士交，为之作诗。
> 踯躅荒郊酹一樽，白杨青火近黄昏。
> 终天不返收崤骨，异代仍招复楚魂。
> 湛阪愁云随独雁，颍桥哀水助啼猿。
> 五千国士皆忠鬼，孰似南山孝子门。

原注："《左传·襄公十六年》楚公子格帅师及晋师战于湛阪。"

"湛阪"，《二曲集》附录作"少室"。"国士"，《二曲集》附录作"貂锦"。"忠鬼"，《二曲集》附录作"忠义"。

出身家世的共同遭遇，无疑成为顾炎武与李颙二人相互之间的最大认同。

但是，在治学取径上，二人又大多不同。所以，在顾炎武的一番"博物宏通""上下古今，靡不辨订"之后，李颙则是"从容盘桓""既而叹曰"。

李颙表态说："尧舜之知而不遍物，急先务也。吾人当务之急，原自有在。若舍而不务，惟骛精神于上下古今之间，正昔人所谓'抛却自家无尽藏，沿门持钵效贫儿'也。"

顾炎武听后，怃然无语。

这个关于治学取径不同的话头，经过十五年的酝酿，到康熙十七年时，再度爆发。

但治学取径不同是正常的，并不影响二人的交友。在第一次会面之后十二年，康熙十四年，顾炎武致函李颙，表达了自己对李颙的最高评价。

---

① 参见（清）顾炎武《亭林诗集》卷4《读李处士颙〈襄城纪事〉有赠（有序）》，《续修四库全书》影印本，上海古籍出版社2002年版，第1402册，第52页。
② 参见（清）李颙《二曲集》，清康熙三十三年高尔公刻本。

吴怀清《二曲先生年谱》记载，康熙十四年乙卯，李颙四十九岁："八月初六日，先生挈家避兵富平。……先生喜静厌嚣，谢人事，绝应酬，无异深山穷谷也。张与郭各捐俸置器，用储薪水，敬养备至，邑人及邻封士绅晋谒先生多不之见。……是冬，顾宁人书来。顾自癸卯鳌屋别后，虽足迹遍天下，而音问时寄。至是，闻先生流寓富平，寄书略云：'先生龙德而隐，确乎不拔，真吾道所倚为长城，同人所望为山斗者也。今讲学之士，其笃信而深造者惟先生。异日九畴之访，丹书之受，必有可以赞后王而垂来学者。侧闻卜筑频阳，管幼安复见于兹，弟将策蹇渭上，一叙阔悰也。'"（《纪略》）

这封书信不见于潘耒编订的《亭林文集》，而见于顾炎武的稿本《蒋山佣残稿》，又见于李颙的日记《历年纪略》。

吴怀清按：《亭林年谱》：乙卯八月，自山东历城抵山右之祁县，主戴枫仲家。枫仲为筑室祁之南山，先生因之置书堂焉。此书应自祁之南山书堂发。

《二曲先生年谱》卷三所附录的顾炎武致李颙的书信云：

先生已知鳌屋之为危地，而必为是行，脱一旦有意外之警，居则不安，避则无地，有焚巢丧牛之凶，而无需沙出穴之利，先生将若之何？至云置死生于度外，鄙意未以为然。天下之事，有杀身以成仁者，有可以死可以无死、而死之不足以成我仁者。子曰："吾未见蹈仁而死者也"，圣人何以能不蹈仁而死！

时止则止，时行则行，而不胶于一。孟子曰："大人者，言不必信，行不必果"，于是有受免死之周，食嗟来之谢，而古人不以为非也。使必斤斤焉避其小嫌，全其小节，他日事变之来，不能尽如吾料。苟执一不移，则为荀息之忠，尾生之信。不然，或至并其斤斤者而失之，非所望于通人矣。承惓惓相爱之切，故复为此忠告。[伏冀转圜之，听送役至华下。]别有札与宪尼，嘱其恳留先生也。[附：今日所冒者，小不廉之名，他日所免者，大不韪之事。]

书信中所说"先生已知鳌屋之为危地"，与康熙十四年八月初六日李颙自周至挈家避兵富平相应，大概即写于同时，表明了顾炎武对李颙出处安危的关切。

（二）第二次会面：康熙十六年（1677），在富平

吴怀清《二曲先生年谱》记载，康熙十六年丁巳，李颙五十一岁："是冬，顾宁人自山左来访，因寓军寨之北，密迩先生，时至卧室盘桓，语必达旦。"（《纪略》）

吴怀清按：《亭林年谱》：戊午春，由太原入关中，富平令郭九芝传芳迎先生于二十里外。闰三月，遣子德家人至曲周，接衍生及既足，期会于富平军砦李中孚家。四月朔，九芝邀先生至署，寓南庵，旋移寓朱公子树滋斋中。此作丁巳冬来访及寓军砦北微异，无从订定，姑阙疑焉。《亭林集·与潘次耕书》：频阳令郭公既迎中孚而侨居其邑，今复遣人千里来迎，可称重道之风，而天生遂欲为我买田结婚之计，虽未可必，然中心愿之矣。又《顾谱》：十六年丁巳九月，入陕，访李中孚于富平东南军砦之北。注：《李征君年谱》云云。按《征君年谱》系此则于丙辰冬，考衍生《元谱》，丙辰年未尝入秦，其至富平实系丁巳，《李谱》或偶讹耳。按《李谱》应即指二曲《历年纪略》，《纪略》原列是则于丁巳冬，其云系此则于丙辰冬者，岂别有一谱耶！

张穆《顾亭林先生年谱》记载，康熙十六年丁巳，顾炎武六十五岁："九月，入陕主王山史家。"

张穆语：王山史《山志》："丁巳秋九月初三日，亭林入关，主于予家，将同作买山之计。频阳郭九芝明府闻之，以书来曰：'闻顾宁人先生已抵山居，宁人命世宿儒，道驾俨然非无所期而至止，关学不振已久，斯其为大兴之日邪？'予复之曰：'弟年近五十，始归正学，今幸宁人先生不弃，正欲策励驽钝，收效桑榆'云云。"《受祺堂集》有《承问宁人先生中秋抵华下阻雨，尚稽省视，怅然有作四首》，又《诣华阴，时宁人先生未至，一宿而行二首》。《元谱》记先生冬入陕，十一月始访山史于华阴。以王、李所记核之，知谱误也。盖衍生虽南来，尚留德州，未随行，故所记稍差耳。

"访李中孚于富平东南军砦之北。"

顾衍生《元谱》：《李征君年谱》："宁人自山右来访，密迩征君，时至卧室盘桓，语必达旦。"

张穆案：《李征君年谱》系此则于丙辰冬，考衍生《元谱》，丙辰年未尝入秦，其至富平实系丁巳。当时衍生已随侍往来，应无误记，《李谱》

或偶讹耳。

顾炎武与李颙的第二次会面,不止一次,持续了一段时间,二人住处相近,所以时作透彻长谈。

在这次会面之后,二人仍在治学途径上切磋商榷,围绕"佛书"问题展开讨论,各有三封书信往返。这六封书信都记录在《二曲集》中。

李颙《二曲集》卷十六《答顾宁人先生》:

> 来书云:承教谓"体用"二字出于佛书,似不然。《易》曰"阴阳合德而刚柔有体",又曰"显诸仁,藏诸用",此天地之体用也。《记》曰"礼,时为大,顺次之,体次之",又曰"降兴上下之神,而凝是精粗之体",又曰"无体之礼,上下和同",有子曰"礼之用,和为贵",此人事之体用也。经传之文,言"体"言"用"者多矣,未有对举为言者尔。若佛书如《四十二章经》《金光明经》,西域元来之书,亦何尝有"体用"二字?晋宋以下,演之为论,始有此字。彼之窃我,非我之藉彼也,岂得援儒而入于墨乎?如以为考证未确,希再示之。

> 顷偶话及"体用"二字,正以见异说入人之深,虽以吾儒贤者,亦习见习闻,间亦借以立论。解书如"体用一源","费隐"训注,一唱百和,浸假成习,非援儒而入墨也。《系辞》暨《礼记》"礼者,体也"等语,言体言用者固多,然皆就事言事,拈体或不及用,语用则遗夫体,初未尝兼举并称,如内外、本末、形影之不相离。有之,实自佛书始。西来佛书,岂止《四十二章经》《金光明经》未尝有此二字?即《楞严》《楞伽》《圆觉》《金刚》《法华》《般若》《孔雀》《华严》《涅槃》《遗教》《维摩诘》诸经,亦何尝有此二字?然西来佛书虽无此二字,而中国佛书卢惠能实始标此二字。惠能,禅林之所谓六祖也,其解《金刚经》以为"金者,性之体;刚者,性之用",又见于所说《法宝坛经》,敷衍阐扬,谆恳详备。既而临济、曹洞、法眼、云门、沩仰诸宗,咸祖其说。流播既广,士君子亦往往引作谈柄,久之遂成定本。学者喜谈乐道,不复察其渊源所自矣。然天地间道理有前圣之所未言,而后贤始言之者;吾儒之所未言,而异学偶言之者。但取其益身心、便修证,斯已耳。正如肃慎之矢,氐羌之鸾,卜人之丹砂,权扶之玉目,中国之人世宝之,亦何尝以其出于异域举

而弃之、讳而辩之也？来教谓如考证未确，不妨再订，窃以为确矣。今无论出于佛书、儒书，但论其何体何用？如"明道存心以为体，经世宰物以为用"，则体为真体，用为实用，此二字出于儒书固可，即出于佛书亦无不可。苟内不足以明道存心，外不足以经世宰物，则体为虚体，用为无用，此二字出于佛书固不可，出于儒书亦岂可乎？鄙见若斯，然欤？否欤？

同书《又》：

> 来书云：来示一通，读之深为佩服。"体用"二字既经传之所有，用之何害？其他如"活泼泼地""鞭辟近里"之类，则语不雅驯，后学必不可用。而《中庸章句》"体用"之云，则已见于"喜怒哀乐"一节，非始于"费隐"章也，至若所谓"内典"二字，不知何出？始见于《宋史·李沆传》，疑唐末五代始有此语，岂可出于学士大夫之口？推其立言之旨，盖将内释而外吾儒，犹告子之外义也，犹东汉之人以七纬为内学、以六经为外学也。《庄子》之书有所谓"外物""外生""外天下"者，即来教所谓"驰心虚寂"也，而君子合内外之道者，固将以彼为内乎？

> "体用"二字相连并称，不但六经之所未有，即《十三经注疏》亦未有也。以之解经作传，始于朱子。一见于"未发"节，再见于"费隐"暨"一贯""忠恕"章。其《文集》《语类》二编所载，尤不一而足。"活泼泼地"，乃纯公偶举禅语，形容道体。"鞭辟近里"，亦借以导人，敛华就实，似无甚害。若以语不雅驯，则"活泼泼地"可讳，而"鞭辟近里"一言，实吾人顶门针、对症药，此则必不可讳。不惟不可讳，且宜揭之座右，出入观省，书之于绅，触目警心。"内典"二字，出于萧梁之世，是时武帝崇佛，一时士大夫从风而靡，以儒书为外尽人事，佛书则内了心性，"内典"之目，遂昉于此。历隋、唐、宋、元以至于明，凡言及佛书，多以是呼之，视汉人以《元命苞》《援神契》等七纬为内，尤不啻内之内矣。然亦彼自内其内，非吾儒之所谓内也。彼之所谓内，可内而不可外。吾儒之所谓内，内焉而圣，外焉而王，纲常藉以维持，乾坤恃以不毁，又岂可同年而语？故"内典"之呼，出于士君子之口，诚非所宜，当以为戒。《庄

子》"外物""外生""外天地",良亦忘形脱累之谓,似非虚寂之谓也。《老子》言"致虚极,守静笃",《庄子·齐物论》"成心"有见而不虚之谓,"未成心"则真性虚圆,天地同量。此后世谈虚之始,然与佛氏之虚寂又自不同。盖老庄之虚是虚其心,而犹未虚其理;佛氏之虚寂则虚其心,而并欲虚其理。舍其昭昭,而返其冥冥,虽则寂然不动,而究不足以开物成务,以通天下之故。此佛氏所以败常乱伦,而有心世道者不得不为之辨正也。

同书《又》:

来书云:生平不读佛书,如《金刚经解》之类,未曾见也。然"体用"二字并举而言,不始于此。魏伯阳《参同契》首章云:"春夏据内,体;秋冬当外,用。"伯阳,东汉人也,在惠能之前,是则并举"体用"始于伯阳,而惠能用之,朱子亦用之耳。朱子少时尝注《参同契》,而"刚柔为表里"亦见于《参同契》之首章,惟"精粗"字出《乐记》。此虽非要义,然不可以朱子为用惠能之书也。至于"明道存心""经世宰物"之论,及《表章崇正》《辨困知记》二书,吾无间然。

不读佛书固善,然吾人只为一己之进修,则六经四子及濂、洛、关、闽、遗编,尽足受用,若欲研学术同异,折衷二氏似是之非,以一道德而砥狂澜,释典、玄藏亦不可不一寓目。辟如鞠盗者,苟不得其赃之所在,何以定罪?《参同契》,道家修仙之书也,禅家之所不肯阅,兼惠能生平绝不识字,亦不能阅,其所从入,不繇语言文字,解经演法,直抒胸臆,而谓用之《参同》,窃所未安。朱子弱冠未受学延平时,尝从僧开谦之游,以故蚤闻其说。《参同》之注,乃训定《四书》多年之后,六十八岁党禁正炽之际。蔡西山起解道州,朱子率及门百余人饯于萧寺,濒别犹以《参同》疑义相质,事在庆元二年冬,非少时注也。况伯阳本纳甲作《参同》,所云"二用无爻位""周流游六虚",及"春夏秋冬内体外用"之言,皆修炼工夫次第,非若惠能之专明心性,朱子之专为全体大用而发也。然此本无大关,辩乎其所不必辩。假令辩尽古今疑误字句,究与自己身心有何干涉?程子有言:"学也者,使人求于本也。不求于本而求于末,非圣人之学也。何谓求于末？考详略、采异同是也。"而《淮南子》亦谓"精神越于外，而事复反之，是失之于本，而索之于末，蔽其玄光，而求知于耳目也"。区区年逾知命，所急实不在此。因长者赐教，谊不容默，悚甚愧甚！

以上六封书信，"来书"是顾炎武问李颙，缩进排版。其后是李颙的答书，顶格排版。

吴怀清《二曲先生年谱》记载，康熙十七年戊午，李颙五十二岁："答顾宁人先生书、第二书、第三书。按《顾谱》，宁人以十六年九月入陕，访先生于军砦之北，李子德迎至其家。十一月去回山西，十七年春入关至富平，冬过同州之华阴，达华州，止吏目署，在富平者半载余。此三书往返辨难应是年。"

吴怀清将六封"往返辨难"的书信系在康熙十七年。实际上，从康熙二年到康熙十七年，顾炎武与李颙二人交往的话题一直是关于治学取径的"往返辨难"。

（三）第三次会面：康熙十七年（1678），在富平

顾炎武与李颙还有第三次会面。

张穆《顾亭林先生年谱》记载，康熙十七年戊午，顾炎武六十六岁："春，由太原入关中，富平令郭九芝传芳迎先生于二十里外。闰三月，遣子德家人至曲周接衍生及既足，期会于富平军砦李中孚家。"

康熙十七年，对李颙是比较特殊的一年，清廷征聘催促，李颙宁死不从。顾炎武在此时来访，成了李颙最爱戴的朋友。

《二曲先生年谱》卷三附录记载："癸丑（康熙十二年，1673），总督鄂公以隐逸荐，戊午（康熙十七年，1678），司寇郑公以海内真儒荐，皆以病辞，自后不复与人接，惟吴中顾宁人至则款之。""督抚岁岁来问起居，欲具车马伴送，先生遂自称废疾，长卧不起。戊午，部臣以海内真儒荐，复得旨召对，时词科荐章遍海内，而于先生独以安贫乐道、昌明绝学推举，中朝必欲致之，且将大用之。督抚檄属吏昼夜守催，先生固称疾笃，舁其床至行省，大吏亲至榻前怂恿，先生遂绝粒，水浆不入口者六日……自是以后，荆扉反锁，遂不复与人通，虽旧生徒亦罕觏，惟顾宁人及惠含真至，则启钥接言已而。"

在此之际,"顾宁人诗以志感",撰写了《梓潼篇赠李中孚》:

益部寻图像,先褒李巨游。读书通大义,立志冠清流。
忆自黄皇腊,经今白帝秋。井蛙分骇浪,崛虎拒岩幽。
譬旨鸿胪切,徵官博士优。里人荣使节,山鸟避车驺。
笃论尊尼父,清裁企仲由。当追君子躅,不与室家谋。
独行长千古,高眠自一邱。闻孙多好学,师古接婾修。
忽下弓旌召,难为洞壑留。从容怀白刃,决绝却华辀。
介节诚无夺,微言或可投。风回猿岫敞,雾卷鹤书收。
隐痛方童卯,严亲赴国仇。尸饔常并日,废蓼拟填沟。
岁逐糟糠老,云遗富贵浮。幸看儿息大,敢有宦名求。
相对衔双涕,终身困百忧。一闻称史传,白露满梧秋。

顾炎武与李颙的交往持续到了康熙二十年。这一年,二人就修建朱子祠堂之事有所讨论。

吴怀清《二曲先生年谱》记载,康熙二十年辛酉,李颙五十五岁:"先生向在富平,与顾宁人语及《宋鉴》,谓朱子尝列衔主管华山云台观,则云台观宜为祠以祀。至是,宁人移寓华下,倡修祠堂,肖貌以书,询先生朱子冠服之制。先生为之图,详列其说以贻。"(《纪略》)

《二曲先生年谱》卷三附录有顾炎武致李颙的另外一封书信。

衰疾渐侵,行须扶杖。南归尚未可期,久居秦晋,日用不过君平百钱,皆取办囊橐,未尝求人。过江而南,费须五倍,舟车所历,来往六千,求人则丧己,不求则不达,以此徘徊未果。华令迟君谋为朱子祠堂,卜于云台观之右,捐俸百金,弟亦以四十金佐之。七月四日买地,十日开土,中秋后即百堵皆作,然堂庑门垣备制而已,不欲再起书院。惟祠中用主像,遵足下前谕,主题曰"太师徽国文公朱子神位",像合用林下冠服,敢祈足下考订明确示之。太夫人祠已建立否?委作记文,岂敢固辞,以自外于知己?顾念先妣以贞孝受旌,顷使舍侄于墓旁建一小祠,尚未得立,日夜痛心。若使不立母祠,而为足下之母作祠文,是为不敬其亲而敬他人矣。足下亦何取其人乎?贵地高人逸士甚不乏人,似不须弟。若谓非弟不可,则时乎有待,必鄙愿已就方可泚笔耳。

书信又见于《亭林文集》卷四，题为《与李中孚书》。

书信中除了商讨朱子祠堂的规制，也谈到了李颙之母彭氏的祠堂，而顾炎武的态度则有些怪异。

据书信内容，李颙似乎请求顾炎武出资帮助其母修建祠堂，不果后，又提出请求顾炎武撰写祠堂记文，而顾炎武仍没有答应。

照说，顾炎武在其母王氏去世之后，是由昆山县学教谕沈应奎撰写了《王贞姑小传》、同县张大复撰写了《贞孝传》的，并且刚刚出资四十金修建朱子祠。但是在书信中，顾炎武先是讲自己缺乏六千金回江南终老，最后推托"贵地高人逸士甚不乏人，似不须弟"，其心思颇感费解。

顾炎武《与人书十八》写道："中孚为其先妣求传再三，终已辞之。盖止为一人一家之事，而无关于经术政理之大，则不作也。"

顾炎武了解李颙"事寡母彭，尤以孝著"，此事似不可谓"无关于经术政理之大"。

康熙三年（1664）：顾炎武与孙奇逢

（一）时间节点

康熙三年（1664）是"明末清初五大家"交集的一个重要节点。这一年，孙奇逢八十一岁，顾炎武五十二岁。顾炎武造访孙奇逢，二位重要的思想家在辉县相见。

这一年，上距崇祯帝自尽之甲申年（1644）二十年，南明王朝（1644—1662）刚刚平息，基于华夷斗争的文字狱突然兴起。庄廷鑨明史案［康熙二年（1663）］、黄培诗案［康熙五年（1666）］接连发生，并且波及顾炎武本人。

关于顾炎武遭遇文字狱，学界在研究上有一大吊诡。顾炎武本是真反清，但当文字狱爆发时，他却力图撇清自己与反叛者的关系，而现代学者也极力证明顾炎武"受到诬告""被人陷害"，支持顾炎武的"对质辩诬"。这就仿佛右派分子本是真右派，事件过后却认同"摘帽"一般。

这一年还有一个历史节点就是顾炎武家族的第二代成员在此前后参加

清朝科举取得功名。此种科举不仅具有功名身世的意义，而且标志着明清换代的转折。

徐乾学，崇祯四年（1631）出生，顺治十一年（1654）贡生，康熙九年（1670）进士第三名。

徐元文，崇祯七年（1634）出生，顺治五年（1648）诸生，顺治十一年（1654）举人，顺治十六年（1659）进士第一名。

徐秉义，崇祯六年（1633）出生，康熙十二年（1673）进士第三名。王士禛《池北偶谈》云："同胞三及第，前明三百年所未有也。"①

依照古人所认定的君臣名分，什么人应该对王朝负责，什么人可以不必对王朝负责，都有清晰的界定。顾炎武在明代为诸生，所以不当出仕清朝；而他的三个外甥为诸生时已入清，所以不必对明朝负责。顾炎武与其三甥所效忠的王朝不同，但他们所依循的君臣名分则完全相同。不过，顾炎武北上抗清，而又结交贰臣，出入京师，住宿高官宅邸，这又确实形成对比，显露转折。

对于"明末清初五大家"人物而言，明末为生员身份、参与结社反抗阉党、入清起兵抗清的阶段已经成为过去，此下开启的将是明亡隐居著述的阶段，不过反清复明的旧志仍然可以在他们心底复燃，并且成为下一阶段隐居著述的因缘。

（二）相见经过

顾炎武前往辉县的经过，据张穆《顾亭林先生年谱》：（康熙）三年甲辰，顾炎武五十二岁：正月五日至蒲州之荣河游后土祠适汾州。自大同至西口入都。七月至昌平四谒天寿山奠怀宗攒宫。至河南辉县访孙夏峰先生。……是年诗有《赠孙征君》一首。

孙奇逢自撰《孙征君日谱录存》卷二十二，康熙三年甲辰，八十一岁：八月初一日："顾炎武，字宁人，昆山人，以凫盟字过访。先曾闻之赤豹与青主。宁人父十八捐馆，聘王氏年十七，未婚过门守节，巡按御史上闻奉旨旌表。"②

顾炎武与孙奇逢这次见面之前，先有史可程、傅山向孙奇逢介绍，后

---

① （清）王士禛著，文益人校点：《池北偶谈》卷一，齐鲁书社2007年版，第6页。
② （清）孙奇逢：《孙征君日谱录存》，清光绪十一年刻本。

由申涵光手书引荐。

史可程（1606—1684），字赤豹，号蘧庵，崇祯十六年（1643）进士。

傅山（1607—1684），字青主。傅山与顾炎武、黄宗羲、王夫之、李颙、颜元一起被梁启超称为"清初六大师"。

申涵光（1619—1677），字孚孟，号凫盟，明太仆寺丞申佳胤之子，顺治中恩贡生。

与孙奇逢见面以后，顾炎武写了一首五言排律，详记其事。
《亭林诗集》卷四《赠孙征君奇逢》一首写道：

> 海内人师少，中原世运屯。微言垂旧学，懿德本先民。
> 早岁多良友，同时尽诤臣。苍黄悲诏狱，慷慨急交亲。（原注：天启中左光斗、魏大中、周顺昌三君被逮至京，君为周旋营救，不辟祸患。）
> 党锢时方解，儒林气始申。明廷来尺一，空谷贲蒲轮。
> 未改幽栖志，聊存不辱身。名高悬白日，道大屈黄巾。
> 卫国容尼父，燕山住子春。门人持笈满，郡守式庐频。
> 竹柏心弥劲，陶镕化益醇。登年几上寿，乐道即长贫。
> 尚有传经日，非无拜老辰。伏生终入汉，绮里只辞秦。
> 自愧材能劣，深承意谊真。惟应从卜筑，长与讲堂邻。

这首诗，徐嘉《顾亭林先生诗笺注》卷十二有详注。

长诗的前半部分先述孙奇逢在明代的事迹，为写实笔法，即如诗注所称道，"天启中左光斗、魏大中、周顺昌三君被逮至京，君为周旋营救，不辟祸患"云云。

长诗的后半部分预言孙奇逢入清以后的境况，为虚拟笔法。说孙奇逢将似田子春、商山四皓、伏生、郑玄，大体上可谓准确预言了孙奇逢的后半生状态，此时距离孙奇逢去世尚有十年。

作为对孙奇逢一生事迹的概括，此诗应该还有中间部分，即明清之际鼎革交替一节，而原诗显然将其省略了。到光绪间，徐嘉作《顾亭林先生诗笺注》，乃将事迹补出。

其一注云："大清兵薄容城，先生率兄弟族党入城，与有司及荐绅分城守御。先生独领西北隅，雉堞久圮，兵突至，随御随筑。邻邑多陷，而容城独完。巡抚张其平上其事，诏优秩擢用。会南都兵部尚书范景文亦以赞画军务驰聘，先生俱辞之。"

其二注云："时畿内盗贼数骇，先生率子弟门人入易州五公山，结茅双峰，戚族相依者数百家。乃饬戎器，备糗粮，部署守御。又以其暇赋诗习礼，弦歌声相闻，盗贼皆屏迹。时以方田子春之在无终山焉。"①

徐嘉笺注明确记述容城防御抗的是清兵，而五公山所防御的"盗贼"当是李自成之流，但其实也包括清兵在内，"盗贼"是带有隐晦的说法。

（三）书信联系

康熙三年八月初一日之后，至康熙六年之间，顾炎武与孙奇逢仍有多次联络。

1.《孙征君日谱录存》卷二十二，康熙三年甲辰，八十一岁：十月初九日："寄傅青主：忆昔台旌过夏峰，夏峰之山川草木倍增光气。未几有史君赤豹来自贵乡，弟谓山右多君子，赤豹云：傅青主之外，安得复有君子耶？询其故，曰：尚未识荆。而令人倾慕至此，道翁其为世龙凤哉！弟春初偶罹风浪，三月之内往返道途三千里，幸风浪平，而偃卧里门者八阅月。顾宁人自北而南，假道过访，念足下不置。兹舍亲范修刘吾向往更甚，造庐请教，借以通我两人之阔怀耳。太君志文托寄已久，或不至浮沉乎？令侄不另字。扶九归冢否？"

在孙奇逢寄给傅山的这封书信中提到，顾炎武与孙奇逢相见时，曾有一番"煮酒论英雄"的情节，即品评双方所了解的卓越人物。

2. 同书同卷，十月十六日："答顾宁人书（原注：二稿存原册）。"

顾炎武与孙奇逢见面以后，二人各有书信往还，且不止一封，但目前查到的只有康熙六年孙奇逢《复顾宁人》一封。《日谱录存》记载的二人相见同年的这封《答顾宁人书》以及顾炎武的来书，下落不明，不知是否存在隐晦的内容。

3.《孙征君日谱录存》卷二十四，康熙四年乙巳，八十二岁：九月初九日："报刘公勇：客岁奔走风涛，因得上先人之邱垄，深以为幸。春暮复南还，读去岁手教，并贻上惠诗，甚切向注挹，初自都门回，出大札，真如聚首一堂。苏门并耕之约，虽未得遂，而此行当更有进于此者。姚、

---

① 徐嘉：《顾亭林先生诗笺注》，清光绪二十三年徐氏味静斋刻本。

许俱起家苏门,其事业彪炳,以继往开来自任,癖烟霞而肆志者,岂可同日语耶?仆腐人,敢以二君期!足下以此言为然否?顾宁人近在何地?并讯。"

刘体仁(1624—1684),字公勇,顺治十二年(1655)进士,历官吏部郎中。刘体仁也是顾炎武与孙奇逢二人共同的友人之一。

4.《孙征君日谱录存》卷二十五,康熙五年丙午,八十三岁:四月初四日:"曲阜颜光敏,字修来,复圣六十七代孙。持顾宁人字来访,言同邑有陈怀真,字去伪;孔贞璠,字琢如,皆留心于学。修来言及先人节烈事二则,颜允绍、颜容暄,俱入《取节录》。"

颜光敏(1640—1686),字修来,曲阜人,颜回后裔,康熙六年进士,曾任中书舍人、吏部郎中,《大清一统志》纂修官。工诗,书法擅名一时,曾集友朋未来书信790封为34册,题为《颜氏家藏尺牍》传世。

《日谱录存》所载,顾炎武不仅曾手持学者的推荐信造访孙奇逢,也开始为别人造访孙奇逢写推荐信,颜光敏便是其中之一。

5.《颜氏家藏尺牍》卷一有顾炎武手书《送韵谱小帖》(又名《送韵谱帖子》)载:

申凫盟,名涵光,永年人。太仆公之长子,今庶常随叔之兄也。太仆公甲申殉国难。

路安卿,名泽浓,曲周人。故总漕皓月公之子。闻近日亦在府城住,如不遇,此书即留申宅。

孙征君,名奇逢,字启泰,容城人。今住辉县。万历庚子举人,今年八十三,河北学者之宗师也。

王无异,名弘撰,一字文修,号山史。华阴县西岳庙南小堡内。故少司马公之子,关中声气之领袖也。

杨伯常,名谦,故王孙也。住西安府南八里大塔堡内。大塔者,慈恩寺塔也。或驾在藩司署中,则求于到日即遣人致之。

何云子公祖,以台中出为关内道,衔籍俱列便览,其衙门在布政司内。共书六封,各送《韵谱》一本,伯常则二本,故有七本。[①]

---

① 上海图书馆编:《颜氏家藏尺牍》,上海科学技术文献出版社2006年版,第2册,第199页。

顾炎武有《音学五书》(《音论》《诗本音》《易音》《唐韵正》《古音表》)，康熙六年由符山堂刊刻问世，"韵谱"当是其中的一部分。《送韵谱小帖》为便于邮寄而写，其中称孙奇逢为"河北学者之宗师也"。又记孙奇逢"今年八十三"，知是康熙五年。张穆《顾亭林先生年谱》系于康熙五年。

6.《孙征君日谱录存》卷二十八，康熙六年丁未，八十四岁：十二月初一日："复顾宁人：自（颜）修来别后，于上谷邮寄台札至，嗣从公勇字中得闻在都音耗，知足迹所历与学问所得于此，著书羽翼经传，真非浅学俗士所可窥其藩篱。仆虽衰老，窃为吾道之有人足赖也。顷接手教，殷殷提携之谊不遗，老夫异地同心，深感大德。仆幼而有志，老无所成，中夜思维，汗流如雨。然念精神驰逐，意识横据，此心毫不能自主，尚敢言继绝学为世用哉？学无所得，已可概见。今岁扫除闻见，并心学《易》，妄欲稍窥四圣之道，以了余年。每有隙明，即手录□□义，念道翁博学有年，晰义独精，其返约之密义，望惠以示我。札中以章句、文辞、名教、器数若歉然以为非道者，仆谓即章句、文辞、名教、器数以为道则不可，舍章句、文辞、名教、器数以求道则又不可也。程子曰：'圣学本天。'周子曰：'圣希天。'孔子以时习而法行健，原与天合体，乾坤易简之理，时物行生之道，无一不备。孟氏愿学孔子，只认出面目。孔孟教人家法，原在下学躬行上取齐，岂空谈心性专事高远乎？札中所云：'舍博文好古，而但言尊德性者，空虚之学；舍出处去就辞受取与，而言志于道者，无本之人。'此足觇合体用、一知行、达内外之旨，仆拜教多矣！《音统》何日可成？耄余得读此书，再有进益，未可知也。草复不既，闻驾驻小滩署中。史赤老近有音问否？便中幸示之为祝。"

"即手录□□义"，光绪十一年刻本原版剜去二字。

这封书信虽载于日记，而首尾完整。书信中提到二人共同的朋友颜光敏和刘体仁，最后又提到"史赤老"即史可程。书信的主要部分是讨论儒学。顾炎武与孙奇逢的治学途径自然有别，据书信所言，顾炎武大约明确表示了对于"章句、文辞、名教、器数"的不满。按照孙奇逢弟子汤斌后来的表述，北学一派所认同于顾炎武的是他的"国家典制、郡邑、掌故、天文、历象、河漕、兵农之属，无不洞悉原委，坐而言起而可见诸行事，真当今第一有用儒者也"，这与"章句、文辞、名教、器数"是途径有所不同，而孙奇逢的治学途径则是"兼宗陆王而不倍于程朱"（李元度《国

· 156 ·

朝先正事略》语）。

（四）盖棺论定

顾炎武与孙奇逢晚年，国内发生的大事莫过于三藩之乱。可惜在康熙十四年（1675），孙奇逢便去世了。闻讯之后，顾炎武有诗悼念。

《亭林诗集》卷五《孙征君以孟冬葬于夏峰，时侨寓太原，不获执绋。适吴中有传示同社名氏者，感触之意遂见乎辞》：

老不越疆吊，吾衰况疏慵。（原注：《礼记·檀弓下》："五十无车者不越疆而吊人。"）
遥凭太行云，迢迢过夏峰。泉源日清泚，上有百尺松。
忆叨忘年契，一纪秋徂冬。常思依蜀庄，有怀追楚龚。（原注：《杨子法言》："蜀庄沈冥。"）
不得拜灵輀，限此关山重。会葬近千人，来观马鬣封。
傥有徐孺子，只鸡远奔从。一时诸生间，得无少茅容。俗流骛声华，考实皆凡庸。
淄渑竟谁知，管华称一龙。（原注：《吕氏春秋》："孔子曰：淄渑之水合，易牙尝而知之。"）
我无人伦鉴，焉敢希林宗。惟愿师伯夷，宁隘毋不恭。
嗟此衰世意，往往缠心胸。回首视秋山，肃矣霜露浓。

徐嘉笺注："先生是时寓太原祁县，主戴枫仲廷栻。枫仲为筑室南山，先生因置书堂，故云'侨寓太原'。"

康熙十四年，孙奇逢卒，终年九十二岁。顾炎武六十三岁。

顾炎武之子顾衍生《顾炎武年谱》（元谱）记载："夏峰先生年十七领乡荐，尝参高阳孙承宗督师关门军事，与左忠毅、魏忠节、周忠介相善。天启末，三公忤逆奄，相继逮系。先生拮据调护供橐饘，遣弟奇彦同鹿监军善继子驰书督师求援，督师因上疏以边事请陛见，都门喧传兴兵至阙，逆奄闻之，绕御床泣。督师方抵通州，降旨勒回，诸公遂不免。崇祯丙子，容城被围，设方略拒守，城赖以全。事闻，特诏褒嘉。寇氛渐逼，移家五峰。顺治初，复移家辉县之夏峰。生平读书谈道，务为圣贤之学。两朝征聘凡十一次，辄坚谢不出。康熙十四年卒，年九十二。"

年谱中的内容虽不直接出于顾炎武之手，仍可视为顾炎武对孙奇逢盖棺论定的一篇小传。

康熙十五年（1676）：顾炎武与黄宗羲

（一）《与黄太冲书》

康熙十五年（1676），顾炎武与黄宗羲有一次重要的通信。顾炎武谈到他对黄宗羲《明夷待访录》的评价，同时也向黄宗羲讲述了自己撰写《日知录》的情况，还寄赠了《日知录》的符山堂八卷刻本。黄宗羲是否给顾炎武回信，目前尚不知道，但黄宗羲将书信全部抄录在了自己的《思旧录》中，又在《破邪论·题辞》再次提及，足见他对这次交往的重视。

顾炎武《与黄太冲书》（又题《与黄太冲先生书》）《与黄梨洲书》：

> 辛丑之岁，一至武林，便思东渡娥江，谒先生之杖履，而逡巡未果。及至北方十有五载，浏览山川，周行边塞，粗得古人之陈迹，而离群索居，几同伧父，年逾六十，迄无所成，如何如何！伏念炎武自中年以前，不过从诸文士之后，注虫鱼、吟风月而已。积以岁月，穷探古今，然后知后海先河，为山覆篑，而于圣贤六经之指，国家治乱之源，生民根本之计渐有所窥，未得就正有道。顷过蓟门，见贵门人陈、万两君，具谂起居无恙。因出大著《待访录》，读之再三，于是知天下之未尝无人，百王之敝可以复起，而三代之盛可以徐还也。天下之事，有其识者未必遭其时，而当其时者，或无其识。古之君子所以著书待后，有王者起，得而师之。然而易"穷则变，变则通，通则久"。圣人复起，不易吾言，可预信于今日也。炎武以管见为《日知录》一书，窃自幸其中所论，同于先生者十之六七，唯奉春一策必在关中，而秣陵仅足偏方之业，非身历者不能知也。但鄙著恒自改窜，且有碍时，未刻，其已刻八卷及《钱粮论》二篇，乃数年前笔也，先附呈大教。倘辱收诸同志之末，赐以抨弹，不厌往复，以开末学之愚，以贻后人，以幸万世，曷胜祷切！同学弟顾炎武顿首。①

---

① （明）黄宗羲撰：《南雷文定》附录，《四部丛刊续编》影印粤雅堂刻本。

陈、万两君，指陈锡嘏、万斯同。

陈锡嘏（1634—1687），字介眉，号怡庭，浙江鄞县人，康熙十五年进士，官翰林院编修。

万斯同（1638—1702），字季野，号石园，浙江鄞县人。徐元文出任修《明史》总裁，举荐万斯同以布衣身份参与修史。

顾炎武《与黄太冲书》中有两件事比较重要。其一是对《明夷待访录》的肯定，说自己"同于先生者十之六七"，认为该书"百王之敝可以复起，而三代之盛可以徐还也"，这两句话后来被全祖望改写为"顾炎武见而叹曰：三代之治可复也"，而为学者广泛引用。其二是顾炎武在此信中说到《日知录》存在"且有碍时"的忧虑，因而没有全部刊刻，言外之意，由符山堂刊刻的《日知录》八卷本则是遴选了避免时讳的条目的选本。这是顾炎武本人对于《日知录》八卷本的重要判断的唯一记录。

《与黄太冲书》不见于顾炎武的文集，仅存于黄宗羲《思旧录》，后收入粤雅堂本《南雷文定》附录、《明夷待访录》附录。书信前有"顾炎武，字宁人，昆山人。不得志于乡里，北游不归。丙辰，寓书于余云"一节。丙辰即康熙十五年（1676）。

车持谦增纂《顾亭林先生年谱》载：十五年丙辰六十四岁：春正月，自山西之山东。二月入都，主原一甥邸寓。三月往山东。夏五月入都。秋至蓟州，仍入都。在京邸度岁。车持谦按语云："此书不载集中，元谱亦未载其事，兹从黄太冲所著《思旧录》中补入。"①

黄宗羲晚年在《破邪论·题辞》中曾说："余尝为《（明夷）待访录》，思复三代之治。昆山顾宁人见之，不以为迂。今计作此时，已三十余年矣，秦晓山十二运之言无乃欺人。"

（二）《明夷待访录》

《与黄太冲书》的写作背景，详见《鲒埼亭集》卷十一《梨洲先生神道碑文》：

> 诏征博学鸿儒，掌院学士叶公方蔼先以诗寄公从臾就道，公次其

---

① （清）顾衍生原本，（清）吴映奎重辑，（清）车持谦增纂：《顾亭林先生年谱》，国家图书馆藏稿本。

韵，勉其承庄渠魏氏之绝学，而告以不出之意。叶公商于公门人陈庶常锡嘏曰："是将使先生为叠山、九灵之杀身也。"而叶公已面奏御前，锡嘏闻之大惊，再往辞，叶公乃止。未几，又有诏以叶公与同院学士徐公元文监修《明史》，徐公以为公非能召使就试者，然或可聘之修史，乃与前大理评事兴化李公清同征诏督抚以礼敦遣，公以母既耄期，己亦老病为辞，叶公知必不可致，因请诏下浙中督抚，抄公所著书关史事者送入京。徐公延公子百家参史局，又征鄞万处士斯同、万明经言同修，皆公门人也。……上访及遗献，复以公对，且言曾经臣弟元文奏荐，老不能来，此外更无其伦。上曰："可召之京，朕不授以事，如欲归，当遣官送之。"徐公对以笃老，恐无来意，上因叹得人之难如此。……晚年又定为《南雷文约》今合之得四十卷，《明夷待访录》二卷，《留书》一卷，则王佐之略。昆山顾先生炎武见而叹曰："三代之治可复也！"①

《清史稿·黄宗羲传》多据《梨洲先生神道碑文》成文，二书可以互见。

《黄宗羲传》："康熙戊午（康熙十七年，1678），诏征博学鸿儒，掌院学士叶公方蔼先以诗寄公，从臾就道。……未几又有诏，以叶公与掌院学士徐公元文监修《明史》，徐公以为公非能召使就试者，然或可聘之修史。……徐公延公子百家参史局；又征鄞万处士斯同、万明经言同修，皆公门人也。庚午（康熙二十九年，1690），刑部尚书徐公乾学因侍直，上访及遗献，复以公对。上曰：'可召之京，朕不授以事；如欲归，当遣官送之。'徐公对以笃老，恐无来意。上因叹得人之难如此。"

叶方恒与叶方蔼兄弟是顾炎武生平事迹中反复出现的名字。叶方蔼曾经举荐顾炎武，可以视为顾炎武的友人，而叶方恒则被顾炎武《赠路光禄太平》称为"里豪"，并在现代学者笔下演绎成"恶霸地主"。

叶方恒（1615—1682），字嵋初，号学亭，明崇祯十五年举人，清顺治十五年进士，历官莱芜知县、济宁河道。主修《莱芜县志》十卷，著《山东全河备考》四卷。能诗，有《东游杂草》《昆山诗存》《学亭诗稿》。

叶方蔼（1629—1682），字子吉，号讱庵，顺治十六年一甲三名进士。

---

① （清）全祖望撰：《鲒埼亭集》，清姚江借树山房本。

历官翰林院编修、侍讲学士、侍读学士、掌院学士,《鉴古辑览》《皇舆表》《明史》总裁,兼礼部侍郎、刑部侍郎。卒谥文敏。著有《读书斋偶存稿》四卷,以及《独赏集》《叶文敏公集》《觚斋集》《太极图论》。《清史稿》有传。

实际上,叶方蔼、叶方恒是徐元文、徐乾学、徐秉义兄弟的姑父。顾炎武是徐元文、徐乾学、徐秉义兄弟的舅父。归庄与叶方蔼、叶方恒兄弟为好友。顾炎武与归庄、叶奕荃为同学。顾氏、叶氏、徐氏,本是士大夫+同乡+亲戚+好友的关系。

由《梨洲先生神道碑文》和《清史稿》可知,征聘黄宗羲首先得到顾炎武的友人叶方蔼的支持,之后得到顾炎武第三甥徐元文的支持,后来还得到顾炎武第一甥徐乾学的支持。

《与黄太冲书》正是在这一背景下发出的,当时顾炎武住在北京,而叶方蔼、徐元文、徐乾学对于黄宗羲的评价,可能也受到了顾炎武的影响。换言之,顾炎武致信黄宗羲,与叶方蔼、徐元文、徐乾学先后举荐黄宗羲,可能形成了一个互动关系。

《与黄太冲书》写于北京。所谓"顷过蓟门,见贵门人陈、万两君,具谂起居无恙。因出大著《待访录》,读之再三"。虽然顾炎武没有见过黄宗羲,但他却见到了黄宗羲的两个弟子陈锡嘏和万斯同,并且从他们手中看到了黄宗羲的《明夷待访录》。

康熙十五年,《明夷待访录》可以在北京公开阅览,它是一个节点,具有象征意义,因此会引起顾炎武的兴奋。

黄宗羲没有应征,但是他的儿子黄百家以及弟子陈锡嘏、万斯同、万言都到了北京。这正是黄宗羲《明夷待访录》之所"待"。

(三)《王氏弥留书》

《与黄太冲书》中所记载的顾炎武最早欲访黄宗羲是顺治十八年(1661)。所谓"辛丑之岁,一至武林,便思东渡娥江,谒先生之杖履,而逡巡未果"。辛丑之岁为顺治十八年。这是见于记载的二人相知之始。

沿着这一记述,到清末民初,世间盛传一篇《顾亭林母王氏弥留书》,其中借王氏之口讨论了顾炎武与黄宗羲二人的关系。

南明弘光元年、清顺治二年(1645):顾炎武三十三岁,母王氏六十岁。顾炎武《先妣王硕人行状》记载:"又一年而兵入南京。其时炎武奉母侨居常熟之语濂泾、介两县之间,而七月乙卯昆山陷,癸亥常熟陷。吾母闻之,遂不食,绝粒者十有五日,至己卯晦,而吾母卒。""卒于弘光元年七月三十日,享年六十。"

宣统元年至三年,乌程人张廷华(署名虫天子)所辑《香艳丛书》第十一集卷二"闺墨萃珍"中有《顾亭林母王氏弥留书》一篇,全文如下:

> 呜乎!武儿,余与尔将永诀矣!不得不临别赠言。昨梦尔父同吉,携余行于沙漠之地,此大不祥也。然国事至此,死且嫌迟,死又何惜。惟余惓惓于尔者,不在言而在行,不在学而在品。尔固明之遗民也,则亦心乎明而已矣。余尝苛论古人,谓夷齐扣马而谏,是也。谏既不从,胡弗殉国?乃登首阳采薇蕨何为乎?噫嘻,夷齐误矣!甲子以后,首阳尚得为商之山乎?薇蕨尚得为商之食乎?噫嘻,夷齐误矣!一时侪辈,莫不訾余持论之偏,独梨洲(原注:即黄宗羲)心韪之,则其怀抱可想。且余观尔友中,亦惟梨洲品诣敦笃,尔虽师事之可也。惟尔之子若孙,嘱其为耕读中人,勿为科名中人,则尔方不愧余家肖子也。呜乎!武儿,余与尔永诀矣!
>
> 无月日时。母氏嘱。①

原书按:"月日"合一"明"字,"无月日时"是无明之时也。夫人之不忘故国,亦可哀已。

《顾亭林母王氏弥留书》流传甚广,其实却是清末文人的模拟之作。

遗书主要是就王氏"不食而卒"一事发挥,联想到伯夷、叔齐登首阳山,采薇蕨而食,不如当时当地立即绝食,判断"夷齐误矣",再引论黄宗羲作为援手,嘱咐顾炎武师事黄宗羲。至于心系乎明,不忘故国,都是早已贴好的标签。在文章做法上,遗书用的是空论,这种发挥模拟在清末民国是比较普遍的。

虽然黄宗羲比顾炎武大三岁,但在崇祯年间,黄宗羲还只是一名复社成员。崇祯十五年(1642)科举落第,在余姚家中闲居。崇祯十七年阮大铖逮捕复社成员,黄宗羲入狱,明亡又返回余姚。直到王氏去世的前一个月,鲁王在绍兴起兵抗清,顺治二年(1645)闰六月,黄宗羲才开始变卖

---

① (清)虫天子编:《香艳丛书》,人民文学出版社1992年版,第三册,第3015—3016页。

家产，召集 600 人，组织世忠营，响应鲁王。黄宗羲的名著《明夷待访录》成书于康熙二年（1663），则已经是十八年以后的事了。

《顾亭林母王氏弥留书》中借王氏之口，称黄宗羲可交友、可师事，"且余观尔友中，亦惟梨洲品诣敦笃，尔虽师事之可也"，应当是出于黄宗羲的崇拜者所虚拟。

康熙十五年（1676）：顾炎武与王夫之

（一）顾炎武最动，王夫之最静

"明末清初五大家"的同框合谱，可从地域的犄角形势上观察，可从时态的转折变化上观察，而其中最重要的焦点所在无疑是五人的来往交集。

曾国藩《船山遗书序》："（王夫之）既一仕桂藩为行人司行人，知事终不可为，乃匿迹永、郴、衡、邵之间，终老于湘西之石船山。圣清大定，访求隐逸，鸿博之士，次第登进。虽顾亭林、李二曲辈之艰贞，征聘尚不绝于庐。独先生深闭固藏，邈焉无与。平生痛诋党人标榜之习，不欲身隐而文著，来反唇之讪笑。用是其身长遁，其名寂寂，其学亦竟不显于世。荒山敝榻，终岁矻矻，以求所谓育物之仁、经邦之礼，穷探极论，千变而不离其宗，旷百世不见知而无所于悔。"[①]

王之春《王船山公年谱》载彭刚直公奏请改建船山书院片：光绪十一年三月十五日："夫之当时，海内硕儒，北有孙奇逢，西有李中孚，东南则黄宗羲、顾炎武，虽皆肥遁自甘，力辞征辟，然荐绅多从之游，著述亦行于世，名称稍彰。独夫之匿迹销声，不欲身隐而文著，故世亦鲜知之者。没后十四年，督学潘宗洛稍访求其《遗书》。洎乾隆中四库馆开，而夫之所著《易》《诗》《书》《春秋》诸经《稗疏》，始备著录，圣朝阐幽崇贤，复列夫之《儒林传》，于是天下始知其名。"

顾炎武一生足迹遍及河北、河南、山东、山西，往来曲折二三万里，而未尝履及湖南，王夫之则隐居石船山下数十年，卒后名声始著闻。顾炎武马上著书，王夫之草堂著书。顾炎武最动，王夫之最静。

[①] （明）王夫之：《船山全书》，岳麓书社 1996 年版，第十六册，第 419 页。

（二）浯溪碑歌与楚二沙门

但是通过《浯溪碑歌》①《王征君潢具舟城西同楚二沙门小坐栅洪桥下》《楚僧元瑛谈湖南三十年来事作四绝句》三诗，可知顾炎武对湖南有相当的关注，对王夫之、陶汝鼐、杨山松、郭都贤、髡残等仁人志士的抗清事迹也有相当的了解，二者间体现着一种精神的照应。②

《亭林诗文集》卷二有《王征君潢具舟城西同楚二沙门小坐栅洪桥下》。诗作于南京，时为顺治十三年（1656），顾炎武四十四岁。

张穆《顾亭林先生年谱》：（顺治）十三年丙申，四十四岁："是年诗有……《王处士自松江来拜陵毕遂往芜湖》一首，《王征君潢具舟城西同楚二沙门小坐栅洪桥下》一首。处士即下同游栅洪桥之王潢。乙卯年闰五月十日诗有云'更忆王符老，飘零恨不同'，自注：'王征君潢，昔日同诣孝陵行香，今年七十七矣。'潢字符倬，上元人。父之藩，慷慨好义，潢能色养。崇祯丙子举于乡。先是，户部郎中倪笃之荐于朝，以贤良征，不就。念世乱亲老，赋《南陔诗》以见志。著有《南陔集》。"

诗中所说"楚二沙门"，其一为熊开元，其二为髡残。熊开元，字鱼山，更名正志，号檗庵，湖北嘉鱼人。熊开元为王夫之师友，见《船山师友记·熊阁学开元》及罗正钧按语。

（三）湖南三十年来事

《亭林诗文集》卷五《楚僧元瑛谈湖南三十年来事作四绝句》：

共对禅灯说楚辞，国殇山鬼不胜悲。心伤衡岳祠前道，如见唐臣望哭时。

孤坟一径楚山尖，铁石心肝老孝廉。流落他方余惠远，抚琴无语忆陶潜。

督师公子竟头陀，诗笔峥嵘浩气多。两世心情知不遂，待谁更奋鲁阳戈。

---

① 参见张京华《顾炎武〈浯溪碑歌〉的文本——兼论潘耒之功过》，《船山学刊》2019年第1期。

② 参见张京华《顾炎武与湖湘士大夫的精神交往》，《衡阳师范学院学报》2018年第5期。

梦到江头橘柚林，衲衣桑下惬同心。不知今日沧浪叟，鼓枻江潭何处深。

时为康熙十五年（1676），顾炎武六十四岁。张穆《顾亭林先生年谱》：（康熙）十五年丙辰六十四岁："是年诗有《楚僧元瑛谈湖南三十年来事作四绝句》四首。"由康熙十五年逆推"三十年来"，当是顺治三年（1646）。顺治二年清兵入南京，明亡，南明福王（弘光）、唐王（隆武、绍武）、鲁王（监国）、桂王（永历）相继起兵抗清。

邓显鹤编《沅湘耆旧集》卷三十四《船山先生王夫之近体诗一百六十五首》，附录亭林先生《楚僧元瑛谈湖南三十年来事作四绝句》，邓显鹤按："亭林先生此四诗，见诗集。次三两首，为陶密翁、杨长苍作，自注甚明。第一首、第四首未注何人。今以诗意观之，末首殆指些公，第一首则船山先生无疑也。录此见当日遗民故老，心心相印如此。此天地闲集之所以不可少也"①。

咸丰年间，郭嵩焘也赞同邓显鹤之说。《郭嵩焘日记》记载，咸丰十一年八月，"初五日。雨。重至坳上会议团事，因过周半溪饭。景乔言，《顾亭林诗》卷五，有楚僧元瑛谈湖南三十年来事，作四绝句……惟首尾二首不著名，首诗乃谓王而农，末诗谓郭些庵也。而农先生时隐南岳之石船山，故其诗云然"②。

陆心源《拟顾炎武从祀议》说到清中期道光年间朝廷对于明末抗清志士态度的转变，云："臣谓明臣黄道周负隅屈强，抗我颜行；故儒孙奇逢助守容城，曾撑螳臂；我宣宗成皇帝特允礼臣之请，从祀孔子庙廷。炎武虽抱不仕之节，实为盛世之民。伏读《国史·儒林传》，列于诸儒之首。《钦定四库全书》收其著作甚多。儒者自全其高节，圣世廓然而大公，列之祀典，夫何疑焉"③？

罗正钧纂《船山师友记》第十六《顾处士炎武》援引并且赞同邓显鹤、陆心源之说。④

---

① （清）邓显鹤辑：《沅湘耆旧集》，清道光二十三年新化邓氏南村草堂刻本。
② （清）郭嵩焘：《郭嵩焘日记》，湖南人民出版社1981年版，第一卷，第490页。
③ （清）陆心源撰：《仪顾堂集》卷3，清光绪二十四年刻本。
④ 参见（清）罗正钧纂《船山师友记》，清光绪三十三年刻本。

此后学者大多承认《楚僧元瑛谈湖南三十年来事作四绝句》其一记述王夫之。如《船山全书》的整理者杨坚认为："顾炎武之诗、刘继庄之文、陆陇其之日记、潘宗洛之谱序，诸人皆与船山同时而不相识，慕其志节，形诸纸墨，亦可贵也。"① 顾炎武通过楚僧元瑛听到了王夫之敢于捐躯赴死的事迹，故以《楚辞》中《国殇》《山鬼》作比，又以同在衡岳的南唐朱葆光作比。这首珍贵的绝句便成为顾炎武与王夫之两位遗民精神交往的唯一见证。

---

① 杨坚：《杨坚编辑文存》，岳麓书社2012年版，第195页。

刘泽华与二十世纪的中国思想史研究

刘 丰[*]

摘要：刘泽华的思想史研究继承并发展了侯外庐学派的思想史研究，从具体的历史运动过程中把握历史，通过历史和思想史的研究得出了"王权支配社会"的理论，是二十世纪马克思主义中国思想史研究的一个重要形态。刘泽华自觉地承袭了侯外庐学派所开创的思想史与社会史相结合的方法，但是也将此方法推向了极致。近些年来，哲学史、学术史以及思想史研究内部的不同方法，都对刘泽华的思想史研究形成了挑战。如何应对这些学术、思想挑战，对于反思思想史的研究方法，进而推进思想史研究的深入，都具有重要的意义。

关键词：刘泽华；侯外庐；思想史；哲学史；学术史；王权主义

思想史是近代以来史学研究领域的一个重要组成部分。传统文化中的周秦诸子、两汉经学、魏晋玄学、隋唐佛学、宋明理学以及清代考据学，在近代以来形成的新的学术范式中都可以纳入思想史的研究范围，因而思想史也就成为研究传统思想、学术的一种主流范式和方法。各流派的史学大家大多也都同时兼治思想史。如从传统经学转向"新史学"的章太炎，虽然没有思想史专著传世，但其实《訄书》已经具有"中国思想史"的规模了，而且他对古代思想有许多精到的看法，侯外庐甚至认为"他是中国近代第一位有系统地尝试研究学术史的学者"[①]。"新史学"的倡导者梁启超有《清代学术概论》《中国近三百年学术史》，以及于1924年出版的

---

[*] 刘丰，中国社会科学院哲学研究所研究员。

[①] 侯外庐：《中国近代启蒙思想史》，人民出版社1993年版，第181页。按，侯外庐这里所说的"学术史"基本相当于现在学界通常所理解的"思想史"。侯外庐的很多著作也都以"思想学说史"来命名。"思想史""学术史""学说史"在侯外庐的用法上含义基本相当，还不具有后来思想史与学术史之间那么大的差异。

《先秦政治思想史》，后者被认为是政治思想史研究的开山之作。这些都是近代思想史研究的典范之作。此后，胡适、顾颉刚、郭沫若、侯外庐、吕振羽等，既是著名的历史学家，同时也都是现代思想史研究的开创者。此外，坚守传统者如陈寅恪先生也有一些具有典范意义的思想史论著，如《陶渊明之思想与清谈之关系》《论韩愈》（收录《金明馆丛稿初编》）等。港台地区的史学家如钱穆，其治学重点也在思想史，如其代表作《中国近三百年学术史》《朱子新学案》《中国学术思想史论丛》（生活·读书·新知三联书店版分为八册）等，也都是思想史研究的名篇。从整体上来看，无论是马克思主义史学家，还是一些持西化立场或文化保守主义立场的史学家，虽然治学方法、路径各不相同，但思想史都是他们治学、立身的一个重要组成部分。正如徐复观所说："对于中国文化的研究，主要应当归结到思想史的研究。"① 这也正是各领域的史学家都集中研治思想史的一个重要原因。

　　刘泽华先生是当代著名的史学家。与上述这些史学家一样，刘先生也是从研究中国历史、社会史入手，进而深入思想史，并且最终以研究古代政治思想史，形成了用王权主义理论来统摄中国历史、解释思想史的一整套理论。刘先生的学术个性十分鲜明，直至晚年依然与各种学术观点进行不屈不挠的论战。刘先生成名于二十世纪八十年代，九十年代以后，尤其是进入二十一世纪之后，随着国内社会结构、思想潮流的转变，刘先生的主张有时显得有些"落伍"，甚至还有人认为他是全盘否定传统文化的"历史虚无主义者"，对儒学缺乏历史的态度、同情的理解，是学术界的"异端"。客观来说，如果仅抓住刘先生的学术思想体系或他参与论辩的某些问题的一两个方面，对他进行反驳，固然有一定的意义，有时甚至还可以逞一时之快，但这并不能完全回答刘先生提出的问题。笔者认为，刘泽华的思想史研究是整个二十世纪中国思想史研究中的一环，他建立的理论体系也是二十世纪史学研究所取得的重要成果之一。只有将刘泽华先生的思想体系放在二十世纪的思想史研究的主流脉络中来考察，梳理他的理论成果，分析他的研究方法，这样才能比较客观、全面地评判刘泽华的思想，同时也能进一步全面地认识二十世纪以来思想史研究的发展。这对于

---

① 徐复观：《中国思想史论集》"代序——研究中国思想史的方法与态度问题"，九州出版社2014年版，第2页。

【北学人物与思想】
刘泽华与二十世纪的中国思想史研究

我们进一步推进思想史的研究,具有非常重要的意义。

刘泽华先生以及南开诸同人在追溯他们的政治思想史研究的时候,往往会上溯到梁启超的《先秦政治思想史》。如刘先生在《八十自述》中说:"六十年代,我初涉中国思想史时,读梁启超《先秦政治思想史》。他在'序言'中说:'所谓"百家言"者,盖罔不归宿于政治。'这句话对我影响很大,由此想到,研究历史不研究思想史是极大缺憾,而研究思想史不关注政治思想,则无所归。"① 其实,虽然梁启超的《先秦政治思想史》出版最早②,在学科发展史上有首创之功,但是在研究方法以及思想理念上,它对后来刘泽华的政治思想史研究并没有产生什么实质性的影响,而且刘先生在上引回忆中还同时提到章太炎、钱穆关于政治思想的一些观点也对他触动很大。如果仅从政治思想史的角度来看,反而是吕振羽的《中国政治思想史》(初版于1937年)以马克思主义理论为指导,主张社会存在决定社会意识,要从一个时代的经济状况、政治状况以及生产方式来探讨这个时代的思想状况,这种马克思主义的研究方法对刘先生这一代史学家的影响更大,关系更密切一些。因此,真正对刘泽华的学术研究产生关键影响的还是1949年之后主流的马克思主义史学,尤其是马克思主义思想史研究的范式。

刘先生的思想史研究主要侧重在政治思想史。其实,政治思想史是中国思想史的重要内容,而且在某种程度上也是中国思想史的重要特征。因此,我们应当把刘泽华的政治思想史研究放在二十世纪以来中国思想史研究的脉络中来考察,刘先生的思想史研究与二十世纪以来中国思想史研究的主流是密切相关的,甚至在很大程度上,刘先生主动地、自觉地承接,同时也进一步发扬了二十世纪思想史研究的主流模式。因此,我们研究刘泽华先生思想史研究所取得的成就,反思他的研究方法,就要从二十世纪的思想史研究开始。

---

① 刘泽华:《八十自述:走在思考的路上》,生活·读书·新知三联书店2017年版,第268页。
② 梁启超在《先秦政治思想史》的"自序"中说:"启超治中国政治思想,盖在二十年前,于所为《新民丛报》《国风报》等,常作断片的发表。虽大致无以甚异于今日之所怀,然粗疏偏宕,恒所弗免。"由此可知,梁启超在二十世纪初就开始研究中国政治思想史。梁著《先秦政治思想史》正式出版于1924年,初稿为1922年春在北京政法专门学校的讲义,最初只有四讲,后来(同年秋)又在东南大学讲授先秦政治思想史,在原讲义基础上有较大的扩充。另外,1923年商务印书馆也出版了谢无量的《古代政治思想研究》。

一　二十世纪思想史研究的主流范式

思想与哲学的语义重叠较多，在某些时候甚至可以互换，在中国学术界，思想史与哲学史关系最为密切。哲学是近代以来从西方经由日本而传入的一门学科。中国传统的学术体系中有经学、子学，但并无哲学。因此，中国哲学自身的"正名"问题，它与中国传统学术之间的关系问题，就一直伴随着中国哲学史这门学科在近代一百多年的发展历程。相比之下，中国思想史并没有这样的问题。中国古代的思想传统自《诗》《书》以来，历经周秦诸子、两汉经学、魏晋玄学、宋明理学、清代朴学，延绵不绝，而且中国还有悠久的、发达的史学传统，因此，近代新史学兴起以来，学者研究思想史就显得顺理成章，名正言顺。关于中国古代是否有哲学这个问题可以一直争论下去，但任何人也不会否认中国古代有思想。因此，研究孔孟老庄直至朱子、阳明、戴震、章学诚等两千多年来思想的发展演进，包括哲学思想、政治思想、经济思想、军事思想、文学思想，等等，就成为史学研究中重要的一项内容。当然，从研究的实际来看，与思想史关系最为密切的，依然还是哲学史。就中国哲学史的研究实际来看，有时候"哲学史"其实也就是改头换面的"思想史"。

胡适的《中国哲学史大纲》（卷上）是中国哲学史这门学科的奠基作之一。蔡元培先生曾评价此书的长处是证明的方法、扼要的手段、平等的眼光以及系统的研究。胡适以大刀阔斧的手法，截断众流，从漫长、杂乱的传说、古史系统中开辟出一条哲学的道路。胡适虽然接受了系统的近代西方哲学的训练，写出了一部具有开创意义的《中国哲学史大纲》，但实际上，他更加偏爱的是历史。余英时甚至说："胡适的学术基地自始即在中国的考证学，实验主义和科学方法对于他的成学而言都只有援助的作用，不是决定性的因素。"[①] 因此，他的哲学史研究，其实基本上是历史的、思想史的研究。而且《中国哲学史大纲》（卷上）中也有相当部分属于考证性内容。他曾经说：

---

① 余英时：《〈中国哲学史大纲〉与史学革命》，载《现代危机与思想人物》，生活·读书·新知三联书店2005年版，第194页。

【北学人物与思想】
刘泽华与二十世纪的中国思想史研究

> 我平日喜欢做历史的研究,所以今天讲演的题目,是《中国哲学的线索》。这个线索可分两层讲。一时代政治社会状态变迁之后,发生了种种弊端,则哲学思想也就自然发生、自然变迁,以求改良社会上、政治上种种弊端。所谓时势生思潮,这是外的线索。外的线索是很不容易找出来的。内的线索,是一种方法——哲学方法,外国名叫逻辑 Logic……外的线索只管变,而内的线索变来变去,终是逃不出一定的路径的。①

胡适这里所说的"外的线索"和"内的线索",也可以称作"外在解释"和"内在解释"。外在解释注重思想与社会之间的关系,这是思想史的、历史的研究方法,而内在解释注重思想本身逻辑的发展变化,这是哲学的研究方法。胡适《中国哲学史大纲》虽然是中国哲学的奠基之作,但综观胡适一生学术的发展与成就,他更偏爱的、成就最大的,不在于哲学与哲学史,而在于考据、历史与思想史的研究。胡适研究中国哲学史,但中国哲学史上最重要的、最有特点的一些问题,他却没有涉及。如他对理学就并不太着意,但对反理学的思想家则很看重。后来他又更明确地表示,要把未来将要完成的《中国哲学史大纲》改称《中国思想史》,还说"后来我总喜欢把'中国哲学史'改称为'中国思想史'"②。实际上《中国哲学史大纲》卷上之后的内容,就叫作《中国中古思想史长编》,但也只写到西汉中期就结束了。与胡适相比,冯友兰则可以称得上是中国哲学这门学科真正的创立者。由于胡适偏重思想史的立场,因而受到了冯先生的批评。冯先生说:"哲学家胡适出版了《中国哲学史大纲》上卷。这本书,实际上是一本批判中国哲学的书,而不是一本中国哲学的历史书。中国哲学中两个影响最大的学派——儒家和道家,受到了他的功利主义和实用主义的观点的批判和怀疑……我们在读胡适的书时,不能不感到他认为中国文化的全部观点是完全错误的。"③胡适和冯友兰的区别,不仅有哲学

---

① 胡适:《中国哲学的线索》,载姜义华主编《胡适学术文集·中国哲学史》,中华书局1991年版,上册,第520页。
② 《胡适口述自传》第十二章"现代学术与个人收获",载欧阳哲生编《胡适文集》,北京大学出版社1998年版,第一册,第372页。
③ 冯友兰:《中国现代哲学》,载《三松堂学术文集》,北京大学出版社1984年版,第287页。

立场（实用主义和新实在论）、思想立场（批判传统与接续传统）的差别，其实更为重要的是研究方法的差别。具体来说，如果按照胡适的理解，冯先生重视的是"内的线索"，即哲学的立场，而胡适先生则主"外的线索"，即史学的立场。在思想史研究中持历史的立场，就是要将思想还原到具体的社会历史当中。胡适在《戴东原的哲学》中谈论到阮元通过举例、归纳的方法讨论儒家"性"的含义演变的时候，说：

> 阮元是有历史眼光的，所以指出古经中的性字，与《庄子》的性字不同，更与佛书中的性字不同。这种方法用到哲学史上去，可以做到一种"剥皮"工夫。剥皮的意思，就是拿一个观念，一层一层地剥去后世随时渲染上去的颜色，如剥芭蕉一样。越剥进去，越到中心。①

又说："阮元是一个剥皮的好手。他论性，论仁，都只是要把一个时代的思想归还给那一个时代；都只是要剥去后代涂抹上去的色彩，显出古代的本色。"② 胡适所谓的"剥皮"的方法，其实就是一种还原的方法，类似于现代解释学的方法，是将后世不断累积到一个概念上的不同含义逐步分解，将不同的含义归还给不同的时代，最后可以探得这个概念的本原含义。胡适所说的"剥皮"的方法虽然还是在概念上打转，给概念做分解，但他主张历史地看待一个哲学概念的演进，要在最本始的历史语境中看待一个概念的意义，这种方法与其说是哲学的，不如说是历史的。

二十世纪二三十年代，在胡适的影响下，傅斯年、顾颉刚等新一代的学者，也都深入思想史的研究。他们都按照胡适所谓"剥皮"的方法，一层层解剖附着在原初观念、历史上的"添加物"，如傅斯年《性命古训辨证》、顾颉刚《阴阳五行说下的政治和历史》，这种研究方法既还原了历史的本来面目，又解释了随着时代的变迁，历史、观念的演变。其实，顾颉刚"层累地造成的古史"的看法，用的也是这种历史还原的方法。胡适当

---

① 胡适：《戴东原的哲学》，载姜义华主编《胡适学术文集·中国哲学史》，中华书局1991年版，下册，第1084页。
② 胡适：《戴东原的哲学》，载姜义华主编《胡适学术文集·中国哲学史》，中华书局1991年版，下册，第1085页。

【北学人物与思想】
刘泽华与二十世纪的中国思想史研究

时就认为,顾颉刚的"层累说"就是"剥皮主义"。① 除了胡适以及受他影响的学者之外,随着马克思主义在中国的传播,早期的马克思主义者也都有意识地用唯物主义的观点,从更加广阔的社会背景来研究思想的产生、发展。如李大钊在1919—1920年,就发表过《物质变动与道德变动》《由经济上解释中国近代思想变动的原因》等文章。其中后者认为,两千余年未曾变动的农业经济组织——大家族制度是一切政治制度、伦理道德、学术思想以及风俗习惯的基础。② 郭沫若于1928—1929年,也陆续发表了《周易的时代背景与精神生产》《诗、书时代的社会变革与其思想上之反映》《中国社会之历史的发展阶段》等论文,后来又在这些论文的基础之上出版了《中国古代社会研究》,首次在唯物史观的指导下,比较全面地研究了殷周时期的社会变革和思想变迁。在马克思主义史学阵营当中,更加全面、深入地投入思想史的领域,将社会史与思想史更加密切地结合起来研究,从社会的角度探讨思想发展的深层动因,则是侯外庐先生以及侯外庐学派。

侯外庐对中国历史的研究,是从社会史开始,由社会史进入思想史。侯外庐所说的"社会史",严格来讲,是指二十世纪三十年代关于"社会史论战"意义上的社会史,即关于中国古代社会性质、社会形态的总体判断。按照侯外庐先生的叙述,二十世纪三十年代大革命失败以后,马克思主义者为了探索革命的前途,解决中国向何处去的问题,开始研究社会性质问题。为了搞清楚当前所处的社会究竟是资本主义社会、封建社会,还是半殖民地半封建社会,理论界自然得回过头去研究中国的历史,于是问题又从现实转向历史,引起了大规模的关于中国社会史性质的论战。这场论战范围很广,持续时间很长,争论的问题很多。"大家争得最热闹的问题有这样几个:一是亚细亚生产方式问题;二是中国历史是否经历过奴隶制阶段问题;三是何谓'封建社会'以及中国封建社会的历史断限和特征问题;四是所谓'商业资本主义社会'问题;最后又从历史回到现实,认识近代中国是否半殖民地半封建社会问题。"③ "社会史论战"是一场学术

---

① 参见胡适《古史讨论的读后感》,载顾颉刚编著《古史辨》,上海古籍出版社1982年版,第一册,第189—198页,尤其是第192页。
② 参见李大钊《李大钊文集》,人民出版社1984年版,下册,第178—184页。
③ 侯外庐:《韧的追求》,生活·读书·新知三联书店1985年版,第222页。

与政治交织在一起的一次大讨论,其中涉及的学术问题,的确是关乎中国历史的重大问题。在这次论战中,马克思主义史学开始登场。侯外庐说:"在这场论战中,以郭沫若为代表的中国马克思主义者的一个重大功绩,就是他们在批判形形色色的唯心主义史学的同时,开创了以马克思主义为指导的中国新史学。新史学的出现,激起了巨大的社会反响,推动了中国社会史问题论战的高涨。我就是在论战高潮中,由于受到郭沫若的影响而开始转向史学研究道路的。"[1] 侯外庐先生在这里明确地记述了他从关注社会史论战开始,进而在郭沫若的影响、带领之下加入社会史研究中的学术历程。因此,当时所理解的社会史,就是对社会形态、社会性质的整体把握。这是史学研究中的重大理论问题。

侯外庐先生研究社会史,"主要着重于社会的构成和性质"[2]。他从"亚细亚生产方式"问题入手,探讨了中国古代"城市国家"的起源和发展、古代先王问题等,探索出一条中国古代文明发展的独特路径。在社会史研究的基础上,外庐先生又进而于二十世纪四十年代开始进入思想史研究的领域。

对于思想史的研究,他一贯的看法是,社会史与思想史相互一贯,不可或缺,而且研究思想史要以社会史为基础。他晚年回忆说:"一九三四年我撰写的《中国古代社会与老子》一书,虽然只是一个小册子,却既包括社会史也包括思想史。我的这第一本史学著作的格局和研究方法,虽无甚明确的意识,却相当典型地表现了我早年的追求,即要在史学领域中挑起一副由社会史和思想史各占一头的担子,为此,我的确跋涉奔走了半个多世纪。"[3] 侯外庐在《中国古代思想学说史》中就明确地说,思想史需要研究的问题是:社会历史的演进与社会思想的发展,关系何在?人类的新旧范畴与思想的具体变革,结合何存?人类思想自身的过程与一时代学说的个别形成,环链何系?学派同化与学派批判相反相成,其间吸收排斥,脉络何分?学说理想与理想术语,表面恒常掩蔽着内容,其间主观客观,背向何定?方法论犹剪尺,世界观犹灯塔,现实的裁成与远景的仰慕恒常相为矛盾,其间何者从属而何者主导,何以为断?后来,侯先生又把

---

[1] 侯外庐:《韧的追求》,生活·读书·新知三联书店1985年版,第223页。
[2] 侯外庐:《韧的追求》,生活·读书·新知三联书店1985年版,第236页。
[3] 侯外庐:《韧的追求》,生活·读书·新知三联书店1985年版,第264—265页。

【北学人物与思想】
刘泽华与二十世纪的中国思想史研究

这些问题更加明白地表述为："一、社会历史阶段的演进，与思想史阶段的演进，存在着什么关系。二、思想史、哲学史出现的范畴、概念，同它所代表的具体思想，在历史的发展过程中，有怎样的先后不同。范畴，往往掩盖着思想实质，如何分清主观思想与客观范畴之间的区别。三、人类思想的发展与某一时代个别思想学说的形成，其间有什么关系。四、各学派之间的相互批判与吸收，如何分析究明其条理。五、世界观与方法论相关联，但是有时也会出现矛盾，如何明确其间的主导与从属的关系。"[1] 侯外庐先生从二十世纪四十年代开始撰写《中国古代思想学说史》的时候，就开始关注的这些问题与方法，也是后来整个《中国思想通史》撰述过程中所坚持的原则和方法。侯外庐先生又将这些理论与方法更加精要地总结为："思想史系以社会史为基础而递变其形态。因此，思想史上的疑难就不能由思想的本身运动里求得解决，而只有从社会的历史发展里来剔抉其秘密。"[2]

由此可见，侯外庐所开创的思想史研究，就是要把思想的发展演进和社会性质、社会阶段这样的宏观结构相联系，从社会的变迁中探求思想发展的动力和奥秘。侯外庐在总结《中国古代思想学说史》的特征时也说，这部书的第一个特征就是注意社会史与思想史的关联。"把社会史与思想史如此紧密地结合起来进行论述，在我是第一次，在并时学者的同类著作中或者也是较早的实践。"[3] 比如，根据他对中国古代社会性质的研究和判断，把古代社会分作西周、春秋、战国三个阶段（殷代为奴隶社会的前行阶段）。与此相应，中国古代思想的发展也经历了三个阶段。第一阶段是"学在官府"的畴官贵族之学，以西周诗书为代表；第二阶段为邹鲁缙绅诗书传授之学，从而批判地发展为春秋战国之际的孔墨显学；第三阶段为战国诸子百家争鸣之学。"论述古代思想的发展，始终紧扣古代社会的发展。例如西周官学之与氏族贵族的统治；春秋邹鲁缙绅诗书传授之学及由此批判地发展而成的孔墨显学之与春秋氏族贵族的凌替、国民阶级的初起；战国百家并鸣之学之与国民显族社会的横议，是相为关联地论

---

[1] 侯外庐：《韧的追求》，生活·读书·新知三联书店1985年版，第267页。
[2] 侯外庐等：《中国思想通史》，人民出版社1957年版，第一卷，第28页。
[3] 侯外庐：《韧的追求》，生活·读书·新知三联书店1985年版，第268页。

述的。"①

1949年中华人民共和国成立之后，随着马克思主义成为官方意识形态，侯外庐学派所秉持的以马克思主义唯物史观为指导，坚持社会史与思想史的贯通，就成为思想史研究最基本的原则与方法了。刘泽华就是在这样的教育体制与学术影响下成长起来的新一代史学家。

二 刘泽华的思想史研究

"辨章学术，考镜源流"是中国传统学术研究的主要内容与特色。从刘泽华先生的《八十自述》中我们可以了解到，刘先生出生于二十世纪三十年代一个普通的华北农村家庭，自幼并无家学渊源。刘先生所接受的教育，主要就是1949年之后形成的以马克思主义为指导的主流教育体系。刘泽华先生于1957年入南开大学历史系，但在1958年"大跃进"中就当上了助教，从学生变成了老师。后来他又于1959年从中山大学杨荣国教授进修中国思想史。杨荣国也是著名的马克思主义哲学史家，以研究中国哲学史、思想史著名，也曾参与过侯外庐主编的《中国思想通史》第四卷的撰写。虽然刘先生从学杨荣国教授时间很短，仅有半年多，但这一段经历对他日后的思想史研究也是有助益的。刘先生后来曾回忆说："那时候，我把主要着眼点放在政治思想，杨先生很支持我的方向。他说思想史太宽泛，并告诉我，他的《中国古代思想史》就侧重政治思想。但他同时指出，中国的政治思想与哲学、伦理道德等紧密联系在一起，很难分开，所以目光还是要宽些为宜。杨先生的点拨，对我以后的研究有很重要的指导性。"②他在中山大学进修的主要是先秦思想史，通读先秦诸子，还写了近十万字的文稿，其中关于荀子的重农思想，后发表在《光明日报》，这些都为后来的研究打下了较好的基础。另外，刘先生入南开历史系的时候，郑天挺、杨志玖、王玉哲等先生正执教于南开历史系，这些老先生都授教于"西南联大"时期，他们都是刘泽华的老师，他们对于刘泽华养成重视

---

① 侯外庐：《韧的追求》，生活·读书·新知三联书店1985年版，第268页。
② 刘泽华：《八十自述：走在思考的路上》，生活·读书·新知三联书店2017年版，第89页。

【北学人物与思想】
刘泽华与二十世纪的中国思想史研究

史料的功夫,论从史出的方法,"有一分材料说一分话",开阔的历史视野,不盲目随从、勇于怀疑批判的态度,都有不同程度的影响。但最为重要的,是这个时期体制内的马克思主义史学教育。刘先生很早就倾心于思想史,因此,无论在理论上还是在方法上,对刘先生思想史研究影响最大的,还是当时居于史学界主流地位的马克思主义思想史研究的侯外庐学派。刘先生曾在一个自述中说:"我上大学以前曾工作了六年,那时就对思想史有兴趣,在我书架上保存下来的最早的书要属郭沫若1956年出版的《十批判书》和侯外庐等人所著的《中国思想通史》。当时没有任何人指导,又没有受过科班教育,读这些书十分困难,但却十分有兴趣。"① 刘先生虽然和侯外庐并无直接的学术交往,但他最终还是承认他是私淑侯外庐的。②

侯外庐先生曾说:"我研究古代社会的基本原则,就是力图把中国的古史资料,和马克思主义历史科学的古代发展规律,做一个统一的研究,以便探寻中国古代社会发展的特殊规律。"③ 侯先生这里所说的,既是中国马克思主义史学研究的基本原则,即用马克思主义的科学理论来研究中国古史,同时又反映了侯外庐先生独特的学术追求。中国早期的马克思主义史学的基本方向是用马克思主义来指导中国历史的研究,用中国历史的资料来证明马克思主义有关历史的论断的普遍性、科学性,这个方面的代表作就是郭沫若的《中国古代社会研究》。这部书"在掌握大量史料的基础上,运用历史唯物主义观点和方法,以其锐利的眼光,第一次提出并且论证了中国古代同样存在奴隶制社会,从而证明了马克思主义关于人类社会史一般规律的普遍意义"④。而侯先生是在郭老之后,进一步运用马克思主义的科学方法来研究古史,进而探寻中国古代社会的特殊性。

---

① 刘泽华:《我和中国政治思想史》,载《刘泽华全集·历史认识论与方法》,天津人民出版社2019年版,第35页。
② 刘泽华先生和"侯外庐学派"的传人黄宣民先生私交甚笃。据刘先生自己说,黄先生于1991年在南开大学举行的一次学术会议上,就将刘先生及其团队归作"侯派":"因为无论是从《中国传统政治思想反思》这部书看,还是从刘先生一贯的学说思想、学术主张看,他们都是在政治思想史研究领域自觉地运用、并且是发挥性地运用了外老的治学方法,发展或至少是引申了外老的学术思想的。"刘先生觉得"(黄)宣民是深知我的"。参见刘泽华先生为黄宣民、陈寒鸣主编的《中国儒学发展史》(中国文史出版社2009年版)所作的"序"。
③ 侯外庐:《韧的追求》,生活·读书·新知三联书店1985年版,第230页。
④ 侯外庐:《韧的追求》,生活·读书·新知三联书店1985年版,第223页。

侯外庐先生认为，郭老的著作虽然有开辟、拓荒之首功，但在某些方面，尤其是对于"亚细亚生产方式"的回答，还不能令人完全满意。因而他研究中国古代社会，便从"亚细亚生产方式"开始。侯先生通过对马克思有关"亚细亚生产方式"理论的深入研究，以此来证明中国古代社会发展的独特路径。他认为，人类进入文明社会（即奴隶社会）有古典形态，也有非古典的形态，路径并不是只有一条。按照马克思的理论，生产方式是决定社会性质的根本因素。侯先生指出，由"亚细亚生产方式"所决定的中国古代社会是和"古典的古代"并行的另外一种路径。"古代东方国家走进文明社会的路径，便依存于这些传习等等，再把它固定化起来。这个转变可以叫做'古代的维新制度'，亚细亚生产方式就是这样地支配社会的构成。"① 又说：

> 如果我们用"家庭、私有、国家"三项来做文明路径的指标，那末，"古典的古代"是从家族到私产再到国家，国家代替了家族；"亚细亚的古代"是由家族到国家，国家混合在家族里面，叫做"社稷"。因此，前者是新陈代谢，新的冲破了旧的，这是革命的路线；后者却是新陈纠葛，旧的拖住了新的，这是维新的路线。前者是人惟求新，器亦求新；后者却是"人惟求旧，器惟求新"。前者是市民的世界，后者是君子的世界。②

侯外庐就是用"亚细亚生产方式"的理论，说明了中国古代进入奴隶社会的特殊性，即国家保留了大量氏族社会的血缘因素，因此这是一条"维新"的社会发展路径。同时，这样特殊的社会发展路径也决定了春秋战国时期诸子百家以及后来整个中国思想的特点。也就是说，中国思想的特点是由中国历史发展的特殊路径所造成的。

在坚持马克思主义史学研究基本方法的前提之下，注重探求中国历史的特殊性，是侯外庐先生史学的重要贡献之一。从社会史进入思想史，主张将社会史与思想史相结合，尤其是重视将思想史还原到社会史，这是以侯外庐学派为代表的中国思想史研究的主流范式。刘泽华先生的思想史研

---

① 侯外庐等：《中国思想通史》，人民出版社1957年版，第一卷，第8页。
② 侯外庐等：《中国思想通史》，人民出版社1957年版，第一卷，第11—12页。

【北学人物与思想】
刘泽华与二十世纪的中国思想史研究

究,走的也是这条路。刘泽华先生的思想史研究的起点也是社会史,刘先生对古代历史的研究,同样也说明了中国历史的特殊性。

刘泽华先生的理论体系的核心是王权主义,这是他打通中国思想史的关键。按照刘先生自己的解释,王权主义有宽窄两种含义。"宽的是指社会的一种控制和运行机制,窄的是在思想观念上使用它。所以,王权主义既不是指社会形态,也不限于通常所说的权力系统,而是指社会的一种控制和运行机制。大致说来可以分为三个层次:一是以王权为中心的权力系统;二是以这种权力系统为骨架形成的社会结构;三是与上述状况相配的观念体系。"[1] 如果按照刘先生所说的狭义的王权主义,那么它是以王权支配社会为理论基础的,它与王权支配社会一为思想观念,一为社会现实,上下贯通;如果按照广义的王权主义来理解,它又容纳了王权支配社会,是对社会和思想的总括。因此,王权主义是刘泽华先生统合中国历史和中国思想文化的核心,同时这也是他从对历史和思想史的研究中得出的理论结晶。

从历史研究方面来看,刘泽华先生提出的是"王权支配社会"的理论。刘泽华先生明确提出"王权支配社会"是在1987年。所谓"王权",本质上就是专制主义。他认为,之所以用"王权",仅仅是因为先秦不能说"皇权",而"王权"则可以一直贯通下来。与"王权"意义相同或相近的,还有"君权""皇权""封建君主专制"等。这是刘先生对春秋战国以及秦汉社会结构和社会成员的地位等问题进行深入研究之后提出的观点。刘先生自称,他的这个理论来源于马克思所说的"行政权力支配社会"。他说:"马克思虽然没有详细展开论述,但这句话对我认识中国传统社会却起了提纲挈领的指导作用。"[2] 1986年,刘先生与汪茂和、王兰仲合作,共同撰写了《专制权力与中国社会》,全面论述了"专制王权支配社会"这个核心命题,这是对"王权支配社会"这个问题的前期准备。

刘先生王权支配社会的理论,是通过对权力运行、社会分层等具体的历史问题的研究而形成的。第一,刘先生通过研究战国末期到秦的统一历

---

[1] 刘泽华著,汤一介、王守常编:《师道师说:刘泽华卷》(中国文化书院八秩导师文集),东方出版社2016年版,第36页。刘先生在这里还简要地指出,王权主义的具体内容表现在八个方面。

[2] 刘泽华:《中国的王权主义——传统社会与思想特点考察》"引言——王权主义概论",上海人民出版社2000年版,第1页。

程，认为秦帝国的建立是政治支配经济运动的产物。按照当时通行的经济基础决定上层建筑的理论，专制国家的建立作为上层建筑，是由社会的经济运动所决定的。但刘泽华先生则认为："秦的统一和中央集权制国家的建立是权力支配经济运动的产物。""君主集权制与其说是某种形式的土地占有关系（国有或私有）要求的产物，毋宁说是权力支配经济，主要是支配分配的产物。"① 又说："这样说，是不是把政治凌驾于经济之上了呢？从某种意义上说是这样。"② 以往的研究一般认为，秦的统一是顺应了人民的愿望，是为了巩固封建生产关系，促进生产力的发展，但刘泽华先生的研究则突出强调了政治权力在专制帝国建立过程中的作用，指出高度的政治集权与经济形式没有直接的关联，政治权力是一种独立的社会存在。这样，他通过对具体历史过程的解析，说明了政治—权力因素在专制国家建立过程中的作用，这为他的"王权支配社会"的理论奠定了一个重要的基石。

第二，刘先生特别关注社会分层，并通过研究社会各阶层的形成过程，进一步论证了权力支配社会这个观点。在传统社会，皇帝—贵族—官僚地主是社会统治阶层的主体，其中皇帝和贵族是权力的主体，他们的获得是通过武力或世袭，这是人们熟知的常识，但是第一代地主阶级的形成是经济运动的自然产物，还是以权力主导而塑造出来的？刘先生从二十世纪七十年代末就开始关注、思考第一代地主的形成问题。当时史学界一般的看法是，战国时期已进入封建社会，战国时期的地主阶级是通过土地买卖而形成的。但是，刘先生则认为，第一代封建地主主要是通过政治暴力方式产生的。战国时期组成地主的主要是诸侯、卿大夫、官僚、官爵大家、豪士、豪民、豪杰等，他们中的大多数不是通过经济手段发家的，主要是靠政治。对于秦汉之后封建地主的形成道路问题，刘先生依然认为，政治特权与权力的再分配是封建地主再生产的主要途径。③

---

① 刘泽华：《中国的王权主义——传统社会与思想特点考察》，上海人民出版社2000年版，第12页。

② 刘泽华：《中国的王权主义——传统社会与思想特点考察》，上海人民出版社2000年版，第8页。

③ 参见刘泽华《论中国封建地主产生与再生道路及其生态特点》，《学术月刊》1984年第2期；《从春秋战国封建主形成看政治的决定作用》，《历史研究》1986年第6期。另外，还可参见刘泽华等《战国时期的食邑与封君述考》，《北京师范学院学报》（社会科学版）1982年第3期。

【北学人物与思想】
刘泽华与二十世纪的中国思想史研究

除了考察第一代地主的形成道路,刘先生又研究了第一代小农的形成道路问题。因为地主和农民作为封建社会最主要的社会关系,他们的形成是密切相关的。早在1972年、1973年,刘先生就开始研究"授田制",他说,"授田制"是历史上的一个大制度,创立和奠定了帝王与农民之间关系的基本模式。他在1973年铅印的《中国古代史稿》中说:"封建国家通过'授田'把一部分土地分给农民耕耘,农民要负担沉重的赋税和徭役、兵役。"①1975年湖北云梦睡虎地出土秦简,其中就有"受(授)田"的记录,这一发现给他此前提出的"授田"提供了铁证。随后,刘先生立刻撰写了《论战国时期"授田"制下的"公民"》,第一次论证了第一代小农主要是国家实行授田制而产生的,并不是通过所谓"开荒"、土地买卖途径而形成的。②刘先生的这个观点今天已被学界普遍承认,刘先生到晚年也非常得意这一发现,说:"我发现的是一个影响中国历史进程的大制度,如果学术史的事实无误,这个发现,无疑是我学术生涯中最称意的一件事。"③

通过对社会分层、社会各阶层形成道路等问题的具体、深入的研究,刘先生形成了他的"王权支配社会"的理论,并且由此也对中国社会有了进一步的认识。比如,关于封建社会是否有停滞,这是学界争议的一个大问题,刘先生认为,封建君主专制中央集权一再破坏社会简单再生产规律和价值规律,致使中国封建社会后期长期处于停滞状态。也就是说,中国封建社会长期性和后期迟滞的特点,是由封建君主专制制度造成的。④再如,刘先生认为,中国古代社会结构属于"权力—依附"型结构,在各种权力中,帝王居于权力的顶端。刘先生指出,中国传统的权力运动有一个基本大势,就是向王权集中。君主专制的强化,主要不是经济的集中,而是专制权力的集中。⑤正因为王权是整个社会的枢纽,因此,专制王权与

---

① 关于刘泽华先生研究"授田制"的背景以及铅印教材《中国古代史稿》,参见刘泽华著,汤一介、王守常主编《师道师说:刘泽华卷》(中国文化书院八秩导师文集),第76页。
② 参见刘泽华《论战国时期"授田"制下的"公民"》,《南开学报》(哲学社会科学版)1978年第2期。
③ 刘泽华著,汤一介、王守常主编:《师道师说:刘泽华卷》(中国文化书院八秩导师文集),东方出版社2016年版,第78页。
④ 参见刘泽华等《中国封建君主专制制度的形成及其在经济发展中的作用》,《中国史研究》1981年第4期。
⑤ 参见刘泽华主编《中国传统政治哲学与社会整合》,中国社会科学出版社2000年版。

整个社会之间的矛盾是社会的主要矛盾。①

总之,"王权支配社会"是刘泽华先生对中国历史的一个基本判断。他总结说:中国从有文字记载开始,即有一个最显赫的利益集团,这就是以王—贵族为中心的利益集团,以后则发展为帝王—贵族、官僚集团。这个集团的成员在不停地变动,但其结构则十分稳定。正是这个集团控制着社会。刘先生反复指出:"这是一个无可怀疑的事实,我的问题就是以此为依据而提出的。"也就是说,这是刘先生考察历史的一个基点和起点。他的判断是:这种王权是基于社会经济又超乎社会经济的一种特殊存在。它是靠武力争夺而获得,因此对社会而言,"不是经济力量决定着权力分配,而是权力分配决定着社会经济分配,社会经济关系的主体是权力分配的产物;在社会结构诸多因素中,王权体系同时又是一种社会结构,并在社会的诸种结构中居于主导地位;在社会诸种权力中,王权是最高的权力;在日常的社会运转中,王权起着枢纽作用;社会与政治动荡的结局,最终是恢复到王权秩序;王权崇拜是思想文化的核心,而'王道'则是社会理性、道德、正义、公正的体现;等等"②。由此可知,王权支配社会是刘先生对中国几千年历史的一种整体认识。刘先生晚年曾总结说:"'王权支配社会',对我而言,既是一种历史事实的判断,同时又是自己的方法论和认识论。对众多的历史现象,我都是以此为观察起点。"③ 由此可见,"王权支配社会"既是刘先生对整个中国历史的一个基本判断,同时也是我们把握他的学术思想的一个关键点。

刘泽华先生从中国古代历史的研究中得出了"王权支配社会"这样的结论,而且基本形成了王权主义的理论。按照他自己的解释,王权主义不仅是一种社会控制模式,同时也是一套思想观念。因此,"王权支配社会"的理论或者王权主义理论必然要向思想史延伸,同时,思想史的研究又进一步加深或验证了王权主义理论。这样,王权主义就最终成为刘泽华先生

---

① 参见刘泽华等《中国封建君主专制制度的形成及其在经济发展中的作用》,《中国史研究》1981年第4期。1988年出版的《专制权力与中国社会》(刘泽华、汪茂和、王兰仲著,吉林文史出版社出版)则对这个问题做了全面的论述。
② 刘泽华著,汤一介、王守常主编:《师道师说:刘泽华卷》(中国文化书院八秩导师文集),东方出版社2016年版,第371页。
③ 刘泽华:《八十自述:走在思考的路上》,生活·读书·新知三联书店2017年版,第245页。

【北学人物与思想】
刘泽华与二十世纪的中国思想史研究

统合中国历史和中国文化的一个核心理念。

刘泽华先生虽然在二十世纪五十年代末、六十年代就开始涉猎先秦诸子与中国思想史，但他真正进入思想史研究的切入点则是"文化大革命"后期对秦始皇的重新评价。十年"文化大革命"的大背景是促成他研究政治思想史的主要动力。他说："为了清理'文革'中的封建主义，必须回头分析一下封建主义的文化精神是如何形成的，这成为我研究中国政治思想史的强烈驱动力。"[①] 刘泽华先生一直具有强烈的现实关怀，现实社会的荒诞、矛盾、苦闷促使他走入历史。而历史的核心是思想史，思想史犹如历史的"灵魂"，要认清历史，必然要对思想史进行认真的清理，这样才能真正看清历史，从历史的变动中寻求解释现实的答案。

刘泽华先生于1984年出版了《先秦政治思想史》，这部著作奠定了他思想史研究的学术地位，同时也确立了他研究的特色。之后他的思想史研究进一步深入，观点也逐渐明晰，最终提炼出王权主义的理论。按照刘先生自己所设定的狭义的王权主义的理解，它是指一套思想观念，这是在思想史的意义上来说的。这是刘先生一生研究中国政治思想史以及中国传统思想文化最终得出的理论结晶，是刘先生思想体系的纲领。整体来说，思想史意义上的王权主义可以从如下几个方面来理解。

第一，政治思想是中国传统思想的主体。

第二，传统思想的主旨是王权主义。思想文化的王权主义根源于"王权支配社会"这一历史事实。对这个问题，刘先生又是从这几个方面来论证的。

其一，春秋战国诸子百家争鸣与王权主义的关系。一般的思想史研究认为，战国时期的百家争鸣是中国历史上少有的思想自由的时候。但刘先生在1982年的一篇文章中就指出："从平面上看百家相争，很有点民主气氛。但如果分析一下每家的思想实质，就会发现，绝大多数人在政治上都鼓吹君主专制，思想上都邀请罢黜他说，独尊自己，争着搞自己设计的君主专制主义。因此，百家争鸣的实际结果不可能促进政治走向民主、思想走向资源，只能是汇集成一股强大力量，促进了君主专制主义制度的完善

[①] 刘泽华：《八十自述：走在思考的路上》，生活·读书·新知三联书店2017年版，第269页。

和僵化。把握了这一点，才能把握住把家的政治归宿。"① 后来，刘先生又在此基础上对百家争鸣与君主专制主义的关系做了更系统的论述。刘先生指出，战国诸子中除了少数人如农家外，几乎都把君主制度作为自然的理论前提来对待。各家热烈争论的不是要不要君主制以及用什么制度取代君主制度，相反，他们争论的是如何巩固、强化、完善君主制。这样，越争论就越促进君主专制理论的发展，最终汇合为秦朝高度的君主专制主义。② 这些观点后来都汇集到《中国的王权主义》一书中了。

自二十世纪八十年代以来，很多学者在重评儒家的时候，都比较重视儒家的民本思想，对此评价颇高，甚至有人主张民本可与现代的民主相对接，至少也是现代民主的本土资源。刘泽华先生以其特有的视角，从二十世纪八十年代以来就一直反对这种看法。他认为，孟子虽然主张"民为贵"，但儒家同时又说"天无二日，民无二王"，孟子还主张君权神授；法家主张君主专权，但同时法家也有"以人为本"的思想。因此，仅仅抓住其中的一个方面，并不能说明问题。他认为，重民是君主专制主义的基础。③

刘泽华先生的思想史研究从先秦开始，尤其是战国诸子百家，是他一生用力最多的地方，这是因为他认为，先秦诸子的思想是中国古代文化发展成熟的标志。"所谓成熟，主要表现在如下两个方面：一是各种思想形成了理论体系，二是在其后两千年中，直到近代西方思想传入中国之前，这种理论一直为后来者所本。在整个封建时代，除舶来的佛学之外，没有出现过超出先秦诸种理论体系的新理论体系。"④ 刘先生专门研究了孔子的伦理思想与专制主义、老庄的无为思想与君主专制主义、法家关于君主专制的理论以及先秦人性论与君主专制主义、先秦礼论与君主专制主义、先秦民论与君主专制主义、先秦谏议理论与君主专制主义等诸问题。这些观点最后都汇集到他的王权主义理论中了，成为证成王权主义的诸多方面。

其二，帝王的"五独"观念。中国从商周以来就形成了以王位居权

---

① 刘泽华：《战国时期的百家争鸣》，《文史知识》1982年第2期。
② 参见刘泽华《战国百家争鸣与王权主义的发展》，《学术月刊》1986年第12期。
③ 参见刘泽华《先秦民论与君主专制主义》，载《中国传统政治思想反思》，生活·读书·新知三联书店1987年版。
④ 刘泽华：《先秦人性理论与君主专制主义关系》，载《中国传统政治思想反思》，生活·读书·新知三联书店1987年版，第32页。

力、等级结构最顶端的政治结构、权力结构和社会结构,他的权力是至上的、无限的,刘先生把它归纳为"五独",即天下独占、地位独尊、势位独一、权力独操、决事独断。

其三,天道圣王四合一。从二十世纪八十年代以来,刘泽华先生就逐渐开始论述天、道、圣与现实政治中的王之间的关系,试图从哲学思想的高度来进一步确认王权主义在哲学思想领域的至上地位。到了二十世纪九十年代,又先后撰写了《天人合一与王权主义》《王、道相对二分与王权主义》《王、圣相对二分与王权主义》等文章,详细论证了天、道、圣与王的相对二分与合二为一。到了晚年,刘先生又对"四合一"做了进一步的总结,写了《论天、道、圣、王四合一——中国政治思维的神话逻辑》一文。① 通过这个"四合一",刘泽华先生基本完成了中国哲学思想中王权主义的理论构建。

第三,君尊臣卑是传统思想文化的大框架。刘先生研究历史和思想史,既有一些具体问题、历史细节的考证和研究,但同时他更注重从大关节、大框架处去把握历史。他在晚年曾总结说:"君尊臣卑不是小问题或局部问题,它是中国传统思想文化的主干,是思维前提性的和社会整体控制性的普遍观念,深入民族心理和骨髓,是君主专制体制的基础和支柱,也是帝王本位的核心。"② 把君尊臣卑在中国思想文化中的地位和影响提到如此之高的地位,在思想史研究领域恐怕无出其右者。在他看来,在整个中国思想史上,除了少数无君论者,儒、法、道、墨等诸家都是主张君尊臣卑的。这不仅是一套观念,而且与之相对应的,是以帝王位居权力顶端的金字塔形的社会等级结构。因此,刘先生说:"君尊臣卑既是一种社会关系体系,同时又是一种思想体系。"③ 这样,对君尊臣卑论的分析④,也成为证成王权主义的重要一环。

---

① 参见刘泽华《论天、道、圣、王四合一——中国政治思维的神话逻辑》,《南开学报》(哲学社会科学版) 2013 年第 3 期。
② 刘泽华:《八十自述:走在思考的路上》,生活·读书·新知三联书店 2017 年版,第 309 页。
③ 刘泽华:《中国的王权主义——传统社会与思想特点考察》,上海人民出版社 2000 年版,第 264 页。
④ 《中国的王权主义》第三章中"君主名号穹庐性的政治文化意义""臣民卑贱论""君尊臣卑:中国传统思想文化的大框架""帝王尊号的政治文化意义"诸节集中讨论了这一问题。

总之，刘泽华先生的思想史研究，坚持了马克思主义的基本原理和方法，是二十世纪八十年代以来马克思主义史学的重要成果之一。刘先生秉持侯外庐学派所开创的思想史与社会史相结合的历史主义的态度，从具体的历史运动过程中把握历史，通过历史的研究得出了"王权支配社会"的理论，这是在唯物主义史观指导下得出的具有中国历史特点的理论。进而，刘先生的理论又延伸至思想史，最终用王权主义理论来统合社会史和思想史，形成了他对中国历史和中国文化的根本看法。刘先生所有的学术观点，他与学界所有的争议，都可以由此得到解释。

三　思想史与社会史

侯外庐学派的《中国思想通史》是二十世纪后半期以马克思主义的观点、方法研究中国思想史的典范，尤其是其中体现的将社会史与思想史相结合，把思想还原到具体、特定的历史阶段的研究方法，奠定了思想史研究的主流范式。刘泽华的思想史研究继承并发展了侯外庐学派，同时也将社会史与思想史相结合的研究方法，推向了极致。

从《先秦政治思想史》开始，刘先生秉持的就是严格的思想史与社会史相结合的方法，每一个时期的政治思想、重要的思想家都要放在具体的社会背景、社会结构中来理解，尽管他对思想家、思想流派的阶级属性强调得不是那么明确，很多地方只是指出了政治上的基本倾向，或者是从整体上说明一下所代表的阶级或阶层，但这种弱化、模糊化的处理方式，不仅有着有关先秦社会性质还没有完全解决、学界观点各异的因素，而且更多的是对"文化大革命"时期阶级斗争理论僵化、教条化和扩大化的反思和反对。在整体上，刘先生采取的依然是主流的马克思主义思想史研究的科学方法。后来，刘先生在深入的社会史研究基础上提出了"王权支配社会"的理论，并将这一理论延伸至思想史，最终形成了王权主义理论，更是完美地体现了思想史与社会史相结合、相贯通的方法。他的研究和理论是从社会史过渡到思想史，理路是一贯的。刘泽华先生用王权主义统合了中国历史与思想史。他多次提出王权主义一竿子插到底，不仅是说王权主

【北学人物与思想】
刘泽华与二十世纪的中国思想史研究

义实现了对全社会每一个人的控制,直接掌控所有居民①,而且是指他的王权主义理论将思想史与社会史完全融为了一个整体。在这个意义上,我们说刘泽华先生的思想史研究将侯外庐学派社会史与思想史相结合的方法推向了极致。

如果把思想史和社会史相结合仅仅理解为研究思想史要有社会史的背景,那么,几乎所有的哲学史、思想史著作,几乎所有的研究者,在研究每个时代、每个思想家的思想之前,都会对时代背景和相关问题做一介绍。即使是一些非马克思主义的思想史研究者,有时候也会主张思想与特定社会历史之间的相互关系。如徐复观先生所说:"任何思想的形成,总要受某一思想形成时所凭借的历史条件之影响。历史的特殊性,即成为某一思想的特殊性。没有这种特殊性,也或许便没有诱发某一思想的动因,而某一思想也将失掉其担当某一时代任务的意义。"② 在某种程度上,徐先生等一些持保守主义立场的学者也会承认思想要受到特定历史阶段的制约。(当然,徐复观先生最终的目的还是要在受到特殊历史影响的思想的特殊性后面找到思想所具有的普遍意义。)因此,自侯外庐学派以来的思想史研究的"铁律",思想史和社会史相结合,就不是简单的时代背景加思想、观念研究,也不是一般意义上的思想受到社会历史的影响甚至制约。这里的社会史,具体来说,是指对社会性质的判断,因此,思想史和社会史相结合这种研究方法的真正含义,就是要将抽象的思想还原到具体的历史语境中,力图找到思想和社会形态、社会经济与阶级之间的内在关系。二十世纪八十年代之前的思想史研究中给思想家、思想体系定"成分",就是这种研究法虽简单化,但比较直观地体现。之后,随着海外史学思潮、新史学研究方法和问题域的引进,史学界对传统的社会性质、古史分期这些老大难问题逐渐失去兴趣,社会史的研究逐渐侧重于社会区域史,其中尤其以区域经济史为主,同时再加上文化史的研究也与社会史逐渐交融甚至合流,社会史的研究一度变成了以衣食住行、吃喝拉撒为主的社会生活史,而思想史研究方面,与哲学史的研究逐渐摆脱唯物唯心两军

---

① 参见《洞察中国古代历史的王权主义本质——访南开大学荣誉教授刘泽华》《王权主义与社会形态等问题再思考——访刘泽华先生》,载南开大学历史学院编《刘泽华全集·序跋与回忆》,天津人民出版社2019年版,尤其是第363、385页。
② 徐复观:《儒家政治思想的构造及其转进》,载《徐复观全集:学术与政治之间》,九州出版社2014年版,第45页。

对垒的模式一样,也逐渐摆脱了思想史与社会阶级、社会形态之间的简单套用、对应的办法,二者都在反思中发展,且渐行渐远,逐渐互不搭界了。正是在这样的背景之下,刘泽华先生于 2000 年主持南开大学中国社会史研究中心以后,就极力倡导思想与社会互动的整体研究。和"结合"相比,"互动"其实已经有所突破了。刘先生说:"思想与社会互动关系应该说是历史研究中的一个常青的课题。……我们所要讨论的既不同于通常的思想史研究,又与通常的社会史研究有别。这个命题强调两者的汇通。因此,在这里作为关键词的'思想'不宜视为一个独立的、自主的领域,思想关联着特定的语境(社会)。思想也不限于精英,而应有意识地打破人为设定的精英与民间的鸿沟,要更多关注民间的思想与行为;同样,作为关键词的'社会'也不是与思想相分隔的,比如说到社会的分化、阶层、等级、社区、团体、法权关系等等,一定要把它们同时视为一种思想文化建构的结果。思想与社会无疑可以二分,尤其在研究时更可以作为认识性的学科划分,但就历史本身而言,两者是结为一体的,以致可以说两者互为表现,是一种历史的本体。因此,研究思想与社会的关系是一种整体研究,对此不应有疑问。"① 由此可见,刘先生倡导的思想与社会互动的整体研究,已经不同于以往所说的思想史与社会史相结合,在某种程度上,这种方法还是将思想史与社会史视为彼此独立的两个部分,刘泽华则认为,二者并非彼此独立,而是思想关联着社会,思想是关于社会的思想;社会关联着思想,社会为思想所塑造。这种"相关性"的认识,是刘先生在历史研究中的一个创见。此外,他还特别注重在二者的结合之处产生的新问题。刘先生曾借用庞朴先生所说的"一分为三"的"三",即"超乎两端也容有两端的第三者",也就是要研究超乎思想与社会同时又容有思想与社会的那个"三"。刘先生还以举例的方式列举出可以研究的问题:1. 社会性的政治哲学范式与社会整体控制问题;2. 社会政治阶层、身份、角色及其观念、人格、生活、功能综合研究;3. 统治思想、普遍的社会思想与观念以及大众习俗等的研究;4. 价值取向、信仰(包括宗教信仰)与行为方式;5. 社会思潮与社会运动;6. 纲纽性(核心)概念与社会;7. 形式主义与文化和社会;8. 社会化的文化典型、文化偶像、文化

---

① 刘泽华:《开展思想与社会互动的整体研究》,载《洗耳斋文稿》,中华书局 2003 年版,第 679—680 页。

符号、文化图腾等；9. 观念的制度化与制度的观念化过程研究；10. 区域文化和社会的整体研究；11. 思想社会化与社会思想化过程研究；12. 思维方式与行为方式。① 实事求是地说，这些问题已经确实不能用以往的社会史与思想史相结合所能研究透彻的，这些问题都是在思想与社会的交互、碰撞过程中形成的新的问题，是超越于社会与思想之上的新问题。

刘泽华先生的思想史研究，既坚持了以侯外庐为代表的经典的思想史研究方法，同时也在不断地试图寻找突破和创新。侯外庐与刘泽华，是马克思主义思想史研究的两个时代的代表。

侯外庐、刘泽华从社会性质、社会形态、社会结构中去把握思想的脉动，探求思想发展的社会史逻辑，有其时代因素。侯外庐于二十世纪三十年代在郭沫若的引领下，在社会史论战的影响下进入社会史的研究，进而又从社会史转入思想史，他的思想史研究主要是针对反马克思主义尤其是文化保守主义者对中国思想文化的研究的。侯外庐晚年曾简要地回顾说：

> 思想学说史研究领域中的斗争，从胡适刊布《中国哲学史大纲》以来，就严重地存在。早期马克思主义者的研究焦点集中于政治与经济，集中于社会形态的剖析，尚无暇顾及思想学术史方面。但是随着形势的发展，国民党反动派愈热中于思想史上沉渣的利用，以售其欺蔽。在中国本位文化谬说的鼓倡之下，他们崇王阳明立诚之教，倡"复兴礼学"等等，喧嚣鼓噪，洋洋盈耳。究其实际，乃在堵塞马克思主义占领思想学术阵地的通道。于是屠刀禁令之外，书报检查之余，认为贞下起元，标榜新理学以应帝王者有之。自诩"于古今学术略有所窥，其得力最深者莫如宋明儒"，"自问薄有一得，莫匪宋明儒之所赐"者亦有之。②

二十世纪三十年代出现的中国文化本位说，有非常明显的反马克思主义、反共的思想倾向。无论从学术立场，还是政治立场看，侯外庐对之都是坚决反对的，因而对他们所提倡的阳明学、复兴礼学的主张也是深恶痛

---

① 参见刘泽华《开展思想与社会互动的整体研究》，载《洗耳斋文稿》，中华书局2003年版，第680—683页。
② 侯外庐：《韧的追求》，生活·读书·新知三联书店1985年版，第266页。

绝。此外，侯外庐这里所批判的，虽未指名，但明眼人一目了然，前者是冯友兰，后者是钱穆。冯友兰倡导接着宋明理学讲的"新理学"，是新儒家的重要代表；钱穆是否可以列入新儒家的阵营还有争议，但他的史学、思想史研究主要也是以接续传统文明命脉自任的，这一点冯、钱二人并无实质的区别。二十世纪三四十年代马克思主义史学，尤其是侯外庐的思想史研究，主要就是为了反驳思想领域以接续传统为己任的文化保守主义，进而深入中国思想史的内部，从社会形态的落后，来说明传统思想的落后。

刘泽华于"文化大革命"之后的二十世纪七十年代末开始进入思想史领域，按他自己所言，是为了清理"文化大革命"中的封建主义，从"文化大革命"的天网束缚中逐渐找到自我、向外蠕动的体现。刘泽华先生研究中国历史，首先必须是在马克思主义史学的框架之内，"马克思主义在我心中"，依据自己的艰苦探索，在马克思主义史学理论这部完整、严密的理论机器内部，找到一两个可以松动甚至突破的地方。比如，刘泽华研究了战国时期社会阶层与身份，撰写了《战国时期的食邑与封君述考》《战国大夫辨析》《战国时期的"士"》等一系列论文，并为《中国历史大辞典》撰写了有关奴隶仆役的四十七个词条。[①] 通过这些具体的阶层身份的研究，他认为，战国时代不是奴隶社会，但奴隶广泛存在。这里关注的大问题依然是关于社会形态的，是他为判定战国社会性质而找的理论支撑。再如关于历史动力问题的研究。刘泽华先生在"文化大革命"后期就开始反思二十世纪五十年代初开始强调的"阶级斗争是推动历史发展的唯一动力"这一理论，他与王连升合作，于1978年下半年写出了《关于历史发展的动力问题》一文。他们依据马恩有关生产是历史发展的根本动力的理论，来修正当时流行的阶级斗争是历史发展动力说，并对阶级斗争做了诸多限制，使其重要性降到次要地位。文章引起了史学界关于历史动力问题的大讨论。他后来回忆说："可以毫不夸张地说，这是继'五朵金花'之后，迄今为止，参加人数最多的一次专题性学术争鸣。各地和许多高校举行了专门的学术讨论，各种刊物发表了上百篇文章，发表了各种意见和

---

① 参见刘泽华《战国时期的奴隶仆役札记》，载《洗耳斋文稿》，中华书局2003年版，第490—500页。

【北学人物与思想】
刘泽华与二十世纪的中国思想史研究

看法,可谓少见的一次真正的百家争鸣。中共中央党校出版社把这次讨论文章集结为《关于历史发展动力问题讨论集》公开出版。"① 这是和哲学界关于真理标准大讨论并行的史学界的一次学术争鸣,对于解放思想具有非常重要的意义。后来也有学者对此次讨论评述道:"谁都能看到,放弃'阶级斗争动力观'的预设,将引发对整个人类文明史的改写。"②

由此可见,刘泽华先生所关注的社会史问题,都是关于社会形态、社会发展的重大理论问题。刘泽华就是通过对这些重大历史理论问题的思索,来获得打开史学研究缺口,寻找自我解放与思想解放的突破口。二十世纪八十年代以后,刘泽华研究思想史,一方面是继承"五四"以来的批判传统,另一方面是应对二十世纪八十年代中后期以来以新儒家为代表的文化保守主义思潮。刘泽华以王权主义为总纲的一系列论著,或直接,或间接,都是针对文化保守主义思潮的,有时候还与文化保守主义者展开直接的论争。他的思想是继承"五四"传统的,他晚年总结说:"从整体上看,我依然认为,'五四'时期的大家们对传统思想文化主旨的批判,是符合历史实际的。我所做的是接着走,进一步进行理论剖析,当然也有与新儒家进行辩论的内容。"③

总之,刘泽华先生的思想史研究,是直接承袭了侯外庐的马克思主义思想史研究的基本立场、观点和方法,虽然他们开展思想史研究的起点和背景各有不同,但有一个基本点是相同的,即他们都是在批判文化保守主义的过程中进行思想史研究的。如果我们对新儒家采取广义的理解,把钱穆也纳入新儒家的阵营,那么侯、刘一系的马克思主义思想史研究,就是在与新儒家等文化保守主义的论争中不断发展起来的。与文化保守主义相比,侯、刘一系可以称为史学界的激进主义思潮。在二十世纪八十年代后期,尤其是九十年代以来的学术界,刘泽华以王权主义为理论标志,在思想学术领域与保守主义形成对峙之势。

---

① 刘泽华:《八十自述:走在思考的路上》,生活·读书·新知三联书店2017年版,第264页。
② 王学典:《近五十年的中国历史学》,《历史研究》2004年第1期。
③ 刘泽华:《八十自述:走在思考的路上》,生活·读书·新知三联书店2017年版,第300—301页。

四 思想史研究的困境与挑战

刘泽华先生的思想史研究在现代学术史上独树一帜，自成一家。但毋庸讳言，刘泽华也受到来自传统文化研究内部不同角度的批评。其实，如果我们能够平心静气地梳理各方的批评意见，从学理的角度探讨刘泽华思想史研究的理论、方法及其遭遇到的各种挑战，要比简单的辩护更有意义。限于本文的主题，我们仅从思想史研究的角度，梳理一下各种质疑与诘难。其实，这些问题也不是仅针对刘先生的，而是思想史研究遭遇到的比较普遍的问题。探讨这些问题，对于我们的研究总结、刘泽华先生的学术贡献，进一步推进、深化思想史的研究，是有意义的。

第一，哲学史对思想史的挑战。在中国现代学术史上，中国思想史与中国哲学史，虽然关注的内容大体相当，都是面对中国传统学术与传统文化，但由于各自的视角、方法以及立场的不同，他们对传统思想的解读大相径庭，因而二者总是处于一种紧张的、"剪不断，理还乱"的关系中，进而在二十世纪复杂的思想文化变迁中呈现一种更加复杂的关系。我们反思侯外庐学派以来的思想史研究方法，不仅要反思侯外庐学派所奠定的社会史与思想史相结合的思想史研究方法的基本范式，还要通过思想史与哲学史之间的相互挑战、相互质疑，从根源上揭示二者对于中国传统思想的理解和诠释模式的意义及其局限，这样才能更加全面、客观地看待刘泽华先生的中国思想史研究，评价他在二十世纪中国思想史研究中的贡献，进而评价他的学术地位和意义。

尽管胡适的《中国哲学史大纲》卷上开创了对中国传统思想一种全新的诠释模式，成为中国哲学史学科的开山，但实际上冯友兰才是中国哲学史学科的真正奠基者。冯友兰自称他的研究是继承了宋学的方法，"注重于文字所表示的义理的了解、体会"[①]。学界一般认为，最能体现冯先生研究特色的是他对宋明理学尤其是朱子哲学的研究。陈寅恪先生就指出："此书于朱子之学，多所发明。昔阎百诗在清初以辨伪观念，陈兰甫在清季以考据观念，而治朱子之学，皆有所创获。今此书作者，取西洋哲学观

[①] 冯友兰：《三松堂自序》，生活·读书·新知三联书店1984年版，第225页。

【北学人物与思想】
刘泽华与二十世纪的中国思想史研究

念,以阐明紫阳之学,宜其成系统而多新解。"① 陈先生特指出,冯先生借西洋哲学对朱子哲学的解释是"成系统"的。所谓"系统",正是冯先生非常看重的一个方面。他认为,传统中国哲学虽无形式的系统,但具有实质的系统,因此中国哲学研究的一个重要方面,就是要借助西方哲学的概念范畴以及推理、论述方式,将中国哲学本身所固有的系统性给揭示出来。而建立系统,无论是形式的系统,还是实质的系统,都是自冯友兰以来新儒家学者对儒家思想,以及由此来重构中国哲学的一致的追求。

而从马克思主义的思想史研究的角度来看,中国传统思想自有系统,而且这个系统就蕴含在中国特殊的历史发展径路中。因此思想史的研究,根本不是去揭示甚至建构什么系统,而是要揭示由特殊的社会历史路径所决定的思想发展的轨迹。由于政治信仰、哲学观念以及研究方法的不同,侯外庐从二十世纪四十年代开始撰写《中国思想学说史》的时候就有意识地批判冯友兰。他说:"我们和旧学者之间,研究思想史的态度、方式乃至结论迥然不同,这是由各自的哲学观点的差异所决定的";"用马克思主义的科学方法,有理有据地恢复被唯心史家歪曲了的历史本来面目"。在侯外庐看来,冯友兰就是旧学者、唯心史家的代表。"基于这样一种观点和态度,我细细研究过冯友兰先生《中国哲学史》所论及的每一个人物,在写《中国古代思想学说史》时,对冯友兰所肯定的人物进行过有针对性的批判,例如对孔子、孟子、特别是老子,都是例子。"② 侯外庐之所以与冯友兰针锋相对,一个重要的原因就是从思想史的路径和哲学史的路径,对中国传统思想可以做出完全不同的解释。

侯外庐还回忆了侯外庐学派的干将杜国庠对冯友兰的批判:

在抗日战争时期,杜国庠同志还对冯友兰先生的著作《新理学》《新原道》《新原人》等宣传的唯心主义历史观进行了辩论。当时冯先生的学说很迷惑一些人。例如在杜国庠同志和我参加的一次读书会上,张申府就胡说:"中国文化,要孔子、罗素和马克思三位一体结合起来。《新理学》已经是有代表性的杰作!"杜国庠同志听了这种谬

---

① 陈寅恪:《冯友兰中国哲学史下册审查报告》,载《金明馆丛稿二编》,上海古籍出版社 1980 年版,第 250 页。
② 侯外庐:《韧的追求》,生活·读书·新知三联书店 1985 年版,第 124—125 页。

论，大笑起来。他在会后对我说："我们应该批判'新理学'。我想，我们可以用商榷的态度和冯先生进行辩论。"他带头写了三篇文章，即收在《便桥集》里的三篇。其中《玄虚不是中国哲学的精神》是批判《新原道》的，《玄虚不是人生的道路》是批判《新原人》和《新原道》的，《论理学的终结》一文是从历史来批判《新理学》开倒车的。《评冯友兰的新形上学》是总括前三篇的论旨发挥的，登在《中国学术》季刊创刊号。……杜国庠同志对我这样说过："新理学者玩弄古董走到那里，我不得不跟到他那里，予岂为古典而古典研究哉？予不得已也！"①

侯外庐在晚年回忆说："是的，我在《中国思想通史》第四卷剖析朱熹理学的时候，主观上确有一个论辩对象，那就是《新理学》作者，久久不能忘情理学的冯友兰先生。"②

侯外庐一直将冯友兰作为研究的批判对象，重要的原因就是研究视角、方法的不同。其中一个核心的原因就是"抽象"。侯外庐说：

> 冯友兰先生对理学的解释非常通俗，他曾把理学简称为"讲理之学"。但问，古往今来哪一种哲学不是为"讲理"呢？三纲五常的伦理学是封建卫道士之"理"，"天人合一"是皇权神圣之"理"。问题在于，理怎么讲法。"理"一旦脱离了个体（人身），抽去了偶性，被它的创造者升举到纯精神的空界时，它就变成了神，而"理学"自己也不过只是神学的奴婢而已。③

其实，"抽象"本来就是哲学的基本特征。但在侯外庐看来，尽管冯友兰讲理学很通俗，但它是抽象的，因为冯友兰讲的"理"脱离了具体性（即"偶性"）。侯外庐认为，概念脱离了历史的具体，就成为纯粹抽象的演绎了，这和神就没有区别了。这里明显地显示出哲学和史学两种方法的

---

① 侯外庐：《杜国庠文集序》，载杜国庠文集编辑小组编《杜国庠文集》，人民出版社1962年版，第9—10页。
② 侯外庐：《韧的追求》，生活·读书·新知三联书店1985年版，第308—309页。
③ 侯外庐：《韧的追求》，生活·读书·新知三联书店1985年版，第309页。

【北学人物与思想】
刘泽华与二十世纪的中国思想史研究

区别之处。侯外庐还指出,《中国古代思想学说史》的一个重要特征,就是"力求实事求是,从材料实际出发,进行论述,不凭虚幻的想象与无根据的推断"。"论必有据,有据才立论,使观点与材料统一起来,实事求是地分析各种历史问题。"① 坚持实事求是,不做无凭证的主观想象,一方面是严肃认真研究思想史的唯一方法,同时也是针对以冯友兰为代表的哲学史的研究而发的。

而思想史的研究方法,则注重的是还原,也就是要将抽象的概念范畴还原到具体的历史中。前文提到的胡适的"剥皮主义"就是这个意思。因此,尽管胡适的思想史研究在当时就受到很多学者的批评,在1949年之后相当长的时间里更是受到主流的马克思主义学者的全面批判。比如,侯外庐就批评胡适说:"我反对冯友兰的唯心主义,也反对胡适的实用主义。胡适所论及的思想家、哲学家,我都逐一进行了分析和研究,胡适推崇墨子,我对墨子的评价也不低,我认为墨子在知识论和逻辑学上,是中国古代第一个唯物主义者。胡适捧戴震,我也肯定戴震。在《中国古代思想学说史》中,有相当的篇幅目的在于说明胡适对墨子评价过高的错误之所在。"② "胡适、冯友兰等人研究两汉以后思想家、哲学家,只偏重于儒学诸家,而我们一致认为,中世纪思想史,必须着重研究异端思想和正统儒学的斗争,无神论和有神论的斗争,唯物主义和唯心主义的斗争,表彰中国思想史上唯物论的光辉传统。"③ 侯外庐虽然一如既往地反对胡适,但其实,他和胡适只是立场的不同,他们研究的方法反倒具有很大的相似之处。他们都主张哲学思想观念应当还原到具体的历史情境中来考察。

作为侯外庐学派的继承者,刘泽华先生的思想史研究一开始就严格秉持历史的态度,坚决主张思想不能抽离具体的历史内涵。刘先生一直反对"抽象继承",认为抽空了具体社会内容的思想是无意义的。

总之,自侯外庐以来直至刘泽华的主流思想史研究,主张社会史与思想史相结合,这种思想史的研究法就是秉持历史的原则,坚持还原论的方法,主张思想不能脱离具体的社会历史,也就是说,不承认思想具有普遍意义、永恒意义。在刘泽华先生看来,思想可以具有一定的社会性或超阶

---

① 侯外庐:《韧的追求》,生活·读书·新知三联书店1985年版,第269页。
② 侯外庐:《韧的追求》,生活·读书·新知三联书店1985年版,第125页。
③ 侯外庐:《韧的追求》,生活·读书·新知三联书店1985年版,第280—281页。

级性,但绝对不可以有超时代性。"文化大革命"后直至二十世纪八十年代前期,人们一般的看法是,按照马克思主义的理解,思想属于上层建筑,它是由一定的经济基础决定的,符合一定的阶级意志。在撰写《先秦政治思想史》的时候,刘先生对这个"穹盖式的阶级论"有所反思和突破。在《中国政治思想史研究对象和方法问题初探》一文中,他认为,不能把政治思想完全和阶级相对等,思想还有社会性,即有超阶级的内容。在他看来,思想既有阶级性,又有社会性(超阶级性)。① 因此,思想具有超阶级性,这是刘先生可以接受的;但思想不可以超越时代。他一再说:"翻开历史,何曾有过超时代的文化?每个时代文化的主体精神,都是由该时代塑造出来的。"② "现在有些学者离开具体的历史内容大谈'天理''心性',使人如坠十里云雾,我期期以为不可也。"③

哲学研究必然是"抽象"的。概念、范畴是哲学的基本"材料",思辨是哲学的基本形式,理性的、逻辑的论证是哲学的"运作方式",而这一切都是"抽象"的。而近现代中国哲学更有一个特殊的使命、基本的价值取向,这就是还要在近代以来中西文化碰撞的过程中,发掘中国传统思想的普遍价值,这也是冯友兰在二十世纪五十年代那样特殊的政治、思想形势之下,依然要讲"抽象继承"的原因所在。

思想是否具有普遍性,是以侯外庐、刘泽华先生为代表的思想史研究取向和哲学史取向的一个根本分歧。正如有学者所指出的,反传统主义者之所以要从历史入手来解释思想,是因为"只有把观念还原为实际,才能揭下其普遍性的假面具"④。这个看法是适用于侯、刘的思想史研究的。由此引申开去,儒学是否有生命力,传统文化是否有价值、是否能够适应现代社会,最终双方都是在这个根本点上分道扬镳的。我们说刘泽华的思想史研究,主张思想必须还原到社会史来理解,坚决反对超越时代的思想的

---

① 参见刘泽华《中国政治思想史研究对象和方法问题初探》,《天津社会科学》1985年第2期。又参见刘泽华《八十自述:走在思考的路上》,生活·读书·新知三联书店2017年版,第269—271页。

② 刘泽华:《中国的王权主义——传统社会与思想特点考察》,上海人民出版社2000年版,第223页。

③ 刘泽华:《中国的王权主义——传统社会与思想特点考察》"引言——王权主义概论",上海人民出版社2000年版,第5页。

④ 陈少明:《做中国哲学:一些方法论的思考》,生活·读书·新知三联书店2015年版,第34页。

【北学人物与思想】
刘泽华与二十世纪的中国思想史研究

普遍意义,是把思想史与社会史相结合这种方法发挥到了极致,也引到了极端,是因为这种理论从根源上斩断了儒学以及传统思想与现代社会相连接的可能性。

毋庸讳言,与中国哲学史这些年的研究所取得的进展相比,刘泽华及其后学的思想史研究进展不大。这实际上也形成了哲学史研究对思想史研究的一个巨大挑战。由于刘先生的思想史研究过于重视社会史的因素,这就造成了对思想本身的特点顾及不够,即对哲学思想的分析、论证不够深入,对哲学思想的理解有时候会流于表面。刘先生曾指出,政治思想是中国思想的主体内容与特点,政治哲学也是中国哲学的主体内容与特点。我们可以承认这个观点,但是,对这个观点需要结合中国思想史、哲学史做不断的论证,因为中国思想、中国哲学不是一成不变的,而是在两千多年里随着时代的变化而不断演化。这并不是仅靠引用一句司马迁的话,"皆务为治者",就可以解决的。如果说先秦诸子思想(尤其是儒家)以及两汉儒学是侧重于社会政治,这个看法易于接受,那么对于玄学,尤其是宋明理学,就需要做更加深入、充分的论证。宋明理学吸收了大量佛教思想,以及佛教抽象的、辨名析理的论证方式。对于理学,即使最终把它依然归结到政治哲学,那么对于理学的大量命题,首先应当按照理学本身的理路,做充分的论证和解释,而这一点,正是过去思想史研究的薄弱之处。侯外庐曾言,尽管《中国思想通史》第四卷的撰写时间比第一、二、三、五卷都长,"但应该承认,第四卷在总体上还是留下了粗糙的痕迹"[1]。之所以"粗糙",当时的社会环境固然是一个重要原因,但第四卷要处理的宋明理学,传统的研究方法与之能否适应、如何适应,也是一个不可回避的问题。到了二十世纪八十年代,侯外庐在他主编的《宋明理学史》的"序"中说:

> 宋明理学浸润封建社会后期社会生活、政治生活的各方面,成为具有权威性的支配力量,是压在劳动人民头上的华盖。从政治上看,它是思想史上的浊流。尽管如此,宋明理学吸收了大量的传统文化和外来文化,在思想史上是继先秦诸子、两汉经学、魏晋玄学、隋唐佛学之后的又一新的发展阶段,有值得后人参考的若干珍贵内容,需要

---

[1] 侯外庐:《韧的追求》,生活·读书·新知三联书店1985年版,第299页。

我们应用马克思主义的观点和方法悉心加以鉴别,而不能笼统地采取一笔抹煞的态度。①

虽然侯外庐在这里对理学的评价还是一贯的,而且依然主张要将社会史与思想史结合起来研究理学,但从最终的结果来看,两卷本的《宋明理学史》并没有完全达到侯外庐先生最初的期望,它更多的只是一部理学的学术发展史,学术史意义更浓厚一些。这里除了一些客观的因素之外,一个内在的、更为根本的问题是,对于像宋明理学这样极抽象、思辨的思想体系,以往的侧重于社会政治的外在的研究方法还是否充分有效?

对于抽象的义理,从外围的摹说和直入其中是两种不同的认识路径。正如观塔一样,外围的远视固然有意义,可以清晰地看出塔四周的环境、塔与环境是否协调等,对塔可以有一个整体的了解,但若要真正认识塔上之"相轮",还需亲自直入塔中、拾级而上。对于认识"相轮"来说,后者更有意义。对于思想史上具有哲学意义的问题,犹如塔之"相轮",采取与之相适应的哲学的分析研究方法更为适宜。比如吴震教授在回答"为什么要重写《宋明理学史》"这个问题时说,由于受到某些时代条件的制约,侯外庐等主编的《宋明理学史》"在资料准备以及观念运用等方面带有浓厚的时代痕迹",因此在三十年以后重写《宋明理学史》,除了吸取近些年来文献整理的大量成果之外,"深入拓展理论研究"也是推进宋明理学研究的一个重要途径。此外,还要"创新研究视角和方法取径,增强方法论自觉"。而方法则是多元的。② 杨国荣教授也指出:"重写宋明理学,显然不能仅仅停留在历史的描述之上。如何从哲学层面对其作出更为深入的理解和阐释,是重新回溯理学的过程时无法回避的问题。"③ 这些学者都指出,当代的宋明理学研究,加强哲学理论分析是重要的途径与方法。

刘泽华先生的思想史研究是从先秦起家的,而且最终也是以先秦两汉的思想史研究为主。对于宋明理学,刘先生没有写过专门的文章,而且在

---

① 侯外庐、邱汉生、张岂之主编:《宋明理学史》,人民出版社1984年版,上卷,第2页。
② 参见吴震《为什么要重写〈宋明理学史〉?——关于"多卷本〈宋明理学史新编〉"的若干思考》,《中国社会科学报》2018年3月27日。
③ 杨国荣:《走进思想的深处——关于重写宋明理学史的若干思考》,《复旦学报》(社会科学版)2018年第3期。

论著中也很少提及。从整体上来看，理学的政治思想、政治哲学，如何在理学家大量的思辨论述中抽绎出其政治思想意义，以及理学与社会形态、社会结构及政治变迁之间的关系等问题，是刘先生思想史研究的一个薄弱环节。即使是刘先生晚年主编的九卷本的《中国政治思想通史》的宋明部分，无论从量还是从质的角度来看，也还是不尽如人意。

在侯外庐、刘泽华先生的思想史研究中，宋明理学部分的研究都比较薄弱，应该说这不是偶然的，而是具有典型意义的，说明对于理学这样抽象、庞大的思想体系，仅作外在的分析，不能深入其中，是难以把握其思想实质的。我们指出这一点，绝非批评刘先生，而是指出他的思想史研究中，由于对哲学问题重视不够，因此在他的思想体系中形成了一些薄弱的环节。这是需要后继者进一步努力、补充与提升的地方。

总之，客观地来说，思想史与哲学史是研究传统思想文化的两种主要取径，相互不能取代。如果严守各自的立场，认为一方是"我注六经"，一方是"六经注我"；一方是"照着讲"，一方是"接着讲"，彼此相互攻击、反驳，显然没有任何意义，而且也毫无必要。在当今这样的学术背景之下，只有相互借鉴，取长补短，才有可能从各自的角度来进一步推进哲学史、思想史的研究。从思想史研究的角度来说，更是应当充分吸收哲学史研究的成果，将哲学史研究已经取得的成果化入自己的研究，尤其是应当充分尊重、借鉴与吸收哲学史研究的方法，"入乎其内"；哲学史上的重要问题，就要采取哲学的研究方法，这样才能最终"出乎其外"，在哲学史研究的基础之上，在更高的层次上建立与社会史的联系。对于刘泽华之后的思想史研究来说，这一点尤为必要。

第二，"内在理路"说的挑战。以往的思想史研究，基本都是要将社会思潮、思想家的思想最终还原到社会形态、社会结构甚至不同的阶级，从社会的、政治的角度来解释思想的发展和变迁。针对主流的这种研究方法，早在二十世纪七十年代就有海外的余英时先生提出了"内在理路"说，并在思想史研究领域产生了广泛的影响。对于刘泽华先生的思想史研究来说，这是来自思想史研究阵营内部的方法论上的挑战。

余英时先生在讨论明清之际思想转型的时候，对清代考据学的兴起提出了一种新的解释。在余英时看来，以往的研究主要有两种解释：一是反满说，即由于满清的高压统治，致使儒家知识分子从明代的理学讨论转而投向了清代的文献考证，这是从政治的观点的解释；二是市民阶级说，即与明清之际商品经济的发展、市民阶层的兴起相对应，在思想文化上产生了类似西方的"启蒙运动"，侯外庐就主张从清初的顾、黄、王，到戴震、章学诚，直至龚自珍，形成了中国早期启蒙思潮，这是从社会经济发展的观点来解释。余英时认为，这两种看法虽然都有一定的道理，但严格来说都不能成立。他认为：

> 无论是政治的解释或是经济的解释，或是从政治解释派生下来的反理学的说法，都是从外缘来解释学术思想的演变，不是从思想史的内在发展着眼，忽略了思想史本身的生命。……把思想史本身看做有生命的、有传统的。这个生命、这个传统的成长并不是完全仰赖于外在刺激的，因此单纯地用外缘来解释思想史是不完备的。同样的外在条件、同样的政治压迫、同样的经济背景，在不同的思想史传统中可以产生不同的后果，得到不同的反应。所以在外缘之外，我们还特别要讲到思想史的内在发展。我称之为内在的理路（inner logic），也就是每一个特定的思想传统本身都有一套问题，需要不断地解决；这些问题，有的暂时解决了；有的没有解决；有的当时重要，后来不重要，而且旧问题又衍生新问题，如此流转不已。这中间是有线索条理可寻的。怀特海（A. N. Whitehead）曾说，一部西方哲学史可以看作是柏拉图思想的注脚，其真实涵义便在于此。你要专从思想史的内在发展着眼，撇开政治、经济及外面因素不问，也可以讲出一套思想史。从宋明理学到清代经学这一阶段的儒学发展史也正可以这样来处理。[①]

"内在理路"说虽然由余英时先生明确提出，但其实从思想史研究的实际来看，至少在余英时的老师钱穆那里，就是采用的这样的方法。钱穆的研究重在学术史，从早年的《刘向歆父子年谱》《中国近三百年学术史》，直至晚年的《朱子新学案》，重考证、重学术传承、重思想流变，完全依靠传统的学术路径，自成体系地建立了一套思想学术史的研究。余英时在研究清代思想史时提出的"内在理路"，其实是建立在钱穆的思想学

[①] 余英时：《清代思想史的一个新解释》，载《论戴震与章学诚：清代中期学术思想史研究》（增订本），生活·读书·新知三联书店2012年版，第322—356页，引文见第325页。

【北学人物与思想】
刘泽华与二十世纪的中国思想史研究

术史研究基础之上的,同时也构成了他的清代思想史研究的基本原则。他明确指出:"我之所以强调'内在理路',是因为它足以破除现代各种决定论（determinism）的迷信,如'存在决定意识'之类。""'内在理路'说不过是要展示学术思想的变迁也有它的自主性而已。"① 但他同时又指出,"内在理路"并非要和以往的"外缘影响"论完全对立,就清代思想史而言,他依然承认政治的影响（清代的高压统治）是有根据的,"内在理路"说只是为明清的思想转型增加一个理解的层面而已。"它不但不排斥任何持之有故的外缘解释,而且也可以与一切有效的外缘解释相互支援、相互配合。我惟一坚持的论点是:思想史研究如果仅从外缘着眼,而不深入'内在理路',则终不能尽其曲折,甚至舍本逐末。"②

尽管余英时一再指出,"内在理路"和"外缘影响"两种解释路径并不矛盾,根据研究的问题、研究者的角度可以兼顾,也可以有偏重,但毫无疑问,"内在理路"说还是对传统的社会史与思想史相结合的研究方法进行了严峻的质疑并提出了挑战。其一,"内在理路"说是对传统的思想史研究还原法的挑战。侯外庐曾经提出的思想史研究的基本方法,即思想史上的疑难不能从思想本身的运动当中去寻求解答,而是要从社会的历史发展里来找寻答案,这是马克思主义思想史研究的准则,也是刘泽华先生所秉持的基本研究方法。因此,"内在理路"其实在根本上和刘先生的研究方法是相对立的。其二,"内在理路"说隐含的前提是中国文化有其内在的生命力。余英时说:"传统是在不断阐释中存在的。经过阐释的传统才是有生命力的传统。我希望寻找传统与现代衔接的内在理路。如果说有转化,也应该是以内在转化为主。没有内在转化,外面的东西是进不来的。过去许多人所作的是从传统中理出现代的成分,这并不够。仅仅停留在文字层面上的转化,是转不出来的。"③ 余英时曾认为钱穆"一生为故国招魂","他一生的主要贡献是在指示我们怎样去认识中国的文化系统及其流变",而中国文化的流变、更新,"动力必须来

---

① 余英时:《论戴震与章学诚:清代中期学术思想史研究》（增订本）"增订本自序",生活·读书·新知三联书店 2012 年版,第 2 页。
② 余英时:《论戴震与章学诚:清代中期学术思想史研究》（增订本）"增订本自序",生活·读书·新知三联书店 2012 年版,第 3 页。
③ 刘梦溪:《为了文化与社会的重建——余英时教授访谈录》,载《传统的误读》,河北教育出版社 1996 年版,第 355 页。

自中国文化系统的内部"①。余英时对中国文化的态度是秉承钱穆的。他们在研究思想史时所持的"内在理路"的方法，从根本上反映了他们对中国文化的态度。按照余英时的理解，钱穆和他本人均非"新儒家"，他们对中国文化的研究是持史学的立场，但从整体上来说，他们对中国传统文化的态度、立场与新儒家是基本一致的，均主张中国的现代化必须立足于传统的基础之上，传统与现代之间也是有"内在理路"的。因此，无论是作为方法的"内在理路"，还是其背后所隐含的文化立场，都是和刘泽华先生相异的。

客观而言，以新儒家为代表的文化保守主义，以"内在理路"为方法立场的思想史研究，通过"内在理路"来接续甚至弥缝传统与现代之间的某种断裂，这在二十世纪九十年代之后的学界影响越来越大，甚至可以说成为思想史研究的主流。对于刘泽华先生的思想史研究而言，"内在理路"说的挑战是真实存在的，尤其是这些年来以简帛为主的思想史研究，更是对刘泽华及其后学的思想史研究带来了很大的冲击，对此应当有充分的估计，不能视而不见。如何用王权主义的理论、思想史与社会史相结合的研究方法来应对这个挑战，是坚持并继承刘泽华先生思想史研究必须严肃面对的一个问题。

第三，学术史研究的挑战。自二十世纪九十年代以后，随着形势的变化，如李泽厚所说，进入一个"思想家淡出，学问家凸显"的时代。王国维、陈寅恪等学问家成为学者们关注的焦点，即使像章太炎、胡适这样的人物，学者关注的已不再是作为革命家的章太炎、思想家的胡适，而是作为经学家、国学大师的章太炎，作为学问家、考据学家的胡适，这些"有思想的学问家"成为思想史、学术史研究的核心议题，在此基础上探讨近代学术的建立、学科发展史等，成为学术界的新"显学"。毫无疑问，刘泽华先生具有强烈的现实关怀，他的思想史研究与八十年代的思想启蒙有密切的关系，在九十年代以后的学术背景之下，刘泽华先生主张批判、反思的思想史研究，已逐渐成为明日黄花。

二十世纪九十年代以后的思想史和学术史研究，主张学术研究应当远离现实政治的纠葛，倡导"为学术而学术"。尤其是近一二十年新出土的

---

① 参见余英时《一生为故国招魂》《钱穆与新儒家》，载《钱穆与现代中国学术》，广西师范大学出版社2006年版，引文见第35页。

【北学人物与思想】
刘泽华与二十世纪的中国思想史研究

简帛资料对思想史研究产生了极大的带动、促进作用,例如,郭店简使早期孔孟之间的儒学发展线索更加清晰;简帛《五行》篇的发现让两千多年后的当代学者对荀子激烈批评的思孟"五行"有了确解;简帛《老子》的发现让我们对历史上争论不已的孔老关系、儒道关系也有了更加明确的认识;等等。这些新发现的确改变了很多看法,带动了哲学史、思想史和学术史研究的繁荣,以至于很多学者一再呼吁要"重写学术史"。而这些研究在很大程度上都是以学术史的面目出现的,研究基本上都是以思想观念之间的勾连、学派的传承、经典文献的相互影响等问题展开的,基本不再涉及具体的社会背景、社会形态、阶级结构等传统社会史的问题了。这些研究的方法、理念也是对思想史研究的一个巨大的挑战。

进入二十一世纪之后,经学与经学史的研究在传统文化研究阵营中异军突起。经学在相当长的时间里被认为是"僵尸",即将消灭,即使有个别学者研究经学也是为了批判经学。但是近一二十年以来,随着"国学热"的进一步加深,伴随着弘扬优秀传统文化的时代主旋律,经学从学术研究的边缘地带逐渐走向了中心,在思想史、哲学史研究领域几乎成了"显学",甚至还有压倒、取代哲学的倾向。有学者称之为"学术动力下的经学研究"[1]。这种研究在方法上自觉地承袭传统经学以考证为主的特色,在主题上则是进一步承袭并确定中国文化的主体性。从思想史研究的角度来看,学术史、经学史以及以简帛为主的学术思想史逐渐合流,且呈现一种不同于以往思想史研究的新的样态。

无论是学术史的研究,还是继起的经学研究,除了其背后的文化关切甚至政治意识之外,都是以纯学术的面目出现的。这些研究很多时候也是采取思想史的研究形式,但主要是以学术问题本身的脉络为主,即使涉及社会政治的背景,也多是采取诠释学的策略,注重从学术思想与社会环境之间的交互影响、相互关系来看待某一学者或学术思潮的独特性、复杂性。传统的社会史与思想史相结合的还原方法,在这样的研究中基本消失了。

---

[1] 参见张志强《经学何谓?经学何为?——当前经学研究的趋向与"经学重建"的难局》,载中国社会科学院哲学研究所编《中国哲学年鉴》2013年卷,哲学研究杂志社2013年版,第96—105页。

五 结语

刘泽华的思想史研究继承并发展了侯外庐学派的思想史研究，是二十世纪马克思主义中国思想史研究的一个重要形态。他自觉地承袭了侯外庐学派所开创的思想史与社会史相结合的方法，但是也将此方法推向了极致。刘泽华的思想史研究是二十世纪八十年代的产物，只有将他放在那个特殊的时代背景之下，才能更加清晰、完整地把握他的理论及其意义。同时，我们也必须指出，刘泽华先生的思想史研究也面临着诸多挑战，有的来自传统的哲学史阵营，有的是九十年代之后逐渐显露出来的，例如余英时主张的"内在理路"说，这种思想史的研究方法其实也是新儒家所秉持的。进入二十一世纪后，学术史、经学史更加兴盛，这些都对刘先生的思想史研究以及刘泽华的理论形成了更加严峻的质疑和挑战。

总体上说，思想史与哲学史两种研究取向的分歧主要在于，是否主张把思想还原到具体的社会、历史语境中，进而是否主张思想有脱离社会历史的抽象性。由此还可以进一步引申出，以儒家为代表的传统文化在现代社会是否还有生命力，是否还有价值？

自"五四"以来，尽管有时也出现了一些曲折和反复，但总体上来说，民主和科学成为中国现代性的基本价值。刘泽华先生通过思想史的研究，批判了中国传统文化，坚持并捍卫了这一现代性立场。

二十世纪九十年代以后尤其是进入二十一世纪之后，尽管时代思潮和文化氛围发生了极大的变化，但我们也应该看到，批判、反思中国传统文化，并不是要简单地否定中国的历史和文化。这不是文化自卑的表现，它其实可以使文化保持更加清醒的头脑和健康的体魄。我们固然要对传统文化，对努力接续传统文化者有一种"理解之同情"，但笔者想，我们对刘泽华先生也要有同情之理解，理解他的苦心孤诣，理解他在历史的反思中对中国文化未来的憧憬。刘泽华先生在七十岁的时候，曾经深情地说过一段话：

> 我并不像有些人认为的那样，是一个心地阴郁的恨世者，一个否定传统文化的虚无主义者；并不是专意要跟伟大传统过不去，决意为中华文明抹黑。相反，我爱这个国家，爱我们民族所创造的所有伟大和美好之物。只是，我强调的是，在开始大规模的新文化建设时，我们还有太多的基础性清理工作要做。我爱我们的国家，爱我们的民族，所以要对她衰颓的经络痛下针砭，对她久疴的病灶厉加刀锯。我希望她保持对现实的警觉，通过自我批判维持日进日新的健康机能，而不是在自我粉饰的辉煌里沉溺不返。①

笔者在本文中一再指出，侯外庐以及侯外庐学派开创的中国马克思主义思想史研究的基本范式，即思想史与社会史相结合，从社会形态的发展来解释思想史的运动，将思想观念还原到具体的社会形态中。刘泽华先生的思想史研究坚持了这种研究方法，同时也将思想史与社会史相结合的研究方法推向了极致。所谓极致，是指刘泽华先生在此研究方法的基础之上，进而提出了用王权主义理论来统合思想史与社会史。在王权主义的理论体系中，思想与社会高度融合为一体。这一理论将传统的思想史与社会史相结合的研究方法发挥到极致，同时也就意味着思想史研究的下一步发展，需要在此理论和方法基础之上"下一转语"，方能柳暗花明。从近二十年思想史研究的整体来看，学术史、经学史虽然方兴未艾，是思想史研究新的"增长点"，但这些研究能否为思想史研究开创新的局面，建立起新的范式，还是我们必须认真对待的问题。另外，思想史与哲学史的相互对话，哲学史能为思想史研究带来哪些"问题"和"启发"，也是思想史和哲学史双方都面临的问题。刘泽华先生一生的思想史研究，就是要为中国传统文化做诊断，找出她的"病灶"，良药苦口利于病，他终极的目标还是为了中国的未来。由此我们就可以为他在二十世纪的中国思想史研究中做出一个恰如其分的定位。

如果按照余英时所言，钱穆"一生为故国招魂"，那么刘泽华先生可谓一生为传统把脉，他像一只啄木鸟，找出大树身上的"病灶"，是为了

---

① 刘泽华：《〈王权与社会——中国传统政治文化研究〉序》，载南开大学历史学院编《刘泽华全集·序跋与回忆》，天津人民出版社2019年版，第121—122页。

让大树更加枝叶繁茂。他们的学术立场不同，研究方法不同，对待中国传统的看法也不同。但是若立足于思想史研究的进一步发展，刘泽华先生的思想史研究，如何应对来自哲学史、学术史、经学史等不同领域的挑战，也是思想史研究面临的重要而现实的问题。从这个角度来看，"招魂"与"把脉"，能否从相反的角度做视域的融合，或许也是思想史研究者值得思考的一个问题。

【学术热点】

从民本到民主

——孟子民本与雅典民主比较研究

梁 涛[*]

摘要：孟子宣传民本时，希腊雅典则实行民主制，民本是一种政治观念，民主虽然是一种制度，但也反映了一定的政治观念，故可以对二者进行比较。雅典民主制是特殊地理环境以及"家族—私产—国家"发展路径所致，其基本精神是主权在民，法律至上；治权平等，轮番为治。中国古代由于走了与西方不同的"家族—国家"的发展路径，私有制不发达，父权家族没有被瓦解掉，反而不断被强化，国家建立在家族的基础上，这种家国同构的政治形式不可能脱离家长制的范式，其政治制度只能是君主制的。但由于儒家的提倡，民本思想在孟子这里达到战国的高峰。从意谓来看，孟子只说到民本，说到"民为贵"，没有说到民主，更没有涉及主权在民的问题。但是从蕴谓和创谓来看，孟子的"民为贵"又蕴含了主权在民的思想，或者至少是应该接受这样的思想的。对于雅典民主制度的治权平等，轮番为治，孟子则是不会接受的，在这方面，他与苏格拉底、柏拉图等人的看法可能更为接近。儒家政治理念可以概括为：主权在民，治权在贤。民本与民主是古代中国与希腊人对人类政治文明的贡献，均有其合理价值，但也存在自身的局限。孟子等儒者所讲的民本，是"他本"而不是"自本"，是"民惟邦本"，是君以民为本，而没有思考民以何为本，没有考虑到民自己的本。今天讲民本，不能停留在统治者之所本，还要问民之所本。要深究的，不是统治者以何为本，而是民以何为本。通过借鉴民主制度中的公民权利思想，讲民之本而非君之本，讲自本而非他本，古老的民本说才可以焕发出新的思想活力。

关键词：民本；民主；雅典；孟子；主权在民；治权在贤

---

[*] 梁涛，中国人民大学国学院教授。

中国古代存在民本思想，此民本思想乃从古代"民主"说中发展出来的，"民主"才是中国古代政治思想的母题。① 说到民本，就不能不涉及民本与民主的关系，不过这里所说的民主不是"天惟时求民主"（《尚书·多方》），不是上天要给民众选择一个主人，而是"五四"以来人们所说的德先生，也就是英文中的 democracy。就在孟子游说诸侯，宣讲民本的时候，远在地中海的一些古希腊城邦却在实践民主，中西政治思想走上了两条不同的道路。近代以来，由于我们接受了民主的观念，国人的政治理想不再是民本而是民主，社会主义核心价值观中有民主而没有民本。所以研究儒学，讨论孟子的民本，马上会遇到一个问题：民本与民主是什么关系？这个问题非常不好回答。因为民主有一个发展过程，经历了古今之变，古典民主与近代民主有很大的不同。笼统地谈民本与民主的关系，会失之浮泛。另外，民本是一种政治观念，现实中与其相对应的是君主制；而民主虽然也是一种观念，但主要是指一种政治制度，所以讨论民本与民主的关系，要做出限定，否则会出现错位，把不同时期的内容以及制度与观念混同在一起。孟子宣讲民本是在战国时期，希腊的民主制度形成于公元前六至四世纪，二者时间大致相当。希腊的民主虽然是一种制度，但也反映了一定的政治观念，所以我们可以考察民主制度背后的观念，将其与孟子的民本进行对比，说明二者的联系和差别。

一　孟子宣讲民本时，雅典人在实践民主

古希腊不是一个国家的概念，而是一个地区的称谓，包括希腊半岛、爱琴海和爱奥尼亚海上群岛、土耳其西南沿岸、意大利东部和西西里岛部分地区。学习过希腊哲学就会知道，希腊最早的哲学家泰勒斯并不出生于希腊半岛，而是生活于米利都，在今天土耳其的小亚细亚半岛上。另一位著名的哲学家毕达哥拉斯虽出生于希腊半岛，但由于主要是在南意大利传播思想学术，故他创立的学派称为南意大利学派。两位哲学家虽然生活在不同的国家，但都属于古希腊。当时在古希腊这片区域里，存在着数以百

---

① 参见梁涛《中国古代政治哲学中的"民主"与民本》，《中国社会科学报》2023年9月25日。

计的大大小小的城邦国家，这与春秋战国时代的中国有些近似，但也有不同之处。春秋战国时期的中国也存在很多国家，如齐、楚、燕、卫、秦，春秋时期的晋国，战国时期的韩、赵、魏等，这点与古希腊相近。但这些国家之上还有一个周天子，是一个统一的王朝国家，尽管此时已经衰落，这点与古希腊又有很大不同。古希腊在马其顿崛起之前，一直处于城邦分治的状态，没有出现统一的国家。这些独立的城邦国家，实行着不同的政治制度，有君主制、贵族制，也有民主制。据记载，早在公元前575—前550年，游吟诗人荷马曾定居的希俄斯岛（Chios）就出现了公民议会，这是古希腊第一个采取民主政体的国家。当然，最有影响力的民主国家还要数雅典，学术界一般认为，公元前508年的克里斯提尼改革，标志着雅典民主制度的建立，到公元前323年，雅典城邦被马其顿击败，民主政体宣告结束，前后存在了一百八十多年。

那么，什么是民主呢？民主在英文中是democracy，它来自希腊文，不过希腊文不好拼写，我们就用英文来讨论。Democracy就是demo（复数是demos）加cracy，其中demos指人民或公民，cracy指某种公共权威或统治，所以democracy就是统治归于人民或人民主权，指全体人民平等地、无差别地参与国家决策和进行国家管理，这是民主最原始、最基本的含义。需要注意的是，希腊的demos与孟子"民为贵"的民不是一个概念，孟子所说的民是指民众、人民，凡生活在国野之中，属于被统治阶级，从事体力劳动的人都属于民。古希腊的demos则是指公民，而不是一般的民众，尤其不是孟子所说的作为"治于人者"的民。从这个意义上说，民主是公民的民主，而不是所有人的民主。亚里士多德在《政治学》中将公民定义为"有权参加议事和审判职能的人"[①]，所以一个人必须具备两种权利才能叫公民：一是他有权利参与国家治理，有权被选为国家的官员，是"治人者"，而不只是"治于人者"；二是作为陪审员有权利参加司法审判，审判他人有罪还是无罪。有这两种权利的人才算是公民。在雅典，只有年满20岁的男子才有资格成为公民，当然年龄并不是唯一的限制，如果你是外邦人或者奴隶，同样不能成为公民。伯里克利时期的法律就规定，只有父母都是雅典公民的人才能成为雅典公民。除了公民之外，雅典城邦还有奴隶、外邦人、妇女、未成年人，他们没有上面提到的两种权

[①] ［古希腊］亚里士多德：《政治学》，吴寿彭译，商务印书馆2017年版，第116页。

利，因而都不是公民。据学者推算，在不同时期，雅典公民的数量大致在3万到6万，而同时期雅典的总人口估计在30万至50万。在雅典全盛时代，享有充分权利的公民总数约有4万人，他们的妻儿约有5万人，此外还有4万左右外邦人，以及35万左右奴隶。所以公民人数在整个人口里面的比例是比较小的，大概只有十分之一。[①] 虽然较之君主制、贵族制，民主制称得上是多数人的统治，但从人口总数而言，雅典民主制又绝对是少数人的统治。

雅典的民主体制，有三个重要机构。一是公民大会，是国家的最高权力机构，一切国家大事都由其审议、决定。二是五百人的议事会，是公民大会的附属机构，负责为大会准备提案并主持大会。公民大会休会期间，还负责日常行政事务。三是民众法庭，负责司法审判，高级公职人员的任职资格，也由其审定。除了以上三个机构，还有其他军事、行政机构，如十将军委员会，但这三个机构是最重要的，构成雅典民主体制的基本骨架。其中公民大会是国家最高权力机构，所有的国家大事，如战争、条约、外交、财政、法律、流放，以及宗教、喜庆等事务，均需在公民大会进行讨论，做出决议。而所有合法公民均有权参加大会，就国家事务发表意见，阐明自己的主张，并参与辩论和表决，雅典人把这一权利称为"平等的发言权"。为了召开公民大会，需要准备一个巨大的会场，于是雅典人在雅典卫城西侧修建了著名的普尼克斯（Pnyx）会场，会场中心是一个巨大岩石构成的半圆形演讲台，岩石两旁各有台阶通往讲台，讲台的位置与高度可以确保每一个参加集会的公民与台上的演讲者相互对视。根据考古发掘，会场经过了不断扩建，最多时可以容纳8000人，也有说是14800人。在雅典，公民大会每9天召开一次，一年举行40多次。会议4天前，五百人议事会制订好会议议程，并将所要讨论的议题通知雅典城的公民。到了会议这一天，雅典公民从四面八方来到普尼克斯会场，七嘴八舌、叽叽喳喳对国家事务发表意见，并最后投票做出表决。由于雅典公民有自己的工作，需要养家糊口，不可能每次会议都来参加，而公民大会又非常重要，所以法律规定至少要有6000人来开会，才算合法，会议的决议需要获得6000票，方可通过。

五百人议事会是雅典民主政治的另一个重要机构，它是公民大会的常

---

① 参见王绍光《民主四讲》，生活·读书·新知三联书店2008年版，第4页。

设机构，负责公民大会的日常工作。任何雅典公民都有权通过五百人议事会向公民大会提出建议与议案，五百人议事会审查公民提交的议案后，制定会议议程，召集并主持公民大会进行讨论。在公民大会休会时，五百人议事会是最高权力的代表，负责监督行政官员落实大会决议的情况。作为公民大会的常设机构，除节日和不吉利的日子外，议事会每天都要召开会议，雅典每年大约有75天节日和15天不吉利的日子，这样一年中有275天都在开会。五百人议事会的成员来自雅典的十个部落，每个部落推50个人，加在一起是500人，这些议员不是选举出来的，而是通过抽签选出来的。只要是年满30岁的公民都可以自愿成为候选人，靠抽签成为议员。抽签的方式是在罐子里放入相应数量的白豆和黑豆，摸到白豆者即可成为议员。今天西方议员的地位很高，但放在古代雅典一点儿不稀奇，只要手气好，年满30岁的公民都有可能成为议员。不过雅典议员的任期只有一年，不得连任，每个公民一生最多只可以担任两次议员，以便让尽可能多的人有机会参与国家管理。而且议员是没有报酬的，纯粹是尽义务，后来有了一点儿报酬，但数量很少，只是象征性的补贴。为了避免机构臃肿，五百人议事会又以部落为单位分为了十组五十人团，轮流执掌雅典政务。十组五十人团执政的次序由抽签决定，每组执政的时间为36天，当政的五十人团每天抽签选出一人担任主席，掌管国库钥匙，负责应对突发事件，主持该日的五百人会议。如果这天举行公民大会，还要负责主持公民大会。主席的任期只有一天一夜，不得延长，而且一个公民一生中只能担任一次。只要是雅典公民，都有很大的机会成为主席。像苏格拉底就担任过五百人会议主席，他担任主席这一天，发生了一个重要事件，当时雅典海军战胜了斯巴达舰队，但指挥海战的十位将军却因为没有及时打捞阵亡将士尸体受到了审判，多数人认为这些将军应该被处死。苏格拉底则力排众议，坚决投出了反对票。

雅典民主政治的另一个重要机构是民众法庭，负责司法审判，其特点也是一切由公民多数说了算，强调公民的参与和公正性。如果有人被指控犯了法，民众法庭随机选出一定数量的公民组成陪审团，负责审理案件并做出裁决。陪审团的人数通常是500人，成员来自不同社会阶层，他们既是陪审员，也是审判员，根据多数票进行断案。对于雅典的民众法庭，人们的印象往往不好，原因是它曾以渎神和腐化年轻人的罪名，处死了著名哲学家苏格拉底。其实苏格拉底之死是有特殊原因的，当时雅典远征叙拉古——今天的意大利西西里岛，结果全军覆没，雅典的国力受到重大打击，从此一蹶不振。指挥这次远征的将领之一亚西比德是苏格拉底的学生，在一次战役中，苏格拉底曾经冒着生命危险救过亚西比德的命。因为爱慕苏格拉底的智慧，亚西比德也曾追求过苏格拉底。两人感情甚笃，是同性恋关系——同性恋在古希腊是非常流行的，柏拉图在著名的《会饮篇》中对两人的关系有过描述。出征叙拉古前夕，雅典城的赫尔墨斯神像被毁，有人指控是亚西比德所为，要对其进行审判。亚西比德担心被陷害，结果临阵脱逃，投奔了雅典的死敌——斯巴达，这直接导致了远征叙拉古的惨败。虽然雅典民众法庭迁怒于苏格拉底，做了错误的判罚，但不能因为一个案件就否定了民众法庭的积极意义。雅典司法制度鼓励民众参与，主张法律面前人人平等，对人类政治文明而言具有重要意义，其陪审团制度对后世也产生了深远影响。但是雅典没有专业的律师和法官，而一般民众容易受到情绪的影响，做出错误的判决也就难免了。

从以上内容来看，雅典的民主首先是一种制度安排，以保证公民能够直接参与国家的统治、治理，这与民本有很大的不同。民本主要是一种政治理念，认为民众是国家的价值主体，是设立国家的唯一理由，统治者需要维护民众的利益，否则便不具有合法性。用荀子的话说："天之生民，非为君也；天之立君，以为民也。"（《荀子·大略》）但这只是一种主张和愿望，并没有落实到制度上，现实中实行的是君主制，民众没有实际的政治权利，即使君主胡作非为，民众也无可奈何。战国时期一些儒家学者意识到民本与君主制的矛盾，提出了"天下为公"的"大同"理想，反对世袭，主张选贤与能，实行禅让，但就制度而言，依然是君主制，是一个人的统治。既然是比较民主与民本，就不能拿民主制度与民本所依附的君主制度作比较，这种比较没有意义。只能是追问民主制度背后的政治理念是什么？拿民主的理念与民本相比较。关于雅典民主的政治理念，古希腊哲人肯定的并不多，相反多是反思和批评，这个我们后面会谈到。对雅典民主精神做出概括和礼赞的主要是雅典首席将军伯利克里，他在著名的"阵亡将士国葬礼上的言说"中自豪地宣称：

我们的制度之所以被称为民主政治，因为政权是在全体公民手中，而不是在少数人手中。解决私人争执的时候，每个人在法律上

【学术热点】
从民本到民主

都是平等的；让一个人负担公职优先于他人的时候，所考虑的不是某一个特殊阶级的成员，而是他们有的真正才能。任何人，只要他能够对国家有所贡献，绝对不会因为贫穷而在政治上湮没无闻。正因为我们的政治生活是自由而公开的，我们彼此间的日常生活也是这样的。……在我们私人生活中，我们是自由和宽恕的；但是在公家的事务中，我们遵守法律。这是因为这种法律深使我们心悦诚服。①

从伯利克里的演讲词可知，雅典民主的核心理念是主权在民，法律至上，这里的民当然是指公民，不具有公民权的外邦人、奴隶、妇女等，是不包括在内的。理解雅典民主，公民权是一个非常重要的概念。孟子讲"民为贵"，主要是一个价值信念，民在实际生活中并没有任何政治权利，一点儿也不贵，反而很卑贱；伯利克里讲"政权在全体公民手中"，则是实实在在落实在公民权利上。由于雅典实行直接民主，所有公民都享有充分的民主权利，凡20岁以上的男性公民都有权参加公民大会，享有平等的立法权、选举权和监督权。在公民大会上，公民对城邦大事的议案可以自由发言或展开辩论，最后投票做出决议。公民大会做出的决议具有法律效力，而且不可随意更改，所有官员必须依法行事，一旦触犯法律，就要受到惩处。伯利克里在首席将军任上就曾被控渎职，受到审判，并被处以罚金。在雅典，拥有最高权力的不是国王、执政官，而是公民大会，这在古代社会是非常罕见的。雅典民主的另一个理念是治权平等，轮番为治，雅典人非常重视平等，公民不受出身、阶级的影响，均有机会担任公职，管理国家事务。为了保障公平，采取了轮流任职的方式，五百人议事会、公民法庭成员均由抽签选举产生。公民担任公职后，任期只有一年；已任过公职者，在其他公民尚未任职前不得连续任职。这就为公民创造了广泛的参政机会，避免了因长期任职形成权力集中的流弊。但是管理者要有德性和才能，要有民众威望，而抽签选举、轮流坐庄的参政方式，使素质低下的人也获得同等的参政权，这是一种实质平等，而不是形式平等，其追求的是治权平等，而不仅仅是法权平等。雅典民主的政治理念还有其他特

---

① ［古希腊］修昔底德：《伯罗奔尼撒战争史》，谢德风译，商务印书馆1960年版，第130页。

点，但核心就是主权在民，治权平等。

民主制度是雅典民众长期追求、奋斗的结果，也是他们对人类政治文明的巨大贡献。民主制度激发了雅典公民的爱国热情和政治责任感，铸就了雅典人渴求知识、乐于探究的民族性格，宽松的民主氛围释放了巨大的创造力，使古代雅典在众多文化领域取得了辉煌成就，民主政治给文化发展创造了自由的氛围，使雅典人在文化方面达到了古典世界的最高水平。希腊的文化名人，如历史学家修昔底德和色诺芬、雕刻艺术家米隆和菲狄亚斯、悲剧作家埃斯库罗斯、索福克勒斯、欧里庇得斯和喜剧作家阿里斯托芬、哲学家苏格拉底和柏拉图均出自雅典，历史学家希罗多德和哲学家亚里士多德虽非雅典人，但他们长期生活于雅典，其文化成就也是根植于雅典这块沃土之上。其他城邦的文化巨子，也大多在雅典居留、访问过，受到雅典文化的影响。如果没有雅典，灿烂的古希腊文化必然会黯然失色。从这一点看，对雅典民主怎样肯定和赞赏都不为过。但是另一方面我们也应该看到，雅典民主制也存在着明显的局限和不足，所以历史上对于雅典民主制度一直是存在着质疑和批评，近代以前，人们一直认为民主是一个坏东西，而不是好东西。笔者是二十世纪八十年代进入大学的，当时"文化大革命"已经结束，国家转向改革开放，思想界的主题又回到了"五四"时期的科学、民主，所以当时那一代大学生对民主特别关注。而说到民主，其源头就是希腊雅典，所以有一段时间，笔者对希腊产生了浓厚兴趣，读了很多这方面的书籍，抱着一种探索的心态，想去了解西方民主怎么回事。可是学了希腊哲学史后，笔者却感到疑惑了，当时最杰出的哲学家，被称为希腊三贤的苏格拉底、柏拉图、亚里士多德，竟然都对雅典民主持批评态度，政治立场竟然都是"反动"的！苏格拉底不用说，他就是被民主制度判处死刑的。他在世时，对民主也多有批评之辞。在民主制下，民意是重要的立法根据，但苏格拉底却对民意很不以为然。他曾劝说一位雅典人，作决定时不应该受民意的左右，因为民众大多是无知的，他们的意见不值得采纳。苏格拉底认为治国不能靠民意，而是要靠有专门政治知识的人，他质问道：人们在建筑问题上会咨询建筑师，在造船问题上会咨询造船师，可是涉及国家的统治这么严肃的问题时，为什么站起来提建议的却是建筑师、鞋匠、商人、船主呢？而且不考虑他们是富裕还是贫穷，也无论他们出身高贵还是低贱。①在他看来，"用豆子拈阄的办法来选举国家的领导人是非常愚蠢的，没有人愿意用豆子拈阄的办法来雇用一个舵手，或建筑师、或奏笛子的人、或任何其他行业的人，而在这些事情上如果做错了的话，其危害是要比在管理国务方面发生错误轻得多的"②。

苏格拉底的学生柏拉图目睹了老师被雅典法庭所害，开始反思雅典民主制度的弊端，写下了著名的《理想国》，提出只有哲学家才能充当统治者，这就是哲学王，而普通民众没有能力也不适于管理国家。柏拉图认为，一个理想社会应当由治国者、武士、劳动者三个阶级构成，分别代表智慧、勇敢和欲望三种德性。如果这三个阶级各司其职，各安其位，整个国家就达到和谐，实现了正义。柏拉图还提出，每个人在出生时就已被注入不同的元素，形成金人、银人、铜人不同的等级，金人善于用脑，充满理性，适宜做治国者；银人善于用身体，勇敢好动，适宜做武士；铜人善于用双腿，充满感情与欲望，适宜做劳动者。柏拉图这个说法，与雅典民主精神是格格不入的，反而与孔子的"唯上智与下愚不移"（《论语·阳货》），以及孟子的"劳心者治人，劳力者治于人"（《孟子·滕文公上》）有相近之处。

亚里士多德广泛研究希腊各城邦的政体，提出了六种政体，君主制、贵族制、共和制、僭主制、寡头制以及民主制。他的分类有两个标准：一是统治者的数量，即统治者是一个人、少数人，还是多数人；二是统治者的目的，他是为了公众利益还是私人利益。按照这两个标准，亚里士多德认为正常的政体有三种，即君主制、贵族制以及共和制，它们分别是一个人的统治、少数人的统治以及多数人的统治，但都是为了公共利益。如果不是为了公共利益而是为了私人利益或某个阶级的利益，就会出现三种变异政体，即君主制变异为僭主制，贵族制变异为寡头制，共和制变异为民主制。从这个分类来看，亚里士多德显然不认为民主制是好的政体。在亚里士多德看来，一个城邦通常由三个部分组成：富人、穷人和介于两者之间的中间阶层，类似我们今天说的中产阶级。富人追求财富，穷人渴望自由，一个城邦如果完全由穷人和富人组成，必然会因为利益的不同产生对

---

① 参见［古希腊］柏拉图《理想国》，载《柏拉图全集》，王晓朝译，人民出版社2002年版，第1卷，第440页。
② ［古希腊］色诺芬：《回忆苏格拉底》，吴永泉译，商务印书馆1984年版，第8页。

立，无法形成组成政治团体必要的友爱之情；如果富人或穷人一方占据了城邦最高统治权，则必然会相互为敌，势同水火，造成城邦的分裂。因此城邦应该以中产阶级为基础，中产阶级能兼容自由与财富，比贫人或富人的统治更为优良，"惟有以中产阶级为基础才能组成最好的政体"①，以中产阶级为基础建立的政体，亚里士多德称之为共和政体，也是他心目中好的政体。至于民主政体，在亚里士多德看来，实际是穷人压迫富人的政体，属于变异的政体，称为平民政体可能更合适。亚里士多德把城邦居民划分为六个阶层：农民、工匠、商人、武士、法官和祭司。在这六个阶层中，真正享有完满权利的应该只是最后三个阶层，这三个阶层不事生产，具有德性，构成城邦的公民主体。至于农民、工匠、商人等，最好不参加国家的治理。可见亚里士多德对民主制的态度是比较矛盾的，他一方面不反对民主制下自由人轮番为治的原则，另一方面又倾向精英治国，他所心仪的实际是贵族、民主的混合政体。②

亚里士多德政体分类：

目的＼人数	一人统治	少数人统治	多数人统治
为了公众利益	君主制	贵族制	共和制
为了私人利益	僭主制	寡头制	民主制

从苏格拉底等人的批评来看，他们主要反对的是雅典民主政治中不分贤愚贵贱，一味追求治权平等，甚至通过抽签选拔公职人员的做法。他们对雅典民主政治的批评，不能简单理解为反动、倒退，更不能视为是政治不正确，而应看作对雅典民主制度固有缺陷的反思和批判。写出《伯罗奔尼撒战争史》、对雅典军事失败做出深入考察的著名史学家修昔底德认为，普通民众缺少政治智慧和判断能力，只能接受拥有智慧的精英人物的领导。而雅典民主制度恰恰没有为精英、领袖留下位置，结果导致雅典与斯巴达争霸的失败。衡之以历史，修氏的说法是可以成立的。由于重视和追

---

① ［古希腊］亚里士多德：《政治学》，吴寿彭译，商务印书馆2017年版，第209页。
② 参见聂敏里《西方思想的起源——古希腊哲学史论》，中国人民大学出版社2017年版，第192页。

求治权平等，雅典民主逐渐形成了直接民主、轮番为治、抽签选举、少数服从多数的基本原则。这些原则取消了贵族的特权，打开了普通民众参与政治的大门，固然有其积极意义。但由于忽视了人与人之间智慧才能的差别，也存在局限和弱点，最明显的是不利于领袖人物的出现。需要说明的是，雅典人的平等乃实质平等，而非形式平等，是治权平等，而非法权平等。形式平等或法权平等只是肯定法律面前人人平等，承认每个人有相同的政治权利，而不保证其都能在政治实践中获得相同的机会和职位，实质平等则相反，它不仅肯定每个人都有权利参与国家治理，还要保证其获得相同的职位和机会，所以实质平等也是一种治权平等。为了做到治权平等，雅典民主回避、忽视智慧才能的因素，只要中签，便可为官。为了让更多人有担任官职的机会，只好缩短任职期限，期满便要卸任，不得连任，其看重的是公平，而不是政绩。官员不由政绩、才能决定其进退，就不能形成完善的选拔、晋升机制，更难有领袖人物的产生。至于一切事务都要到公民大会讨论决定，这在和平时期或许可以，但对于战争这样的重大事件也要靠全体公民投票决定，就完全不合适了。战争往往关系到一个国家的生死存亡，战争的形势又瞬息万变，难免使民众神经紧张，情绪受到战局变化的影响。加之民众对军事问题并不了解，容易受领袖人物的蛊惑煽动，因此很难做出明智的决定。[①] 雅典民主制的这种缺点在伯罗奔尼撒战争中暴露无遗，雅典最终的失败，民主制难辞其咎。所以民众是不能排斥领袖的，相反需要领袖的指导，能够将杰出领袖与负责任公民结合在一起的，才是好的制度，这在伯利克里身上得到集中体现。伯利克里是雅典最伟大的政治家之一，在他执政时期，雅典民主政治达到极盛，这一时期也被称为伯利克里时期。雅典的最高权力单位是公民大会，公民大会主席任期只有一天，且不得连任，这种制度本是不可能产生政治领袖的。但雅典负责军事的十将军委员会虽然也由选举产生，但可以连任，而且不享受公职津贴，这就使十将军只能由家庭殷实且具有一定才能和威望的人担任，伯利克里正是利用这一制度脱颖而出，连续十五年担任首席将军，掌握了国家的政权，成为雅典的第一公民。修昔底德曾评论说：伯利克里"能够尊重人民的自由，同时又能够控制他们。是他领导他们，而不是他们领导他……当他看见他们过于自信的时候，他会使他们感觉到自己的危

---

① 参见刘文泰《平民领袖与雅典民主》，《南都学坛》1991年第2期。

险;当他们没有真正的理由而丧失勇气的时候,他会恢复他们的自信心。所以虽然雅典在名义上是民主政治,但事实上权力是在第一公民手中"①。正是在伯利克里的领导下,雅典民主制取得辉煌成就,并在伯罗奔尼撒战争第一阶段,取得了对斯巴达的胜利。但是伯利克里的政治地位,不是由制度决定的,而是靠个人的威望和影响力取得的,这就具有很大的不稳定性。公元前430年,雅典发生了严重的瘟疫,一时城内病魔肆虐,尸体横陈,伯利克里的儿子也不幸染病身亡。下葬时,伯利克里不听旁人的劝阻,拥抱了儿子的尸体,结果也被传染,第二年去世。伯利克里死后,雅典政坛陷入群龙无首的状态,当时雅典有三位政治领袖:克里翁、亚西比德和尼西阿斯。但是他们都没有伯利克里的威望和影响力,政治观点也彼此不同,克里翁、亚西比德属于激进派,主张对斯巴达开战,尼西阿斯则属于温和派,为了取得领导权,他们只能一味地讨好民众,而雅典民众在他们的蛊惑下,越来越失去理智,做出一系列错误决定。修昔底德分析伯利克里之后的雅典政治说:"他的继承人,彼此都是平等的,而每个人都想要居于首要的地位,所以他们采取笼络群众的手段,结果使他们丧失了对公众事务的实际领导权。"② 在这种情况下,雅典走向失败就是必然的了。所以雅典的民主制度并不完善,存在种种缺陷,如果说雅典民主制度中主权在民、崇尚法律的理念有其合理性的话,那么治权平等、轮番而治的观念则存在较多问题,按照这种观念,只能是实行直接民主,难以产生好的政治领袖,领袖与民众之间难以达到平衡。而真正好的民主应该是有领导的民主,是领袖与民众相结合的民主。这在治权平等、轮番而治的观念下是很难实现的。古代社会,受教育的人口较少,民众素质参差不齐,而优秀人物往往是出自财产富足、生活闲暇、受过良好教育的贵族家庭。由于雅典民主制度过分追求治权平等,不仅没有为这些人保留适当的位置,使其政治、军事才能得以发挥,反而将其视为民主制度的威胁,千方百计加以限制,乃至于驱逐、流放,著名的陶片放逐法就是为此设计的。这种民主制度当然不是完美的,从今天的眼光看,虽不至于称为是坏东

---

① [古希腊] 修昔底德:《伯罗奔尼撒战争史》,谢德风译,商务印书馆1960年版,第150页。

② [古希腊] 修昔底德:《伯罗奔尼撒战争史》,谢德风译,商务印书馆1960年版,第150页。

西，但至少不能算是好东西。苏格拉底、柏拉图、亚里士多德等人，对其做出反思和批评就不奇怪了。需要说明的是，苏氏等人对雅典民主的批评，主要集中在治权平等、轮番为治上，对于主权在民，实行法治，他们则是赞同和认可的——柏拉图提出哲学王虽有人治的倾向，但在后来的《法律篇》中他还是主张法治的，只是他们没有对主权与治权做出明确区分而已。那么，我们不妨设想，假如孟子知道了雅典的民主制，他会做何反应？对于治权平等，毫无疑问，他与希腊三贤一样会表示反对，但对于主权在民，实行法治，他会接受吗？

二 为什么孟子讲民本，希腊却出现民主？

在回答这个问题前，我们先讨论另一个问题，为什么民主制出现在希腊，而不是中国？为什么孟子是在君主制下讲民本，而雅典人则建立起民主制？对此，亚里士多德认为："野蛮民族比希腊民族为富于奴性；亚洲蛮族又比欧洲蛮族为富于奴性，所以他们常常忍受专制统治而不起来叛乱。"[①] 也就是说东方民族实行君主制，是因为他们富有奴性，甘愿被君主统治。这个说法当然是不成立的，已有学者做了反驳。[②] 因为希腊早期也出现过神授王权，实行过君主制，雅典城邦民主制是在特殊环境下演变发展的结果。读过荷马史诗都知道，古希腊境内曾存在大大小小的王，称为巴赛勒斯（Basileus）。他们或是某一地区的王，如伊塔卡岛的巴赛勒斯奥德修斯——荷马史诗《奥德赛》的主角，或是统辖全希腊各地诸巴赛勒斯的大王，如亚该亚人的"万民之王"阿伽门农——荷马史诗《伊利亚特》中率领希腊联军攻打特洛伊的统帅。如果说荷马史诗只是传说，那么考古发现也证实古希腊确曾存在过一个王政时代。从十九世纪七八十年代开始，随着德国考古学家谢里曼、英国考古学家伊文思的发掘，希腊早期国家克里特、迈锡尼的情况逐渐被人们所认识。根据考古发现，大约公元前两千年，克里特岛产生了希腊最早一批国家，其中较著名的有克诺索斯和法埃斯特，这些国家已达到很高的文明程度，出现了作为文明标志的文

[①] ［古希腊］亚里士多德：《政治学》，吴寿彭译，商务印书馆2017年版，第162页。
[②] 参见顾准《希腊城邦制度》，载《顾准文集》，贵州人民出版社1994年版，第86—96页。

字、铜器和城市。社会分工也很发达，有多种手工业，各种陶器制作得十分精美。公元前十五世纪，克里特文明衰落下去，文明中心转移到希腊半岛的迈锡尼，按照传统说法，迈锡尼是亚该亚人建立的，代表性建筑为宫殿、城堡、竖井和圆顶墓，迈锡尼延续了大约两千年，到公元前十二世纪，多利安人南下，迈锡尼文明诸城被毁，希腊社会重新返回氏族社会，故人们称这一时期为黑暗时代。那么克里特、迈锡尼实行的是什么制度呢？应该是君主制。因为从考古发现来看，不论是克里特还是迈锡尼，其王宫均规模宏大，结构复杂，如克里特的克诺索斯王宫由围绕中央庭院的多层楼房建筑群组成，面积达两万平方米，王宫内房屋、厅堂众多，总数达一千五百间以上。王宫布置不求对称，结构错落复杂，使人难觅究竟，因此在希腊神话中称其为"迷宫"。王宫内还有大量壁画，堪称古代杰作。迈锡尼王宫位于卫城中心的制高点，有大厅、后厅、走廊、侧室、浴室等建筑。卫城有巨石垒成的城墙，其正门为著名的狮子门。基于以上特点，学者一般认为，克里特"社会政治制度在许多方面都类似古代东方王国。……否则，便难以解释那些大建筑物，多种手工业，奢侈品以及雅致的玩艺从何而来"[1]。克里特还拥有强大的海军，一度成为海上霸主，势力影响所及达到爱琴诸岛和希腊半岛。至于亚该亚人建立的迈锡尼诸城邦，同样实行君主制，每个城邦都有王，即巴赛勒斯。关于巴赛勒斯，去古未远的亚里士多德称，他们"具有（三项）统治的权位：战时为统帅，祭时为主祭……遇有法律上的争端也由他们作最后的判决"[2]。这与中国古代的王是十分接近的。在众多的巴赛勒斯之上，有一个他们拥戴的共主，例如来自迈锡尼的"万民之王"阿伽门农，"这个迈锡尼王国，有点像周王朝的'王畿千里'，即一个对诸侯具有最高王权的中心王朝直接统辖的地区，其他王侯对它有某种程度的臣属义务"[3]。有趣的是，阿伽门农的共主地位来自他拥有的王杖，该王杖据传说是由赫菲斯托斯神制作，由珀罗普斯（古希腊国王）传给阿伽门农的父亲阿特柔斯一裔，然后传给了阿伽门农，这自然使我们联想到中国古代天命所系的九鼎。所以古代希腊也是存在过

---

[1] ［苏］塞尔格耶《古希腊史》，转引自顾准《希腊城邦制度》，载《顾准文集》，贵州人民出版社1994年版，第89页。
[2] ［古希腊］亚里士多德：《政治学》，吴寿彭译，商务印书馆2017年版，第163页。
[3] 顾准：《希腊城邦制度》，载《顾准文集》，贵州人民出版社1994年版，第95页。

神授王权的，这点与中国古代相似，其民主制是后来发展的结果，亚里士多德说东方人富有奴性，因而选择了君主制，是不能成立的。

既然希腊也存在过君主制，为什么后来又发展出民主制，而中国却只有君主制一种形式呢？关于这个问题，笔者认为侯外庐先生关于中西文明不同发展路径的说法是值得重视和参考的。侯先生指出，"如果我们用'家族、私有、国家'三项来做文明路径的指标，那末，'古典的古代'（注：指古希腊罗马）是从家族到私产再到国家，国家代替了家族。'亚细亚的古代'（注：指古代中国）是由家族到国家，国家混合在家族里面，叫做'社稷'"[1]。侯先生所说的"家族"是指父权家族，"私有"指个体私有制。在西方，由于私有制的发展，父权家族被瓦解，让位于小家庭，在此基础上建立起城邦国家。与之不同，中国古代国家则是在父权家族的基础上直接建立起来的。中西文明的路径不同，其政治制度也表现出不同的特征。侯先生所说的父权家族，是指以父家长为核心的家庭组织形式，它是早期氏族组织长期发展演变的结果，一般由父家长与若干代子女组成。这时虽然也出现了私有制——父家长私有制，但不同于个体私有制，不仅没有瓦解父权家族，反而强化了父家长的统治。由于父家长占有了家族财产，在家族内部取得了支配一切的权力，不仅拥有财产权，还拥有司法审判权、宗教祭祀权，甚至对子女和奴隶、仆役的生杀之权。关于父权家族，恩格斯将其概括为："一是把非自由人包括在内，一是父权。"并说"它以缩影的形式包含了一切后来在社会及其国家中广泛发展起来的对立"[2]。因此，父权家族的出现，是人类文明发展史上的一件大事，它标志着在社会生活的一切制度上，在人与土地和人与人的关系上的革命。

父权家族虽然由血缘维系，但也需要占有一定的土地，当家族繁衍发展到一定规模，父家长便会让家族中的一位成年男子离开家族的居住地，去开辟新的领地。成年子女离开时一般会带领一定的人口，这或是为了减少人口的压力，或是为了开垦土地的需要，或是为了戍守边防。新分化出的家族与原属的家族具有隶属关系，必须对大宗表示恭顺，其政治地位相应也要低一等。同时他们又具有血缘联系，具有相同的祖先和姓氏，属于同一个宗族。这种分化过程还会不断重复，从而形成第三、第四支系。这

---

[1] 侯外庐等：《中国思想通史》第一卷，人民出版社1957年版，第11页。
[2] 《马克思恩格斯选集》第4卷，人民出版社1995年版，第54—55页。

样随着家族的不断繁衍、分化，在家族的基础上形成更高一级的宗族，在宗族的基础上又形成更高一级的氏族。当原来分属不同地区的氏族，随着不断扩张发生接触，便会发生激烈的冲突，形成超越氏族和宗族之上的部落联盟，早期氏族国家由此产生。这种建立在父权家族基础之上的早期氏族国家都是君主制的，因为君权来自父权，家庭内有一个专断的父亲，国家内必然有一个专权的君王，中西文明在起点上是相同的。在古代中国，国乃家的扩大，"父"字甲骨文作🖐，为手持权杖之形，表示他在家庭内具有绝对的权威和支配力。官尹的"尹"字，甲骨文作🖐，似手执笔之形，"它是在父权家长制的基础上发展起来的，比一般的'父'握有更大的权力"。"国君的'君'字，从'尹'从'口'，表示他是众尹之上地位最'尊'的'发号'者。这清楚地表明中国的早期国家组织，是以父权家长制家庭为基础而发展起来的。国家即父权大家庭的扩大。"① 在希腊语中，巴赛勒斯与父亲也是同一个字，"指的不是父性的特征，而是权力、威信与尊贵"②。亚里士多德认为，"君王（即巴赛勒斯）正是家长和村长的发展"③。这与中国古代国家是非常相似的。所以中西政治制度的差异，不在起点上，而在后来的发展。公元前十二世纪，多里安人南下后，亚该亚人所建的迈锡尼诸城邦被毁灭，希腊社会出现了暂时、局部的倒退，古希腊进入黑暗时代（公元前十二到八世纪）。但至迟从公元前十世纪开始，希腊半岛阿提卡地区又出现了一些城邦，希腊社会又经历了氏族解体和国家产生的过程。我们讨论的雅典民主制，主要是从古风时代（公元前七到六世纪）逐步发展起来，并在古典时代（公元前五到四世纪）达到极盛。在此之前的克里特和迈锡尼，古希腊还存在过一个氏族国家阶段，"家族—国家"的文明路径也适合希腊。侯外庐先生是马克思主义学者，曾翻译过《资本论》，他研究古希腊主要根据的是恩格斯的《家庭、私有制和国家的起源》，而恩格斯写作这本书时，谢里曼的考古挖掘刚刚开始，所以还不了解克里特、迈锡尼的情况，将古希腊国家的产生下推到公元前七世纪。侯先生所说的"家族—私产—国家"，主要是指这一阶段，认为其与中国

---

① 朱绍侯、齐涛、王育济主编：《中国古代史》，福建人民出版社2010年版，上册，第32页。
② [法]库朗热：《古代城邦——古希腊罗马祭祀、权力和政治研究》，谭立铸等译，华东大学出版社2006年版，第79页。
③ [古希腊]亚里士多德：《政治学》，吴寿彭译，商务印书馆2017年版，第6页。

"家族—国家"的文明路径有所不同，而这也是理解雅典民主制的关键。

我们前面说过，父权家族阶段，土地财产归家长所有，形成了家长所有制。在此基础上，则会出现贵族或国家所有制。最典型的是周代"溥天之下，莫非王土；率土之滨，莫非王臣"（《诗经·小雅·北山》），土地名义上归周天子所有，周天子不可能管理所有的土地，便以分封的形式将其分给各级贵族，形成贵族的多级占有。希腊早期与此类似，由于实行父权制，所有权不是个人的，而是全家的。每家只有一个主人，就是拥有家族财产使用权的父亲。"父亲不只是一个强有力的保护者，能使人服从他，他还是一位教主，一位家火的继承者，一位祖先的继续者。"[1] 而且根据雅典的法律，父亲有卖儿子的权利。因为父亲是支配全家产业的主人，而儿子可以被视为他的财产。在这种父权所有制下，自然不可能有个体私有制的存在。据学者研究，迈锡尼时代的经济结构以王宫为中心，形成所谓"宫廷经济"，不论是贵族还是平民，其对土地的占有都同一定的义务联系在一起，是一种"有条件占有"。这与以后希腊时代的土地制度有很大不同，而与周代分封制下的土地制度有某种相似之处。到了黑暗时代，随着迈锡尼中央集权的崩溃，贵族分享了王宫的权力，控制了绝大部分的土地。在荷马史诗中，土地往往归巴赛勒斯或贵族所有，贵族家庭控制着大部分土地。[2] 但是到了公元前七至六世纪的古风时代，土地私有制逐渐确立起来，希腊城邦国家是建立在私有制的基础之上的，这就是侯先生所说的"家族—私产—国家"。需要说明的是，个体私有制与家长私有制不同，家长私有制没有瓦解反而强化了家族组织，个体私有制则与家族组织不相容，个体私有制一旦出现，基于血缘的家族组织便逐渐解体，人们在地缘的基础上建起新的国家组织。这种新建立的国家组织，一开始可能还会延续着君主制，但由于父权已经被瓦解，由私有制带来的平等意识开始产生，故君主制逐渐过渡到贵族制，又发展到民主制，这是古希腊政治制度演变的基本趋势。可见，民主制的产生，私有制对父权家族的破坏和瓦解是关键。由于君主制来自父权制，是一种家长政治，在父权—君主制下，

---

[1] [法]库朗热：《古代城邦——古希腊罗马祭祀、权力和政治研究》，谭立铸等译，华东大学出版社2006年版，第78页。

[2] 参见黄洋《古代希腊土地私有制的确立与城邦制度的形成》，《复旦学报》（社会科学版）1995年第1期。

只会产生"为民父母"(《孟子·梁惠王上》)的民本思想,而不会出现多数人统治的民主(democracy)。只有瓦解了父权家族,否定了家长政治,才有产生民主政治的可能。这就是侯先生所揭示的西方"家族—私产—国家"路径,不同于中国"家族—国家"路径的地方。

古希腊私有制的出现,与海外殖民、工商业活跃密切相关,三种因素相互作用,共同瓦解了父权家族和氏族组织,为民主制的建立创造了条件。与中国大河大江的内陆型文明不同,希腊半岛以山地为主,山峦起伏,地形崎岖,没有大的平原,也没有可供农业灌溉和商贸交通的大河,是一种典型的海洋文明。据统计,希腊半岛山地占80%,耕地不到20%。不仅耕地稀少,而且土壤贫瘠,不利于农业生产。著名历史学家希罗多德称希腊"一生下来就是由贫穷哺育的"①。雅典所在的阿提卡地区,自然环境尤为恶劣,据学者研究,公元前五世纪,雅典收成最好的年份,粮食产量仅能达到需求量的四分之一,不足的部分要靠贸易从外部获得。② 为了生存发展,古希腊人很早就将目光投向海洋。所幸的是,希腊半岛有着得天独厚的航海条件,半岛三面环海,海岸线曲折悠长,长达一万多公里,形成许多天然海港。爱琴海上岛屿星罗棋布,多达483个,而且彼此距离不远,天气晴朗时肉眼可望,这等于为航海技术尚不发达的古代航海者提供了固定的航标,同时也可以为航海者补给淡水和食物,大大降低了航海的风险。而且地中海本就是被欧、非、亚大陆包围的内海,是"陆地中间之海"。与波涛汹涌的大西洋相比,可谓是风平浪静,用橹桨就很容易渡过平静的水域。由于具有如此便利的条件,早在公元前八世纪初,希腊人便开始了大规模的海外殖民,到公元前七世纪中期,以米利都为首的小亚细亚城邦,又掀起第二次海外殖民高潮,一直到公元前六世纪,希腊的海外移民前后经历了三个世纪,史称"大移民时代"。移民的目的,或是减少人口的压力,或是商业贸易。海外移民的一个重要结果,便是破坏了氏族组织,促使私有制的出现,为民主制的产生准备了条件。汤因比曾分析说:"越海迁徙的一个独特现象是不同种族的大融合,因为社会组织中首先要抛弃的便是原始的血缘群体。一艘船的载人量有限,而如果数条船为

---

① [古希腊]希罗多德:《历史》,王以铸译,商务印书馆1959年版,下册,第398页。
② 参见尚烨《古希腊地理环境与其文化特色》,《内蒙古师范大学学报》(哲学社会科学版)2002年第5期。

【学术热点】
从民本到民主

了安全而一起前往异乡，就很可能要同时拉上不同地方的人——这与陆上迁徙的一般方式恰成对比，进行陆上迁徙的整个部族可以把妻子儿女和家具全装上牛车，大队人马以蜗牛速度在大地上缓缓前行。"[1] 海上移民与陆地移民有很大的不同，中国古代也有移民，如商人先王盘庚迁都殷（今河南安阳），周人先祖公刘率部落从邰（今陕西武功）迁至豳（今陕西旬邑），古公亶父自豳迁于岐山（今陕西岐山）等，但陆地移民是整族迁徙，不仅将氏族组织保留下来，而且在迁移中强化了家长或族长的权威，故盘庚、公刘、古公亶父均为商、周历史上声名显赫的君王或族长。海上移民则不同，早期希腊的船只比较小，不可能将氏族整体迁移，只能是少数人结伴前行，这样家族的血缘组织被打碎。到了殖民地，按照习惯，来自不同家族的成员都会分到一块土地，这块土地属于殖民者个人，而不是他所属的家族，这样土地私有制出现了。人们不是基于血缘，而是地缘的基础上重新建立国家制度。汤因比说："在民族大迁徙中，跨海迁徙的苦难还产生了另一个积极成果，它不是文学的，而是政治的。这种新的政治不再以血缘为基础，而以契约为基础。"[2] 汤氏称新的国家制度是以契约为基础，可能加入了现代观念，但新建立的殖民城邦不再是以血缘、等级为纽带，而是自由人在平等基础上的联合，则是可以肯定的。殖民者在航海中形成的同舟共济的合作关系，在登上陆地后被保存下来，以共同应对可能遇到的敌人。久而久之，伙伴关系便超过父子兄弟的情感。当来自不同氏族、不具有血缘关系的人们，在一个陌生的土地上重新建立城邦时，尽管旧时的记忆还会发挥一定作用，但已不可能完全照搬以前的家长制，只能根据平等的伙伴关系重新建立城邦制度。所以希腊民主政治最初是发源于殖民城邦，后来又传播到希腊本土母邦，这足以说明海外移民对民主制度的形成，产生了巨大影响。

海外移民也推动了海外贸易的发展，前面说过，希腊半岛山多地少，土壤贫瘠，不利于农业生产，但希腊的山岭却蕴藏着丰富的矿产，有大理石、白银、陶土等。山区和丘陵适宜种植葡萄和橄榄，地中海式气候夏季

---

[1] ［英］阿诺德·汤因比：《历史研究》（上卷），郭小凌、刘兆成译，上海世纪出版集团2010年版，第108页。
[2] ［英］阿诺德·汤因比：《历史研究》（上卷），郭小凌、刘兆成译，上海世纪出版集团2010年版，第109页。

炎热干燥，冬季温和多雨，虽不利于农业生产却为葡萄、橄榄提供了适宜的生长环境，这就为手工业创造了优越的条件。聪慧的希腊人因地制宜，通过葡萄、橄榄的加工以及大理石、陶器的制作，创造了丰富的贸易产品，形成了古代较为独特的商业文明。需要说明的是，商品经济的特点是公平交易，等价交换，其所建立的是一种横向秩序，与父权制下的纵向等级秩序有所不同。商品交换要求买卖双方必须在平等、公平、自由的基础上进行，这样长期的商品贸易培养出希腊人平等、自由的观念，并渗透到政治生活中去。马克思说："平等和自由不仅在以交换价值为基础的交换中受到尊重，而且交换价值的交换是一切平等和自由的生产的、现实的基础。"[1] 也就是说，只有在商品交换中平等和自由才会受到尊重，也只有在商品交换中平等和自由才会得以产生。这种平等、自由的观念正是希腊民主政治得以产生的一个思想前提，也是民主政治的灵魂所在。工商业的发展还在贵族和平民两个传统阶级之外，产生了工商贵族阶层，他们与平民阶级一起成为推动民主政治的重要力量。

海外移民、工商业发展只是为民主制度的产生提供了条件，民主制度的形成则是平民与贵族长期斗争的结果。由于私有制的出现，导致了贫富分化，产生了平民与贵族两大阶级。当时贵族把持着国家政权，重要的职务均由贵族垄断，平民政治上无权无势，经济上则处于受剥削、压迫的地位。由于所有的土地都控制在少数人手里，平民只能租种贵族的土地，如果无力支付地租，他们以及他们的子女都会失去自由。德拉古立法，赋予贵族夺取平民土地的权力，可以将负债者及其妻儿卖为奴隶，平民的处境急剧恶化，阿提卡的田地上到处都插着抵押土地的债牌。失去土地的平民不得不卖妻鬻子，渡过难关；甚至卖身为奴，被贩往海外；或者按高额的比例耕种贵族的土地，缴纳六分之五（或说六分之一）的租税，成为六一汉。贵族的压迫，激起了平民的不满，阶级矛盾空前激化，革命一触即发。在这种情况下，公元前594年，梭伦以雅典"执政兼仲裁"的身份，进行了一系列具有宪政意义的经济、政治和社会改革，开启了向民主政治的转变，史称"梭伦改革"。在经济方面，梭伦颁布"解负令"，废除雅典公民以人身作抵押的一切债务，禁止再以人身作抵押借债，禁止把欠债的平民变为奴隶。因无力还债而已被卖到异邦为奴的人，由国家出钱赎

---

[1] 《马克思恩格斯全集》第46卷（上），人民出版社1979年版，第197页。

回，同时废除"六一汉"制度。政治方面，首先，恢复公民大会，使其成为最高权力机关，决定一切城邦大事以及行政官的选举。公民大会虽然作为氏族社会的遗留，很早就存在，但在梭伦变法前，没有什么实际权力，也很少召开。即使召开，也不是所有的平民都能参加。据西方学者考证，公民大会的希腊原文意为"被叫出门的人"，只有被贵族喊到名字的人，才有资格出席公民大会。未被告知出席者，不允许也不可能被允许出席公民大会。这样公民大会只是贵族操控的工具，不具有反映民意的实际意义。[1] 梭伦则规定，所有雅典公民，不论贫富，都有权参加公民大会，具有相同的表决权。其次，设立了新的政府机关——四百人会议，类似公民会议的常设机构，由雅典的四个部落各选一百人组成。梭伦将雅典公民按财产分为四个等级，四个等级都可参加公民大会，但只有前三个富有的等级可以入选四百人会议，只有第一等级可以担任最高的官职。还有，设立了陪审法庭，每个公民都可被选为陪审员，参与案件的审理，陪审法庭成为雅典的最高司法机关。可以看到，经过梭伦变法，雅典民主制度的框架已基本成型，为民主制的进一步发展打下了基础，所以也有学者认为雅典民主制度实际是完成于梭伦之手。此外，梭伦还颁布了一系列有利于工商业发展的政策，包括限制粮食出口，扩大橄榄油输出；奖励外地工匠移民雅典，提倡公民学习手工业技术，一个家庭至少有一个孩子需要学习一门手艺；改革度量衡，铸造雅典新币；承认私有财产可以自由继承，消除家长制的残余等。

梭伦改革是平民对贵族的一次胜利，"解负令"颁布后，平民的债务一笔勾销，解除了沦为奴隶的危险，贵族借出去的债务收不回来，也无法用高额地租剥削平民，其利益虽然受到伤害，但却避免了革命的发生，防止了平民在劫富济贫的名义下对其财产的剥夺，从这一点看，对贵族也是有利的。故梭伦改革实际是贵族与平民妥协的结果，梭伦出身贵族，在改革中虽然照顾了平民的利益，但并没有站在平民的立场打压贵族。在平民与贵族的斗争中，他不讨好任何一方，而是坚守中道，在二者之间折中、调和。他虽然恢复了公民大会，赋予其很高的权力，但同时又保留了主要由贵族组成的战神山议事会，使二者保持平衡。而当平民提出重新分配土地时，梭伦视为非分之想，坚决予以拒绝，他痛恨贵族的为富不仁，但也

---

[1] 参见晏绍祥《梭伦与平民》，《华中师范大学学报》（哲学社会科学版）1994年第3期。

警惕平民的贪得无厌，力求使二者各得其所，相互妥协。他在诗中写道："自由不可太多，强迫也不应过分……所以我拿着一只大盾，保护两方，不让任何一方不公正地占据优势。"由于梭伦是按财产而不是门第划分等级，他真正依靠的是中间阶层，即殷实的工商业者。

梭伦改革虽然确立了雅典民主政治的基本框架，但梭伦确立的按财产划分公民等级、不同等级公民享有不同政治权利的原则，对穷苦平民来说仍是巨大限制，雅典重要的官职被第一等级的贵族把持，第四等级的平民却没有出任官员的权利，平民与贵族的矛盾依然存在。故公元前508年，克里斯提尼在民众的支持，再次进行改革，这就是克里斯提尼改革。首先，将雅典重新划分为十个地区部落，以取代原来的四个血缘部落。鉴于世家贵族存在利用血缘关系操控城邦政治的情况，克里斯提尼将阿提卡地区划分作三个大区：城市区，沿岸区和内陆区。每一个部落包含一个城市区、一个沿海区以及一个内陆区，称为三一区，由于三个地区相互散落，并不处在一起，这样就削弱了贵族的力量，限制了其对国家政治的干预。设置基层组织村社，称为德莫，形成部落—三一区—德莫的行政区划。居民按德莫进行公民登记和选举，德莫成为雅典国家的基层单位。克里斯提尼这一改革的目的，"是削弱血缘家族观念、强化公民身份意识，将社会和政治生活的焦点从血缘转移到地域，从强调胞族和氏族转移到强调德莫……有助于城邦政治共同体国家职能的集中化及政治参与的平等化"[1]。同时还具有"重新划分选区"的作用，由于选区是按地域划分的，以血缘为纽带的贵族力量被彻底打破。同一血缘部落的成员被分散在不同选区，一向控制这些成员的氏族贵族，也就无从跨越选区来左右选举了[2]。其次，设立的五百人会议，由十个部落各选五十人组成，取代梭伦时由四个血缘部落各选一百人组成的四百人会议。五百人议事会起着雅典政府的职能，其成员由抽签产生，所有公民不论贫富，都有资格当选。这就打破了贵族对高级职务的垄断，雅典政治向"民主"的方向又大大迈进一步。我们前面介绍雅典民主制度时，提到的五百人议事会，就是这个时期确立的。此外，成立十将军委员会，由十个地域部落各选举一名将军组成，掌握军事

---

[1] 李永斌：《〈雅典政制〉所载克里斯提尼的部落制改革再思考》，《历史教学》2022年第12期。

[2] 参见吴于廑《古代的希腊和罗马》，中国青年出版社1957年版，第29页。

指挥、外交和部分财政权,将军也要接受公民大会的监督。设立陶片放逐法,驱逐可能威胁雅典的民主制度的政治人物,贵族势力被进一步削弱。

克里斯提尼改革之后不久,希波战争爆发,面对外敌的入侵,雅典的内部矛盾暂时缓解,同仇敌忾、保家卫国成为雅典民众的共同目标。由于雅典与波斯对抗的主要是海军,而绝大部分水手都来自下层平民,随着萨拉米斯海战的胜利,以前被视为一无是处的下层平民,现在成为决定城邦命运的重要力量。公元前462年,埃菲亚尔泰斯在希波战争期间再次推行改革,他剥夺了战神山议事会的绝大部分权力,将其移交给公民大会、五百人议事会和陪审法庭,贵族在政治上已难有所作为。贵族议事会是雅典最古老的一个议事机构,在雅典国家建立之初即已存在,因为设立在战神阿雷奥圣山上,故也称战神山议事会。埃菲亚尔泰斯改革之前,贵族议事会在司法、行政、立法、财政等方面拥有重要的权力,但这些权力并非来自人民正式授予,而是来自宗教和传统,并获得了人民的普遍敬畏,认为其具有来自神灵的神秘力量。[①] 经过这次改革,雅典政治中非民主的成分完全被清除,雅典民主政治发展到极致,所有公民都被充分包括在人民之内,人民控制了政府和政治。从梭伦、克里斯提尼到埃菲亚尔泰斯,雅典政治制度的确是越来越"民主"了,但民主化的同时也打破了贵族与平民之间的平衡,背离了梭伦所确立的中道原则,雅典政治的民主化实际也就是政治的平民化。但如我们前面分析的,真正好的民主是有领导的民主,是精英与大众达到平衡的民主。在古代,精英往往来自贵族阶层,只有这个阶层不必为了生计整日奔波忙碌,有充分的时间和精力从事政治、文化的创造活动,雅典的政治领袖多出自贵族家庭就说明了这一点。所以贵族的智慧和经验,对于民主政治的良性发展,是十分必要的。当波斯大军压境,雅典面临生死存亡之时,贵族议事会就发挥了重要的作用,使雅典得以转危为安,最终赢得战争的胜利。民主政治的精髓应该是妥协、和解、平衡,平衡就意味着没有一方占有绝对优势,无法产生一个压倒一切的社会力量。但治权平等、轮番为治的原则一旦确立,雅典民主必然会向着这个方向发展,任何阻碍这一发展的力量和机构,要么进行改革适应之,要么就得从历史舞台上消失。如果说梭伦、克里斯提尼的改革还属于温和民

---

① 参见周洪祥、梁金玉《雅典民主政治中的贵族议事会》,《宜宾学院学报》2005年第5期。

主的话，那么埃菲亚尔泰斯的改革则属于激进民主，其追求的已不只是主权在民，法律至上，而是所有公民特别是下层阶级，必须真正掌握国家权力，将治权平等、轮番为治推到了极致。这种激进民主打破了贵族与平民、精英与大众之间的平衡，政治领袖只有不断取悦民众才能获得必要的支持，在释放平民阶级政治积极性、为雅典带来繁荣的同时，也为其以后的失败埋下隐患。

三 主权在民，治权在贤

中国古代走了与西方不同的"家族—国家"的发展路径，由于私有制不发达，父权家族没有被瓦解掉，反而不断被强化，国家建立在家族的基础上，这种家国同构的政治形式不可能脱离家长制的范式，其政治制度只能是君主制的。中国古代虽然也存在类似希腊的平民阶级，称为国人，但没有出现平民为争取公民权的斗争。中国古代的政治斗争主要是在统治者内部进行的，是大宗与小宗为争夺统治权的斗争。这种斗争不存在妥协、退让的可能，一开始可能只是争霸，后来则发展到兼并，最终则是"定于一"，秦汉大一统的中央王权由此建立。与古希腊由君主制到贵族制再到民主制的一般发展趋势不同，中国虽然很早就出现了君主制，但发展尚不充分，君权要受到贵族的制约和分割，实际是君主—贵族制。春秋时期，随着君权的衰落，出现世卿政治，类似贵族制。但到了战国时期，胜出的贵族纷纷采取了集权措施，开始向专制王权发展，直到大一统的秦帝国建立，走了从君主—贵族制到不完整的贵族制再到君主集权制的道路。在中国历史上，始终没有出现像希腊那样的公民阶级，也没有出现过由平等、自由人组成的政体团体，因而也就不可能有民主制度的建立。

中国古代虽没有出现公民阶级，但却产生了一个独特的士人阶层，从孔子开始，又赋予了这一阶层新的使命与人生理想，那就是：超越个人的私利去关注国家、民众普遍利益的家国情怀，坚守和维护社会基本价值的责任担当，为弱势群体发声、为民请命的道德勇气，乃至"杀身成仁，舍生取义"的牺牲精神。对于君，他们是"师"也是"臣"；对于民，他们则是其利益的代言人，是维护其利益的"民之父母"。在君与民之间，他们不因为受雇于前者，便无条件地为其俯首效忠，而是自觉地以民众利益代言人自居。在"君"之上，他们还安置了更高的"道"，以道为人间的价值原则和政治理想，而自视为道的维护和实践者。孔子主张"以道事君，不可则止"（《论语·先进》），要求"勿欺也，而犯之"（《宪问》）；孟子要求大人能做到"格君心之非"，"一正君而国定矣"（《孟子·离娄上》）；荀子则提出"从道不从君"（《荀子·子道》），均体现出"以仕行道"的价值取向。所以中国古代虽然没有产生出民主，却从三代的"民主"说中分化出民本思想，经孟子等儒家学者的弘扬、提倡，成为统治者也不得不认可的思想，并在历史上时隐时现，发挥着作用。

明确了这一点，我们再来看前面的问题：如果孟子知道了雅典的民主制，他的态度会如何？会接受其主权在民、法律至上的观念吗？为了回答这个问题，笔者想引入傅伟勋先生的"创造的诠释学"，因为孟子并不了解也不可能了解雅典的民主制，上面的问题是我们虚拟的，回答这样的问题不能靠文献考证，只能是诠释，是我们站在孟子的立场帮他回答这一问题。傅伟勋将诠释分为五个层次，分别是：实谓、意谓、蕴谓、当谓、创谓。傅先生的分法有点复杂，我们将其合并、压缩为意谓、蕴谓和创谓，把实谓合并到意谓，把当谓合并到创谓。这样意谓就是指，"原思想家实际说了什么"以及"想要表达什么"；蕴谓是指，"原思想家可能要说什么"或者"原思想家所说的可能蕴涵是什么"；创谓是指，"原思想家应当说什么"或者"创造的诠释学者应当为原思想家说出什么"以及"为了解决原思想家未能完成的思想课题，创造的诠释学者现在必须践行什么"。傅先生称这种诠释方式为创造的诠释学。①

从意谓来看，孟子只说到民本，说到"民为贵"，没有说到民主，更没有涉及主权在民的问题。但是从蕴谓和创谓来看，孟子的"民为贵"又蕴含了主权在民的思想，或者至少是应该接受这样的思想的。首先，孟子主张权力公有，认为国家、天下并非天子、君主的私有物，他曾以尧舜禅让为例，说明天子之位是"天与之，人与之"（《孟子·万章上》），这里"天与之"是形式，"人与之"则是实质，所以天子之位实际是人民授予的，天子不过是受天与民委托的管理者，只具有管理、行政权，而不具有对天下的所有权。那么，天下的所有权归谁呢？当然是归于民，这实际就蕴含着主权在民的思想。其次，孟子极重视民心、民意，他曾引《尚书·

---

① 傅伟勋：《从创造的诠释学到大乘佛学》，台北：东大图书公司1990年版，第10页。

泰誓》："天视自我民视，天听自我民听。"(《万章上》)用天命的形式肯定了民意的重要性。又认为得民心者得天下，"得其民，斯得天下矣""得其心，斯得民矣"(《离娄上》)。既然民心、民意如此重要，自然就应该设计出相应的制度，使民心、民意能够得以表达，并以此制定国家的法律制度。所以孟子如果知道了雅典的公民大会制度，自然是应该赞同、接受的，而不会反对。孟子没有提出相应的制度设计，实际是囿于所处政治环境的思想局限。梁启超说："我先民极知民意之当尊重，惟民意如何而始能实现，则始终未尝当作一问题以从事研究。故执政若违反民意，除却到恶贯满盈群起革命外，在平时更无相当的制裁之法。此吾国政治思想中之最大缺点也。"[①]这种缺点同样存在于孟子这里。还有，孟子主张国家的重要事务，如官吏的任免，要听取各方的意见，尤其是国人的意见。这与雅典民主制度下，官员要接受民众的监督、审查，也有相近之处。综合以上几点，从创谓的观点讲，我们认为孟子是可以也应该接受主权在民的观念的。西方诠释学中有一种观点，我们研读经典，不只是要证明古人已经具有或明确表达了某种思想，而是要证明他的思想有朝此方向发展的可能性和合理性。笔者想这个方法同样适用于孟子，孟子生活于战国君主制的环境中，他提出"民为贵"，民只是国家的价值主体，而不是政治主体。但如果他知道人类在君主制外，还有民主制，他一定会接受这种制度及其背后的政治理念的，因为只有在肯定主权在民的民主制度中，"民为贵"的理念才可能真正实现，否则只是一种宣教，没有实际意义，孟子的思想具有向这个方向发展的可能性和合理性。至于法律至上，笔者想孟子也是可以接受的。孟子十分重视法律、法度的作用。他说："徒善不足以为政，徒法不能以自行。"(《离娄上》) 为政不仅要有内在的善，还要有外在的法。不过孟子所说的法主要是指"先王之法"，是先王制定的法律。先王制定法律是来自其不忍人之心，来自其对民众的同情、怜悯，而不是来自民意。孟子的思想具有人治的倾向。不过孟子既然十分重视民心、民意，他的思想也存在向法治发展的可能，会赞同先王根据民众的意愿制定法律的。所以笔者认为，对于主权在民，法律至上，孟子是可以接受的，而且也是应该接受的。

至于雅典民主制度的治权平等，轮番为治，笔者认为孟子是不会接受

[①] 梁启超：《先秦政治思想史》，东方出版社1996年版，第39页。

的，在这方面，他与苏格拉底、柏拉图等人的看法可能更为接近。孟子在滕国时，曾与农家的陈相就国家治理进行过辩论。陈相主张贤君应该"与民并耕而食，饔飧（注：做饭）而治"，不能脱离体力劳动，否则就是伤害民众，这是一种平均思想，追求的是绝对的平等。孟子则认为，社会存在分工的不同，"或劳心，或劳力。劳心者治人，劳力者治于人；治于人者食人，治人者食于人。天下之通义也"（《滕文公上》）。"劳心者"指脑力劳动者，在当时主要指士人阶层；"劳力者"指体力劳动者，包括农民、手工业者、商人等。孟子主张应该让劳心者来治理国家，而劳力者则是被治理的对象，他们需要提供赋税，养活作为管理者的劳心者，这与柏拉图的思想有相近之处。孟子的时代，受教育的人很少，百分之一恐怕都不到，劳心者属于社会的精英阶层，而治理国家需要品德和才能，自然应该由他们来负责。当然，劳心、劳力不是绝对的，治理国家的根本还是要有品德和才能。孟子说："舜发于畎亩之中，傅说举于版筑之间，胶鬲举于鱼盐之中。"（《告子下》）舜、傅说、胶鬲都是劳力者，但他们却被选拔、任用，成为圣君、贤相。所以要治理好国家，就需要发现、选拔贤能之人，让他们担任官职。所以孟子反复强调"尊贤使能，俊杰在位"（《公孙丑上》），"贵德而尊士，贤者在位，能者在职"（《公孙丑上》），在位、在职的应该是贤者、能者，是有德的俊杰之士。对于雅典人不分贤愚，不论才能，一概靠抽签轮流坐庄的做法，他自然是不能接受的。在孟子看来，有资格治理国家的应该是贤者，孟子的政治理念可以概括为：主权在民，治权在贤。其中主权在民，只是蕴含在孟子的思想中，尚没有明确表达出来，但我们可以通过中西文明互鉴、民本与民主的对话，将孟子"应当说"的内容或者"未能完成的思想课题"讲出来，在"民为贵"的基础上进一步肯定主权在民。治权在贤是孟子的明确主张，但在没有肯定主权在民的情况下，它又会否定普通民众的政治权利，导致人们在政治上的不平等。我们前文讲了，这是不符合现代政治的基本原则的。所以从创谓的角度，对孟子的民本思想做调适性发展，将孟子及儒家的政治思想概括为：主权在民，治权在贤，不仅是合理的，而且为儒学的未来发展开辟了新的前景。

民本与民主是古代中国与希腊人对人类政治文明的贡献，均有其合理价值，但也存在自身的局限。中国古代民本思想，虽然到孟子这里达到了一个高峰，但由于孟子生活的时代，虽然有士的自觉，但没有经历民的自觉,"就文化全体而论,究竟缺少了个体自觉的一阶段。而就政治思想而论,则缺少了治于人者的自觉的一阶段"①。民没有成为独立的政治力量,无法在政治舞台上表达自己的意见、主张,统治权完全掌握在国君的手中,这就造成了儒家政治思想,一是缺乏政治上的平等观念,二是缺乏普遍的权利思想。如果与希腊雅典做一对比,我们就不难看到这一点。所以孟子讲民本,还是在君主制下讲民本,是从民的立场出发,要求统治者以民为本,"以不忍人之心,行不忍人之政"(《公孙丑上》),但因政治的主体未立,政治的发动力,完全在朝廷而不在社会,孟子等儒者"总是居于统治者的地位来为被统治者想办法,总是居于统治者的地位以求解决政治问题,而很少以被统治者的地位去规定统治者的政治行动,很少站在被统治者的地位来谋解决政治问题"②。这与西方有很大的不同,雅典的民主制度是平民阶级争取政治权利的结果,是与贵族斗争的结果,而不是统治者对其的施舍。民本与民主的追求不同,结果也不同。所以孔孟等儒者,虽然怀抱"士志于道"的政治理想,试图通过"以仕行道"改变"滔滔者天下皆是"的无道现实,但由于没有可以依靠的社会力量,无法对君权形成抗衡、制约,他们只能成为民的利益代言人,而不能成为民的政治代表。他们对君主的批判,也只限于精神和道义方面,而无法对其形成制度、权力的制衡。从道德角度来看,"其德是一种被覆之德,是一种风行草上之德。而人民始终处于一种消极被动的地位。尽管以民为本,而终不能跳出一步,达到以民为主"③。正因为如此,孟子等儒者所讲的民本,是"他本"而不是"自本",是"民惟邦本",是君以民为本,而没有思考民以何为本,没有考虑到民自己的本。民以什么为本呢?有学者说民应以权利为本,笔者认为是很有道理的。"惟有享有权利,才能拥有尊严并有力量。惟有民众享有政治权利,才能真正当自己的家,做国家的主,有效地抵抗他人对自己的侵辱。"④ 所以我们今天讲民本,不能停留在统治者之所

---

① 徐复观:《儒家政治思想的构造及其转进》,载《学术与政治之间》,九州出版社2014年版,第56页。
② 徐复观:《儒家政治思想的构造及其转进》,载《学术与政治之间》,九州出版社2014年版,第53页。
③ 徐复观:《儒家政治思想的构造及其转进》,载《学术与政治之间》,九州出版社2014年版,第53页。
④ 夏勇:《中国民权哲学》,生活·读书·新知三联书店2004年版,第51页。

本,还要问民之所本。要深究的,不是统治者以何为本,而是民以何为本。"这里的本,不是治者政基永固、长治久安之本,而是民众自立自强、幸福安宁之本。"① 这样,通过借鉴民主制度中的公民权利思想,讲民之本而非君之本,讲自本而非他本,古老的民本说便可以焕发出新的思想活力。

---

① 夏勇:《中国民权哲学》,生活·读书·新知三联书店 2004 年版,第 51 页。

天的兴起与中华文明路径的形成

——兼与伊若泊（Robert Eno）先生商榷

方朝晖[*]

摘要：殷周之变给中国人信仰世界带来的最大变化是天的信仰正式确立，取代了商人帝/上帝信仰的主导地位。从帝到天最大的变化，体现为周人开始以上苍为神明，而原来以帝而不是上苍为神明。从此中国人的世界是"一个世界"，就是作为整体的这个世界（称为天/天地、宇宙或六合），它象征最大的权威，它蕴藏全部的真谛，它就是最后的归宿。这一信仰的确立，决定了后世几千年中国文化此世取向的基本特点。此世取向不仅导致了中国文化以"天人合一"为最高理想，还导致了诸子学问皆以治世为务，决定了中国学术几千年来压倒一切的实用倾向，而没有出现像希腊哲学中那种为求知而求知的纯粹思辨兴趣。此世取向还决定了《周易》及中国传统文化中占主导地位的思维方式是"取象思维"或"象思维"，它的特点是相信感官世界的真实性，不以超出感官世界之外的世界为归宿或目标，这也是导致中国文化中抽象思维不如西方发达的原因之一。

关键词：帝；天；此世取向

曾经有人提出，在我们熟知的儒家、道教、诸子百家甚至民间宗教之外，有没有一种信仰更加基础、更能代表所有中国人的信仰？[①] 本文认为确有这样一种信仰，那就是中国人对于"天"的信仰。可以说，这一信仰从周初以来长达数千年贯穿中国人的精神生活，至今仍为中国人最重要、最基础的信仰。并且正如本文将指出的，这一信仰把中国文化与其他文化

---

[*] 方朝晖，清华大学人文学院教授。
① 该学者未提其他民间宗教，但笔者认为应该包括在内。

区别开来，体现了中国文化少有的特殊性。这一信仰与具体宗教的信仰有所不同，它严格说来不属于一个"教派"，而是作为中华大地上几乎所有教派——无论新的还是旧的——共同的信仰背景。

本文试图考察天的信仰兴起的过程及其对于我们理解中国文明的特殊路径的意义。

天是如何兴起的

首先需要强调的是，中国人并不是一开始就信仰天，对天的信仰主要是西周以后的事。甲骨文的出土使人们发现，殷商时期人们信帝、不信天。从商至周，中国人信仰对象有一个重要的从帝/上帝至天的变化。下面我们将说明，这一变化对于理解中国人信仰的变化极其重要。

研究证明，"天"字虽然出现在甲骨卜辞（乃至金文）中，但没有上苍、上天之义，亦非祭祀对象（郭沫若1936/1982、陈梦家1988）。卜辞中天之义常为大（如"天戊""天邑商""天乙"等语，一直到金文如大盂鼎中仍有天作大），也有作地名、人名等。顾立雅（Creel，1970）曾考察卜辞中"天"字26例，发现其中11例皆读作大（另外8例含义不清，4例似祭祀对象但不确定，3例为地名）。徐中舒《甲骨文字典》（1998）则统计了甲骨文中"天"字四义，作颠顶（极少）、作大（常见）、作地名或方国名及作人名者，排除了作神明之义。这也与郭沫若、陈梦家殷人之天不作上苍、无神明义、非祭祀对象的结论一致。①

王国维、章太炎、杨树达、于省吾②等不少学者曾依据《说文》认为，"天"字本义指颠顶（头顶），天为颠之本字。徐中舒（1998）则认为，

---

① 郭静云亦认为，甲骨文中天的两种写法本有不同含义，一种写作 ，字形从上从大，指昊天，为祭祀对象。另一种写作 ，字形从丁（顶），甲骨文中此字"非指天界，而是指王的头顶，一方面可视为'顶'或'颠'字的本字，另一方面可谓之'天靈'"（参见郭静《商文明的信仰世界与传统思想渊源》，上海古籍出版社2023年版，第644页）。郭并认为，甲骨文、金文中均有从上从大之天，指昊天，且殷人已作祭祀对象，只是含义与帝不同。此说挑战传统上殷人信帝、周人信天之说。郭虽主张天、帝含义之别，但主张殷人已有昊天概念，且祭祀之。本文仍从传统说法。

② 参见古文字诂林编纂委员会编纂《古文字诂林》，上海世纪出版集团1999年版，第一册，第19—28页。

"天"字本义指"大",天为大之本字。天初义大人,与作小孩的"子"字形相对(均显头大),后来的"大"形(🧍)乃"天"(🧍)之省写;"大"字写法中因头顶特大而引申为颠顶之义,据此则"颠顶"只为引申义。徐中舒(1998)"天""大"同字说,似无确据。正如有的学者指出的,二字卜辞中虽含义相通,但写法有异:大写作🧍,天写作🧍;"大"本象人形,所重不在顶;"天"本象头大,所重在顶。故天字虽常读为大,但在很多场合"大"绝不写作"天",而"天"也绝不写作"大",至少在甲骨文中天、大二字形、义已明显分化。"自目前所能得见之古文字资料观之,'天'与'大'有时虽可通用,但终究判然有别。"(姚孝遂,1996:214)郭静云(2023:639)亦指出,"'大'字在甲骨文出现上千次,用义包括人名、地名、祭祀对象、先王庙名……这些用义也都与'天'字不相混。因此在甲骨文中,'大'与'天'二字混用的假设不能成立。"此说法似乎支持了王国维等人"颠顶"为"天"之本义说。

那么,从甲骨文中的"天",是如何从颠顶、大演变成后世作为兼自然与神明的天呢?王国维(1961:282—283)似已暗示,后世之"天"从颠顶之义引申而来。日本学者岛邦男(1958/2006)认为,天字头顶特大,故用指元首(天子本义元子),引申为天上元首(即帝);其中关键环节是卜辞写作口、●(丁字,顶之本字)之字,乃是殷人帝之异名,而此丁(顶)与天写法、含义均近,乃天字异体。故周人之天与殷人之帝同实而异名,后世神明之天不当理解为上苍神格化而成。岛邦男从天、丁(顶)关系考察大字含义演变颇有启发,然而他忽略了周人"天"与殷人"帝"的根本区别,问题可能较大(罗新慧,2023:86—96)。

顾立雅(1935;Creel,1970:501—505)提出另一种解释,即天(🧍)本象大人(尊贵之人),由大人引申为大神(即祖先神,复数),进一步引申为唯一尊神(单数)。后来神居地亦称天,此神形象亦称天(sky),由此完成了尊神、上苍含义的合一。他并以为,周人与殷人相遇后,天之义发生了变化,天与殷人之帝合并,成为后来的天(顾立雅,1935)。顾立雅认为周人之天既合并又发展了殷之人天,应该是正确的。不过,天→大人→祖先神(大神)→唯一尊神(天)之说,并非建立在实据基础上,他自己也承认其说只是一种"理论"。目前甲骨文、金文中没有天作为祖先神的例证。

【学术热点】
天的兴起与中华文明路径的形成

新近伊若泊（Eno，1990：181—189）提出第三种解释。他从周人火葬来理解天如何转化为自然与神明并有之义，虽未必正确，亦有启发。他以为天本指颠（头顶），周人火葬时，将死者放在柴堆上烧（燎祭），看着烟灰从头顶升空，想象死者居于上苍，遂以颠顶指天空（sky），进一步以天空为神明。[①] 伊若泊所谓周人火葬，根据并不牢靠，不过中国人祭祀祖先时焚烧物品，想象死者在上，此一风俗至今犹存。但顾立雅、伊若泊均谓天从祖先神演化而来，似与史实不符。陈梦家（1988：561—594）、胡厚宣（1959a/b）等人已经证明，从殷人之帝起，中国人心目中的至上神就与祖先神有别。总之，从颠顶、元首还是葬礼发展为后世之天，导致合自然与神明为一，并无定论。故伊若泊也审慎地承认其说只是"猜测"。

那么，天从何时开始被当作至上神呢？郭沫若（1936/1982）曾强调卜辞不称至上神为天，以天为至上神当在武丁之后。而陈梦家、胡厚宣则指出，殷人绝无祀天之例，故天作至上神不始于殷人。胡厚宣谓"称帝为天，盖自周武王时之《大丰簋》言'天亡尤王'"[②]。岛邦男（2006：397—398）则指《大丰簋》之"天"仍可作"大"，天作至上神当始于周康王时之《大盂鼎》。罗新慧（2023：28）考证指出，"以目前所见，'𠀘'字表示至上天神的含义，至迟出现于文王、武王之际"。她举1963年出土的何尊为例，复举周原甲骨为证（周原甲骨H11：96有"□告于天"句）。

无论从帝到天的信仰如何发生的，有一点可以确定：从周人开始天开始作为一种信仰兴盛起来，并取代了原先帝的地位，尽管这并不是以取消帝为前提的。顾立雅（Creel，1970）曾统计发现：《周易》中作为神的"天"（the deity T'ien）出现次数是"帝"的两倍；其中《易经》中"天"出现7次，"帝"出现2次（作主宰者）；《尚书·周书》中作为神的天出现116次，帝/上帝共出现25次；《诗经》中天作为神（the deity T'ien）出现140次，帝、上帝出现43次；其中"天子"出现22次，除去作"天子"者则"天"出现118次，是帝/上帝的3倍。他从自己掌握的西周铜

---

① 《说文》："燎，柴祭天也。从火从眘。"[（汉）许慎撰，（清）段玉裁注：《说文解字注》，上海古籍出版社1981年版，第480页下]

② 胡厚宣：《殷代之天神崇拜》，载《甲骨学商史论丛初集》第二册，成都齐鲁大学国学研究所专刊，1944年版，第24页。

器铭文中统计，发现天作为神出现91次，帝/上帝共出现4次，其中71次为"天子"，3次为其他称号（"皇天王"1次，"天君"2次）；总之，他在所掌握的所有西周文献（易、诗、书、铜器铭文）中"天"共出现383次，其中部分指sky（自然之天）。新近罗新慧（2023：26）统计周初八诰及西周金文，发现"天"的出现次数远远压倒了"帝"（例如周初八诰中天94见，帝仅19见；金文15件中，帝10见、天25见）。

总之，无论是甲骨文、金文，还是周初传世文献，均证明天作为至上神的信仰是西周以后才开始兴盛起来的。因此，今天我们在传世文献如《尚书·商书》《诗经·商颂》中多次看到的"天"，极有可能是殷亡后后人所写或所改。故郭沫若（1982：321）说过，"凡是殷代的旧有的典籍如果有对至上神称天的地方，都是不能信任的东西"。

天作为信仰的特殊意义

宗教史学家已经证明，"在大多数原始社会里都存在天神信仰"，早期部落中"天神信仰几乎普遍存在"（伊利亚德，2008：39），但是这一般是指它们相信在高高的苍穹中居住着主宰整个世界的神（天神），对天的神圣化或崇拜也与此一事实有关（同上：39—118）。而不是指像中国人这样，以天（包括天地）整体作为信仰和祭祀对象，而其他的神灵反而是次一级的。我们知道，周人之天最大的特点是至上神与自然整体的合并，否则天只不过是帝之异名，并无新义。

何炳棣曾认为，周人之天并非如顾立雅所认为的是周人自己的主神（chief deity），而是继承自殷商时期的上帝（同时继承了商人的部族神帝喾[K'u]）。Ping-ti Ho, 1975：328 脚注）而又赋以别称。[①] 何炳棣之说与岛邦男相近，现在看来问题很大。陈梦家早就注意到，周人祭天与殷人祭帝时的牺牲有所不同（陈梦家，1988）。罗新慧（2023：66—71）对殷人之帝与周人之天含义之别，以及周人之帝与殷人之帝之别均作了细致分析。

[①] 原文："the reason why the term 'Heaven' as a deity has yet to be found in Shang oracle inscriptions is that Ti was a time-honored term and late Shang kings standized the names of deities by prohibiting the use of alternative names in divination."（p. 329）

【学术热点】
天的兴起与中华文明路径的形成

她提到，卜辞中的上帝可以发号施令，还有供其使唤的使、臣、工、正等不同级别的臣僚，宛如现实中的王庭，而周人天之功能却并非如此；"天最显著的神性就是授予周人大命，舍此而外，天并不特别显示其神力……而不关心风雨雷电一类具体职事。因而，在神性方面，帝、天差异明显。"（罗新慧，2023：25）郭静云（2023：643—645）则认为，商周时期的帝为天上的主宰神，但天只指"天界"，并不限于某个特定的神或祖；这是因为天主要指"昊天"，它是神灵的居所，但不等于具体神灵本身。

其实，从帝到天最大的变化，绝不仅仅体现在神的功能上，而是体现在周人开始以上苍为神明，而原来以上帝为神明，但不以上苍为神明。这一信仰的确立，决定了后世几千年中国文化中以此世为取向的基本特点。尽管有关研究证明，早在殷商时期中国人的帝、神、鬼，包括祖先神及其他神灵，皆与人生活在同一个世界，巫觋承担着沟通它们与人间的关系。① 但是直到天正式成为合自然义与神明义为一的至上神，天的地位重于古老的帝/上帝以及一切神明，才正式确立了中国文化的基本前提——此世取向，也可以说"一个世界"的预设。从此以后，天这一概念日益丰富，获得了既为上苍又为神明，既有意志又有德性，既有个性又有法则的多种不同含义。

冯友兰曾总结出早期儒学中的"天"有五种不同含义：物质之天、自然之天、主宰之天、运命之天、义理之天。② 其实他所谓"物质之天"与"自然之天"可合而为一（中国人从来没有西方那样完全脱离精神的物质概念），他所谓"运命之天"与"主宰之天"也可合而为一（运命就是最高主宰的神秘意志）；而他所谓"义理之天"，实包括法则之天与道德之天这两个方面（英文即将其"义理之天"译作 an ethical T'ien③）。笔者认为天有四义：自然义、主宰义、道德义和法则义。《易经·乾·九五》"飞龙在天"，天乃自然之天。《尚书·汤誓》"有夏多罪，天命殛之""致天之罚"，天有主宰义，也代表正义，故又有道德义。《左传·哀公十一年》

---

① 参见 Chang, Kwang-chih. *The Archaeology of Ancient China*. 4th ed. New Haven and London: Yale University Press, 1986, p. 415。
② 参见冯友兰《中国哲学史》，中华书局1961年版，上册，第55页。
③ Fung Yu-lan, *A History of Chinese Philosophy*, vol. 1: *the Period of the Philosophers* (*from the Beginnings to Circa 100 B.C.*), translated by DerkBodde, Princeton: Princeton University Press, 1952, p. 31.

"盈必毁，天之道也"，天有法则义。

美国学者伊若泊（Robert Eno）认为，从西周到春秋战国，天的概念发生了重要转变，促成这一转变的主要是儒家。原因有两个，一是西周末期以来，传统宗教——道德意义上的天走向了衰落；二是儒家在兴起过程中出于支持其礼学实践及思想的需要，对传统意义上的天进行了改造。所以先秦儒学中的"天"是儒家重构的结果。"礼作为一种具有哲学意义的范畴的兴起，与作为道德和宗教之稳定根基的天的衰落直接相关。在这一背景下，就容易理解，儒家为了给礼找到合法基础而对天进行了重构。"（Eno，1990：14）他还有一个观点，虽然儒家对天进行了重构，但并不等于赋予了天连贯、一致的意义。恰恰相反，"天"概念在早期儒家文献中突出的特点是极不稳定、统一的。他认为这种现象只要认识到儒家是为了替其礼学实践找到基础借用天这个传统权威，就不难理解。儒家的"天"含义虽不统一连贯，但却"反映了某种连贯一致的儒家核心旨趣的作用力，后者主导了［儒家］学说的形成。把天的概念固定下来，反而会妨碍自由地表达儒家核心旨趣"（Ibid.：6）。

伊若泊之所以认为先秦儒学中的"天"含义极不稳定、统一（Eno，1990：6），是因为他发现儒家文献中天的含义多种多样，即冯友兰所说的五义问题（笔者前面归纳为四义）。特别是，儒家的天有时是规范性价值（天是道德权威，是赏善罚恶的正义力量），有时又是事实上原因（如现实中不公正现象也为天所许可，比如孔子有德无位）。然而，这里有两个问题：第一，孔子之前的天与孔子之后的天含义无根本变化，最多只存在不同人那里侧重点不同；但就前面所说的四种意义而言，在能反映孔子之前思想的文献如《尚书》周初八诰、《左传》《诗经》等作品中，都共同存在，且非常丰富。伊若泊所谓儒家重构了"天"，应该建立在对孔子以前文献与孔子以来儒家文献的比较研究中。没有这一基础，是得不出儒家"重构"天的结论的。

第二，伊若泊所谓天的多义性（特别是在不同场合，往往只有一种含义为主），以及天的规范层面与事实层面矛盾的现象，从天作为一种信仰对象的特征来理解就比较好理解。比如，在基督教中，上帝作为最高主宰，同时也兼含规范意义（作为正义权威）与非规范义，即有时人们也从命定论（fatalism）角度来判定人间各种不公正、不合理现象，而没有怪罪上帝为何允许它们发生。这是因为从信仰的角度看，人们自认卑微，不足以真正了解上帝；而且上帝现在没有惩罚恶，不等于将来不会惩罚；或者上帝的惩罚，不是人暂时所能理解或看到的。同样的道理，中国人也常常说"不是不报，时候未到"。伊若泊主张儒学是一种哲学，但同时也承认儒家的天借用了传统的宗教。若从宗教信仰的角度看来，天的规范性与事实性不统一就不难理解。还可以想象，基督教亦同时赋予了上帝至少三种含义：主宰义（上帝是最高主宰）、道德义（上帝是道义化身）、法则义（上帝为人间立法）。

当然，天的信仰与基督教上帝信仰的重要区别是，直接以此世界整体为信仰对象。它是昊天，同时也有神性，并且有意志、有德性、有法则。它是自然与神性的统一。笔者曾指出，除了与地相对的狭义天概念，天的最重要含义是指包括地在内的、代表整个世界的宇宙总体，它至大无外、无所不包。这一总体被人们赋予一系列特殊的神奇、神圣的内涵，它主宰着万物的生长，蕴含着万事的法则；它主导了朝代的更替，决定了人生的祸福。因此，天信仰最大的特殊之处在于赋予人生活于其中的世界整体以至高无上的权威性、神圣性，而一切其他的神明，包括过去的帝/上帝（在甲骨文、金文及《诗经》《左传》中可见）、祖先神、万物神（山川土地之神，妈祖、关帝等民间信仰）只是居于其中发挥作用，而不具有独立于"天"（天地）的超越性。这是与一神教以上帝（God）独立于此世界而存在迥然不同的。这种特殊信仰，导致它能接纳殷人传统的帝/上帝（包括天庭最高主宰及祖先神等）信仰，并不与天的信仰发生冲突，这就是为什么西周及春秋文献中仍然保存许多关于帝/上帝说法的原因所在。

正因为"天"是一种信仰对象，它必定被理解为同时有多个不同功能或意义，这是作为最高神圣存在必然伴随的产物，正像一神教赋予上帝多种不同的功能或意义一样。正因如此，我们在早期文献中看到天有不同的含义，并不需要由此得出天的含义"极不稳定、统一"。天的多义性只反映了人们赋予其信仰对象多重功能这一信仰的性质而已。事实上，考虑天的道德义、法则义也是人们赋予天作为主宰的功能，因此天的道德义、法则义亦可纳入主宰义之中，于是天之四义可归结为二义：自然义与主宰义（后者亦可称神明义）。因此，天的含义虽多样，但实质上都可以归结到"自然作为最高主宰"这一信仰上来。换言之，天的其他含义均是引申。例如，在"皇天无亲，惟德是辅"（《尚书·周书》，《左传·僖公五年》引）这一表述中，皇天的道德义（支持有德者）体现的也是皇天的主宰能力,否则其道德性质无法呈现。又古人云,"不若于道者,天绝之也"(《春秋穀梁传·庄公元年》),"若于道"提示天之法,前文亦有"人之于天也,以道受命";但"天绝之"则表明不遵守天法会受天罚。这里体现了道乃天之法,天之法源自其主宰力,即天的法则义源于其主宰义。

另外,我们应该注意到,虽然在一个特定场合,人们似乎只使用了天的一种含义,但鉴于天是一种信仰对象,天的其他不同含义往往是包含在其中的,只不过作为不言自明的潜台词,在当事人看来是不言而喻的。因此,仅仅看到不同场合天有不同含义,就得出天的含义不统一、不连贯未必正确。我们必须明白,无论古人在什么意义上使用"天",都应同时包括自然义与主宰义这两种基本含义,因为天的其他含义都是在此基础上延伸出来的。这两种含义乃天的基础义(合在一起可以表述为:以宇宙整体为最高主宰的信仰),它应当贯穿了所有使用天这一概念的场合,只不过在很多情况下是作为不言自明的背景含义存在着的。这就好比上帝在《圣经》不同场合可以表现出不同含义,但所有这些意义都是以一个不言自明的主宰义为基础展现的。我们不能由于《圣经》中个别场合上帝的法则意义或道德意义,而否定其背后不言自明的主宰义。

下面我们举出讨论几个典型例子,来说明如何从上述两方面来理解"天"之义。具体来说分两种情况,第一种情况是同一个"天"有几种不同的含义;第二种情况是,好几个含义不同的"天"出现在同一段话中,显示当事人心目中的"天"是兼含数义的。这两种情况都表现,古人对于天作为一种信仰对象的特征。《论语·阳货》:

子曰:"天何言哉?四时行焉,百物生焉,天何言哉?"

此处孔子所谓不言之天,究竟是什么意思,用我们刚才的四义说来看看。首先,这里的天肯定有主宰义和法则义。就主宰义而言,天似乎创生了四时及万物;就法则义而言,天规定了四时运行及万物生长的规律。那么这里的天有没有自然义呢?笔者认为这里的天绝不能理解为甲骨文里"帝令风""帝令雨"意义上的帝,而是大自然的总称,四时、风雨乃它的一部分。从帝到天的信仰变化,一个重要特点就是更多地相信自然规则(它也常被称为"道""天之道"),类似于西方人所谓自然法,只不过内容有所不同。所谓自然规则,就是指自然作为一个整体的规则或规律,同时它又由于属于天而无比神圣，世俗生活中称为"天经地义"。也是这个缘故，孔子会说"天何言哉"。因此，《论语·阳货》这一章中的"天"，同时包含了自然义、主宰义和法则义，而法则义应该是天的主宰义的一部分，因为自然运行法则是天规定的。

另一段有名的论述见于《孟子·万章上》：

> 万章曰："尧以天下与舜，有诸？"
> 孟子曰："否，天子不能以天下与人。"
> "然则舜有天下也，孰与之？"
> 曰："天与之。"
> "天与之者，谆谆然命之乎？"
> 曰："否，天不言，以行与事示之而已矣。"

这段尧以天下与舜的对话里，天的主宰义是显而易见的。那么天有没有自然义，是不是指昊天或世界总称呢？笔者认为回答是肯定的。从万章"天"是否"谆谆然命之"之问，可知他心目中天也是"不言"的。这正好体现了天令与帝令的差别，后者有较强的人格化特征，而前者没有。因此，但是天作为昊天是不可能说话的，故只能"以行与事示之"。那么如果同一章中"天下"的"天"与以天下与舜的天同义的话，就得相信这一章里的天就同时有自然义、德性义和主宰义。就天命以圣德（舜）而言，它的德性义也源自其主宰义。

由上我们以《论语》《孟子》的两个例子来说明，儒家的"天"继承自周初，即以自然义与主宰义为基础，引申出道德义和法则义。儒家不同文献中的"天"之义可能有侧重不同[1]，但其基本含义即自然主与主宰义是不变的，并在此基础上引申出道德义和法则义来。

---

[1] 特别是《荀子》强调天的自然义与法则义，有淡化主宰义之嫌。但天的法则义必须被理解为天意的一部分，故其《天论》篇谈"天情""天官""天君""天养""天政""天功"。"大天而思之，孰与物畜而制之；从天而颂之，孰与制天命而用之"，是基于批评人们"错人而思天，则失万物之情"，但"万物之情"体现的正是"天行有常，不为尧存，不为桀亡"的道理。荀子的天论在儒家学说中整体上比较另类，他应该是认识到伊若泊所说的天的规范层面与事实层面的矛盾，试图从天的法则义来缓解其间张力，其特点是将天的主宰义归结到法则义上来。这并不是否定了主宰义，而是对主宰义的另一种解释。

天与中国文明路径

美国著名学者牟复礼（Frederick W. Mote，1922—2005）曾经这样说：

> 在所有人类中，无论是古代的还是近世的，无论是原始人还是现代人，中国人最独特的地方在于没有创世神话。也就是说，他们认为世界和人并非创造出来的，其核心特征是构造了一个没有创世者、没有上帝、没有终极原因或外在意志的、自生自发的宇宙。①

牟复礼所谓创世神话，是指世界从无到有的创造过程，而盘古开天地严格说来只是把天和地打开，并非从无到有创造了整个世界（他还认为盘古神话来自西南少数民族），因而严格说来并不是真正的创世神话。笔者认为真正重要的是，包括盘古神话在内的各种创世神话在中国古代思想史上并未产生严肃而深远的影响，或者说从未被一流思想家们当真过。《老子》《庄子》《淮南子》以及郭店简《太一生水》等文献中也有一些世界从无到有、从一到多的描述，但人们一般不认为那是发生学意义上的世界创生过程，并非真正的创世说。因此，中国人的世界是"一个世界"，就是作为整体的这个世界（称为天/天地、宇宙或六合），它是唯一的世界，它也是真实而非虚幻的，因此它就是一切。它代表最大的权威，它蕴藏全部的真谛，它就是最后的归宿，故而一切学问都要"与天地准"（《周易·系辞上》），其最高水准就是"为天地立心"；人生理想就是要"与天地合其德"（《周易·乾·文言》），或者"独与天地精神往来"（《庄子·天下》）；人生最高境界是"与天地同流"（《孟子·尽心上》），或者做到"天地与我并生，万物与我为一"（《庄子·齐物论》）。这就是中国文化此世取向的路径。

此世取向的世界观决定了中国人不预设死后世界为与此世间完全不同的、完全独立的另一个世界，而就是这个世界本身。一切生命，无论生或

---

① Frederick W. Mote, *Intellectual Foundations of China*, second edition, New York, etc.: McGraw-Hill, Inc., 1971/1989, p. 13.

死，都在此世界之内。一切神灵，无论大或小，都居于此世界之中。因此，我们可以理解为何孔子说"未知生，焉知死"（《论语·先进》）、"敬鬼神而远之"（《论语·雍也》）。因为人死后融化在这个世界中，其样态无非是"魂气归于天，形魄归于地"（《礼记·郊特牲》），中国人不再把死后世界当作人生的奋斗目标，即不是像一神教、印度教、佛教那样为来生而活着。《庄子·列御寇》记载了一段庄子临死前与弟子的对话：

> 庄子将死，弟子欲厚葬之。
> 庄子曰："吾以天地为棺椁，以日月为连璧，星辰为珠玑，万物为赍送。吾葬具岂不备邪？何以加此？"
> 弟子曰："吾恐乌鸢之食夫子也！"
> 庄子曰："在上为乌鸢食，在下为蝼蚁食，夺彼与此，何其偏也？"

这段话传达了什么样的信息呢？是中国人对于不朽的理解。有人说，宗教的主要功能之一在于消除人们对于死亡的恐惧，也可以说宗教的功能之一就是回答如何不朽的问题。《庄子》在这里的回答是典型的中国式的：天地是不朽的，人与天地同在，即可找到不朽。这与《庄子·至乐》所载庄子妻死后鼓盆而歌的故事，都试图说明与其怕死，不如积极地融入天地。

如果说，庄子对于世界之外是否有世界还略有怀疑，《庄子·齐物论》有"六合之外，圣人存而不论"之言，到了魏晋时期，继承庄子思想的"竹林七贤"已经非常干脆地宣称，世界只有"这一个"了。试看阮籍（210—263）《达庄论》之言：

> 天地生于自然，万物生于天地。自然者无外，故天地名焉。天地者有内，故万物生焉。①

既然世界只有这一个，那么"天人合一"自然会成为中国人的最高理

---

① （三国魏）阮籍著，陈伯君校注：《阮籍集校注》卷上《论·达庄论》，中华书局2012年第2版，第139页。

想了。钱穆（1895—1990）先生晚年曾称，"天人合一"观"实是整个中国传统文化思想之归宿处"，也是中国文化对世界可能有的最大贡献，因为它代表了与将人与天分开来的西方文化不同的文明路径。①

"天"信仰确立的中国文化的此世取向，不仅导致了中国文化以"天人合一"为最高理想，还导致了诸子学问皆以治世为要务，从而决定了中国学术几千年来压倒一切的实用倾向，而没有出现像希腊哲学中那种为求知而求知的纯粹思辨兴趣。这可以说是先秦诸子与古希腊哲学各派最明显的区别。一直到今天为止，中国学术仍然呈现出压倒一切的实用倾向，不是没有原因的。

此世取向的另一个后果就是天道观的兴起。在西周到春秋、战国的文献里，"道""天道"变成重要的思想范畴相对晚些，主要是在战国及以后，道才逐渐成为中国文化的最高原理。其特点是：天取代帝之后，最高主宰不再变得那么神秘莫测和远离人间，至少人人都可以观察世间万物的兴替规律，后者就是所谓"道"。因此道的兴起不但不代替天，恰好相反，是以天的信仰为前提或基础的。

此外，有关学者曾提出《周易》及中国传统文化中占主导地位的思维方式是"取象思维"或"象思维"，即根据事实之间的直接关系而不是抽象推理来理解现象。取象思维与希腊哲学中已盛行的抽象思维形成鲜明对比，也可以解释为何西方意义上的现代科学没有发达于中国。象思维兴盛的根本原因之一在于此世取向的世界观相信感官世界的真实性，不以超出感官世界之外的世界为归宿或目标。

从此世取向出发，亦形成了中国文化中占统治地位的官本位和整体主义（或团体主义）的思维方式。关于这一点，笔者已在其他文章中论述。笔者曾提出，此世取向、关系本位和团体主义为中国文化的三个基本预设，它们决定了中国文明的路径，导致以重人伦为基本特色的儒家传统数千年长盛不衰，长期处于一家独大的地位，也可以解释中国传统社会形成了"礼大于法"的制度传统和以德性和贤能为重心的政治传统。

设想一下：假如殷人对于帝的信仰未被天取代，而是在过去的道路上

---

① 参见钱穆《中国文化对人类未来可有的贡献》（成于外双溪之素书楼，时年九十六），原载台湾《联合报》1990年9月26日，又刊于《中国文化》1991年第1期。

【学术热点】
天的兴起与中华文明路径的形成

继续发展，是否有可能走到与一神教类似的地步，把帝理解为创世者（the Creator），与基督教的上帝地位相当，成为万事万物的唯一创造者？想当年，明末清初的传教士们，多么希望在早期中国文献中找到与基督教一致的上帝（the God）概念啊？历史的发展无法假设，后人还可以分析帝信仰衰落的各种原因，除了朝代更迭之外，或许还有更深层的文化原因。

天道与人性

——《易传》人性论发微

赵法生[*]

摘要：不同于《性自命出》的以情论性，孟子的即心以言性，以及《荀子》的以欲说性，《易传》认为"乾道变化，各正性命"，这是以道作为性之本原；又说："继之者善也，成之者性也"，以继善成性解释人性的形成机制，而生生之理则作为天人相与之际和人性的内涵规定，以与"立人之道，曰仁与义"的儒家道德相一致，从而形成由自然天道之善转进为人道善的特定性善论，船山将它归结为"溯言善"。这种独特的性善论是《易传》在综合儒道两家的天人观的基础上，推天道以明人事的结果，它不但在先秦人性论史上独具特色，也对后来宋明理学本体论的建构发挥了重要作用。

关键词：天道；阴阳；性命；继善成性；溯言善

《易传》推天道以明人事，人性问题是天道与人道之关联处。与《性自命出》《孟子》《荀子》等先秦儒家典籍不同，《易传》并没有从人的某种内在品质中去寻找人性的依据，而是把自然天道作为人性的形上基础。由于《易传》之天道是"一阴一阳之谓道"，以阴阳对待流转为主要内涵的自然天道，如何完成与人文世界的连接与过渡，便成为其人性论的核心关切。

一 性命之理

《易传》认为《周易》六十四卦是对于天地之道的模拟与呈现，《系

---

[*] 赵法生，中国社会科学院世界宗教研究所研究员。

辞上》说"《易》与天地准，故能弥纶天地之道"，根据天人一贯的理路，《易传》在论述天道时提出了"性命"问题。《乾·彖》说：

> 大哉乾元，万物资始，乃统天。云行雨施，品物流形。大明始终，六位时成。时乘六龙以御天。乾道变化，各正性命。保合大和，乃利贞。

乾道即天道，就其创生万物而言又称乾元，朱熹《周易本义》说："元，大也，始也。乾元，天德之大始，故万物之生皆资之以为始也。"[①] 天下万物之"云行雨施，品物流形"，皆为天道所生所成，也就在天道变化过程中各自贞定其"性命"，性命源于天道，且不同事物之性命各不相同，《易传》之性命明显具有个体色彩。关于"太和"，王船山解为"不可强同而不相悖害"[②]，其解甚是，正与万物"各正性命"相互发明。由同一天道源头所产生的色彩斑斓的个体生命世界，形成了宇宙万物和而不同、欣欣向荣的太和气象，正是天道的神奇之处。个体性命既由天道而来，性命之内涵自然为天道所规定，《大戴礼记·本命》篇说"分于道谓之命，形于一谓之性"，正可以解释乾道与性命之关系，牟宗三认为："'分于道'即分得于道之命（命令之命），因分此得道之命而乃成个体生命之方向，即吾人之大分。'形于一'即将此道之命形著之于一个体中便叫做是性。"[③] 道之于人即命，此命落实到个体生命形成其性。关于性的内涵，孔颖达认为："性者天生之质，若刚柔迟速之别；命者人之所禀受，若贵贱夭寿之属是也。"[④] 将性理解为人的气质之性，命则是人之贵贱夭寿之命运，这是依据汉唐气化宇宙论，将性命视为人的自然气质与命运。

《说卦传》云：

> 昔者圣人之作《易》也，幽赞于神明而生蓍，参天两地而倚数，观变于阴阳而立卦，发挥于刚柔而生爻，和顺于道德而理于义，穷理

[①] （宋）朱熹撰，廖名春点校：《周易本义》，中华书局2009年版，第32页。
[②] 转引自余敦康《易学今昔》，广西师范大学出版社2005年版，第103页。
[③] 牟宗三：《心体与性体》，上海古籍出版社1999年版，上册，第30页。
[④] （魏晋）王弼注，（唐）孔颖达疏：《周易正义》，北京大学出版社1999年版，第8页。

尽性以至于命。

昔者圣人之作《易》也，将以顺性命之理。是以立天之道曰阴与阳，立地之道曰柔与刚，立人之道曰仁与义。兼三才而两之，故《易》六画而成卦。

第一段话由《易》之象数说到性命，圣人根据神明、天地、阴阳、刚柔而生蓍、倚数、立卦、生爻，建构出六十四卦的象数体系，目的在于"和顺于道德而理于义"，"穷理尽性以至于命"。其中六十四卦象数中已经潜含着天地、阴阳、刚柔等义理在内，问题在于如何将易的象数之理与性命之理打通，这就需要"和顺于道德而理于义"，也就是和顺于易之六十四卦包含的天道天德。朱熹认为"如吉凶消长之道顺而无逆，是'和顺于道德'也"，"理于义"则是"随事各得其宜之谓也"。朱熹说："'穷理'是穷得物"，"是'知'字上说"，"'尽性'，是'仁'字上说，言能造其极也"。又说："穷得理时，性与命在其中矣"，并引用程子的话说"理、性、命，只是一物"。如此穷其天理，尽得人性，至于天命，"所以说道'性命之源'"。① 理即天道之理，而"道之所凝者性也"②，遵道即所以至命，如此则理、性、命皆源于道，易道为"性命之源"。

第二段话的结构与第一段话次序相反，是从性命之理说到象数，认为圣人创作六十四卦是为了发挥性命之理。朱熹说："圣人见得天下只是这两个物事，故作《易》只是模写出这底。"③ 所谓"兼三才而两之"，兼是贯通意，"通贯是理本如此；三才即两爻分别象征的天、地、人，"'两之'者，阴阳、刚柔、仁义也"④，可见性命之理乃阴阳、刚柔和仁义。由于《周易》象数体系中已经包含有阴阳、刚柔、仁义之理，圣人发挥其理而有性命之说，故周子叹曰："大哉《易》也，性命之源乎！"⑤ 所以天人之际的贯通，就通过"性命之理"而得以完成。"性命之理"虽然本于天

---

① （宋）黎靖德编，杨绳其、周娴君校点：《朱子语类》卷77《说卦》，岳麓书社1997年版，第1766—1767页。
② （明）王夫之：《周易外传》，载《船山全书》，岳麓书社2011年版，第一册，第1112页。
③ （宋）黎靖德编，杨绳其、周娴君校点：《朱子语类》卷77《说卦》，岳麓书社1997年版，第1768页。
④ （宋）黎靖德编，杨绳其、周娴君校点：《朱子语类》卷77《说卦》，岳麓书社1997年版，第1769页。
⑤ （北宋）周敦颐著，谭松林、尹红整理：《周敦颐集》，岳麓书社2002年版，第17页。

道,却又达于地道并现于人道。

《系辞上》认为人道之善是"继"天道之善而来("继之者善也"),而《说卦》又特别强调"顺","和顺于道德而理于义""将以顺性命之理"等,顺字乃对于"继"字意涵的进一步开显。"继"是客观描述性的语汇,指的是天道运行环节在时间上的前后相续,而顺字则突出了人道自觉顺承天道的一面,其中包含人对于天道的觉解和畏顺。所以,王船山盛赞和顺之义:"天地以和顺而为命,万物以和顺而为性。继之者善,和顺故善也。成之者性,和顺斯成矣。"又说:"和顺者性命也,性命者道德也。以道德徙义,而义非介然;以道德体理,而理非执一。"[1] 他不仅将和顺视为继善成性的实现途径,甚至将和顺提到了本体论的高度,将其与性命、道德置于同等层次,从而将和顺本身也纳入性命之理中,意在突出万物并育而不害的"太和"理想。船山所理解的和顺,是人道对于天道的承体起用,天道之本质在于生生,在于使万物各遂其性,各得其所,故人道亦当如此般含弘光大,任何对于他者的宰制禁缚,都是违背天道的,也是违背人性的,船山诠释具有明显的近代特征,也是对于《易传》本来意涵的深刻揭示。

刘笑敢先生指出,性命一词在《庄子》内篇中未见,在外杂篇中性命二字连用达十二处之多。《吕氏春秋》中性命一词凡十一见,接近于《庄子》外杂篇。他认为战国中期前尚未出现性命、道德、精神等复合词,并将《庄子》内篇的写作时间定在战国中期,外杂篇的写作时间定在战国晚期。[2] 儒家典籍存在近似情形,孟子前的儒书,除了郭店楚简《唐虞之道》中出现过一次性命连用外("顺乎血气脂肤之情,养性命之政"[3]),其他均未见有性命连用。《中庸》《性自命出》《孟子》中,亦未见性命连用。《性自命出》说"性自命出,命自天降",《中庸》言"天命之谓性",命的地位都高于性,或将性的来源追溯到命,或以命规定性之内涵,命是性之超越源头与形上依据。孟子的"尽其心者,知其性也。知其性则知天矣"(《孟子·尽心上》),具有相似的思想指向。《荀子》中"性命"仅

―――――――――――
[1] (明)王夫之:《周易外传》,载《船山全书》,岳麓书社2011年版,第一册,第1074—1075页。
[2] 参见刘笑敢《庄子哲学及其演变》(修订版),中国人民大学出版社2010年版,第28—31页。
[3] 李零:《郭店楚简校读记》(增订本),中国人民大学出版社2007年版,第124页。

一见["行既已由之矣，则若性命肌肤之不可易也"(《哀公》)]。性命一词在《荀子》中少见，或与其对于天道观的祛魅化有关，如此则必然淡化性与命的关联。

《易传》屡言性命，如"各正性命""将以顺性命之理""穷理尽性以至于命"等。但与《性自命出》《中庸》《孟子》等相比较，性命关系发生了倒转，命不是置于性之前而是放在性之后，其基本思想是凝道以成性，成性以定命，这显然与战国时期形上思想演变的大势有关。如前分析，《易传》中的性命问题，都是在道的背景下言说的，形上依据已经由命而道。既然性与命都不过是道的体现，二者都分有和凝结了道，它们便并称而组成了《易传》中的"性命"概念，前面有朱熹引用程子的话说"理、性、命，只是一物"，三者显然合一于道，因为"和顺于道德"方能"理于义"。如此则大道成了性命之源，道落实到个体事物身上以成其性，此性就是其命。道不仅是性之所本，更是命之所系。过去曾经至高无上的"命"，现在不但以道为本原，而且需要通过性来获得其内涵规定性，这是战国以降的哲学突破将原始宗教信仰理性化的结果，儒家天道观的深刻变革，形上依据由命向道的转移，是《易传》中性命思想的前提，也对《易传》人性论产生了重要影响。

二　继善成性

以上论述了《易传》的性命之理，核心思想在于以道为性命之源。《易传》人性论的具体内涵则体现在其继善成性思想中。《系辞上》云：

> 一阴一阳之谓道，继之者善也，成之者性也。仁者见之谓之仁，知者见之谓之知，百姓日用而不知，故君子之道鲜矣。

关于"一阴一阳之谓道"，伊川说："道非阴阳也，所以一阴一阳道也。"[①] 又云："离了阴阳更无道，所以阴阳者是道也。阴阳，气也。气是

---

① （宋）程颢、程颐著，王孝鱼点校：《二程集》，中华书局2004年版，第67页。

【学术热点】
天道与人性

形而下者,道是形而上者。"① 伊川将道与阴阳分开,道非阴阳,而是"所以一阴一阳",阴阳之气是形而下,所以一阴一阳之理才是形而上之道。朱熹则进一步认为:"有是理便有是气,但理是本。"并说:"盖气则能凝结造作,理却无情意,无计度,无造作。"②(《朱子语类一》)程朱以理气论架构解释宇宙变化,将一阴一阳视为形而下之气,将道作为形而上之理,阴阳与道形成了异质异层之分,虽主张理气合方能生物,但根本上说来是以理为本的理本论。这种诠释虽然提升了易道的哲学思维层次,但揆诸《易传》原文,分明说"一阴一阳之谓道",伊川加上"所以"二字,不无增字改经之嫌。另外,《易传》分明说"形而上者谓之道",又说"一阴一阳之谓道",则两相比较可知,一阴一阳就是形而上之道,而伊川却将一阴一阳归入形而下,亦与原文意思不能完全相符。故程朱之解读,虽然显示出重构儒家形而上学体系的非凡创造力,却未必合于《易传》本意。牟宗三也把乾道看作形而上的道德实体,道德实体是永恒不变的,所以,"实则乾道自身并无所谓变化,乃假气(即带着气化)以显耳"。因此,他认为这里的性命乃以理而言的性命而非以气而言的性命,性命是道德实践的先天和超越的根据。③《彖传》原文分明是"乾道变化",牟先生则说成是为乾道自身并无所谓变化,而是气在变化,这也是以理气二分立场所进行的诠释,如此则道气隔离而陷于二本。牟宗三虽然批评程朱是别子为宗,却依然坚持程朱的理本论原则以诠释《易传》人性论。

在儒学史上,对于"一阴一阳之谓道"还有另一种解释传统。同为理学开创者,明道与伊川不同,他不讲所以然为道,而说:"阴阳亦形而下者也,而曰道者,惟此语截得上下最分明。元来只此是道,要在人默而识之也。"④ 所谓"元来只此是道",是说形而上下合一方为道;又说:"形而上为道,形而下为器,须著如此说。器亦道,道亦器。"⑤ 形上形下和道器之分,只是理论上的分析,实际上道器相即不离。明道虽然将理置于优先地位,但更强调道器与理气之合一。明道又特重"生生":"'生生之谓

---

① (宋)程颢、程颐著,王孝鱼点校:《二程集》,中华书局2004年版,第162页。
② (宋)黎靖德编,杨绳其、周娴君校点:《朱子语类》卷1《理气上》,岳麓书社1997年版,第2—3页。
③ 参见牟宗三《心体与性体》,上海古籍出版社1999年版,上册,第29页。
④ (宋)程颢、程颐著,王孝鱼点校:《二程集》,中华书局2004年版,第118页。
⑤ (宋)程颢、程颐著,王孝鱼点校:《二程集》,中华书局2004年版,第4页。

易',是天之所以为道也。天只是以生为道。"① 明代理学家罗钦顺赞同明道观点,认为伊川、朱子"小有未合",理由是:"窃详所以二字,固指言形而上者,然未免微有二物之嫌,以伯子'元来只是此道'之语观之,自见浑然之妙,似不须更着所以二字也。所谓朱子小有未合者,盖其言有云,'理与气决是二物'。"② 在他看来,伊川的"所以阴阳"和朱熹的分理气为二物,均非《易传》本旨。他认为:"理果何物也哉?盖通天地,亘古今,无非一气而已。气本一也,而一动一静,一往一来,一阖一辟,一升一降,循环无已。积微而著,由著复微,为四时之温凉寒暑,为万物之生长收藏,为斯民之日用彝伦,为人事之成败得失。千条万绪,纷纭胶轕而卒不可乱,有莫知其所以然而然,是即所谓理也,初非别有一物,依于气而立,附于气以行也。"③ 他认为理乃阴阳气化之条理秩序,反对将理别作一物,力图将理重新纳入气中合为一物,避免理气二物之分。他主张"气本一也",明确以气本论取代理本论。他甚至将此提到儒释之辨的高度:"彼所谓般若、法身,在花、竹之身之外。吾所谓天命、率性,在鸢、鱼之身之内。在内则是一物,在外便成二物。二则二本,一则一本。"④ 在他看来,佛家认为般若、法身在黄花、翠竹之外,则般若、法身与黄花、翠竹并非一物而是二物;儒家所谓天命、率性就在鸢、鱼之内,则性、命与鸢、鱼自是一物而非二物。由二物必然导向二本,由一物便会导向一本,他用一本和二本来区分儒释在宇宙观方面的本质性差别。他由朱熹的"理气二物"的二本论走向理气合一的气一本论,乃基于儒释之辨而对于理学原则的反思与矫正,并对后来的儒学发展产生重要影响。

关于"一阴一阳之谓道",王船山解曰:"'道'谓天道也。'阴阳'者太极所有之实也。凡两间之所有,为形为象,为精为气,为清为浊。"⑤ 又说:"'一一'云者,相合以成,主持而分剂之谓也。"⑥ 船山基于其"理者气之理"的观念,就阴阳二气以言道,也反对理气二本。道虽然是气之道,却对于气化过程有主宰运作、划分度量之功,以收保合太和

---

① (宋)程颢、程颐著,王孝鱼点校:《二程集》,中华书局2004年版,第29页。
② (明)罗钦顺著,阎韬译注:《困知记全译》,巴蜀书社2000年版,第243页。
③ (明)罗钦顺著,阎韬译注:《困知记全译》,巴蜀书社2000年版,第242页。
④ (明)罗钦顺著,阎韬译注:《困知记全译》,巴蜀书社2000年版,第298页。
⑤ (明)王夫之:《周易内传》,载《船山全书》,岳麓书社2011年版,第一册,第524页。
⑥ (明)王夫之:《周易内传》,载《船山全书》,岳麓书社2011年版,第一册,第525页。

之效。

关于"继之者善也，成之者性也"，朱熹认为："继，言其发也；善，谓化育之功。"又说："'继'是接续不息之意，'成'是凝成有主之意。"① 可见，继乃接续之义，"之"即所继者，也就是天道生生之德。孔颖达注"生生之谓易"："生生，不绝之辞。"② 生必要求继，不继则不生，宇宙生机因此将有断绝之虞，所谓"天地闭，贤人隐"（《坤·文言》）。"成之者性也"，朱熹《周易本义》说："性谓物之所受，言物生则有性。"③ 可见此性乃普就天地万物而言，而不仅是人性。孔颖达认为："若能成就此道者，是人之本性。"④ 则"性"乃单就人性而言，船山亦如此解："道统天地人物，（善）、性则专就人而言也。"并因此说"道大而性小，性小而载道之大以无遗"⑤。实际上，继善成性如同"乾道变化，各正性命"一样，乃宇宙论地讲，统合天人而论，性亦不单指人性而言，后文"鼓万物而不与圣人同忧"可以为证。但《易传》贯通天人，人性自然是关注重点所在，故孔疏与船山之解"性"，虽不全面，却也道出了《易传》之核心关切，即"人能弘道，非道弘人"，船山断言性虽小却能"载道之大以无遗"，即所以表明此意。

王船山继承理本于气的气本论，并主张"天下惟器而已矣。道者器之道，器者不可谓之道之器也"⑥，这便将理气一本的气本论发展为道本于器的器本论。船山亦重生生，他注"生生之谓易"说："此以下正言《易》之所自设，皆一阴一阳之道，而人性之全体也。"⑦ 这是以阴阳迭运之道解生生，又将人性归于生生之道。船山又极重"继"："甚哉，继之为功于天人乎！天以此显其成能，人以此绍其生理者也。性则因乎成矣，成则因乎继矣。不成未有性，不继不能成。天人相绍之际，存乎天者莫妙于继。然则人以达天之几，存乎人者，亦孰有要于继乎！"⑧ 他认为天以继显其能，人以继而成其性，继是天人相与之际的关键，所继者正是易道生生之理。

---

① （清）李光地撰，李一忻点校：《周易折中》，九州出版社 2002 年版，下册，第 791 页。
② （魏晋）王弼注，（唐）孔颖达疏：《周易正义》，北京大学出版社 1999 年版，第 271 页。
③ （宋）朱熹撰，廖名春点校：《周易本义》，中华书局 2009 年版，第 228 页。
④ （魏晋）王弼注，（唐）孔颖达疏：《周易正义》，北京大学出版社 1999 年版，第 269 页。
⑤ （明）王夫之：《周易内传》，载《船山全书》，岳麓书社 2011 年版，第一册，第 526 页。
⑥ （明）王夫之：《周易外传》，载《船山全书》，岳麓书社 2011 年版，第一册，第 1027 页。
⑦ （明）王夫之：《周易内传》，载《船山全书》，岳麓书社 2011 年版，第一册，第 529 页。
⑧ （明）王夫之：《周易内传》，载《船山全书》，岳麓书社 2011 年版，第一册，第 1007 页。

故船山发展了明道与罗钦顺的观点，在气本论基础上，就理气合一、道器合一而言道，就道之生生以言性。如此道凝于德而成于性，天道之成性是通过生生之德而来，则人性之内涵亦不外于生生。

船山基于气本论的天人观也别具特色。他不赞成心学即心言性，进而将心性等同于天，而是赞成理学的以理言天。但是，他对于天理的解释又与程朱有异。朱熹的天理观将自然之理与应然之理等同为一，船山则首先区分了"理"的两种含义："凡言理者有二：一则天地万物已然之条理，一则健顺五常、天以命人而人受为性之至理。二者皆全乎天之事。"① 这便区分了自然天理和道德天理。其次，天道亦不同于人道："阴阳……具足于乾坤，而往来以尽变。变之必尽，往来无期。无期者，惟其无心也。天地之既无心矣，淫亢鼓虚，行乎冲委，而不辞其过。"② 天人之道的主要区别在于有心与无心，乾道虽变化万千，却没有人为的期许设计在内，只能顺从自然之势理而演化。天地无心人有心，故曰"自然者天地，主持者人，人者天地之心"③。人为天地之心，天地之道因为人而实现自觉，宇宙为人心所点亮，将宇宙之道提升到精神高度，从而赋予宇宙以精神生命。

既然船山将自然天理与道德天理区别开来，且天无心而人有志，那么天人授受之际是如何完成的？这是其天人观的核心问题。《乾·文言》曰：

"元"者，善之长也；"亨"者，嘉之会也；"利"者，义之和也；"贞"者，事之干也。君子体仁足以长人，嘉会足以合礼，利物足以和义，贞固足以干事。

《周易内传》解释说：

元、亨、利、贞者，《乾》之德，天道也。君子则为仁、义、礼、

---

① （明）王夫之：《读四书大全说》，载《船山全书》，岳麓书社2011年版，第六册，第716页。
② （明）王夫之：《读四书大全说》，载《船山全书》，岳麓书社2011年版，第六册，第1093页。
③ （明）王夫之：《读四书大全说》，载《船山全书》，岳麓书社2011年版，第六册，第885页。

信,人道也。理通而功用自殊,通其理则人道合天矣。①

天道之元亨利贞与人道之仁义礼信沟通的关键,船山以为在于天人之"理通",何谓理通?船山解释说:"'善之长'者,物生而后成性存焉,则万物之精英皆其初始纯备之气,发于不容已也。"这是以气本论释乾元大义,乾元只是一股发育万物的"初始纯备之气",不容自已地流行于天地之间,而万物资之以生,既生而后成性。又说:"'体仁'者,天之始物,以清刚至和之气,无私而不容已,人以此为生之理而不昧于心,君子克去己私,扩充其恻隐,以体此生理于不容已,故为万民之所托命。"② 君子之体仁,就是在心中体此"为生之理",此理并非与气彼此对立,却与"清和至刚之气"相一体,人心体认此气此理,扩充恻隐之心而仁民爱物。其注"嘉会足以合礼"曰:"'嘉会'者,君子节喜怒哀乐而得其和,以与万物之情相得,而文之美备合礼,事皆中节,无过不及也。"③ 可见,仁义礼信,其实是人"体"天道而成,体天道之生理而有仁,体天道之节度而有礼,体天道之因宜裁制而有义,体天道之正固成物而有信。天有生、节、宜、正之理,其目的不外于利物成物,不外于生生之德,故天地之理可总括为"生理",而圣人体之以心,躬行以身,"范围天地而不过,曲成万物而不遗"(《系辞上》),如此则天人之理(生理)通,"通其理则人道合天矣",人道由此而合于天道,天人之际正是在此"生理"上得以沟通。

可见,人能体天地之理,达成对于天道之自觉,船山认为,这在本质上是以人道合天道,前面既言"通其理则人道合天矣",后又重申"此以君子之达天德者言也"④,可见他虽然通过天人交相为功,将人的地位空前提高,但超越之源头依然是天道而非人道,人由继天道之善而成其性,因此,从终极意义上说,天人授受之际,只能是以人道合天道而非相反。这是以天道言人道,而非以人道言天德。⑤ 他总结《乾·文言》说:

---

① (明)王夫之:《周易内传》,载《船山全书》,岳麓书社2011年版,第一册,第59页。
② (明)王夫之:《周易内传》,载《船山全书》,岳麓书社2011年版,第一册,第59页。
③ (明)王夫之:《周易内传》,载《船山全书》,岳麓书社2011年版,第一册,第59页。
④ (明)王夫之:《周易内传》,载《船山全书》,岳麓书社2011年版,第一册,第59页。
⑤ 朱伯崑认为:"王氏此论亦表明天人有共同处,可以相通;但又有不同处,不能以人道而言天德。此亦是王氏论天人关系的基本原则。"参见氏著《易学哲学史》,昆仑出版社2009年版,第四卷,第246页。

仁义礼信，推行于万事万物，无不大亨而利正，然皆德之散见者，《中庸》所谓"小德"也。所以行此四德，仁无不体，礼无不合，义无不和，信无不固，则存乎自强不息之乾，以扩私去利，研精致密，统于清刚太和心理，《中庸》所谓"大德"也。四德尽万善，而所以行之者一也，乾也。

这里引用《中庸》的概念，将四德比喻为"小德川流"，而将乾德比喻为"大德敦化"，朱熹《中庸章句》解释为："小德者，全体之分；大德者，万殊之本。川流者，如川之流，脉络分明而往不息也。敦化者，敦厚其化，根本盛大而出无穷也。"其解甚明。四德虽佳，足以尽万善，而终非德之本，而是德之散见者，是乾道之流行显现，"所以行之者一也，乾也"。四德是一理之分殊，而非万殊之根本，故四德不能不归于乾德而为一。前引船山言"道大性小"，也是为了突出乾道之终极性和人性的继承性。通观船山有关《乾·文言》之说解，实由一本而推出万殊，后将万殊复归于一本，则天人之蕴由此而显明。

可见，船山诠释下《易传》天人观明显不同于程朱。程朱通过"所以一阴一阳"，将与气异质化的形而上天理，作为阴阳气化过程的所以然根据，对于人道之善作出本体论证明。但船山则区分了两种善即乾道的自然之善与人道的有心之善，他并没有像程朱那样，通过将元亨利贞规定为纯善无恶的形而上的道德实体，来解决天道人道、自然与当然的合一问题，而是发挥《系辞》"生生之谓易"的思想，用生生去兼容天人，元亨利贞只是生生，这是乾道之生生；而仁义礼信亦不外乎生生，此乃人道之生生。不管天道与人道从形式上具有怎样的不同，它们却皆不外生生之理，生生即天道与人道的共同本质，就此而言，人道就是天道，它是天道生生功能的自觉的实现形式，天人之际由此打通。这种天人相合之道是以人合天，从本原上讲，乾道之生生在先为本，人道之生生后发为末，进而以乾元统元亨利贞四德，以四德通万善，进而将人道之善会归于乾道。

如果说生生即善，则此善既非源于单纯的理，亦非源于单纯的气，而是理气相合而形成的道，唯道生生。从《周易》的思想视域来看，道无疑是比理更高一层次的范畴，应是道统合理而非相反，理终究难以取代道，而程朱理学中的理则是取代了道所曾经拥有的地位。船山则通过纳理于气和理气合一，复原了道之整体性，进而把整体之道的生生功能作为天道之善的体现，人继善成性，并非只是抽象继承道中的局部内容，所继承的是理气合一的整体之道的生生功能，故船山通过《周易》文本诠释，形成了日生日成的人性论：

> 夫一阴一阳之始，方继乎善，初成乎性，天人授受往来之际，止此生理为之初始。故推善之所自生，而赞其德曰"元"。成性以还，凝命在躬，元德绍而仁之名乃立。天理日流，初终无间，亦且日生于人之心。唯嗜欲薄而心牖开，则资始之元，亦日新而与心遇，非但在始生之俄顷。①

船山认为人初始所受于天的只是生生之理，所谓"止此生理为之初始"，《尚书引义》则说："夫性者生理也，日生则日成也。"② 此生生之理是动态的，而非凝固不变的。只要人心能够摆脱不当物欲的束缚，就能够不断接续乾道之生理而日新其德，亦日新其性。所以人性并非来自天道的一次性赋予，亦非一成不变，而是日生日成的结果。所以他反对宋儒"一受成侀而莫能或易"的观点，主张"性者生也，日生而日成之也"③，这是他基于气本论对于儒家人性论的重要发展，也与易道的基本精神相一致。

三 天人合德

《易传》将性置于道的统属之下，形成独特的性命说和继善成性论，也由此决定了其人性论的特征。

首先，兼人物而言之的论性维度。易道广大，无所不备，贯通天地人三才之道，是宇宙普遍之道。人与万物皆本于乾道变化以成性，则"乾道变化，各正性命"就不仅指人之性，而是兼指人性与物性。朱熹注曰：

---

① （明）王夫之：《周易外传》，载《船山全书》，岳麓书社2011年版，第一册，第825—826页。
② （明）王夫之：《尚书引义》，载《船山全书》，岳麓书社2011年版，第二册，第299页。
③ （明）王夫之：《尚书引义》，载《船山全书》，岳麓书社2011年版，第二册，第300页。

"乾道变化，无所不利，而万物各得其性命以自全。"[1] 显然，"各正性命"中的性命是就天地间所有事物而言，"云行雨施，品物流形"的刻画说明，正为"性命"的普适性提供了佐证。其他如"成之者性也""将以顺性命之理"中的性，同样是兼人、物而言。《易传》首先将人置于自然化育的背景下来审视和定位，人并不是外在于天道自然，他和万物一样为天道所生，都通过分有天道而获得自身的规定性。这便克服了人类中心主义的弊端，以天文作为人文的根据，从而为人性寻找一个具有超越意义的本原。这并不意味《易传》否认人的特殊性，"各正性命"一词中的"各"字无疑潜含着对于万物个性的肯定，但个别事物的特殊性并不能否定其本原上的一致性，天道正是它们共同的本原。

其次，自然性与道德性相统一的论性内涵。既然《易传》将人与万物放到天道自然的视域下来审视，它首先看到的是人和万物的共同性，人性并不违背自然，而是根植于自然天道的深处。因此，自然性便成了其人性论的一个重要面向，尽管它并不足以单独彰显人性的特色，却是整体人性的组成部分。人的各种自然情感与欲求，既是天道所生，也是人维持生命之所需，是天道生生功能在人性中的体现。因此，《易传》不会像荀子那样，会因为人性中自然具有的利己倾向而走向性恶论。《易传》在"各正性命"的原则下肯定了"立人之道，曰仁与义"（《说卦》），也肯定了人性的社会性和人性之善。在《易传》看来，人性的自然性和社会性并非截然对立，相反，它们来自共同的天道原则即生生，生生既是天地之德性，也是人之德性，是天道和人性的交会处，而人的自然性和社会性其实都是天道生生原则的体现形式罢了。《说卦》将《易传》天人观的精神概括为"将以顺性命之理"，而"性命之理"的根本就是"一阴一阳之谓道"，而"和顺于道德而理于义"就是和顺天地之道德，并落实到具体人伦日用中。"继善成性"也表达了同样的意思。为王船山所极为重视的"继"字和"顺"字，正是为了将人道的根本溯源到天道，从而在天道自然与人伦道德之间架设桥梁。经由如此的衔接贯通之后，言自然不碍其德性，言德性不碍其自然。现代人思维中根深蒂固的自然与人文的对立，在《易传》中并不存在。正如其"天行健"和"地势坤"所表明的，人类之道德乃取法于天道而来；而《易传》中的"天文"，不仅是一种纯自然的存在，也为

---

[1] （宋）朱熹撰，廖名春点校：《周易本义》，中华书局2009年版，第33页。

人文世界的基本法则奠基,《大象传》主要阐发这一思想。

最后,关于性的价值判断。儒家先秦各派对于人性的不同价值判断,主要是因为他们对于性的内涵理解不同。孟子以心论性,性自然是善的;荀子以欲为性,断言人性为恶。与他们相比,《易传》走的是另一条论性之路。在《易传》的语境中,与性密切相关的首先不是心,也不是欲,而是道,所谓继善成性,实质是继天道之生生以成性。这既不同于思孟学派的超越性的以命言性,也不同于荀子完全自然性的人性论。由于命是儒家超越思想之源头,儒家早期的命的内涵就是德,故以命言性,将命作为性之根源,则性的价值属性无疑是正面的,由此发展出了孟子的性善论。荀子的人性则失去了超越性的根据,性之具体内涵又落实在欲望,故主性恶。《易传》将性之本原归于天道,天道本身则是阴阳流转的自然天道,由于天道无心而运,它本身无所谓善恶,亦可以说是超出善恶问题评价。但是,《易传》以生生作为天道的精神,生生固然可以视为一种善,但它是不自觉的善,不等同于人道之善。天道生化之善落实到人道上面,表现为仁义,才体现为人性之善。因此,《易传》的人性论也可以归为性善论,但其性善论是经过从自然天道之善与人道之善发展转化而来,故它所谓"性善"显著不同于孟子的性善论,这是由自然天道和人文道德的继承转顺之际所达到的善,其本质含义是生生,具体体现在人道即仁义。这种人道之善的实现,本质上也不同于孟子尽心知性以知天的内在超越路径。《说卦》主张"穷理尽性",尽性的说法表明性有尽有不尽,对于《易传》而言,性的首要问题不是善与不善,而是尽与不尽,而尽性的关键又在于"崇德":"精义入神,以致用也;利用安身,以崇德也。过此以往,未之或知也。"(《系辞下》)关于如何崇德,《易传》既强调"安土敦乎仁"(《系辞上》),又重视"观其会通,行其典礼"(《系辞上》),在道德修养方面采取了仁礼并重、内外交修的方式,更接近于孔子的思想。故《易传》之性善是基于天道善的人道善,人性之善需要通过人仁礼兼修的道德实践来证实并开显。

王船山将《易传》的性善论总结为"溯言善",他说:"故专言性,则'三品''性恶'之说兴;溯言善,则天人合一之理得;概言道,则无善、无恶、无性之妄又熺矣。"[①] 船山认为,论性当从天人合一处推寻,如

---

① (明)王夫之:《周易外传》,载《船山全书》,岳麓书社2011年版,第一册,第1008页。

果单言人性，就人性论人性，就会得出性三品、性恶等片面性结论，这都是割裂天道以论人性的结果。他同时认为，虽然性出于道，但又不能简单地将天道等同于人性，否则就会混淆人道与天道之间的差异，进而忽视人性与动物性的区别。所谓"概言道"，就是总括天人之道而言，不辨天道人道之异，也可以得出"人之性犹牛之性，牛之性犹犬之性"的结论，也可以说"天地与我同根，万物与我共命"①，这正是道家人性论的特征，它显然忽视了人性与物性的差异。《易传》之"溯言善"，则是将人性之善追溯到天道，天道生生不息，继之为善，人道继天道之生生而有仁义，仁义是有心之善，不同于天道的无心之生生。如此人性与天道既有本原性联系，具体内涵上又有所不同，此人性之善溯源于天道说。先秦儒家其他人性论，多是从人本身寻找人性的内涵，使得先秦儒家人性论大多成为以人文主义为主的人性论，反映了战国以后的思想转向。比如《性自命出》虽然说"性自命出，命自天降"，但全篇几乎没有关于天命的论说，人性的内涵被界定在情上，所谓"喜怒哀悲之气，性也"，这样的"性自命出"，很大意义上带有"借天为说"的特性，而人性论的重心已经落到人本身。孟子的性善论虽然也说"尽其心者，知其性也。知其性，则知天矣"（《孟子·尽心上》），但论证的重点乃性由心出，以心善证明性善，论述的重点同样落在人本身。荀子的性恶论以欲论性，而且切断了性与天道之间的联系，更是一种极端的人文主义人性论。《易传》则并非单纯的人文主义，它把天道作为人道之根本，以道言性，认为人继天道之生生而成性，把人性视为天人授受之际的产物。在先秦儒家人性论史上，与《易传》人性论比较接近的是《中庸》，《中庸》也是天道与人道并重，但其论天道重在诚，与《易传》的以阴阳论道有所不同。《易传》人性论的形而上的层面后来为宋儒所发展，成为其人性论建构的重要思想资源。

这种溯源论的善，不同于后来本体论的善。理学本体论的善主张有一个纯善无恶的形上道德本体，而人的气性和欲求则被视为对于本体之善的污染，从而导致本体与欲求之间的对立紧张。这种二元人性论提升了道德本体的形上高度，将人性视为善恶双方激烈交战的战场，也由此激发出道德主体强烈的弃恶从善的意志力量。但是，正如清儒"以理杀人"的批评

---

① （明）王夫之：《周易外传》，载《船山全书》，岳麓书社2011年版，第一册，第1006—1007页。

所表明的那样，这种人性论易于导致对于合理人性欲求的压抑，尤其是儒学被纳入政教合一结构中时，此种副作用几乎难以避免。但溯源性的善将善的源头追溯到天道之生生，这样一种自然天道之善，它并不直接与恶相对立，从存有意义上，它是比善恶更高一级的本原，如果没有天道持续不断的生生作用，如果天道在某个时间点终止了生生进程，则善与恶等人文问题将无从谈起。从天道观察人类，人的欲求也是天道生生不息的表现，故欲求本身并不算恶，关键在于欲是否合道，故船山认为："声色臭味，顺其道则与仁义礼智不相悖害，合两者而互为体也。"① 合理的自然欲求不但不与仁义礼智相矛盾，反而是仁义礼智的道德准则实现之必需，所谓"合两者而互为体"之说，表明人之理欲关系的一体性。所以，《易传》在天道观的视域下的人性论展示了更大的宽容性和自由度，它并没有过分苛责于人性本身，而是更重视道德启蒙与教化的作用。

徐复观也将《易传》的人性论解读为性善论，当他进一步观察《易传》中的关于"心"的论说后，却发现了"易传性命思想中的问题"，认为："《易传》以阴阳变化来作天、天命具体的说明，容易诱导人驰向外面去作思辨性地形而上的思考，因而使人容易走上由思辨去了解性命的问题，使性命的问题，变成一形而上学的架子，而忽略在自己身上找根源，在自身上求证验。"② 并认为："阴阳的架子，对于性命道德而言，实是无用的长物。如实地说，由《易传》的作者导入阴阳以言性命，并不能表现是一发展，而只是一种夹杂。"③

徐复观认为《易传》以阴阳之道以论性，偏离了道德精神的本源即人的道德本心，反而使得道德精神落空了。徐先生的评论显然是基于其心学立场。心学以心即理为前提，虽然将天理视为纯粹至善的天命实体，但天命并没有具体客观内容，天命的内涵由心性来规定，这虽然极大提升了人的道德主体精神，但天人之际的分界也被取消了，这种以人道言天道的理路却为《易传》所不取。《易传》从天道中推出人道，复以人道之仁义去上接天道，这并不是将道德精神落空，而是开辟了道德论证的另一途径。

---

① （明）王夫之：《张子正蒙注》，载《船山全书》，岳麓书社 2011 年版，第十二册，第 121 页。
② 徐复观：《中国人性论史（先秦篇）》，上海三联书店 2001 年版，第 192 页。
③ 徐复观：《中国人性论史（先秦篇）》，上海三联书店 2001 年版，第 192 页。

战国以降，天命论已经为天道论所取代，而性与天道的关系成为各家道德思想的关键，也成为各家思想论辩的重点，《庄子·天道》中一段孔老对话：

>老聃曰："请问，仁义，人之性邪？"孔子曰："然。君子不仁则不成，不义则不生。仁义，真人之性也，又将奚为矣？"老聃曰："……则天地固有常矣，日月固有明矣，星辰固有列矣，禽兽固有群矣，树木固有立矣。夫子亦放德而行，循道而趋，已至矣；又何偈偈乎揭仁义……夫子乱人之性也！"①

在这段虚拟的对话中，孔子以人性为仁义，受到老子的质疑，老子认为鼓吹仁义只会"乱人之性"，建议孔子"放德而行""循道而趋"，这里的德是道家的自然之德，道则是道家的无为之道，道家的天道观才是老子质疑仁义的哲学依据。在《庄子·天运》篇的一段对话中，老子将孔子语仁义比喻为"播穅眯目"，断言"夫仁义憯然乃愤吾心，乱莫大焉"，建议"吾子使天下无失其朴，吾子亦放风而动，总德而立矣"②。"无失其朴"的朴，乃道的别名。可见，道家否定儒家之仁义，乃基于其自然天道观，而如何证明仁义合于天道，确立仁义的形上依据，对于儒家学派的意义也就不言自明。

思孟学派并没有忽视此至关重要的问题，而是将人性依据追溯到天命，但这种理路本质上也是以人性规定天命，余敦康先生将孟子的天人观称为"以天合人"，而将道家的天人观概括为"以人合天"。③ 思孟人性论无法对于道家的挑战给出有力的回应。《易传》则是从自然天道观出发，以阴阳论天道，又以生生言天德，通过自然天道与儒家道德共同具有的生生功能来沟通融合二者，通过继善成性说明人性的形成机制，最终将人道落实到仁义，证明儒家道德是符合天道的。这种推天道以明人事的天人合德理路，同时肯定了天道的本原性和人道的主体性，防止了单纯以心性规定天道所可能导致的人道对于天道的僭越，同时也避免了道家"蔽于天而

---

① 陈鼓应注译：《庄子今注今译》，中华书局1983年版，第375页。
② 陈鼓应注译：《庄子今注今译》，中华书局1983年版，第411—412页。
③ 参见余敦康《易学今昔》，广西师范大学出版社2005年版，第44—45页。

不知人"的局限。这样的人性论既具深沉的宇宙情怀,又高扬人道的主体价值,对于人性本身持有更为宽容的态度,也给道家的质疑以正面的回应。这种回应实际上是综合儒道两家天人观来论人性,使其在先前儒家思想中具有特殊的地位。

另外,《易传》这种以道论性的人性论,虽然与孟子的性善论具有不同思路,实际上存在可以融通之处。王船山就将孟子性善说视为《易传》继善说之同调:"孟子曰'人无有不善',就其继者而言也。"[①] 他在解读"显诸仁,藏诸用"时说:"性函于心。心之体,处于至静而恻然有动者,仁也。性之能,丽于事物而不穷于其所施,用也。仁函于心,本隐也,而天理者未动而不测其所在,虽或闻见有得,而终不与己相亲;恻然内动,乃以知吾心之有此,而条绪昭察于心目之前,则唯仁为道之所显也。"[②] 船山的"性函于心"将《易传》继善成性说与孟子心性论联系起来,以内在恻隐之心为仁体,以心之"恻然内动"为仁体之用,力图将二者整合起来,这样的整合并不存在明显的逻辑障碍。现代新儒家的另一代表人物牟宗三先生则以"超越与内在圆一"概括《易传》《中庸》之道德精神,认为"曾子、孟子、《中庸》《易传》承孔子而开展,正是孔子仁教之所本有,儒者内圣之学之所固然也"[③]。以"超越与内在圆一"概括《易传》人性论观或容有商榷之处,但肯定易庸与孔子内圣之学的思想联系无疑是应该的,这同样肯定了《易传》与孟子之间存在相互融通的可能,《易传》其实是在肯定道德主体精神的同时,力图将其与一种更加本原的宇宙之道相沟通,这种人性论的潜在意义需要等到宋明理学重构儒家本体论时才得以充分展示出来。

---

① (明)王夫之:《周易内传》,载《船山全书》,岳麓书社2011年版,第一册,第526页。
② (明)王夫之:《周易内传》,载《船山全书》,岳麓书社2011年版,第一册,第528页。
③ 牟宗三:《心体与性体》,上海古籍出版社1999年版,上册,第260页。

【兵学研究】

【空白页】

读《孙子兵法》零札

黄朴民[*]

摘要：《孙子兵法》为先秦时期的伟大兵学著作，也可以纳入广义的"北学"范围。其书文字总体而言，尚属平顺畅达，文义的释解也相对容易，但是这并不意味着，不少相关的文字在具体的疏证过程中，就不会产生歧义，而人们对此书中不少观点的认知，则更不乏各执一词，众说纷纭，莫衷一是的状况，这样导致我们在经典的阅读与诠释上，难以摆脱治丝益棼的困扰，甚至陷入穿凿附会、郢书燕说的窘境。本文结合作者近三十余年研习《孙子兵法》的心得，对《孙子兵法》中容易引起理解上歧义的部分文字与观点，如"合之以文""五行无常胜""军争为利、军争为危"等进行必要的讨论，提出了作者自己的看法，以期为人们正确阅读和理解《孙子兵法》提供多元的视角与可行的路径。

关键词：先秦；《孙子兵法》；军事思想；文献研究

笔者曾经在拙文《北学与先秦"燕赵"兵学刍议》中这么认为，"北学是以先秦时期的燕赵地区文化为中心的思想学术体系"，"到近现代，其范围仍集中于河北与京津地区"。[①] 但是，随着认识的深化，笔者现在也觉得，"北学"的概念其实还可以更加拓展与宽泛，像黄河下游之滨齐鲁地区的学术与思想文化，也似乎应该纳入"广义"的北学范畴，至少也是北学的外围或旁支。如果笔者的这一看法能够被学界的朋友所通融，那么，体现为燕齐兵学文化最高成就的《孙子兵法》一书，也可以从北学的视域来加以释读并认知。

众所周知，相较于佶屈聱牙的《尚书》、"无达占"的《周易》、"多

---

[*] 黄朴民，中国人民大学国学院教授。
① 刊于《北学研究》第一辑，中国社会科学出版社2021年版，第136页。

非常怪异可疑之说"的《公羊传》等经典，《孙子兵法》的文字，应该说是比较平顺通畅，容易阅读与理解的。然而，它毕竟是先秦时期的作品，在阅读时还是会遇到障碍，加上历代注疏诠解者甚多，对不少内容与文字的句读和解释也难免产生歧义，众说纷纭，莫衷一是。本人研习《孙子兵法》逾三十年，偶有心得，虽多为一鳞半爪，未足称道，但敝帚自珍，亦随手移录，集腋成裘。今承蒙梁世和教授的信任与抬爱，遂整理成文，谨借《北学研究》的宝贵版面，与诸位朋友分享交流，敬请大方之家不吝指正为盼。

一 "五行不常胜"的含义以及与《孙子兵法》成书之时代

按，古人将金、木、水、火、土视为组成一切物质的最基本要素。始有"相生说"，即五行之间相互促进："木生火，火生土，土生金，金生水，水生木。"而后有"相胜说"，即"五行"之间相互排斥、迭次相克："水胜火，火胜金，金胜木，木胜土，土胜水。"不论"相生"抑或"相胜"，五行间的关系是固定的。另外，当时还有"五行不常胜"说，乃墨家后学的观点。《墨子·经下》云："五行毋常胜，说在宜。"其含义是五行相遇固不免相胜，但并非一定不移。因种种机遇，且能生出变化来，大概是多方可以胜少。《经说》："五：合水土火。火离然，火烁金，火多也。金靡炭，金多也。"就是无"常胜"之意。《孙子》云"五行无常胜"，意近墨家后学"毋常胜"之说。

很显然，孙子此篇到"兵无常势，水无常形，能因敌变化而取胜者，谓之神"作结，已文义全尽，可高明收官了。传世本后面那些文字，似乎是画蛇添足，叠床架屋，反而成了累赘。不仅如此，还会带来认定《孙子兵法》成书年代问题上的困扰。因为，墨家后学"五行毋常胜"说所反映的是战国中期以后的思想，这已是学术界的普遍共识。而《孙子兵法》再言"五行不常胜"，则当在墨子后学同时或更晚。这个现象的存在，表明《孙子兵法》的成书，或许是一个比较漫长的过程，有后人不断增益补充的内容掺入其中。

具体而言，"五行不常胜"至"日有短长，月有死生"这段文字，要么是战国中后期的孙子后学托孙子之名的增益添补，要么是后人解读《孙子兵法》时所作的旁注文字在辗转传抄过程中的窜入。应该说，古籍中这类后人注疏文字掺入经典正文现象的存在，并不是孤立的，对此，余嘉锡先生在其著作《古书通例·绪论》中曾有精到的分析："然古书本不出自一人，或竹帛著自后师，或记叙成于众手，或编次于诸侯之客，或定著于写书之官。逸事遗闻，残篇断简，并登诸油素，积成卷帙。故学案与语录同编，说解与经言并载。又笺注标识，混入正文，批答评论，咸从附录"①。

其实，在《孙子兵法》一书中，类似的情况相当普遍。如《作战篇》："故智将务食于敌。食敌一钟，当吾二十钟；萁秆一石，当吾二十石。"很显然，这是对前文所言之所以要"因粮于敌"缘由的说明与阐释，也为孙子后学的增益。又如《谋攻篇》："上兵伐谋，其次伐交，其次伐兵，其下攻城。"孙子后学认为"伐谋""伐交""伐兵"道理很清楚，人们阅读与理解，不会有任何障碍，故不必画蛇添足，再作释义。但是"攻城"为什么属于下下之策，在他们看来，这中间的原因则需要作详尽的解释，于是乎，在"其下攻城"之后，就有了一大段诠释攻城灾难的文字："攻城之法，为不得已。修橹轒辒，具器械，三月而后成，距闉，又三月而后已。将不胜其忿而蚁附之，杀士三分之一而城不拔者，此攻之灾也。"

由此可见，"五行无常胜，四时无常位，日有短长，月有死生"云云，也属于"说解与经言并载""笺注标识，混入正文"这一类情况。结果是造成治丝益棼，徒添混乱的新问题。但不管怎样，早在汉初，它们已摇身一变，升格成为《孙子兵法》的正文而流传下来，因为银雀山汉墓竹简本上这些字样业已存在了。

二 "军争为利，军争为危"试解

《军争篇》言"军争为利，军争为危"，意思比较清楚，即争夺战略上的先机之利有获利的一面，但是，同时也存在着不利或危险的一面。孙子这么说，充分表明了他从矛盾两点论出发，兼顾到正与反、得与失、利与弊、成与败等两个方面。

---

① 余嘉锡撰：《古书通例·绪论》，上海古籍出版社1985年版，第5页。

但值得注意的是，在紧接着的文字中，孙子讨论的其实都是"军争为危"的表现形式与严重后果，什么"举军而争利则不及，委军而争利则辎重捐"，"百里而争利"，后果如何如何？"五十里而争利""三十里而争利"，危害又怎样？"是故卷甲而趋，日夜不处，倍道兼行，百里而争利，则擒三将军，劲者先，疲者后，其法十一而至；五十里而争利，则蹶上将军，其法半至；三十里而争利，则三分之二至。"总而言之，说的全是军争容易引起之弊，军争容易导致之害，反而对所谓"军争为利"则不着一字，熟视无睹。

其实，这并不奇怪，孙子的哲学，固然坚持两点论，但就根本上讲，他更注重于阐发重点。在孙子看来，人们趋利，是下意识的，逐利而行，乃常态，如先秦寓言"郑人攫金"所阐述的道理一样，换言之，战争指导者对"军争"之利的关注与理解，乃天然的本能，无须他再多费笔墨，喋喋不休。主要的问题，是人们对"避害"缺乏足够的自觉意识，好处面前，诱惑面前，丧失定力，不能警觉利益背后的陷阱，见利忘害，一味地追逐利益，如同灯蛾扑火，死不旋踵。所以，需要特别予以提醒，不让诱惑冲昏头脑，保持清醒，战战兢兢，如履薄冰，从而确保战略利益得以最大的实现。从这个角度切入，孙子才对"军争为危"，作出了深入的分析和透彻的论述。由此可见，孙子的战略思维是何等的辩证，何等的深刻！从这个意义上讲，孙子的兵学精髓，首先是立足于避免失败，然后考虑取胜，是免败的哲学，而非求胜的理论。故孙子绝对不言"知彼知己，百战百胜"，而只说"知彼知己，百战不殆"。其中的深意值得仔细咀嚼和体会。

三 "故不知诸侯之谋者，不能豫交"

《孙子兵法》中有一个很特殊的现象，即凡是孙子所认为最重要的兵学原则，它往往在"十三篇"中出现两次。如为了强调认识论上的科学性、重要性，他一再主张"知彼知己"，一见于《谋攻篇》，"知彼知己，百战不殆"；再见于《地形篇》："知彼知己，胜乃不殆；知天知地，胜乃不穷。"再如，他立足于"慎战"，反对好大喜功，穷兵黩武，于是乎"合于利而动，不合于利而止"的主张，也两次被提出，一见于《九地

【兵学研究】
读《孙子兵法》零札

篇》,再见于《火攻篇》,可谓苦口婆心,循循善诱。这不是简单的重复,不是什么错简,也不是什么衍文,而是一种强调,一个核心命题的浓墨重彩渲染,孙子实有其深意存焉!

同样的道理,孙子认为"知诸侯之谋",了解敌方或第三方的战略意图,在此基础上下定正确的决心,制定正确的对策,对于战胜攻取,达成己方既定的战略目标,也具有特殊而关键的意义,是战略运筹上的重中之重。因此:"不知诸侯之谋者,不可豫交;不知山林、险阻、沮泽之形者,不能行军;不用乡导者,不能得地利。"也两度在书中出现,分别见于《军争篇》与《九地篇》,孙子理论构思上的匠心独运,曲尽其妙,于此可见一斑。

在1972年山东临沂银雀山汉墓出土的竹简《孙子兵法》的五篇佚文中,《吴问》或许是相对比较重要的一篇。是一篇记叙了吴王阖闾与孙子之间就有关晋国政局走向问题所作的详尽分析与精辟预测。吴王向孙子提出了"六将军分守晋国之地。孰先亡?孰固成?"的询问,而孙子则根据自己对春秋大势的观察和对历史经验的分析研究,就晋国未来的政局变迁作出了高明切实的战略预测判断。可谓胸有成竹,运筹帷幄。

但是,在今天,我们可以进一步深究,为什么吴王所关心的对象是晋国,而不是楚国、秦国、宋国、郑国、鲁国、越国,或孙子的故国——齐国呢?当时还不曾开打柏举之战,争霸中原对吴国来讲,还是十分遥远的愿景,关心与自己遥不相及的晋国政治动态,与吴国又有何相干?这里面到底又有什么蹊跷?不过,如果考察春秋时期的国际战略格局演变、大国关系的互动,我们便能认识到,吴王阖闾与孙子关心晋国政治生态,将了解与掌握晋国政局走向置于优先考虑的位置,乃势所必然、理有固宜的做法。

春秋大国争霸的主线是晋、楚相争。在这个过程中,远交近攻,从侧翼制衡与打击对手,是大国在争霸中原时最热衷于玩的一手,这方面晋国做得尤为老练,几乎进入了炉火纯青、出神入化的境界。这中间,联吴制楚,是晋国军事外交上的重要一环。

晋国在晋景公在位期间,出于同楚国争霸争斗的需要,采纳楚国亡臣申公巫臣联吴制楚的建议(所谓"唯楚有材,晋实用之",这是一个很具体的例子),主动与吴国缔结战略同盟,让吴国从侧面打击楚国,以牵制楚国势力的北上。吴王寿梦二年(前584),晋景公派遣申公巫臣出使吴国，随行的有一定数量的兵车和步卒，"以两之一卒适吴，舍偏两之一焉"。让他带着特殊的使命，一步步地实现晋国扶植吴国、借吴国之力以制楚的战略目标"与其射御，教吴乘车，教之战阵，教之叛楚"（《左传·成公七年》）。

日渐强大起来的吴国，正需要寻找大国作自己的后台，以增加自己在列国角逐中的筹码。现在晋国主动找上门来，自己何乐而不为，于是就欣然接受晋国的主张，坚决摆脱了对楚国的臣属关系，并积极动用武力，同楚国争夺淮河流域，使得楚国陷于两面作战而顾此失彼，捉襟见肘，疲于奔命，逐渐成为楚国的强劲对手、心腹之患。"吴始伐楚。伐巢、伐徐……子重、子反于是乎一岁七奔命。蛮夷属于楚者，吴尽取之。"（《左传·成公七年》）

申公巫臣通使吴国，还给吴国带来了中原地区先进的军事文化和战术，促成吴国军事实力的增强。原来吴国地处南方水网地带，军事上以水战为主，陆战只有少量的步兵。巫臣给吴国带去兵车，并"教吴乘车，教之战阵"，这样一来，吴国开始拥有自己的车战兵团，兵种配置更加齐全，能够适应各种复杂的战场情况，从而逐渐抵消了楚国在兵种和战法上的固有优势。

由此可见，吴国与晋国之间，具有一种十分牢固的战略同盟关系。这种战略同盟合作关系，自吴王寿梦开始到吴王阖闾主政阶段，已长达七十年有余。吴国要谋求进一步的发展，自然要优先洞察和把握主要同盟者的政治动向，用通俗的话来说，就是有一个国际外交关系上正确"押宝"的问题。唯有如此，才能上下其手，左右逢源，赢得战略上最大的主动，不至于在押宝上押错对象。这完全符合《孙子兵法》所倡导的"不知诸侯之谋者，不能豫交"之原则。所以，吴王阖闾与孙子才会这么关心晋国的政治生态变化，这叫作"未雨绸缪""谋定而后动"，恰恰是孙子兵学以"夫未战而庙算胜者，得算多也"为特征的"先计而后战"思想在军事外交决策方面的生动体现。换言之，孙子的"不知诸侯之谋者，不能豫交"基本原则，通过银雀山汉墓竹简《孙子兵法》佚文《吴问》篇的内容而得到了形象化的诠释，而春秋时期晋、吴两国之间战略同盟关系的重要性与有效性，也凭借《吴问》篇的主旨乃从一个侧面获得了必要的佐证。

四 "古司马兵法"与《孙子兵法》的历史文化渊源：
以孙子引用《军政》为例

"古司马兵法"作为"周之政典"，包含的范围囊括有三代特别是西周时期一切与军事有关的法典法规，如今之所知《军志》《军政》《令典》《大度之书》之类；而今本《司马法》则是以"古司马兵法"部分内容为基础，经春秋时齐国司马穰苴"申明"，并由战国齐威王诸大夫"追论"而成的一部兵书之残篇遗存。

《孙子兵法》作为一部兵书，它的思想资源主要源头之一，不能不是历经千百年积淀而成的"古司马兵法"，所谓"前孙子者，孙子不遗"，孙子之"不遗"的正是篇帙浩繁、内容丰富、形式多样、随时增益的"古司马兵法"。

我们说《孙子兵法》在成书的过程中，曾大量引用了"古司马兵法"的内容，这不仅是合理的推测，而且可以得到大量文献数据的具体证实。这种引用，大致可以划分为四大类。

一是明注出处，如《孙子·军争篇》所云"《军政》曰：'言不相闻，故为金鼓；视不相见，故为旌旗'"等。如前所述，《军志》《军政》《令典》《大度之书》等均系"古司马兵法"大类之下具体的军事典章文献典籍，《孙子兵法》对《军政》的引述，实际上就是对"古司马兵法"的引录。

二是以"法曰""兵法曰""用兵之法"的方式征引，如《形篇》云："兵法：一曰度，二曰量，三曰数，四曰称，五曰胜。"《军争篇》中的"用兵之法"："高陵勿向，背丘勿逆，佯北勿从，锐卒勿攻，饵兵勿食，归师勿遏，围师必阙，穷寇勿迫。"等等。这些"用兵之法"，并非孙武本人的创造，而当为他对"古司马兵法"的借鉴和引用。如"穷寇勿追，归众勿迫"，注《后汉书》的李贤并没有把它归入孙子的名下，而是在《皇甫嵩传》中径直注明它们出自"司马法"，从而明晰了这两句话的真正出处。

三是不注明具体出处的原文照录。这些引用最具典型意义地证明了"古司马兵法"在《孙子兵法》成书过程中所发挥的作用，即点破了《孙子兵法》与"古司马兵法"之间存在着的因袭抄录关系之本相。这一点，在《文选》李善注、《后汉书》李贤注以及李筌的《阃外春秋》等文献中均有所体现。

考《文选》李善注，今本《孙子兵法》中的不少内容，其出处均被李善本人断定为《司马法》。如《文选》卷二〇《关中诗》注引《司马法》："兵者诡道，故能而示之不能。"《文选》卷五七《马汧督诔》注引："善守者，藏于九地之下；善攻者，动于九天之上。"又同篇注引："火攻有五。"《文选》卷九《射雉赋》注引《司马法》："始如处女。"这些引文，皆可见于今本《孙子兵法》，其中第一则见于《孙子·计篇》；第二则见于《孙子·形篇》；第三则见于《孙子·火攻篇》；第四则见于《孙子·九地篇》。

类似的现象也见于李筌的《阃外春秋》和李贤的《后汉书》注。如"攻则不足，守则有余"一语见于《孙子·形篇》。《汉书·赵充国传》引用此语作："兵法：攻不足者守有余。"然而李筌在《阃外春秋》卷四中，则径自将它记录为"《军志》曰：攻不足而守有余"，明确无误地把赵充国所称引的"兵法"具体坐实为"《军志》"，即"古司马兵法"大系之中的一部文献。又如，"穷寇勿追，归众勿追"，是《孙子·军争篇》所提到的"用兵八法"中的重要内容，然而注《后汉书》的李贤，就没有把它归入孙子的名下，而是在《皇甫嵩传》中直接注明它们系出自《司马法》，从而明晰了这些原则的真正出处为"古司马兵法"。

这样就产生了一个问题：《孙子兵法》经西汉刘向、任宏校书后即已有了定本，三国曹操作注后，删繁就简，恢复了《孙子》之原始面貌，"十三篇"更成为流行的兵学典籍，风靡于世①，《隋书·经籍志》曾著录"魏武帝注本""张子尚注本""王凌集解本"等。② 作为唐朝同一时代的著名学者李善、李贤、李筌等人，他们所见到的《孙子兵法》无疑当为业已经曹操诸人整理后的定本。可是他们征引上述多则今本《孙子兵法》的文字，又为何不注明系出自《孙子兵法》，而偏偏要别出心裁，说成引自

---

① 曹操所著《注孙子序》有言："而但世人未之深亮训说，况文烦富，行于世者失其旨要，故撰为《略解》焉。"［（春秋）孙武撰，（三国）曹操等注，杨丙安校理：《十一家注孙子校理·注孙子序（曹操）》，中华书局1999年版，第310页］

② 参见《隋书》卷29《经籍志三》，中华书局1973年版。

【兵学研究】
读《孙子兵法》零札

"古司马兵法",使简单的问题变得复杂化呢?

其实要解开这个谜底也不是太困难。李善、李贤、李筌等人作为严谨的学者,在征引史料时,自然要采用最原始的依据,以力求避免出现弃最原始的材料于不顾,而引用较晚材料的现象。也许在他们看来,"火攻有五""始如处女""攻则不足,守则有余"等文字材料,虽然见于《孙子兵法》的记载,可是它们并不属于孙子本人的发明,而是直接抄自"古司马兵法",后者才是这些材料真正原始的出处。所以在征引的过程中,李善等人便径自注明其最原始的出典,以求恢复事物的本相,这正是他们从事学术研究时"淹贯该洽","以原用事所出"的基本宗旨在古籍注疏释读问题上的客观体现。而他们这么做的结果,恰好从文献源流学的角度起到了返璞归真、正本清源的作用,为我们提供了《孙子兵法》诸多内容(从思想到文字)来自"古司马兵法"的确凿证据,使《孙子兵法》继承和沿袭"古司马兵法"的历史本来面貌得以恢复。

四是大意概括式的征引。吕思勉先生云:"盖古人辑佚之法,与后世异。后人辑佚,必著出处,任其辞意不完,散无友纪,逐条排列。古人则必随义类聚,以意联缀,又不著其所自来。"[1] 其实不仅"辑佚"是如此,其"著述"也一样是概括前人文献之大意,辗转沿袭,纳入己作之中。这一现象同样存在于《孙子兵法》对"古司马兵法"的汲取移用方面。如《孙子·军争篇》曹操注引"司马法":"围其三面,阙其一面,所以示生路也。"这在《孙子兵法》中遂被概括提炼为"围师必阙"四字。又如"古司马兵法"关于将帅机断指挥权的论述有"阃外之事,将军裁之"[2];"进退惟时,无曰寡人"[3];等等,在《孙子·九变篇》中被总结为"君命有所不受"这一重要原则。强调"战道必胜,主曰无战,必战可也;战道不胜,主曰必战,无战可也。故进不求名,退不避罪,唯人是保,而利合于主,国之宝也"[4]。虽然彼此文字言辞有所出入,但意义相为一致,亦应视作"古司马兵法"对《孙子兵法》成书影响的表现之一。

---

[1] 吕思勉:《先秦史·第二章"古史材料"》,上海三联书店2021年版,第15页。
[2] (清)阮元校刻:《春秋公羊传注疏》卷20,中华书局1980年版,第2308页中。
[3] (春秋)孙武撰,(三国)曹操等注,杨丙安校理:《十一家注孙子校理》卷上《谋攻篇》,中华书局1999年版,第61页。
[4] (春秋)孙武撰,(三国)曹操等注,杨丙安校理:《十一家注孙子校理》卷下《地形篇》,中华书局1999年版,第226—227页。

五　怎样科学、正确看待孙子的"君命有所不受"立场与观点？

孙子在讨论"君将关系"时曾经主张"将能而君不御者胜"，在《九变篇》中，孙子又说："君命有所不受。"孙子这种相关君将关系的认识，在古代社会是个极富震撼力的言论。《六韬》《三略》的观点与孙子也相类似，如《三略·中略》认为："出军行师，将在自专。进退内御，则功难成。"所言都是一个道理。

北宋大学者苏轼在《孙武论》中曾这样说道："天子之兵，莫大于御将。……（将）立毫芒之功，以藉其口，而邀利于其上，如此而天下不亡者，特有所待耳。"① 苏轼此语对孙子提出了鲜明的批评。当然，苏轼此语毫无疑问是站在最高当权者的立场出发的，意在贬斥孙子并进而提醒国君注意对武将的控制。苏轼的一番议论道出了数千年古代社会发展史的一个侧面：在古代社会中，处理"君将关系"一直是个关系重大、不得不谨慎处理的问题。在苏轼之后，仍然有一些学者站在最高统治者的立场，对孙子提出批判。《历代名贤确论》② 等书中，作者借苏轼的这种批评之语，作了一些进一步的发挥，继续保持对"扶将而弱君"的批判的态度。有的学者，如明代刘寅等人，则是试图折中调和，强调其前提为"将能"，如果"将不能"，君主的掣肘与控御则是须臾不可少的：《武经七书直解》："若夫将帅不能，人君必当授予成算。如后魏太武命将出师，从命者无不致胜，违命者率多毁失。齐神武任用将帅出讨，奉行方略，罔不克捷；违失指教，多致奔亡。是将不能而君能，又安得不御之耳！"③

当然，相关君将关系的论题在古代应该属于一个非常敏感的问题，参加讨论的人从总体上并不多见。在这些讨论中，也有一些人支持孙子而反

---

① 孔凡礼点校：《苏轼文集》卷3《论·孙武论下》，中华书局1986年版，第一册，第93页。

② 参见《历代名贤确论》卷95，《文渊阁四库全书》影印本，台北：台湾商务印书馆1986年版，总第687册。此外，诸如《宋代名臣奏议》等书收录了苏轼的这篇文章，但相关讨论并不多见。

③ （明）刘寅直解：《武经七书直解》，岳麓书社1992年版，第51页。

【兵学研究】
读《孙子兵法》零札

对苏轼,其中以明代学者丘濬和贺复征为代表。针对苏轼的批评,丘濬在《大学衍义补》中说:"人君择将,当以无用之先详审征验,然后用之。既用之后,付以便宜之权,俾其随机制胜可也。"这段话很好地诠释了孙子的相关君将关系的主张,也有力地反驳了苏轼的言论。明代夏言则表达了类似的解读方法:"此贤主之所施于能将……将兵之权常在将,而将将之权常在君。"[①] 此处夏氏从君、将各自作用和领导层次出发,认为孙子思想中没有扶将而弱君的观念。相反,如果贤君和能将各自很好地履行职守,则将权和君权不仅不会产生矛盾,反而会起到有益的促进作用。当然,这种解读与明代君主专制集权高度发展,将帅地位不断弱化的社会政治氛围条件有关。

那么,我们今天究竟应该如何正确看待孙子的君将观呢?

首先,我们必须看到,孙子的"君命有所不受"并非要挑战君主的权威。其本意乃在求得一个对于军队作战的领导权,和防止在战事爆发时受到不必要的干预而影响到作战指挥。孙子非常清楚为将者在国家中的地位和作用。将对于君而言只是一个辅佐。故此孙子说:"夫将者,国之辅也,辅周则国必强。"(《孙子兵法·谋攻篇》)"将能而君不御者胜"也全是从战争胜负出发,是争夺战场上的作战机断指挥权,而非争夺国家的领导权。孙子此言,完全是基于春秋许多战争实践而希望国君对军队的事情尽量少加干预,有其特定的历史背景,也有其相对的合理性。

其次,我们考察孙子的这番言论,必须结合历史现实考察,充分注意到当时的历史条件。因为那个时期,通信不够发达,战争规模也不是很大,孙子提出这种观点是情有可原的。在那个时代,如果每事必报,必然会增加一些不必要的环节,进而由此延误战机。但在今天,作战环境和作战条件都已经发生了很大变化,通信手段也比以前先进很多,这种时候如果过分强调"君命有所不受",就可能不是明智之举。尤其是在大规模作战中,更不可以此来作为违抗军令和擅作主张的借口。正确的做法是,一方面要充分与决策部门保持密切联系,认真贯彻好统帅部门的意志和决策思想;另一方面也要做好通信传输中的保密工作,防止因为这种上传下达过程而泄露军情。

---

① (明)贺复征编:《文章辨体汇选》卷419《论将能而君不御者胜(夏言)》,《文渊阁四库全书》影印本,台北:台湾商务印书馆1986年版,总第1407册,第271页。

其实，在西方，强调前敌将帅应当拥有机断指挥权，也是很普遍的一种观点。具体地说，在西方军事历史上，"君命有所不受"这一原则，同样得到充分的肯定，如拿破仑就曾就此发表过看法，堪称真知灼见："总司令不能借口大臣或国王的命令来掩饰自己的罪过，因为大臣或国王都远离战场，他们很少知道或完全不知道当时的战争局势。（1）任何一个总司令，如果明明知道计划不好，而且有致命的危险，却仍然着手执行这个计划，那么，这个总司令就是罪犯。他应当向上级报告，要求修改计划，最后宁可辞职不干，也不能成为毁灭自己部队的祸首。（2）任何一个总司令，如果确信战争不能致胜，而仍旧遵照上级命令作战，那这个总司令也是罪犯。"① 这也说明，在"君命有所不受"这个问题上，中西军事家其基本认知，乃"百虑而一致，殊涂而同归的"。

六 "廉洁，可辱也"所蕴含的哲学精髓

孙子在《计篇》中曾经提出了将帅的"五德"：智、信、仁、勇、严。细究起来，《九变篇》中包括"廉洁"在内的"五危"，其实是可以和"五德"一一对应的。这种"五危"，诚如钮先钟先生所言，是"五德"在具体运用上造成的偏差所致。② 孙子与老子一样，都认为世上万事万物，没有单纯的利，也没有绝对的害，都是利弊相杂，有一利必有一弊，都是利中有害，害中有利。为此，他睿哲地指出：优秀的品德也会给自己留下软肋，造成短板，给自己带来一定的危害。比如说，勇敢本来是一个美德，但如果总以必死来自律，则很可能会陷入敌人的圈套白白送命；智本来也是美德，但如果总以智相求，换取生还的机会，那就会缺乏冒险精神，直至战场甘做俘虏；信本来是美德，但如果总是循规蹈矩，眼看既定目标无法实现之时，那就会盲目追求速度，终被戏耍；严本是美德，但是如果过于爱惜羽毛，一味追求严于律己，那就是死要面子活受罪，最终自

---

① [法]拿破仑：《拿破仑文选》，陈太先译，胡平校，商务印书馆1980年版，上卷，第351页。

② 参见钮先钟《孙子三论：从古兵法到新战略》，广西师范大学出版社2003年版，第83页。

取其辱，并且会非常在意外界的看法，别人的评价，容易被虚名所累，最终招致祸端，以致为敌所乘；仁本是美德，但如果不分场合的婆婆妈妈，最终就会造成自缚手脚、寸步难行的局面，陷入不可收拾的困局之中。道理很简单，像视死如归、善于保全、斗志激昂、廉洁自律、爱民善卒都是公认的"美德"，只要是正常智商的人对这些都会加以肯定和赞同，大家都肯定，都赞同，都强调，都提倡，都推动，那么，就很容易将事物推到极端，而一旦事情到了极端，则必然走向反面，这就是所谓："真理过了一步，即成谬误"，"播下的是龙种，收获的却是跳蚤"！

更重要的是，从"杂于利害"的哲理看，任何事物都包含着正反两种因素，利中有害，害中有利。最坏的东西，也有其合理的成分，所谓"天无弃物"，"天无弃人"，都是一样的道理，最优秀的事物，也有它的短板，也有它的软肋。即使是号称治国安邦的"六艺"经典文化，其不足之处也客观存在，无可否定。《礼记·经解》对此就有很好的诠释："《诗》之失，愚；《书》之失，诬；《乐》之失，奢；《易》之失，贼；《礼》之失，烦；《春秋》之失，乱。"可见，老子所说的"祸兮，福之所依；福兮，祸之所伏"，乃是颠扑不破的真理。

就"廉洁"而言，它固然是众所公认的一种高尚美德，但是，它似乎也存在着某种软肋：过度廉洁之人有时候难免脸皮太薄，过于爱惜自己的羽毛，关注外界的评价，在乎自己的名声，这样，就有可能陷入"图虚名而处实祸"的困境，容易受负情绪的影响，导致心态上的失衡，坐卧不安，寝食难宁，心烦意乱。如果他处在决策的位置，这种性格上的弱点或许有可能带来负面的效应，在这种情况之下，对过度的廉洁，我们就不宜作一味地肯定了。

七 从"黄帝之所以胜四帝"看竹简《孙子兵法》佚文的分类与性质

临沂银雀山汉墓竹简《孙子兵法》佚文，根据竹简整理小组的考订，比较明确的共有5篇，分别为《吴问》《见吴王》《黄帝伐赤帝》《四变》《地形二》。通过对其内容的考察，我们认为从性质上，它们可以分为三个类型，一是有关孙子本人生平事迹的记载，如《吴问》记叙孙子与阖闾讨论、预测晋国政治发展大势，深刻揭示了孙武的政治见解和进步倾向，表明孙子不但是卓越的军事家，同时也是很有头脑的政治家。《见吴王》追叙孙子与阖闾的君臣际会，重现孙子吴宫教战的戏剧性一幕，内容较司马迁《史记》所叙更为翔实。它们在某种程度上可以补充《史记》本传叙述孙子行事上不足、单薄之缺憾，并且破解南宋叶适有关《史记》孙子本传中"吴宫教战"这节文字为"奇险不足信"的误解性判断。二是孙子门生或后学对《孙子兵法》文本中有关原则或提法的补充性阐释与说明，如《四变》即为对《孙子兵法·九变篇》中"途有所不由，军有所不击，城有所不攻，地有所不争"之缘由的具体解释。如它说明"城之所不攻者"："曰：计吾力足以拔之。拔之而不及利于前，得之而后弗能守。若力（不）足，城必不取。及于前，利得而城自降，利不得而不为害于后。若此者，城唯（虽）可攻，弗攻也。"[1] 将"城有所不攻"的道理，说明得一清二楚；《黄帝伐赤帝》，则显然是就《孙子兵法·行军篇》中"黄帝之所以胜四帝"一语做出明确的说明，叙述历史事迹，从中阐明战争制胜的基本条件，"休民，孰（熟）穀，赦罪"[2]。三是不见于存世本《孙子兵法》的兵学论述，如《地形二》。这些佚文的学术价值是毫无疑问的，同时也为我们进一步探讨《孙子兵法》"十三篇"与《汉书·艺文志》著录的"吴孙子兵法八十二篇，图九卷"两者之间的关系，提供了文本素材，创造了重要的契机。

八 "令之以文"当为"合之以文"

"令之以文，齐之以武"，在银雀山汉墓竹简本中，作"合之以文，齐之以武"。应该说，汉墓竹简本的文字表述，似乎要优异于传世本的通常描述。

众所周知，军队是国家政权机器的柱石，作为执行武装斗争任务的特殊团体，要确保其发挥强大的战斗力，关键之一是要搞好内部的治理，即所谓"以治为胜"。而要治理好军队，使它在关键时刻顶得上去，用得顺

---

[1] 参见银雀山汉墓竹简整理小组编《银雀山汉墓竹简》（壹），文物出版社1985年版。
[2] 参见银雀山汉墓竹简整理小组编《银雀山汉墓竹简》（壹），文物出版社1985年版。

【兵学研究】
读《孙子兵法》零札

手,就必须遵循一定的原则,因为只有在正确原则的指导之下,再配合以具体的方法和手段(比如严格军纪、信赏必罚、强化训练等),才能使全军上下进退有节,团结一致,令行而禁止,无往而不胜。

同先秦时期其他著名兵书,如《司马法》《吴子》《尉缭子》《六韬》等相比,对治军问题的论述,在《孙子兵法》一书中并不占据突出的位置。但是,这并不等于孙子他本人不重视治军,相反,孙子对这个问题还是有自己独到的看法的,曾就如何整军经武提出过许多精辟的原则。

这些原则的根本精神,就是刚柔相济,恩威并施:"故合之以文,齐之以武,是谓必取",文武两手都要硬,双管齐下,互补协调,共同作用于治理军队的实践。

但是,在传世本中,"合之以文,齐之以武"乃作"令之以文,齐之以武"。应该说,从文义上讲,这也是讲得通的。其意为:要用怀柔宽仁的手段去教育士卒,用军纪军法去约束管制士卒。这也是将帅管束部队、治理属下的通常做法。即《吴子·论将》所言为将者的基本要求:"总文武者,军之将也;兼刚柔者,兵之事也。"

然而,细加体会,我们不得不指出:"合之以文"较之"令之以文"更为妥帖,且在语法结构上与下句"齐之以武"更为对应和一致。也更接近《孙子》原来文字的本相。考汉简本,此句作"合之以交,济之以……"。此处,"交"当为"文"之误。"济"则当为"齐"之借字。可见,其文为"合之以文,齐之以武"。若是,则"合"字之义在这里显然要胜过"令"之义。因为,"文""武"对文,"合""齐"亦对文。"合"本身亦含有"齐"义。[①]《易·乾·文言》云:"与日月合其明。"即言"齐"。

从语词与语法角度考察,"令""合""齐"虽皆为动词,但是,"令"为表述单纯性的动作行为,而"齐""合"皆含有动作之后所呈示的状态之意蕴。据此,则我们可知孙子所追求的治军理想境界:通过怀柔宽仁的手段教育士卒,使全军上下凝聚成一体,通过军纪军法的途径约束管制士卒,使全军上下步调一致。

很显然,按银雀山汉墓竹简本的文字,孙子在这里强调的是用文、武两手管治部队,并具体说明了在治军管理上的终极目标。传世本的文字,

---

[①] 参见吴九龙主编《孙子校释》,军事科学出版社1990年版。

仅仅表述了孙子的前一层意思,而没有反映出孙子的后一层意思,这无疑是要稍逊色于竹简本的类似表述的。

  我们讲汉简本"合之以文,齐之以武"的表述要胜于传世本"令之以文,齐之以武"的表述,也是有文献学上的依据的。《淮南子·兵略训》亦云"是故合之以文",可见《淮南子》所据之本,当与汉简本相同。《北堂书钞》卷一一三与《太平御览》卷二九六引《孙子》时亦并作"合之以文,齐之以武"。表明在唐宋时期,同样有《孙子》文本与竹简本之文字相同。这些情况均表明,《孙子兵法》此语的正确文字当为"合之以文,齐之以武",今传世本"合"作"令",或因与"合"字形近似而讹误,或涉下文"令素行""令不素行"而臆改。实是值得商榷的。

【调研报告】

[合并符号]

冀南豫北地区北学先贤古迹调研报告

刘 威*

摘要：本文是缘起于一次田野调查而撰写的研究报告。此次调研活动历时三天，以探寻北学宗儒孙奇逢生平行迹为中心，依次走访了高邑县赵忠毅公祠堂、辉县市夏峰村兼山堂、孙奇逢墓、张果中墓、百泉苏门山、新乡市郭氏祠堂等冀南豫北地区的多处古迹遗址。本文依据调研涉及的场所，查阅研究了大量文献，重新组织了行文结构，对相关内容作出梗概性的记述和综览式的说明，以期能为进一步研究提供参考资料和问题线索。

关键词：郭氏祠堂；赵忠毅公祠堂；孙奇逢；张果中；百泉苏门山

2023年10月25日至27日，河北省社会科学院北学研究院组织研究人员，对豫南冀北地区的部分北学先贤古迹展开一系列调研活动。对古迹遗址的实地调研，作为社会科学研究的基本方法，不但可以借此审验文献记载的正谬得失，还能有助于研究者获得更加真确具体的直观认识，是健全的研究工作中不可或缺的必要形式。研究者通过调研获取第一手的资料，能对现状和问题作出更准确翔实的评估，进而提出切实可行的建设性意见，具有重要的现实意义。当前关于历史文化名人的研究，更多地集中在对他们的生平考论和思想解读，而基于其遗迹遗物的文化研究则尚欠充分，这也表明此次调研活动的积极作用。

"北学"作为一个学术概念，具有古、近、广、狭等多重含义。[①] 无论从学脉疏证，还是从学理建构来说，孙奇逢（1584—1675，字启泰，号钟元）都堪称其中最重要的"先贤"。最早见于清初全祖望（1705—1755）

---

* 刘威，河北省社会科学院哲学研究所助理研究员。
① 参见《北学研究》第一辑发刊词，主编康振海、执行主编梁世和，中国社会科学出版社2021年版。

所著《二曲先生窆石文》中，他与黄宗羲（1610—1695）、李颙（1627—1705，号二曲）被并称为"清初三大儒"。[①]

孙奇逢生于今河北省保定市容城县北城村的一个诗书仕宦家族。同胞兄弟四人，而奇逢居其三，祖父孙臣、父亲孙丕振、长兄奇儒、次兄奇遇、四弟奇彦皆是儒官。孙奇逢"少倜傥，好奇节，而内行笃修"，自幼读书，学业优异，也曾意在功业科举；万历二十八年（1600）以十七岁未及弱冠之龄，举顺天府乡试，又与定兴县世家子弟鹿善继（1575—1636，字伯顺）相交甚厚；然二十二岁时，父母相继去世，兄弟庐墓而居，前后丁忧六年之久，自此功名之念尽灰，一生居家研习、著述，以耕读、教学为业；于明清两朝屡见征聘，皆俱辞不起，故有"征君"之誉；生平之学，本于陆王、兼于程朱、宗于慎独、明于天理、主于实用、行于日常，序录周敦颐、程颢、程颐、张载、邵雍、朱熹、陆九渊、薛瑄、王阳明、罗洪先、顾宪成共十一人于所著《理学传心纂要》而成道统宗传。[②]

此次调研即以孙奇逢的历史行迹为中心，通过对相关古迹遗址的实地走访，并综合现有研究文献，来记录它们的遗存状况、探讨它们的文化意蕴，希望能为进一步研究提供参考资料和问题线索。调研的主要内容包括宗族祠堂、故居遗墓、园林景观等多种类型。兹选取调研涉及的场所为例，对它们的类型性质、文化意义、历史现状等方面，作出梗概性的记述和综览式的说明。

一　宗祠：郭氏祠堂

在日常生活中，初次相识的两个人一旦了解到彼此同姓，往往会感慨一句"五百年前是一家"，进而彼此间倍感亲切。一般来说，中国人的姓

[①] 其实，孙奇逢在当代的名望，远不如在他自己的时代。在后来的历史书写中，"清初三大儒"的称号被授予了顾炎武、黄宗羲、王夫之——已经成为写入教科书的文史常识。袁天赐在其遗作《李二曲的遗忘史：简论"清初三大儒"的知识考古》（载于孟文强主编的《新关学》第一卷，知识产权出版社2020年版）中，对李颙的相关史料进行梳理，探讨了在"清初三大儒"称号背后的"二曲先生"，是如何在学术与政治互动作用下，被改写、被隐藏和被遗忘的。而同样"被遗忘"的孙奇逢，似乎还没有从这一角度的研究。

[②] 参见《清史稿》卷480《孙奇逢传》，中华书局1977年版。

【调研报告】
冀南豫北地区北学先贤古迹调研报告

氏主要源于历史上由部族演化形成的宗族，是表示某个部族—宗族的符号。以血缘为纽带、以姓氏为标志的宗族观念是中国传统文化的内核。费孝通在《乡土中国》中分析了中国"差序格局"的社会构成，认为宗族就是个人—家庭—家族的连续扩展，是从"小家庭"到"大家庭"的"社群的社群"。[1] 同祖—同姓—同族的人群聚集而居形成村落，不同族群之间又交往通婚，逐渐构成以血亲—姻亲关系相互联结的人脉网络，直至工业化—城市化的现代社会仍是中国广泛存在的基础结构（尤其是在南方的农村地区），堪称文化人类学意义上的典范。

冯尔康在《中国古代的宗族与祠堂》中将中国古代宗族形态的流变分为四个阶段：先秦宗子制和典型宗法制宗族形态；两汉至隋唐世族、士族宗族制时代；宋元官僚宗族制时代；明清绅衿宗族制时代。[2] 概括来说，宗族祠堂建立在血缘宗亲关系的基础上，是上古宗庙制度的下沉与演化。同姓族群建立专门的公共场所来祭祀共同的祖先，为已故祖先设立神主[3]，并序次供奉祭祀，又通过典章文书加以巩固和规范，形成极具中华文化特色的宗庙制度（简称"庙制"）。根据《礼记·王制》的规定："天子七庙，三昭三穆，与太祖之庙而七；诸侯五庙，二昭二穆，与太祖之庙而五；大夫三庙，一昭一穆，与太祖之庙而三；士一庙；庶人祭于寝。"这种依据等级权限来建立宗族家庙的规则，即中国古代王权社会长期奉行之所谓"昭穆制"的礼教传统，以此彰显族裔之亲疏与阶层之高低，所谓"国之大事，在祀与戎"（《春秋左传·成公十三年》）。自汉以降，这一古老传统又被渐成主体文化的儒家所秉承和发扬，经过两千年的孕育与沉淀，似乎已然刻入每一个中国人的文化基因，筑成中华民族共同的心理基础。汉魏两晋时期，荐举制、世袭制乃至九品中正制的施行促进了世族和士族的形成与发展，正如田余庆所说："都是中国古代社会宗族结构与封建经济发展潮流相结合的产物"[4]。晚唐五代以后，原本属于高门士族的建庙祭祖特权被打破，各阶层民众可以通过科举、捐纳等多种方式成为品

---

[1] 参见费孝通《乡土中国》，中华书局2018年版，第42—48页。
[2] 参见冯尔康《中国古代的宗族与祠堂》，商务印书馆国际有限公司1996年版，第7—56页。
[3] "神主"是一种写着先祖名讳、生卒年等内容的牌位，象征着"虽死犹生"的祖先，作为祭祀对象。
[4] 田余庆：《东晋门阀政治》，北京大学出版社1989年版，第324页。

官,民间开始出现以官僚家庭作为宗族主体来建造的"祠堂"。南宋朱熹（1130—1200）考察世风习俗、参阅古今礼法,在其编著的《家礼》中辟《祠堂》①之制,家族建立祭祀高、曾、祖、祢四世神主的祠堂于正屋之左,高祖供奉在正龛百世不迁,列祖按昭穆排序；父子异列、祖孙同列。依此,"家庙"又有"祠堂"之称。庶民建庙祭祖在礼法上得到允许,则始于明代嘉靖十五年（1536）时任礼部尚书的夏言上《令臣民得祭始祖立家庙疏》（《明史·礼志》）获得批准,自此民间建宗祠、立家庙的风气日盛。此风历明清两代未尝稍减,如今所见宗族祠堂大抵是修建于这一时期,并仍然沿用明清以来的建筑风格,又常会巧妙结合地方礼俗特色。名门望族更要通过兴建祠堂来"光宗耀祖",越是悠久显赫的世家大户,越是竭力使宗族祠堂达到权限规定的极致。在这种追求家族荣誉之群体意识的作用下,供奉先祖的祠堂往往选址考究、用料上乘、装饰精美、建筑宏丽,无论规模还是质量,普遍优于后辈居住的宅院,甚至在有些地方会先建宗祠,再建私宅。宗祠内部都会悬挂堂号匾额、供奉封赏文诰、藏纳族规宗谱,是记载宗族历史的殿堂、慰藉族众心灵的家园、耀示悠久传承的象征。可以说,宗族祠堂蕴含着中国传统民俗文化的精神。

位于今河南省新乡市牧野区定国村大街东段的郭氏祠堂,是由明代官至礼部右侍郎诰赠荣禄大夫礼部尚书郭淐之子、清初学者郭士标始建于清代康熙十一年（1672）。祠堂建筑在历史上曾被毁坏,郭氏后人2009—2012年相继投资300多万元,将祠堂旧址整饬一新,成为豫北地区建造最早、规模最大、内容最富的家族祠堂。现存祠堂整体格局包括坐北朝南五进院落,南宽十六步一尺,北宽十七步一尺,中长五十三步一尺五寸,占地三亩七分八毫八系,原是一座依中轴线上山门、二门、拜殿、神殿、孝思堂为主体的群体建筑,又曾分别于咸丰元年（1851）、二年（1852）相继增建月台和东西耳房,共计十八座五十六间,主殿、陪殿、厢房、耳房浑然一体,庭院布局错落有致,如今已列为市级文物保护单位。祠堂院内数棵参天古柏,使其显得更加气势磅礴、古朴典雅,充满肃穆庄严之气象。山门三楹,硬山式筒瓦顶四梁八柱砖木结构,门楣高挂匾额上书"郭

---

① 朱熹认为:"此章本合在《祭礼》篇,今以报本反始之心,尊祖敬宗之意,实有家名分之守,所以开业传世之本也,故特著此冠于篇端,使览者知所以先立乎其大者,而凡后篇所以周旋升降、出入向背之曲折,亦有所据以考焉。"

氏先祠",两侧对联写道"子孙虽愚经书不可不读,祖宗虽远祭祀不可不诚"。山门外左右分列石狮一对。门前高台上立旗杆一对,以青石雕刻和尚头状望柱栏杆相围,据说此栏杆为清咸丰三年(1853)制成。台阶四级,左右立上马台一对。门内两侧植有紫荆,寓意兄弟和睦、家庭兴旺。山门左右各有耳房三间,原为宗族子弟就学读书之处。二门作三并门制式,中门不常开放,两边角门为族人参加祭祀时出入之用。中门后,青石甬道直达大殿前的台阶,东西植有海棠、桂花四株,寓意满堂贵子。大殿由神殿和拜殿组成,正门悬挂"永怀祖德"匾额,及其他匾额、对联多副,面宽十米,进深十米,高六米余,硬山式两坡五脊九檩八椽叠架结构。神殿内悬挂郭淐、其弟郭滰之孙郭遇熙等郭氏先人的画像,可供族人在祭祀时瞻仰先祖仪容,此外祠堂还存有历代先贤画像十数轴。拜殿内设正龛牌位,上悬写有家训"忠厚正直"的匾额由"九世孙(郭)淐沐手敬书"。正殿两侧东西厢房各三间,原为族人住宿之处,现内陈多种文房器物以彰显郭氏先祖的格调和学养。殿后建"孝思堂"五楹,左库右厨配房各三间。各处房间外多悬挂仕宦题字的匾额、楹联以及嵌入墙中的各类石刻,包括:康熙三十八年(1699)徽州知府郭晋熙的"孝思堂";康熙四十年(1701)提督云贵学政王之枢的"克昌厥后";康熙五十三年(1714)新乡知县王璋的"九世乡贤";康熙六十年(1721)卫辉府通判李先益的"文献犹存";乾隆三十七年(1772)河南学正徐光文的"忠孝传家";以及明代天启皇帝御赐对联、康熙十一年(1672)北学宗儒孙奇逢的隶书对联和其弟子滦州赵御众的行书对联、康熙四十一年(1702)郭晋熙的行书对联、清末辉县书法家王梓材的对联多副;此外还有明代万历年间郭淐书法石刻五块、崇祯二年(1629)著名书画家山西郭世元楷书石刻一块、康熙六年(1667)刑部主事郭遇熙行书石刻一块、康熙三十七年(1698)郭晋熙篆额并书丹石刻两块、康熙五十七年(1718)郭陪乾篆书石刻一块等。[①] 这些文物具有珍贵的历史价值和艺术价值。特别要说的是两件最具文物价值的真迹:孙奇逢的隶书对联,挂于二门内侧,与大殿相对,引首作"康熙壬子仲秋之吉",正文作"清白仰前人想见贻谋永

[①] 参见郭氏二十世后裔、"定郭里人"郭赞兴撰写的郭氏祠堂简介;"河南省档案馆·老家河南家谱馆"网站对"郭氏宗祠"的介绍;新乡市委宣传部外宣公众号"相约新乡"发布的《史读新乡:清"城"清"韵"》中"清祠"部分。

久，耕读传后世应知创业艰难"，落款作"孙奇逢题于苏门之兼山堂"；赵御众的行书对联，藏于西配殿，引首作"壬子立冬"，正文作"尊祖敬宗历十四代总只孝弟家声奕世凛然传后祀，履霜濡露垂三百年兼以诗书科第千秋瞻拜续前徽"，落款作"滦州赵御众沐手敬题"。

据说，郭氏族人自宋元之交便世居新乡，元末明初从新乡十里铺迁居到原殷姓人居住的小栗庄，并以村北定国寺命名为"定国村"。郭氏一族至今历经五百余载，相传二十四代，书礼相继、俊才辈出，官宦连绵、代不乏人。郭氏家族在新乡地区于明清两朝可谓功名显赫，有"父子登科""兄弟进士"的美誉。族内名人有郭孔嘉、郭千之、郭蒙吉、郭淐、郭淓、郭士标、郭士栋、郭遇熙、郭晋熙、郭宗懋等，其中尤以明朝天启帝师郭淐成就最高、声名最著。郭淐（1563—1622，字原仲，号苏门）于万历二十三年（1595）进士及第，相继入翰林院庶吉士授编修，历任詹事府少詹事、礼部右侍郎等职，墓冢位于今新乡市凤泉区南鲁堡村；其四弟郭淓（1573—1640，字季昭，号孟诸）于万历三十四年（1606）中举、万历三十八年（1610）中进士，崇祯十三年（1640）死于西凉兵备道布政使官署，崇祯皇帝特赐金为他修建牌坊，以表彰其功绩，墓冢位于今辉县市孟庄镇东。① 另有位于今新乡市红旗区卫河北岸南花园街 26 号院民宅内的"恩赐九源坊"（又称"郭家墓神道牌坊"），是明代万历年间为郭淐的祖父郭千之修建的墓地神道大门，南北走向，高 4.86 米，宽 3.06 米，通体青石砌成，三门四柱二重檐结构，坊额刻"恩赐九源"四字楷书以及瑞兽祥云浮雕，东门立柱于 1963 年倒塌，现存中门和西门，已列为市级文物保护单位。

祠堂家庙制度在历史上几经兴衰流变，仍能延存至今。其主要原因在于，它具有维系族群、教化民众、稳定社会等功能，可被历代政权所采用和推广。

首先，宗祠的基本功能是祭祖收族。《礼记·大传》说："尊祖故敬宗，敬宗故收族，收族故宗庙严。"通过定期的祭祀仪式，由族长率领族众，按照尊卑亲疏的差序，在祠堂中集体作礼设祭，从而增强宗族成员的恭敬心、荣誉感和凝聚力，起到万流归宗的作用。即使由于家族迁徙、经

---

① 参见《新乡日报》2020 年 6 月 12 日第 06 版的报道文章《忠贞廉正拂清风，定国郭家多儒士》，重点介绍郭淐、郭淓、郭遇熙、郭宗懋四人的生平事迹。

【调研报告】

冀南豫北地区北学先贤古迹调研报告

商移居、躲避动乱等，部分族人从祖居地徙至异地，往往也会建立更多的分房或支祠来共同尊祖敬宗，成为维系族人感情的精神纽带。配以宗牒家谱的修订，可以梳理本族血脉的源流关系。还会设置"祭田"和"祀产"，由"义庄"管理，所得收入既可用于维持宗族公共事务的开支，也可用于赈济生活困难的族人，增强族人对宗族的归属感和依赖感。宗祠、家谱、祭田三者相辅相成、共同作用，达到明彝伦、序昭穆、正名分、辨尊卑、济亲族、施救助的目的，构成维持血缘宗法制的支柱。

其次，宗祠是决议族务的场所。祠堂是族群内部的议事场所和道德法庭，宗族事务和族人纠纷都会在祠堂内申诉和决议。为了维护宗族的名声和地位，体现宗族的伦理道德观念，宗族都会制定管理族务的"族规"、规范仪礼的"祠规"、训导族众的"家规"，根据这些宗族规则对族人施以相应奖惩。族规家训的内容多以忠孝节义、遵纪守法、勤俭持家、和睦乡邻为主。族长往往是德高望重的族内长老，拥有行使族权、处理族务的绝对权威。在宗族危难或战乱将临之时，祠堂可以作为本族应急指挥的中心；在风俗年节或庆典活动之时，祠堂又可以作为全族欢聚集会的公共空间，较大的祠堂还建有戏台可以排演"社戏"。在中国古代传统社会的政治体制中，族权多会获得政权的承认和支持，基层社会的治理方式就是依靠族权与政权的互补共建，体现忠孝一体、家国同构的儒家政治理念。

最后，宗祠具有文教德化的作用。中国人从古至今都极度重视子女教育。在古代社会特别是随着"科举制"晋升途径的敞开，通过读书入仕—扬名立万—衣锦还乡—光宗耀祖的常规套路，能够极大提高本族的声望地位，成为各阶层民众的一致追求。正可谓，一族之隆替在人才，人才之盛衰在教育。建祠堂和兴学堂在古代家族中是同等重要的大事，学堂往往设在祠堂被称为"祠塾"，专供本族子弟读书上进之用。配合各级官办学府，呈现出国有监、省有院、府/县有学、族有馆、家有塾的全面立体的教育格局。"孝"是儒家伦理的基础，对孝道的培植是儒家德育教化的重心。根据孔子对"孝"的解释："生，事之以礼；死，葬之以礼，祭之以礼。"（《论语·为政》）祠堂便是将外在的祭祖仪式与内在的孝道德化两者统一起来的典型礼制建筑。从生养死葬，到入祠而祭，皆以礼贯之，说明循礼祭祖就是孝道的延伸和体现。如《礼记·祭统》所说："是故孝子之事亲也，有三道焉：生则养，没则丧，丧毕则祭。养则观其顺也，丧则观其哀也，祭则观其敬而时也。尽此三道者，孝子之行也。"儒家认为，通过丧葬祭奠的礼教规范，在潜移默化的作用下，可以实现"慎终追远，民德归厚矣"（《论语·学而》）。

现代社会的政治机制和生活方式，较古代发生了根本性的变革，祠堂已经失去了上述部分传统功能，尚且具有的作用也有待于作出符合时代的开发。改革开放以来，随着传统文化复兴的浪潮，曾一度被改用或拆毁的祠堂，被大量复原和重建，编家谱、修家训、建宗亲会、聚族祭祖、联姓通宗等活动非常活跃。这些情况说明，祠堂文化仍然具有一定的群众基础和社会需求，特别在现代文明的社群家庭化、家庭少子化、个人原子化等发展态势中，可以作为抚慰人心、维护人情、联络人际、扩展人脉的重要方式。如何在现代文明建设中使祠堂文化发挥积极作用、实现现代转型，是仍需研究探索的严峻课题。

二　专祠：赵忠毅公祠堂

在中国传统观念中，如果一个人能够或立德垂范、或立功泽民、或立言施教，则理应名垂青史而不朽，甚至获得超越血缘亲族界限的、整个国家社会的缅怀和祭奠。《礼记·祭法》有云："夫圣王之制祭祀也：法施于民则祀之，以死勤事则祀之，以劳定国则祀之，能御大菑则祀之，能捍大患则祀之。"在此意义上，祠堂可以分为两类：祭祀家族先祖的"宗祠"和缅怀圣贤英烈的"专祠"。

位于今河北省石家庄市高邑县东关村赵家街南星路东段路南的赵氏祠堂，原是明代天启年间官至吏部尚书、"东林党"领袖之一赵南星（1550—1627，字拱极，一字梦白）的家族宗祠。这座祠堂始建于明代洪武年间，后经历代修缮得以保存至今，现在专门用来纪念这位以清廉耿介著称的历史名臣。现存祠堂的基础是清代嘉庆年间重建的砖木结构硬山式瓦顶（原是平顶）建筑，自1981年被高邑县政府列为重点文物保护单位，并正式定名为"赵南星祠堂"[①]。祠堂在1982年得到石家庄地区文化局拨专款修缮，1993年被列入省级文物保护单位，又在2008年获资30（一说

---

① 严格来说，"赵南星祠堂"这一名称颇失敬意，而启功先生所题"赵忠毅公祠堂"则更合传统礼仪。

35）万元被修复成如今的规格。这里也曾作过县内诸多文物的存放和管理中心——文物现已被移存他处。

祠堂坐南朝北①一进院落，南北长26.8米，东西宽8.45米。正门门楣高悬当代著名书法家启功先生手书"赵忠毅公祠堂"匾额，两侧分挂县文物保管所原所长冀三辰撰写的"铁铸当如意，砚题尚未明"对联一副。门楼左右山墙垛上各镶砌神兽祥瑞砖雕图刻，是仅存的明代遗物，所刻麒麟、鸾凤、祥云等形象刀功精湛、栩栩如生，可谓整个祠堂建筑艺术的精华所在。前殿为正门过庭一间北房，向后抱厦连左右耳房东西各一间，后殿为正殿三间南房。正殿门额高悬"一代正人"匾额，两侧分挂"末世簪裾应少味，晚年水石有余清"是取自赵南星诗《鄗上》中的对句。正殿内中堂张挂一幅赵南星画像②，两侧对联取自赵南星诗作《秋怀八首》中的对句："义薄九天仍欲上，名留千载讵云奇。"正殿四壁悬挂着十四幅连环画来概述赵南星的生平事迹，依次为：南星出世、少年及第、初任汝宁、起用海瑞、疏陈四害、大计京官、林下授徒、愤世著文、重关题匾、三出山林、锐意兴革、痛击阉党、含恨雁门、昭雪沉冤。③前后殿间两侧高砌砖墙成一方院，院内青砖墁地，院中栽半截大缸入地为池，所谓"藏风聚气，得水为上"以示聚财安康，又兼具储水防火之用，又植苍松翠柏，以显生趣。④

转出西侧小门，即见祠堂附属碑廊，现存刻石遗物二十件，按照高邑县文物保管所的定名，依次包括：（1）光绪二十五年（1899）《明诰赠奉政大夫孔敦赵公暨配宜人郝氏之墓》碑；（2）民国十四年（1925）《陶树铭县长德政碑》；（3）嘉靖十年（1531）《重修城隍庙碑》；（4）崇祯二年（1629）《诏恤吏部尚书赵南星诏旨碑》；（5）崇祯二年（1629）《赠赵南星官谥碑》又称《赠赵南星荣禄大夫太子太保诰命碑》；（6）天启三年（1623）《诰封吏部尚书赵南星及其夫人冯氏诏旨碑》；（7）天启初年

---

① 一般来说，祠堂选址讲究风水堪舆，会结合实际地形，或坐北朝南、或坐西朝东。
② 目前尚未发现赵南星本人的历史画像或容貌描述，这幅画像是由赵南星第十五世孙、邢台学院美术教授赵立民构思绘制的想象画（他同时也书写了两侧的对联），通过一位身穿明代二品锦鸡补纹绯袍常服、神态儒雅肃穆的老年文官形象，来表征赵南星晚年官至吏部尚书及其忠正严毅的品格。
③ 这些内容取材自《明史》卷243《赵南星传》（中华书局1974年版）的记载。
④ 参见李儒《赵南星祠堂》，《中共石家庄市委党校学报》2012年第12期。

(1621)《奉天诰命碑》；（8）万历三十六年（1608）《施茶积善碑》；（9）万历四十二年（1614）《高邑县新建文昌阁记》；（10）明代"功德桥石构件"两块；（11）光绪九年（1883）《重修乾明寺碑记》；（12）年代不明《重修乾明》碑首；（13）光绪十四年（1888）《明太子太保吏部尚书谥忠毅赵南星故里》碑；（14）民国二十三年（1934）《宋炳蔚先生纪念碑》；（15）弘治二年（1489）《高邑县牧马草场记碑》；（16）万历二十一年（1593）《高邑县题名碑》；（17）隆庆二年（1568）《高邑清地亩》碑；（18）嘉靖十五年（1536）《千秋台》碑；（19）民国二十四年（1935）《陆军第六十三军故亡将士灵位》碑；（20）天启元年（1621）《积善之家》碑。

万历二十一年（1593）大计京官，引发所谓"东林党争"，赵南星被弹劾为"专权植党"，并被贬斥为民。他闲居故里，反而名望益高，与邹元标、顾宪成同被海内拟为"三君"（《明史·赵南星传》）。他将高邑东关的赵家菜园改建为"芳茹园"，在此隐居读书、撰写诗词——今有所著散曲集《芳茹园乐府》传世，祠堂被石家庄诗词协会和石家庄散曲研究会授予"中华曲文化教育基地"称号。赵南星在所著《思觉亭记》中说："余癸巳罢官，年四十四，即得偷闲……乃于东门之外为园，曰芳茹园……凿池种莲，汲井灌之……竹林中凿石，以为流觞曲水。并有水车，巽水而上，每灌蔬，则莲先得之……"[1] 根据这段"芳茹园"的描述，高邑县政府在祠堂西侧将其复原重建，使祠、园融为一体，又在园内立赵南星站身石像，并规划将作为公园向民众免费开放。

祠堂殿内现陈展品，除仿古线装《赵南星诗作》十五种（册）和介绍材料外，最引人注目的是一柄"赵南星铁如意"的仿制品（与原件差异较大）。"如意"源于古代的"瓜杖"，早期形制如同人手，用来搔抓自己不能触及的痒处，可谓"如人之意"。魏晋时期，士人多喜服食"五石散"，由于药性以致全身皮肤纤薄发痒，如意常常作为伴身随用的配饰。其后，如意不但常常用作手持把件，还被广泛用作佛、道教中的宗教法器，以及具有类似"权杖"的身份象征意义，可以被当作指挥和防身的军器。严格来说，不标材质的"如意"专指铁如意，具有铁质文心的寓意。发展到明

---

[1]（明）赵南星：《赵忠毅公诗文集》，《四库禁毁书丛刊》，北京出版社1998年版，集部，第68册，第337页。

【调研报告】
冀南豫北地区北学先贤古迹调研报告

清时期，如意已然形制多样、材质繁多，成为文人君子把玩赏鉴的清雅之物、君子之器。① 根据赵南星九世孙赵瑜考证，这柄铁如意"原物：长一尺六寸，重二十四两，一尺一寸为身，五寸为颈，身博一寸，厚三分，颈博四分；铁质银章，葵首，桥腹。首绘天骥，腹铭两行字……"。旁有小印，文曰"梦白"。背有"甲子春制"年款。据说，1947年春，时任华东军区司令员的陈毅从山东赴河北阜平参加中央会议，途经正在进行土地改革的高邑县，意外发现一柄赵南星铁如意以及明熹宗封赐赵南星夫妇的"诰命"，随即将两件文物带走，以免在战乱中损毁或遗失，并于当年冬转交董必武。直至1951年2月13日，这两件文物又被时任国务院副总理的董必武交送文化部文物局保存并专门写信说明情况，后被收藏在"国立北京历史博物馆"（今中国国家博物馆）。据说这柄铁如意的收藏状况："长约1尺5寸，略有锈迹，柄上有错银的铭语，字迹剥落，仅能辨出六七字，款署赵南星，尚可辨识，柄背有五字，已模糊不清。"② 根据"中国国家博物馆官网·馆藏精品"所示图片和介绍："赵南星铁如意"长51.5厘米，柄宽2.8厘米，如意头呈四瓣花状，柄上正面有棱线，两侧错银铭文各一行，现可辨认出："钩而无钒，廉而无列，以歌以舞，以弗以自折，维君子之器也，赵南星"共26字小篆，柄背面似有错银文字，均剥蚀不可辨认。

清代以后，多有学者提到赵南星曾铸造过多柄铁如意，并对其铭文作出记录和考证。厉鹗（1692—1752）在《赵忠毅公铁如意歌》序中说："上有银镂铭云：'其钩无钒，廉而不冽，以歌以舞，以弗若是，折唯君子之器也，赵南星'凡小篆二十六字。"③ 阮元（1764—1849）通过铭文异文的辨析，认为赵南星不只有一柄铁如意，在《赵忠毅公铁如意歌·成亲王教作》序文中说："赵忠毅公铁如意，传世甚多，铭词形制大略相同，而年款各异。其最古者施念曾宛雅所载，一柄为神宗戊申春制，铭曰：'其钩无钒，廉而不冽，以歌以舞，以弗若是，利维君子之器也'。此后，

---

① 参见张林杰《如意流变考》，《故宫博物院院刊》2022年第8期。
② 王焕春：《元帅总理深情慕忠毅，"铁如意"弘扬正气歌》，《档案天地》2005年第5期。文中附录了董必武写给郑振铎、王冶秋的信件全文；原录铁如意铭文为："钩而无刿，廉而无判，以歌以舞，以弗以是，折为君子之器也。赵南星题。"疑似有误。
③ （清）厉鹗著，（清）董兆熊注，陈九思标校：《樊榭山房集》，上海古籍出版社1992年版，第578页。

厉樊榭、韩其武、沈归愚所歌,皆未识年月。若壬申制者,今在初颐园中丞处;天启壬戌张鳌春制者,在吾簣一处;天启癸亥制者,旧在陆丹叔侍郎处,今诒晋斋。此柄又为天启甲子。是当时所制,非止一也。戊申之铭作'以弗是利',利与剡器为韵,余者作折。或篆文相近摹仿之讹与,或读是字为绝句,则折字又与下。"① 可见,阮元见到过多柄铁如意,并了解它们的藏处。这些铁如意的主要区别是年款不同,有"壬申"(1572)②、"戊申"(1608)、"壬戌"(1622)、"癸亥"(1623)等年款,现存这柄"甲子"(1624)年款在当年曾被清代著名书法家成亲王永瑆(1752—1823)所得。清代金石学家张燕昌(1738—1814)在《金石契》中图文并茂地著录了"壬戌"年款铁如意的情况:"长尺有四寸七分,重二斤四两,金涂八卦、河洛、云雷、星斗、五岳诸图象,铭曰:'其钩无釳,廉而不剡,以歌以舞,以弗若是,折惟君子之器也',款题:'赵南星',凡二十有六言,背文曰:'天启壬戌张鳌春制',凡八字。"又说:"精致者,张鳌春款,鋄八卦纹;有鋄飞廉者,为赠物。"邓之诚在《骨董琐记全编》卷五中说:"赵忠毅公幼时喜制铁如意,大者尺余,次数寸,极小盈寸,银涂镂饰。"

　　从历史记载来看,万历四十八年(1620)七月明神宗驾崩,明光宗即位仅月余就因"红丸案"也突然驾崩。其后,明熹宗即位,改元"天启",着意起用老臣。居家赋闲已近三十年之久的赵南星,以古稀高龄再度出仕。天启三年(1623)大计京官,时任左都御史的赵南星著《四凶论》,弹劾四名所谓"齐党"和"楚党"的官员,"东林党"随之昌盛。天启四年(1624)即铸造现存这柄铁如意的"甲子"年,魏忠贤矫旨弄权,"东林党"多遭贬黜(《明史·赵南星传》)。相传当时"东林党"中人各有一柄铁如意,其用意是预备痛击魏忠贤——须知当时赵南星已是七十五岁高龄的老人,如今传说他"时刻准备手执铁如意击打魏忠贤一众",实在难以置信,这应该更多是一种诗意化的想象——所言"击奸"应是"抨击"之谓,意指上书弹劾魏忠贤及其党羽。除赵南星自己曾作《铁如

---

① (清)阮元:《揅经室诗录》,载《清代诗文集汇编》,上海古籍出版社2010年版,第20页。徐珂在《清稗类钞》中也编录了这段记载。
② 赵南星一生仅经历过一个"壬申",即隆庆六年(1572)。当年七月明穆宗驾崩,明神宗即位改元"万历",赵南星时为22岁。但与"最古者……神宗戊申春制"一说矛盾。

意歌》外，清代以来对"赵忠毅公铁如意"的题咏颇多，厉鹗、全祖望、洪亮吉、阮元、韩琪、李宗瀛、曾国藩等人都创作过这一主题的诗歌。董雨秋在《"如意"的诗意化进程及其书写策略》一文中，通过对清人题咏的比较研究，认为"清代诗人们对赵南星铁如意的书写策略是先对其进行'知识性'的描写，再抉发铁如意中折射出来的文心文事"，以如意的铁性象征赵南星的坚毅品格。①

除铁如意外，最能代表赵南星品格的器物，还有所谓"东方未明之砚"，惜乎原物并未传世。此物见载于清代纪昀（1724—1805，字晓岚）所著《阅微草堂笔记》卷二《滦阳消夏录二》：

> 沈椒园先生为鳌峰书院山长时，见示高邑赵忠毅公旧砚，额有"东方未明之砚"六字。背有铭曰："残月荧荧，太白映映。鸡三号，更五点。②此时拜疏击大奄。事成，策汝功；不成，同汝贬。"盖劾魏忠贤时，用此砚草疏也。末有小字一行，题"门人王铎书"。此行遗未镌，而黑痕深入石骨，干则不见，取水濯之，则五字炳然。
>
> 相传初令铎书此铭，未及镌而难作。后在戍所，乃镌之，语工勿镌此一行。然阅一百余年，涤之不去，其事颇奇。或曰："忠毅嫉恶严。"渔洋山人笔记称："铎人品日下，书品亦日下。然则忠毅先有所见矣。削其名，摈之也。涤之不去，欲著其尝为忠毅所摈也。"
>
> 天地鬼神，恒于一事，偶露其巧，使人知警。是或然欤！

赵南星墓，位于高邑县富村镇北渎村东，坟包已被铲平。孙奇逢同多名东林要员交谊甚厚，也曾为赵南星作传。③

三　孙奇逢与张果中

所谓"东林"，缘起于万历三十二年（1604），因在朝言事而被罢官的

---

① 参见董秋雨《"如意"的诗意化进程及其书写策略》，《保山学院学报》2022年第3期。
② 语出唐代韩愈（768—824）所作《东方半明》："东方半明大星没，独有太白配残月。嗟尔残月勿相疑，同光共影须臾期。残月晖晖，太白映映。鸡三号，更五点。"
③ 参见（清）孙奇逢著，朱茂汉点校《夏峰先生集》卷5《赵忠毅公传》，中华书局2004年版，第154—156页。

顾宪成（1550—1612，字叔时，号泾阳）回到家乡无锡，修复、重建了当地的"东林书院"，并在此讲学、议政，相继培养了一批同志门人。可见"东林"一词，即兼有学术上所谓"东林学派"和政治上所谓"东林党"的双重意蕴。关于对明亡清替的溯因是否主要归责于所谓"东林党争"，曾作为清初前朝遗民展开历史反思的热议主题。正、反观点各有理据，往来辩驳至今难有定论。孙奇逢编序理学道统，对顾宪成颇为推崇，列为十一子之一；而有孙氏门人认为，明末党争始自东林诸人议论时政，对顾宪成提出疑问；孙奇逢就此问题对东林人士颇有回护：

《宗传》一编已就绪，而及门士仍有疑泾阳者。曰："子何疑？"曰："疑其人。万历年之党局始自泾阳，国运已终，党祸犹未已也。今日嚷东林，明日嚷东林，东林之骨已枯矣，而在朝在野仍嚷东林。岂非作始之人贻谋之不善乎？"曰："子谓：'无偏无党，王道荡荡；无党无偏，王道平平'，尚可望于今之世哉？阴晦之时，孤阳一线，则东林实系绝续之关。乙丙死魏逆诸臣，甲申殉国难诸臣，属之东林乎？属之攻东林乎？"（《理学宗传·顾端文公》跋）

在孙奇逢看来，万历以来朝政阴晦腐败，只有东林诸君子能够维持和延续儒家的纲常道义，以致在天启五年、六年（1625—1626）的"乙丙大难"和崇祯十七年（1644）的"甲申之变"中，死难殉国者尽属东林人士——当然，"东林"者亦不乏小人，"攻东林"者也有君子——因此，相较涉入党争的质疑，顾宪成能够培养一批忠诚死节之人更为重要。①

孙奇逢少时便颇具慷慨义勇的燕赵侠风。天启乙丑、丙寅年间（1625—1626），他与鹿善继之父鹿正、白沟新城人张果中（1588—1658，字于度），为营救蒙冤被捕的"东林六君子"，不畏艰险上书陈情，倾身奔走募集赎金，被世人并称为"范阳三烈士"。张果中原本出身贫寒，其父早丧，却能以至孝侍奉不慈之母；勉力操持生计，抚养三弟一妹成人；友人罹难又能仗义疏财、竭力施救。醵金营救之事虽未成功，但孙奇逢对他

---

① 参见傅范维《〈明史〉纂修的"东林"争论及调和》，《理论与史学》（辑刊），中国社会科学出版社2016年版。

【调研报告】
冀南豫北地区北学先贤古迹调研报告

颇加赏识，称赞他是"此吾燕赵中之剧孟家也"。① 其实早在天启元年（1621），张果中参加贡生遴选，就曾先得魏大中（1575—1625）举荐、后得左光斗（1575—1625）提携（两人皆入"东林六君子"之列），同孙奇逢一样被东林人士视为同志。孙奇逢曾作《张果中传赞》言道：

> 朱祖文多懿行，独书其为吏部者，专言之也。果中生平可述者多，独举乙丙周旋左、魏事，亦专言之也。果中为辛酉左学院所选士，魏给事实言于学院，而绝口不言，再询之，第云："衡文具只眼，张生高才，自应当此选。敢贪天功耶？"后左为予言，给事自不认，但不可令知我者不知也。迄二公逮，为果中者，倘远避之唯恐累已，岂人情也哉。②

张艳、张靖在《孙奇逢张果中交游考》一文中，根据《征君孙先生年谱》《孙征君日谱录存》《夏峰先生集》等资料的相关记载，依年次详细梳理出孙奇逢和张果中的交往历程，其中重要的时间节点概括为：（1）万历三十三年（1605）张果中在孙奇逢为父母守墓庐居期间初来受学问业③；（2）天启元年（1621）张果中参加遴选，经给事魏大中推荐，被提学左光斗拔为贡生；（3）天启五年（1625）张果中与孙奇逢、鹿正协力奔走酿金，营救入狱的"东林六君子"；（4）崇祯十三年（1640）张果中携家来避乱于双峰、百楼之间的孙奇逢，协助孙奇逢率民抗匪，二人进退与共、须臾不离；（5）崇祯十六年（1643）孙奇逢与张果中及诸弟子避居百楼，比邻而居，终日"书声响答，文艺切磋"，共研理学；（6）崇祯十七年（1644）张果中携家从孙奇逢及诸弟子入双峰山避乱④；（7）顺治四

---

① 参见（清）孙奇逢著，朱茂汉点校《夏峰先生集》卷8《乙丙记事》，中华书局2004年版，第271—277页。

② （清）孙奇逢著，朱茂汉点校：《夏峰先生集》卷9《张果中传赞》，中华书局2004年版，第361—362页。

③ 关于张果中最初就学于孙奇逢的时间，孙奇逢亲编《岁寒居年谱》记为万历三十三年（1605），孙奇逢弟子汤斌等所编《征君孙先生年谱》记为万历三十七年（1609）。今以前者所记为确，又因孙奇逢父母自万历三十三年相继离世，前后守墓共历六年，后者所记仍在这段时间之内，也不算错。何况张、孙两家本是姻亲，两人只会相识得更早。

④ 关于上述这段张果中追随孙奇逢在双峰、百楼避难的过往，孙奇逢记述说："余与于度相知深。三入双峰，患难与共。百楼六载，比邻而居。每挑灯细语，对月深谈，余怀无不可告于度，于度有怀无不可令余知也。"

年（1647）张果中携家复追于前年已移居新南的孙奇逢，并共建"十老社"；（8）顺治七年（1650）张果中追随孙奇逢举家定居辉县夏峰村①；（9）顺治八年（1651）张果中向孙奇逢求教行道之方，年末又开始游历四方，此后四年未归夏峰②；（10）顺治十二年（1655）孙奇逢于年初赋诗思念故友，张于度于四月归居西夏峰村，自此每日随侍孙奇逢问学，不再远行；（11）顺治十五年（1658）孙奇逢亲自为病逝的张果中主持安葬于夏峰北原（墓、碑尚存，在今辉县市西夏峰村夏峰社区内，且当地仍有张氏后裔），并作《祭张于度文》哀悼：

> 嗟乎，于度已矣！于度已矣！夫复何言！三十余年老贡士，颠沛流离，困穷厄塞而死，人莫不视为寻常人也，然而于度非寻常人也。三十余年老贡士，岂不能博一官以自润，而终身困穷厄塞而死，此正可以见于度矣。于度为伯顺座中高弟，同余入山入水，在家在外，五十年未尝或离。左、魏之难，履虎尾，涉春冰，烈士之名满天下，卒归老于苏门，高蹈远隐，此岂寻常人哉？酿分金旌之，谓于度可以死矣，又谓于度可不死矣。人而直，虽死犹生；生而闇，虽生犹死。于度其毙以正，可谥曰康；伯通葬伯鸾东屿，碑思肖已。有人任之，于度何憾焉。③

孙奇逢弟子众多，其中有朝堂为臣者如汤斌、崔蔚林等，有辞官从教者如耿介、张沐等，皆能声名显赫。张果中选为贡生却终生不仕，家贫而志远，在野而忧国，任侠豪放又研学笃诚，确实可以说："张果中以河北弟子而从游河南，追随孙氏一生，为夏峰时期门人中最能得乃师侠儒兼举之真萃者。"④ 一般认为，孙奇逢与张果中是师、弟关系。虽然张果中仅比孙奇逢年少四岁，却晚一辈。他娶孙氏女为妻，成了孙奇逢的侄女婿，同

---

① 根据《孙征君日谱录存》卷二的记载，顺治七年（1650），张果中虽与孙奇逢同来夏峰村，但并未同住，而是在淇县等地游历谋生，直至顺治十二年（1655）后才正式定居苏门，不再砚食四方。

② 张果中向来以匡正天下为己任，志在平章百姓、协和万邦；而孙奇逢主张教亲孝友、守分雍睦，行道于日用伦常。两人对此始终颇有异见。

③ （清）孙奇逢著，朱茂汉点校：《夏峰先生集》卷10《祭张于度文》，中华书局2004年版，第374—375页。

④ 张艳、张靖：《孙奇逢张果中交游考》，《保定学院学报》2020年第4期。

时也是鹿善继的甥女婿。张果中早年受学于鹿善继，又受长辈之命、执弟子之礼，向丁忧中的孙奇逢求学问业；孙奇逢却从来将他视作亲友，相伴共读，而非作弟子看待，在所著《岁寒居年谱》中说："俱以至戚，于读《礼》时昼夜相伴，不当在弟子之列。"可称亦师亦友。

根据《孙征君日谱存录》记载，孙奇逢携家小弟子一行众人避难南迁，于顺治七年（1650）四月二十八日抵达辉县，并于五月十九日带领诸弟子游览"百泉书院"（当时已作河南贡院）。"百泉书院"的前身是"太极书院"，有说法是：此处创建于五代后周广顺元年（951），由于以教授易学为主，故称"太极书院"，宋代邵雍曾任书院主讲，周敦颐、程颢、程颐等都相继来此访学。① 但此说无从考证，在邵雍的著述里也没有记载，何况邵雍住在苏门山期间主要是"勤学"而非"讲学"。根据道光十五年（1835）时任辉县县令周际华主持编纂的《辉县志》，赵国权梳理了太极书院的历史沿革：据周际华《移置百泉书院城内记》所说："太极书院之名辟于姚、赵二公，偕许、窦诸公讲明太极之理，此书院之所由始也。"元代姚枢（1201—1278）去官退居苏门山，与赵复（约1215—1306）于元世祖至元年间创办"太极书院"，内置周敦颐，以二程配祀，又有窦默（1196—1280）、许衡（1209—1281）也共来讲学，一时慕道来学者甚众；明代成化十七年（1481），河南督学吴伯通（1441—1502）建议巡抚李衍在中州建立四座官办书院，于是在百泉湖畔的太极书院遗址上重建书院，改名"百泉书院"；其后的弘治十年（1497）、正德十五年（1520）、隆庆六年（1572）、万历六年（1578），书院都有不同程度的增建或改建，特别是刊行于万历六年的《百泉书院志》，为书院研究提供了重要史料；明末清初，百泉书院改作河南贡院，直至顺治十六年（1659）才迁到开封；乾隆十五年（1750），乾隆皇帝驻跸百泉，书院建筑改建为"百泉行宫"；道光六年（1826），知县周际华（1772—1846）将百泉书院迁建于辉县城内南街（今书院街），又立《学约》十条，原百泉书院废止。② 民国时期，在百泉书院遗址上修建河南村治学院，后相继改作百泉乡村师范学校和军

---

① 参见刘卫东《论百泉书院的历史地位》，《河南职业技术师范学院学报》（职业教育版）2003年第6期。

② 参见赵国权《北方理学薪火的传承地——百泉书院探微》，《江西教育学院学报》2011年第4期。

政接待场所。1952年，在原百泉书院遗址之上兴建百泉干部休养所；1953年5月建成，归河南省卫生厅管理；1962年10月正式定名"河南省百泉干部疗养院"。1969年1月河南省革命委员会将河南省百泉干部疗养院下放到新乡地区，更名为"新乡地区第二人民医院"；1971年5月撤销新乡地区第二人民医院，并入汲县人民医院。1980年7月，河南省人民政府批准在百泉恢复河南省干部疗养院，两年后建成使用。2019年5月开始百泉书院遗址产权划转移交工作，如今百泉书院遗址及其办公区域的土地、建筑物等资产划转移交辉县市人民政府保护管理。

关于孙奇逢是否曾在百泉书院讲学一事，张佐良在《孙奇逢讲学百泉书院子虚乌有考》一文中认为："孙奇逢晚年多在夏峰兼山堂读书讲易，课子授徒，其讲学百泉书院之说纯属子虚乌有。"其实，最有力的理由是"讲学百泉书院"一说缺乏明确的史料支持。孙奇逢在夏峰居住二十五年，其间著述颇多，但是并没有留下在百泉书院讲学的记载。张佐良从分析孙奇逢未在百泉讲学的主要原因、孙奇逢在百泉的主要活动、孙奇逢讲学百泉书院之说由来的文献梳理三个方面来进一步分析，第一，"孙奇逢从未在百泉书院讲学"这一历史事实的主、客观原因，第二，"孙奇逢讲学百泉书院"这一说法的大致形成过程。首要的主观内在原因在于清初时期孙奇逢的遗民心态，对移民而言，大节不亏，方不致进退失据；其次孙奇逢力辟讲学，反思明末以来空谈心性之风，他平生从未以"讲学"自居；最后孙奇逢主要"学宗孔孟，合同朱陆"，以师法孔子为终极追求，提倡实学，主张躬行实践。而外在的客观因素是清代初期的文化政策和书院官学化，禁止私人创办书院、聚众讲学。何况当时的"百泉书院"已作为"河南贡院"使用，孙奇逢不可能在此"长期讲学"。[①] 唐燕结合现存三种《百泉书院志》以及其他相关史料，认为现存史料不足以证明周敦颐、二程、赵复、孙奇逢等曾在百泉书院讲学；在明清书院官学化的大背景下，百泉书院的讲学内容也是为科举考试服务的，同时也讲修身明理等道德学说，具有兼顾"德业"和"举业"的特征。[②]

以孙奇逢于顺治六年（1649）举家从祖籍容城迁移到辉县为界，可以

---

① 参见张佐良《孙奇逢讲学百泉书院子虚乌有考》，《河南科技学院学报》2016年第11期。
② 参见唐燕《百泉书院讲学考论》，《儒藏论坛》（辑刊），光明日报出版社2021年版，第53—63页。

将他的一生划分为"孝友堂"（取自《论语·为政》："孝乎惟孝，友于兄弟，施于有政。"）和"兼山堂"（取自《周易·艮》："兼山艮，君子以思不出其位。"）两个阶段。位于今辉县市西夏峰村的兼山堂是孙奇逢晚年的故居，他在此授徒教学、编书著述二十五年，门人弟子遍布朝野，存世著作达三百多万字，被后世尊称为"夏峰先生"。此处原为一进三院，房屋三十余间，占地面积二亩有余。20世纪70年代，兼山堂门楼和前院房屋被拆除，仅存后院前厅（学堂）、堂屋（兼山堂）及东西厢房。2005年，兼山堂被列为新乡市文物保护单位。2011年，其后裔成立兼山堂文物保护理事会。2017年，成立夏峰学会并筹资修缮了兼山堂堂屋，新乡市文广新局、辉县市文物局又拨款修缮了东西厢房。河南辉县夏峰村内，孙氏后裔的门额都有"堂传孝友"或"金容望族"的字样，"金容"即保定容城。康熙十四年（1675）四月二十一日，孙奇逢逝世，道光八年（1828）从祀孔庙。孙奇逢墓现存辉县市东夏峰村（东原），与葬于北原的故友人张果中可谓生死相依，生时患难与共、死后比邻相望。孙、张后人历时数百年，仍累世通好，也是一段佳话。

四　百泉苏门山

百泉书院，位于苏门山南麓的百泉湖东畔，故而得名。河南省辉县市西北2.5公里处有一段太行山支脉，即"苏门山"，据《晋书·嵇康传》记载：

> 康尝采药游山泽，会其得意，忽焉忘反。时有樵苏者遇之，咸谓为神。至汲郡山中见孙登，康遂从之游。登沉默自守，无所言说。

"樵苏者"即入山砍柴刈草之人，"苏门"即樵苏者入山之门，此山名之所由来。百泉湖是由地面天然喷涌的十数个泉眼（所谓"百泉"）蓄水成洼，再经人工开凿、连缀而成。"百泉"其名由来已久，如《诗经·泉水》所说："毖彼泉水，亦流于淇"以及《诗经·竹竿》所说："泉源在左，淇水在右"都是在描绘"百泉"，古称"泉源"，也称"百源"。《左传·定公十四年》中说："冬十二月，晋人败范、中行氏之师于潞，获籍秦、高强，又败郑师及范氏之师于百泉。"《荀子·儒效》提道："武王之诛纣也……朝食于戚，暮宿于百泉。"由此算来，此处至今已有三千余年的人文历史。

百泉属于全排型岩溶性上升泉，由于南侧花山断层，使大气降水渗入补给的岩溶水受阻，而溢出地表。作为卫河水系的天然源头，又有"卫源"之称，在历史上曾为当地的漕运和灌溉发挥过重要作用。由于当地连年降水量减少，以及工农业生产导致的过量开采，自1979年以来百泉多次出现间歇性断流现象，严重破坏了百泉水域的景观价值和生态环境。[①]至2003年，各处泉眼已无水流出，百泉湖日渐干涸，尽管辉县市政府斥巨资，从南水北调总干渠引水入湖，泉眼复涌问题仍未能解决。自2021年7月中下旬河南地区的持续强降雨以后，已经断流18年的百泉开始复涌，珍珠泉、百门泉、搠刀泉、涌金泉、喷玉泉等多处泉眼水量日增，再次出现百泉齐涌的盛况。至于如何长期保护百泉水域的地下水脉，做到可持续的合理利用，仍需相关专业人员的进一步研究。

如今的百泉苏门山，乃河南省内规模最大的自然山水古典园林，被评为国家级风景名胜区和全国重点文物保护单位，有"中州颐和园，北方小西湖"之称。整个景区共有南、东、西三个出入口，访客若驱车至苏门山庄停车场，则可就近由西门进入。[②]进入"西华门"后，游人可以沿着一段百泉湖侧分水域的北岸向东行进，路北顺次经过"程泉亭""甘泉亭""嵇公亭"至"启贤祠"。向东再行一程，即见"卫源庙"，依苏门山势面南而建，据说始建于隋大业五年（609），后经历代修复、重建，现为沿中轴线依次以悬山式山门（正脊雕双龙戏珠，顶上雕狮子宝瓶）、单檐歇山式拜亭（四周五彩重昂斜拱、彩绘平板枋，四根覆盆式素面石柱，东侧上刻题记）、重檐歇山式清晖殿（正脊雕龙凤莲花、上饰琉璃子牙楼，前檐五彩重昂斗拱、后檐五彩重翘斗拱，因供水神灵源公又称"壬癸殿"）、硬

---

① 参见姜宝良《岩溶风景泉水资源的分析和评价——以河南辉县百泉为例》，《中国岩溶》1994年第13卷。

② 下文所述游览路线，是按照调研行进情况作出的简要介绍。从园林建筑学专业的详细说明，可参见唐义轩《河南辉县百泉景观园林保护与利用》，硕士学位论文，西安建筑科技大学，2015年。内附众多相关建筑的具体数据、细节描述和实拍照片，以及作者自绘的历代建筑修缮记录图表和园林规划设计图表，本文不再引述。其中人文历史类的记述主要采自各种"传说"或"通说"，有些内容尚待辨析和考证。

山式寝殿（又名"水晶宫"，现存原唐雕莲花柱础八角石柱八根）为主体的明清风格建筑群。向南走过西侧"喷玉亭"和东侧"灵源亭"中间的桥梁，可到百泉湖主水域的西岸。首先映入眼帘的即"邵夫子祠"。祠堂坐西朝东，四合院祠堂式建筑，正门外墙上嵌石刻介绍。

邵夫子祠

为纪念邵雍之建筑物。邵雍（1011—1077），字尧夫，号安乐先生，谥康节，为宋代著名易学家和理学家，著有《皇极经世》《伊川击壤集》《渔樵问对》等。明成化六年（1470）辉县知县张锦为纪念邵雍而建。清道光年间增建。宣统二年（1910），袁世凯、徐世昌于北侧添建厢房四间。祠内植有桃、竹，为邵雍亲手所植，故又名"桃竹园"。① 现存正门、拜殿、正殿、后殿、南北厢房等。正殿塑邵雍坐像；拜殿正中悬"击壤亭"匾，两侧有朱熹撰、徐世昌书"驾风鞭霆"及爱新觉罗·成孚"秘启苞符"二匾。另有碑刻数块。拜殿石柱上镌刻对联三副，皆为赞扬邵雍之语。

沿湖西岸继续南行，游人就能到达"孙奇逢祠"所在地——所见建筑风格现代，且近荒废，并被园内辉县市文物管理局占用作办公区域。走过南北向沿湖路的半程，恰是湖面最窄处，从此有两条路线可至对岸。一条长路是经由"长虹桥"相连的"船房"、"清晖阁"（上有水廊可至湖面孤悬的"钓鱼亭"）、"湖心亭"到湖东岸边的"放鱼亭"。其中，"清晖阁"相传由元代郭子忠所建，原名"挹翠楼"，明代亦称"浓翠亭""宛在亭""仁知亭"等，万历二十年（1592）重修后更为今名；坐北朝南，木质重檐卷棚顶双层建筑，两山博风板、檐下无斗拱；上层檐下悬"心旷神怡"匾额，正门左右分挂"逝者如斯曾无日夜，尽心焉耳以为邦家"对联，阁内东西墙壁上嵌"重修清晖阁记"碑八块。另一条短路是过"跃进亭"——亭上可遥望南边的"湖心岛"和更远的"中华门"，也可投喂湖中饲养的锦鲤和黑天鹅——到达"接客厅"及附属"白露园"，再于此沿着东岸过"下马亭""课桑亭""东华门"一路向北。行至百泉湖东北角

---

① 此祠堂始建于明代，园内桃竹应非邵雍亲植。邵雍当年亲植"桃竹园"原址应在如今所谓"安乐窝"处；即使说是道光年间增建时移至此处，大概也非当年之"桃竹"。

有1974（一说1976）年新建"碑廊"，内存所搜集历代石刻一百余块。若从此沿湖北岸西行，可见岸边"涌金亭"，此乃沿湖诸亭之冠，亭中嵌有碑刻北宋文学家苏东坡（1037—1101）挥毫"苏门山涌金亭"墨宝；若从其东侧绕山北行，沿路还有"丰水亭"和"三碑亭"，并可直至"饿夫墓"；若从其西侧可经苏门山门"振衣亭"向北，径直上山。行至山腰处，有一座孔庙坐北朝南建于路西，据说原是嘉靖年间所建"吕公堂"，到崇祯年间被改为"孔庙"。整体建筑群依次由门额刻"子在川上"的石牌坊、硬山式戟门、硬山式东西两庑（分别配祀"十哲"和曾任百泉书院山长的姚枢、窦默）、砖石结构庑殿式大成殿（内设神台，上供孔子塑像）组成。山腰当道是一座木质结构的"龙亭"，建于康熙三十一年（1692），亭内竖有康熙皇帝圣谕碑刻，因此又名"御碑亭"。碑文在1928年被冯玉祥命人磨去，碑亭又在1947年因战乱被焚毁。如今所见"龙亭"是1992年辉县政府在石质基柱和无字御碑的原址上，按照历史记载的规模格局复建而成：八角重檐攒尖顶、明黄琉璃瓦铺成，亭内藻井下垂木雕龙头，亭前宽石阶梯，中设整块石雕祥云盘龙纹御道，是景区内众多亭子中最大的一座。抵达苏门山顶，可见百泉境内海拔最高的建筑——啸台。最早据《世说新语·栖逸》记载：

  阮步兵啸，闻数百步。苏门山中，忽有真人，樵伐者咸共传说。阮籍往观，见其人拥膝岩侧。籍登岭就之，箕踞相对。籍商略终古，上陈黄、农玄寂之道，下考三代盛德之美，以问之，仡然不应。复叙有为之教，栖神导气之术以观之，彼犹如前，凝瞩不转。籍因对之长啸。良久，乃笑曰："可更作。"籍复啸。意尽，退，还半岭许，闻上啮然有声，如数部鼓吹，林谷传响。顾看，乃向人啸也。

《水经注·洛水》中说：

  臧荣绪《晋书》称，孙登尝经宜阳山，作炭人见之与语，登不应，作炭者觉其情神非常，咸共传说。太祖闻之，使阮籍往观与语，亦不应。籍因大啸，登笑曰："复作向声！"又为啸，求与俱出，登不肯，籍因别去。登上峰行且啸，如箫韶笙簧之音，声振山谷。籍怪而问作炭人，作炭人曰："故是向人声。"籍更求之，不知所止，推问久之，乃知姓名。余按孙绰之叙《高士传》言在苏门山，又别作《登传》。孙盛《魏春秋》亦言在苏门山，又不列姓名。阮嗣宗感之，著《大人先生论》，言吾不知其人，既神游自得，不与物交。阮氏尚不能动其英操，复不识何人而能得其姓名。

唐代新修《晋书·阮籍传》采纳了旧晋书等所载的这则史料：

籍尝于苏门山遇孙登，与商略终古及栖神导气之术，登皆不应，籍因长啸而退。至半岭，闻有声若鸾凤之音，响乎岩谷，乃登之啸也。遂归著《大人先生传》。

相传这里曾是晋代隐士孙登作长啸处，此即所谓"苏门啸"之典出。据说，北侧原有"孙登祠"，在抗日战争时期被损毁。整体原为土筑，乾隆十年（1745）时任辉县知县李拔桂将原有土台改用砖石砌筑，东西两侧用青石铺设栏杆式台阶，栏杆望柱上雕刻着形态各异的小狮子，可谓妙趣横生。道光十四年（1834）时任辉县知县周际华重修啸台，并增修砖石围墙，但在抗日战争时期因沦为日军炮台而遭摧毁。1959年，辉县政府根据史料记载和遗留数据在啸台原址基础上恢复啸台及围墙。台下一片开阔地，四边砌有青砖花墙，台前竖立《仁知动静》《李梦阳重修啸台记》《乾隆御碑》三通石碑。游人拾级而上，台上一座重檐攒尖顶亭子，下层八角、上层四角，凭台远眺可将百泉湖景尽收眼底。

从啸台向东下至半山腰，也可至隐蔽在苍松翠柏间的"饿夫墓"，按照当地流传的说法：这座坟墓里埋葬着一位"不食清粟"的明末义士，他姓彭，名之灿，字了凡。随着清明鼎革、江山改易，他举家避乱南迁，倡导反清复明。妻儿相继死于途中，况且时局已定，绝望的彭了凡心怀国破家亡的悲愤来到苏门山巅，坐在啸台前感慨道："能和孙登做邻居，一生足矣！"并仿效伯夷、叔齐"义不食周粟"，以致绝食而亡。当时在百泉书院讲学的孙奇逢，[①] 赞叹他的忠义气节，命人用两口大瓮，从上下扣住他的遗体，将其立身而葬——这也是坟墓高拱的原因，又在坟前立碑题字，命名为"饿夫墓"，并作碑记；1928年，冯玉祥进驻百泉之际，曾到饿夫

---

① 此是讹传，前文已辨。

墓前祭拜，深感彭了凡忠义节烈的操守，念及国事、触景生情，遂在墓前另立巨石碑刻，上书"民族精神"以彰其事迹。①

上述关于饿夫的记述颇具传奇色彩，其实他的生平不见载于史籍，最原始的记录是孙奇逢为他所作的墓志：

> 饿夫姓彭，名之灿，蠡县诸生也。父孝廉抢，饿夫其季子。甲申后，携妻子寓饶阳，为人作塾师。未几，妻子相继死，饿夫来苏门依予。然性不谐俗，爱静坐，有人延于家，以市嚣辄避去。尝渡河南游，韩子鼎业为馆之僧舍，年余又弃去，独担瓢笠图书遍游嵩少、王屋诸名胜。或南或北，皆以予为家。耻食嗟来，在九山曾绝粒数日，予挽而之夏峰，劝之归老先人墓傍。饿夫曰："某出门时，已告先垅，誓不再返，不能蹈东海、西山而死，即沟壑道路无恨也。"戊戌六月，竟死啸台东北石柱下。其意盖谓公和无妻子，已亦鳏夫。或有所慕悦于心，故从之游耶？
>
> 饿夫行径踽踽凉凉，为世人所吐弃，但其立志不苟食，不苟生，其中固有异焉者矣。死之日，新乡绅士有欲为立传者，询于予。予曰："史多失真，非毁即誉。自非圣人，则不能无毁誉也。饿夫少知识，乏才技，以衣冠子，贫窭不能自养，遂甘心一饿，亦愚矣。然其所不可及者，生死之关勘破已久，欲死即死，绝无沾滞，此非识力过人，未足与语也。"予与其父为年友，饿夫尝欲师事予，予以世谊谢之。今与同人镌一石于墓侧，而记其颠末如此，不欲以不情罔后人也。②

从这则墓志铭，可以了解到饿夫多方面的信息，诸如姓名、籍贯、家世、生计等，以及何以来到苏门投奔孙奇逢。孙奇逢对饿夫的评价是两方面的：一方面，批评他"少知识，乏才技"以致"贫窭不能自养"，因此困饿而死是愚蠢的；另一方面，又充分肯定他"耻食嗟来"和"不苟食，

---

① 参见"根在河南·辉县站"网站，辉县市委统战部 2013 年 3 月 25 日发表的记者文章《百泉古迹——饿夫墓》。
② （清）孙奇逢著，朱茂汉点校：《夏峰先生集》卷 7《彭饿夫墓石》，中华书局 2004 年版，第 255—256 页。

不苟生"的气节。至于饿夫在顺治十五年（1658）六月死于啸台之侧，孙奇逢是颇感意外的。按照孙奇逢的推测，饿夫大概因为和孙登同为无亲无故、无牵无挂的鳏夫，又羡慕隐逸仙人之故事，因此追随而去吧。孙奇逢后来还作《诸子集百泉为彭饿夫题石》两首：

一

非以寻幽至，无营意自幽。花开流水趣，触目可同收。

二

饿夫骨已朽，不朽者其心。立石犹多事，闲闲云满岑。

孙奇逢所说可能更符合真实样貌的评介，并没有得到广泛的流传。在后世实际发生影响的说法，更多源自冯玉祥1928年任职河南时期的一段自述，其中饿夫的历史形象已经成为一名反清义士，但明显加入很多演义成分：

从新乡我又移住百泉，其地在卫辉北门外，泉水甚多，故有此名。附近山有"啸台"，为晋代孙登读书讲学之址。又有邵康节先生的"安乐窝"，本地姓邵的很多，据说都是康节后人。西边有个邵公祠，现在还保存着。从邵公祠南行，有孙夏峰先生的祠堂。孙夏峰先生原是直隶容城人，因明末清初时曾在此间讲学，故立祠以为纪念。离祠堂不远的半山腰里，有个大坟，石碑上写着"饿夫墓"三字，我不知道来头，觉得奇怪，就向本地人探问原委。后来查阅志书，才知道，这所谓饿夫，名彭了凡，明末直隶黎县人。当满清入关之初，他与孙夏峰先生等几位志士结合，到处倡导反清复明的运动，曾发动几次义兵，都未成功。当最后一次失败后，彭先生便跑到此地来，找夏峰先生商议再度举义的大计，不知为了一个什么问题，彼此意见不能一致，斗起口来，彭先生便负气走了。夏峰先生以为一定是往他处活动去了。哪知过了几天，听说有人在半山腰里发现一具饿死的尸体，夏峰先生赶紧前去探看，原来便是那次负气出走的他的挚友彭了凡先生。当时抚尸痛哭，又不敢声张，即就尸体所在，掘土掩埋，并经立碑题字，以垂久远。我看了这段民族英雄的故事，心里不胜感动，曾作了一篇三百多字的墓序记其始末，即于墓旁崖石上勘刻，使这段可悲可泣的英雄志士的事迹不致泯灭。①

从"啸台"沿着山路向北、向西，可以盘旋下山，途经"和平亭""劳动亭""农硕亭"（三者始建于1957年），由小路可达"三清观"——又称"天爷王母殿"或"玉皇殿"，位于苏门山西侧山坳中，坐北朝南，原有建筑八座，山门已毁坏，现存三官殿、祖师殿、三清殿、关帝殿、玉皇殿、王母殿、观音殿，按中轴式分布的道教建筑群，全部殿宇采用青石板交叉叠涩而成的纯石结构，不用一木，又称"无梁殿"。从山坳内的小路向南可以走到一片遗迹，依稀可见几处地基和字迹难辨的碑刻，这里曾是邵雍年轻时的故居"安乐窝"，兹录《安乐窝简介》如下：

苏门山西侧的山坳中，四周皆山，森林茂密，环境深幽。人入其内顿觉万籁俱静，给人以浓厚的清雅之感。

百泉安乐窝建于宋仁宗天圣年间（1023），邵雍十二岁随父邵古选居筑屋在此，取名叫"安乐窝"。邵雍根据《易·系辞上》"君子所居而安之，易之序也；所乐而玩者，爻之辞也"之意，把自己所居之所命为"安乐窝"；东西配房为"天根、月窟"。冬不炉，夏不扇，苦研悟道二十七年，宋皇祐年间（1049），携全家迁居伊川，1062年定居洛阳安乐窝。

邵雍迁走后，安乐窝渐成废墟。到元朝被耶律楚材所占居。直到明成化六年（1470），因遭到多方反对，卫辉府判安仁于准，辉县知县张锦重修安乐窝，内建大殿三间，祀奉邵雍肖像。嘉靖三十九年（1560），瓯江张逊业捐资重建"天根、月窟"，配房各三间，大门前建石坊一座，另建门洞一间，石砌围墙一周。万历三十四年（1606），河南巡抚方大美重修安乐窝，建皇极阁五间，内塑邵雍晚年乐道像。清顺治十六年（1659），河南巡抚贾汉复、原翰林院编修王紫绶、原太仆寺少卿许作梅三人倡议重建安乐窝。康熙二年（1663）卫辉府知府程启朱、辉县知县田本主持重修安乐窝时，命画工匠将安乐窝原样

---

① 冯玉祥：《我的生活》，北方文艺出版社2010年版，第559页。

【调研报告】
冀南豫北地区北学先贤古迹调研报告

绘下，回京后在颐和园又仿造一处，起名"邵窝殿"，慈禧太后御笔题写匾额。1933年春邵元冲偕夫人张默君游历百泉，不忍先祖安乐窝垣宇倾圮，丰碑偃仆，荆枳没路，乃出资、委托时任省立百泉乡村师范学校校长李振云，鸠工庀材，代为新葺。竣工之日偕夫人再莅百泉，立碑典礼。

历经风雨的安乐窝，规模宏大，建筑格局优雅，经历朝历代修复。民国三十三年（1944）"安乐窝"毁于战火，从解放到现在，只有遭受创伤，尚未得到修复……

天圣初年（1023），十二岁的邵雍跟随父亲邵古，举家从祖籍范阳（今河北涿州）大邵村先徙衡漳、后迁共城（今河南辉县）。因家境贫困，邵雍全家只能在苏门山山坳里结草为庐，以开荒种地为生。邵雍自幼广读好学，"始为学，即坚苦刻厉，寒不炉、暑不扇、夜不就席者数年"。宝元三年（1040）邵母李氏去世，邵雍开始随时任共城县令的李之才研习易学，直至庆历五年（1045）李之才去世。其间，李之才调任河阳司户曹，邵雍同往随学，住在州学内。之才死后，邵雍曾到洛阳附近游学，"以为洛邑天下之中，可以观四方之士，乃定居焉"（《邵氏行状略》）。皇祐元年（1049），三十九岁的邵雍正式迁居洛阳，一家同来的还有他的父亲、继母和庶弟。邵雍家贫，无力营建新居，只能暂住天宫寺、天庆观东宅等处，一面设馆教学、一面研习易理。直至嘉祐七年（1062），五十二岁的邵雍仍然居住在蓬荜陋室，虽能怡然自乐，但友人们看不过去，集资帮他购置了宅院："富弼、司马光、吕公著诸贤退居洛中，雅敬雍，恒相从游，为市园宅。雍岁时耕稼，仅给衣食。名其居曰'安乐窝'，因自号安乐先生。"天气晴好之时，邵雍常会在洛阳城内乘车出游，也会被当地士大夫迎候到家中，留住数日，"好事者别作屋如雍所居，以候其至，名曰'行窝'"[①]。

邵雍少时虽居苏门山中，但家居简陋，又有其父年壮主事，显然他不便擅自将全家的居所名为"安乐窝"；他举家迁居洛阳，也没有把最初的

[①] 《宋史》卷427《道学一·邵雍传》，中华书局1977年版，第12727页。另参见唐明邦《邵雍评传》，南京大学出版社1998年版，第27—64页。

居所名为"安乐窝";首次提出"安乐窝"的居名,是在他搬到诸友集资购置赠予的新居之后,这里有宅有园,相较于原来"蓬荜环堵,不芘风雨"的陋室,居住条件可谓今非昔比,确实可称为"安乐";此后他出游留宿的士大夫家,或有"行窝"之称。可见,邵雍亲自命名的"安乐窝"专指河南洛阳的晚年居所,苏门山的"安乐窝"并非起于邵雍本人,而是出于后人对邵雍的追忆,他的居处也就都可被称为"邵窝"或"安乐窝"。

介绍文中说,东西配房名为"天根"和"月窟",出自邵雍《观物吟》组诗中晚年所作的一首:"耳目聪明男子身,洪钧赋予不为贫。因探月窟方知物,未蹑天根岂识人。乾遇巽时观月窟,地逢雷处看天根。天根月窟闲来往,三十六宫总是春。"①"天根"和"月窟"原本是指二十八星宿中东方的氐宿和月亮(或月生极西之地),并无思想性的意义,根据张克宾的研究:"邵雍以阴阳消息动静为理论基础,创造性地赋予了天根与月窟新的意蕴。"邵雍的"天根月窟说"具有宇宙发生论和心性修养论的内涵,并为明代心学提供了重要的思想资源,发挥了不容忽视的作用,"具有丰赡的天道观和心性论之意蕴,是理解邵雍图数之学与物理性命之学的关键所在"②。此说源自明代在苏门山重建邵雍故居时,对配房的命名;在邵雍居住之时,既没有那么多房舍,也尚未提出这一学说。

嘉靖六年(1527)编修的《辉县志》卷五"流寓"部分记载,耶律楚材曾寓居于辉县梅溪,且写下"梅溪十咏",并在卷九"题咏"部分列出了其中的九首,这些诗文并未收入现存《湛然居士集》。朱元元经过研究认为:"(耶律楚材)他到过辉县,且极可能曾于1232—1236年中某一段时间,在辉县之梅溪小住并写了题梅溪的《梅溪十咏》。现存的《湛然居士集》之所以没收《梅溪十咏》,是因为在其流传过程中遗佚了。"③

百泉苏门山形成山水园林规模的重要历史阶段是清代。康熙、乾隆、道光三朝都有过一定规模的修缮、再建和新建,尤其是乾隆曾驻跸"百泉行宫",其影响尤为深远。如今的百泉苏门山景区已经是一处在真山活水之间,古代建筑鳞次栉比、碑碣石刻琳琅满目、草木繁盛鸟语花香的古典

---

① (宋)邵雍著,郭彧、于天宝点校:《邵雍全集·肆·伊川击壤集》卷16《观物吟》,上海古籍出版社2021年版,第230页。
② 张克宾:《论邵雍先天易学之天根月窟说及其影响》,《哲学研究》2018年第5期。
③ 朱元元:《耶律楚材与〈梅溪十咏〉》,《安阳师范学院学报》2008年第4期。

园林景观，是当地重要的历史文化旅游资源，如何能够有效保护文物古迹（防止被破坏和占用）、保存山水景观园林的古典美感（防止对景区的不和谐改造）、保持自然生态环境与文化产业化利用（如在山中建造百泉国际酒店及周边商业开发）的持续协调发展，仍是亟待研究和解决的问题。沿着山路继续南行，可以经"展望亭"下山，再次回到"西华门"，从这里走出百泉苏门山景区，调研活动结束。

《北学研究》征稿启事

"北学"是一个古已有之的学术概念，既指一种学术流派，也指一种学术传统，历史上大约有四种含义：一是指南北朝时期的北朝经学；二是指由清初大儒孙奇逢所开创的夏峰北学学派；三是指燕赵之学，源自孙奇逢让其弟子编的《北学编》一书，其"北学"主要指自董仲舒开始的历代燕赵地域学人的学术思想；四是广义"北学"概念，泛指包括河北、河南、山西、山东和陕西等广义中原地区的学术思想。虽然"北学"概念有广、狭之分，但彼此并不冲突，其主体是燕赵之学，是燕赵先贤的历史文化自觉，延展则为北方文化学术传统。所以，"北学"既是燕赵文化的精华，又是北方文化精神的象征，是中华优秀传统文化的重要代表。

中华优秀传统文化是中华民族的精神命脉，是涵养社会主义核心价值观的重要源泉，是我们文化自信的两个基础之一。河北省社会科学院为了落实中央关于弘扬中华优秀传统文化的有关指示，成立了"河北省社会科学院北学研究院"，并创办《北学研究》辑刊，旨在更好地推进"北学"研究，弘扬"北学"精神，使传统"北学"焕发生机，服务于当代文化建设。

《北学研究》是国内首家专注于北学研究的学术刊物，力图为北学研究提供一个思想交流的学术平台。目前辑刊为一年一期，赐稿请注意以下事项。

1. 征稿内容包括："北学"的源流、内涵、学术传统、文化精神、当代价值等研究；"北学"代表人物及学派研究；"北学"文献整理研究；"北学"与其他地域之学比较研究；"北学"研究信息与书评等。

2. 稿件应为尚未发表，在境外刊物发表过的稿件仍可投稿。论文稿件字数一般以 7000 字至 20000 字为宜。

3. 来稿请附内容提要和关键词，引文和注释采用页下注，引文请务必仔细核对原文。引用著作依次为作者、著作名称、出版社、出版年、页码。引用论文依次为作者、论文题目、刊名、出版年、期刊号。（详见《中国社会科学》杂志的引文注释规范）

4. 来稿请在文末注明作者简介（出生年月、性别、籍贯、工作单位、职务职称、研究方向），联系方式（详细通信地址、邮编、联系电话、电子邮箱、微信号等），以便及时联系。

5. 来稿刊出后，赠送样书两册，并优稿优酬。

《北学研究》热忱欢迎国内及海外学者惠赐大作！

收稿邮箱：bxyj2020@126.com